一流本科专业一流本科课程建设系列教材

BIM 全寿命周期项目管理

主　编　张静晓　王　歌
参　编　童　佩　于　涛　汪　军　马露霞　韩　冰
主　审　李启明

机械工业出版社
CHINA MACHINE PRESS

BIM 全寿命周期项目管理涉及工程项目管理、大数据与信息科学、系统科学、建筑设计及其理论等多学科的概念和方法，具有前沿性、交叉性、应用性的特点。

本书在对 BIM 的概念及发展、BIM 标准和相关政策、BIM 相关工具和平台进行阐述的基础上，系统介绍了建设项目设计阶段、施工阶段、运营维护阶段基于 BIM 技术的管理以及 BIM 大数据策略与应用管理。此外，通过整合多学科的相关知识和国内外的典型工程实践案例，系统介绍了 BIM 的技术基础及其在工程全寿命周期项目管理中的应用，并对应用 BIM 技术项目的总承包管理和施工管理的优秀案例进行了全景式的剖析。

本书主要作为工程管理、工程造价、土木工程等专业的本科教材，还可作为培训机构的培训教材及相关领域从业人员的业务参考书。

图书在版编目（CIP）数据

BIM 全寿命周期项目管理/张静晓，王歌主编. —北京：机械工业出版社，2023.8

一流本科专业一流本科课程建设系列教材

ISBN 978-7-111-73776-6

Ⅰ.①B… Ⅱ.①张… ②王… Ⅲ.①工程项目管理-计算机辅助管理-应用软件-高等学校-教材 Ⅳ.①F284-39

中国国家版本馆 CIP 数据核字（2023）第 164616 号

机械工业出版社（北京市百万庄大街 22 号 邮政编码 100037）
策划编辑：冷 彬　　　　　责任编辑：冷 彬　于伟蓉
责任校对：丁梦卓　张 薇　　封面设计：张 静
责任印制：常天培
北京机工印刷厂有限公司印刷
2023 年 11 月第 1 版第 1 次印刷
184mm×260mm · 20.75 印张 · 472 千字
标准书号：ISBN 978-7-111-73776-6
定价：68.00 元

电话服务　　　　　　　　　网络服务
客服电话：010-88361066　　机　工　官　网：www.cmpbook.com
　　　　　010-88379833　　机　工　官　博：weibo.com/cmp1952
　　　　　010-68326294　　金　书　网：www.golden-book.com
封底无防伪标均为盗版　　机工教育服务网：www.cmpedu.com

前　言

建筑业作为国民经济的支柱产业，加快转型升级势在必行。信息化是支撑建筑业改革发展的重要战略支点，《国家信息化发展战略纲要》指出"加快推动信息技术与建筑业发展的深度融合"；同时，"建设数字中国""发展数字经济"等国家战略明确建筑业应着力增强BIM、5G、互联网、大数据、人工智能、区块链、云计算、物联网等信息技术的集成化应用能力，推进建筑业的数字化、网络化、智能化发展。近年来，技术创新加速发展，复合化、标准化成为趋势。随着线上流量的爆发式增长，信息技术驱动的"新基建"时代已经到来，从"互联网+"到"产业+"，建筑业面临着深度变革。BIM技术可为建设项目全寿命周期内的各项决策提供可靠依据，带动建设工程领域的技术进步与创新，助推建筑业的高质量、可持续发展。2019年人力资源和社会保障部颁布了新通告，将建筑信息模型技术员（BIM工程师）纳入新职业范畴；2020年，住房和城乡建设部印发通知，试点推进BIM审图模式，推动BIM技术在工程建设全过程的集成应用。然而，行业内复合型人才匮乏、新一代信息技术产业人才告急和高层次人才紧缺，限制了建筑业信息化的发展。新一轮科技革命和产业变革正处在实现重大突破的历史关口，也推动高等工程教育发生深刻变革。面对新的形势和新的要求，高等工程教育必须超前识变、积极应对、主动求变，人才培养的定位需要全面更新。

随着以新技术、新业态、新产业为特点的新经济蓬勃发展，建筑行业人才需求发生转变，教材作为人才培养和学科发展的载体，必须顺应发展，进行创新改革，确保满足行业对人才的需求。本书编者立足国际BIM领域学术前沿，吸收现阶段社会BIM领域的新成果、新应用、新发展，结合BIM相关的现行国家法律法规、标准规范和要求，以及新时代行业需求和人才培养方案，编写了本书。本书的编写面向新经济发展需要、面向未来、面向世界，以新工科人才培养新理念和工程教育教学质量的新需求优化选题，以BIM领域的研究进展更新编写内容，以先进的教学手段和教学方式丰富教材形式，可以满足当下高校的教学需求。本书主要具有以下四个方面的特点：

1. 知识体系框架系统化

在5G、大数据、物联网和移动互联网等新一代信息技术的支撑下，以BIM相关概念、BIM应用标准与规范、BIM全寿命周期管理、BIM全寿命周期应用、BIM综合应用案例等作为核心要素建立知识体系框架，力争做到"基础知识横向广覆盖，专业核心知识纵向成系统"。

2. 配套资源数字化

本书配套资源丰富，并在编写过程中完成了数字化建设，主要内容包括教学大纲、习题答案、彩色图片及重要知识点教学视频等，以帮助读者深刻理解所学知识，提升学习效果。

3. 注重产学结合

本书通过具体的工程案例，融入前沿的行业知识，在工程案例中详细展示重要知识点的应用，便于学生理解与掌握。本书还注重培养和提升软件的实际操作和应用能力，把行业需求、工程人才能力需求与BIM知识要求融为一体。

4. 融合"新工科"理念，高标准建设教材

本书与"新工科"教材建设的"创新性、高效性和挑战度"要求保持一致。在教学目标上坚持理论知识、BIM综合应用能力、创新素质的有机融合，培养学生解决复杂问题的综合能力和高级思维；在教学内容上体现前沿性与时代性。

本书由相关高校教学经验丰富的优秀教师、BIM领域高校科研团队成员，建筑行业工作多年、实践经验丰富的BIM技术专家共同编写。全书由长安大学张静晓和华中农业大学王歌统稿。具体编写分工如下：张静晓编写第1章、第5章和第6章，重庆大学汪军编写第2章，王歌编写第3章，哈尔滨工业大学于涛和东北石油大学马露霞编写第4章，中电光谷建筑设计院有限公司童佩和北京城建集团有限责任公司韩冰共同编写第7章。

本书在编写过程中参考了相关的规范、标准及学术专著和论文等，在此对这些文献资料的作者表示衷心的感谢。

因编写人员的时间、经验和能力有限，书中内容难免有偏颇甚至疏漏之处，殷切希望业内专家和广大读者批评指正。

编 者

目 录

前 言

第 1 章 BIM 概述 / 1

【学习目的与要求】 / 1
1.1 BIM 的概念及发展 / 1
1.2 BIM 应用 / 14
1.3 BIM 标准和相关政策 / 30
1.4 BIM 人才培养 / 37
1.5 本书学习指导 / 39
【本章小结】 / 41
【思考与练习题】 / 41

第 2 章 BIM 技术基础 / 42

【学习目的与要求】 / 42
2.1 BIM 相关工具介绍 / 42
2.2 BIM 的系统管理 / 56
2.3 BIM 平台 / 69
2.4 BIM 参数 / 73
2.5 BIM 数据交互 / 78
【本章小结】 / 84
【思考与练习题】 / 84

第 3 章 设计阶段 BIM 管理 / 85

【学习目的与要求】 / 85
3.1 BIM 与招标投标管理 / 85
3.2 BIM 与工程变更管理 / 93

3.3 设计阶段 BIM 应用 / 101
【本章小结】/ 106
【思考与练习题】/ 107

第 4 章 施工阶段 BIM 管理 / 108

【学习目的与要求】/ 108
4.1 BIM 与进度管理 / 108
4.2 BIM 与预算、成本管理 / 115
4.3 BIM 与质量、安全管理 / 127
4.4 BIM 与合同管理 / 143
4.5 BIM 与物料管理 / 148
4.6 BIM 与深化设计 / 157
4.7 施工阶段 BIM 应用 / 162
【本章小结】/ 167
【思考与练习题】/ 167

第 5 章 运营维护阶段 BIM 管理 / 168

【学习目的与要求】/ 168
5.1 BIM 与设施运营维护管理 / 168
5.2 BIM 与节能管理 / 174
5.3 BIM 与消防管理 / 178
5.4 运维阶段业主 BIM 应用 / 183
5.5 运维阶段 BIM 实施风险和常见误区 / 188
【本章小结】/ 191
【思考与练习题】/ 192

第 6 章 BIM 大数据策略与应用管理 / 193

【学习目的与要求】/ 193
6.1 BIM 大数据简介 / 193
6.2 基于 BIM 大数据的决策 / 210
6.3 BIM 大数据的层级 / 221
6.4 BIM 大数据的管理与应用模式 / 226
6.5 BIM 与 ERP 的集成 / 238
【本章小结】/ 244

【思考与练习题】 / 244

第 7 章 | BIM 应用案例 / 245

【学习目的与要求】 / 245

7.1 基于 BIM 技术的全寿命周期项目管理应用 / 245

7.2 基于 BIM 技术的项目施工管理应用 / 283

【本章小结】 / 316

【思考与练习题】 / 316

参考文献 / 317

第1章 BIM概述

【学习目的与要求】

(1) 全面了解和熟悉 BIM 的产生及发展历程、BIM 的概念及特征、BIM 应用、BIM 标准和相关政策。

(2) 结合全书导图，对全书的章节分布进行宏观把握。

(3) 对 BIM 从宏观层面有详细全面的了解。

1.1 BIM 的概念及发展

1.1.1 BIM 的产生

BIM 思想的产生最早可追溯至 1975 年，由美国乔治亚理工学院的 Chuck Eastman 发布的研究报告《建筑描述系统概述》(*An Outline of the Building Description System*) 中。该报告提出了"建筑描述系统"(Building Description System), Chuck Eastman 定义其为：便于实现建筑工程的可视化和量化分析，提高工程建设效率。因此，Chuck Eastman 被业界称为"BIM 之父"。20 世纪 80 年代，美国和欧洲分别提出 Building Product Model 和 Product Information Model 的概念。1986 年，任职于 RUCAPS (Really Universal Computer Aided Production System) 软件系统开发商 GMW 计算机公司的罗伯特·艾什 (Robert Aish) 提出"BIM-Building Modeling"的概念，它包括三维建模、自动成图、智能参数化组件、关系数据库、实时施工进度计划模拟等。此时为 BIM 萌芽阶段。

2002 年，欧特克 (Autodesk, Inc.) 收购三维建模软件公司，在业界首次提出 BIM 的概念，并将其引入工程建设行业，推出相关软件，是建筑设计领域的创新。同时，在政府的引导推动下，BIM 受到广泛重视。2002 年，Autodesk 发布《BIM 白皮书》，其中对"Building Information Modeling"的概念内涵做了全面的阐述，标志着 BIM 的研究进入白热化阶段。但该阶段对 BIM 的研究主要停留在学术方面，无法实践应用。BIM 概念产生后，美国、欧洲等发达国家开始重视 BIM 技术的研发，BIM 的研究在建筑领域迅速推广。

我国对 BIM 技术的研究开始于 2003 年，即 Autodesk 公司发布《BIM 白皮书》之后。当时，国家政策提出了"技术信息化是关键，响应发展建筑信息化"的要求，引起了我国学术界关注，为 BIM 技术本土化的研究与探索奠定基础。

1.1.2 BIM 的发展历程

21 世纪以来，BIM 的研究和应用得到突破性进展。美国在制定 BIM 标准后就迅速推广和应用 BIM 技术。随后，BIM 技术在欧美工程建设行业得到广泛重视和运用，引发了前所未有的建筑变革。

BIM 发展里程碑事件如图 1-1 所示。

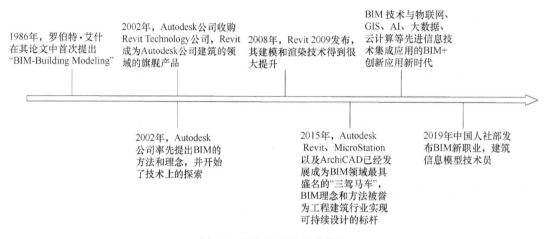

图 1-1　BIM 发展里程碑事件

美国政府从 2003 年起建立建筑信息模型指引（BIM Guide Series），注重在联邦资产建筑计划的空间验证与设施管理。2007 年，美国将提交 BIM 文件作为受设计补助的大型项目在设计阶段所要提交的必要文件。美国推动 BIM 的主要目的在于提升营建生产力并推动节能减废。在实务方面，建筑相关部门大多从操作规范的角度研究制定 BIM 的工作规范。美国国家建筑信息建模标准（NBIMS）由国家建筑科学研究院（NIBS）主导，在 2007—2015 年共发行三个版本。NBIMS 包含三个主要部分：核心标准（Core Standards）、技术文献（Technical Publications）和实施部署资源（Deployment Resources）。就专业职业协会而言，美国建筑师协会（AIA）及美国总承包商协会（AGC）分别制作了 BIM 标准附约供美国实务界参考，促进了 BIM 的发展。

2011 年 5 月底，英国内阁办公室发布了"政府建设战略（Government Construction Strategy）"文件，其中有整个章节是关于建筑信息模型（BIM）的描述。该章节明确要求，到 2016 年，政府要求全面协同 3D-BIM，并将全部的文件实现信息化管理，开始强制推行 BIM 技术。英国内阁推动 BIM 的愿景包括营建产业的发展、在国际营建市场份额的提升、带动经济成长、与公共部门设施管理效率提升的软着陆。

在加拿大，加拿大 BIM 委员会（CanBIM）等非政府组织已经联合起来，推动并促进 BIM 在整个建筑行业（包括公共和私营项目）的应用。加拿大也在积极推动利用 BIM 系统整合居民生活、城市发展和自然环境，并使其持续发展。

韩国在运用 BIM 技术上十分领先。韩国于 2010 年 1 月已发布全国性 BIM 发展项目计划《建筑领域 BIM 应用指南》，并计划于 2016 年前实现全部公共工程的 BIM 应用。日本的设计公司、施工企业也开始广泛应用 BIM，并在 2010 年 3 月选择一项政府建设项目作为试点，探索 BIM 在设计可视化、信息整合方面的价值及实施流程。新加坡也是世界上应用 BIM 技术最早的国家之一。在 20 世纪末，新加坡政府启动 CORENET（Construction and Real Estate NETwork）项目，用电子政务方式推动建筑业采用信息技术。CORENET 中的电子建筑设计施工方案审批系统 ePlanCheck 是世界上第一个用于这方面的商业产品，它的主要功能包括接受采用 3D 立体结构、以 IFC（Industry Foundation Classes）⊖文件格式传递设计方案、根据系统的知识库和数据库中存储的图形代码及规则自动评估方案并生成审批结果。

2012 年，欧特克推出 Autodesk BIM 360，将 BIM 流程引入云端，结合其他相关软件，帮助用户在项目全寿命周期中对 BIM 的应用不断深化，并随时随地访问和分享 BIM 项目信息，这使得 BIM 得到更进一步发展。2015 年 11 月，Bentley 软件公司发布最新 CONNECT 版本系列产品，借助这一产品，各类大型工程项目的交付在软件平台的支撑下首次进入通用环境，包括同样建模环境、通用数据环境等，将基础设施领域带入数字化的无缝协同时代，这标志着 BIM 发展进入全新时代。

相较于欧美地区，我国 BIM 的研究、应用与发展较为缓慢。我国于 2004 年引入 BIM 技术和理念。2011 年住建部发布《2011—2015 年建筑业信息化发展纲要》，第一次将 BIM 纳入信息化标准建设内容。2012 年，建筑信息模型（BIM）标准研讨会成功召开，建筑工程信息应用统一标准相关课题相应成立。2013 年，中国 BIM 系列标准编制工作正式启动，同年推出《关于推进建筑信息模型应用的指导意见》。2016 年发布《2016—2020 年建筑业信息化发展纲要》，BIM 成为"十三五"建筑业重点推广的五大信息技术之首。进入 2017 年，国家和地方加大 BIM 政策与标准落地，《建筑业 10 项新技术（2017 版）》将 BIM 列为信息技术之首。2018 年 1 月和 5 月实施《建筑信息模型施工应用标准》（GB/T 51235—2017）与《建筑信息模型分类和编码标准》（GB/T 51269—2017）国家层面的 BIM 标准体系。2019 年 4 月人社部正式发布 BIM 新职业：建筑信息模型技术员。2019 年 4 月 8 日、9 日住建部发布发行行业标准《建筑工程设计信息模型制图标准》（JGJ/T 448—2018）、国家标准《建筑信息模型设计交付标准》（GB/T 51301—2018）的公告。2020 年 8 月，住建部、教育部、科技部、工信部等九部门联合印发《关于加快新型建筑工业化发展的若干意见》，提出大力推广建筑信息模型（BIM）技术，加快推进 BIM 技术在新型建筑工业化全寿命期的一体化集成应用。充分利用社会资源，共同建立、维护基于 BIM 技术的标准化部品部件库，实现设计、采购、生产、建造、交付、运行维护等阶段的信息互联互通和交互共享。2021 年 4 月，《中

⊖ 详情见第 2 章。

国建筑业信息化发展报告（2021）》的编写工作正式启动，明确大力发展数字设计、智能生产、智能施工和智慧运维，加快 BIM 技术研发和应用。各省市纷纷出台政策，助力 BIM 技术研发和应用，进一步深化和明晰 BIM 交付体系、方法和要求，为 BIM 产品成为合法交付物提供标准依据。

我国 BIM 发展过程见表 1-1。国内外 BIM 应用软件见表 1-2。

表 1-1　我国 BIM 发展过程

时间	BIM 发展过程	具体表现
2002—2005 年	概念导入阶段	IFC 标准研究，BIM 概念引入
2006—2012 年	试点推广阶段	BIM 技术、标准及软件研究；大型建设项目试用 BIM
2013—2015 年	快速发展及深度应用阶段	大规模工程实践；BIM 标准制定，政策支持
2015 年至今	拓展延伸阶段	GIS、物联网、VR、互联网等新技术兴起，丰富 BIM 技术的内涵

表 1-2　国内外 BIM 应用软件

BIM 软件类型	国外软件产品	国内软件产品
BIM 核心建模软件	Revit Architecture/Structure/MEP，Bentley Architecture/Structural/Mechanical，ArchiCAD，Digital Project	鸿业、天正、天磁 BIM
可视化软件	3ds Max，Lightscape	CITYPLAN
模型检测软件	Solibri	无
深化设计软件	Tekla Structures	PKPM
碰撞综合检查软件	Navisworks，ProjectWise Navigator，Solibri	无
成本管理软件	Solibri	鲁班、广联达、同望 EasyCost
运维软件	Archibus，Navisworks	建坤 BIM
设计审评软件	PDF，3D PDF，Desigh Review	无

如今，BIM 技术的应用已经成为实施建筑产业化的主要手段。BIM 将建筑模型信息化处理，建立了有效便捷的建筑信息平台。同时，BIM 作为建筑构件大规模生产的基础条件，为建筑部品的标准化发展提供技术支持。BIM 的信息资源共享，是建筑行业信息化管理的一个突破手段，它能够整合建设工程全寿命周期阶段各个项目参与方之间的信息协同、共享、集成与应用。随着 BIM 进一步的发展，越来越多的数字信息加载到建筑模型当中，形成数字化的基础；同时，大数据、云计算、物联网、移动技术、VR/AR/MR、区块链、人工智能等技术与 BIM 技术的深度融合，不断驱动建筑行业向互联化、集成化、数据化、智能化方向发展，实现广泛的城镇信息化，推动智慧城市的发展，从而使人类的生活更加便捷。这就是行业赋予 BIM 的使命，即解决项目不同阶段、不同参与方、不同应用软件之间的信息结构化组织管理和信息交换共享的问题，使得合适的人在合适的时候得到准确、及时、充分的信息。

BIM 是建筑行业信息领域的一次革命。建筑行业信息领域四次革命见表 1-3。

表 1-3 建筑行业信息领域四次革命

建筑行业信息领域革命	技术名称	普及时间	特征及应用
第一次革命	个人计算机及互联网	20 世纪 80 年代后期	结构设计计算，存储电子文本
第二次革命	AutoCAD	20 世纪 90 年代	二维，绘制设计图
第三次革命	3ds Max	21 世纪初期	三维建模，可视化
第四次革命	BIM	21 世纪	协同管理，仿真模拟，碰撞检查

BIM 为建筑专业设计师、结构专业设计师、水电暖专业工程师、建筑开发商以及最终用户等各个环节的人员提供了"模拟和分析"的平台，通过科学协作，能够帮助他们科学地利用三维数字模型，通过利用 BIM 技术校对建筑项目，进行设计、建造和运营维护的管理。事实上，建筑信息模型就是在计算机中建立虚拟建筑，这个虚拟建筑是通过数字化技术来实现的，一个建筑信息模型就是一个数字化的建筑信息库。

1.1.3 BIM 的相关概念

1. BIM 定义

2003 年 Autodesk 公司提出，BIM 是指以建筑工程项目的各项相关信息数据作为模型的基础，进行建筑模型的建立，通过数字信息仿真模拟建筑物所具有的真实信息。2009 年 McGraw Hill（麦克格劳·希尔）在"BIM 的商业价值"市场调研报告中对 BIM 的定义比较简练，即 BIM 是利用数字模型对项目进行设计、施工和运维的过程。

2015 年 7 月，美国国家 BIM 标准"NBIMS-US V3"（第 3 版）发布的 BIM 定义比较权威，由三部分组成：①BIM 是一个设施（建设项目）物理和功能特性的数字表达；②BIM 是一个共享的知识资源，是一个分享有关这个设施的信息，为该设施从建设到拆除的全寿命周期中的所有决策提供可靠依据的过程；③在项目的不同阶段，不同利益相关方通过在 BIM 中插入、提取、更新和修改信息，以支持和反映其各自职责的协同作业。

BIM 概念可从广义和狭义两个方面进行定义。狭义的 BIM 即建筑信息模型（Building Information Model，其中 Building 作名词），是指在建筑建造过程中，仅包括中央信息管理中心或存储库意义上的数字建筑模型本身及其模型创建问题。广义的 BIM 即建造信息模型（Building Information Model，其中 Building 作动词），是指在建设工程及设施全寿命周期内，对功能特性和物理进行数字化表达，并依此进行规划、设计、施工、运营维护及改造的过程、结果及信息的总称。广义的 BIM 定义与美国 NBIMS 3.0 对 BIM 的定义较一致。

我国对 BIM 的定义由各项国家标准而来，住房和城乡建设部在 2016 年、2017 年发布《建筑信息模型应用统一标准》（GB/T 51212—2016）、《建筑信息模型施工应用标准》（GB/T 51235—2017），做出了相关定义。由此，本书对 BIM 的定义为：BIM 是在计算机辅助设计等技术基础上发展起来的多维模型信息集成技术，是对建筑工程物理特征和功能特性信息的数字化承载和可视化表达，是全寿命周期工程项目或其组成部分物理特征、功能特性及管理要素的共享数字化表达。

（1）Building

Building 是指建筑工程，在 BIM 中可以理解为建设项目全寿命周期，从前期规划决策，到设计、施工以及运行维护，是一个建设项目的全过程。

（2）Information

Information 是指信息，在 BIM 中可以理解为信息、数据。建设项目全寿命周期将会产生非常庞大的信息与数据，并分属于不同领域，如设计资料、施工管理资料等。将信息分类、系统汇总，并共享信息库，以供相关方使用，是 BIM 出现的意义，也是 BIM 的基础和关键。

（3）Model

Model 即模型，在 BIM 中可以理解为建模。BIM 是一个建模过程，在建模中传递相应信息，是 BIM 的核心。

建筑信息管理（Building Information Management）是对建筑生产经营活动中的有关信息进行收集、加工、传输、存储、检索等过程的总称，能够为建筑业各级、各部门对生产经营活动的分析、研究与决策提供科学手段。

BIM 技术可应用于建设项目全寿命周期的各个阶段，包括规划、勘察、设计、施工、运营维护等，为建筑全寿命期各参与方建立信息交流平台，实现同一多维建筑信息模型基础上的数据共享，为建筑产业化发展和繁荣建筑创作提供技术保障；支持对工程环境、能耗、经济、质量、安全等方面的分析、检查和模拟，为项目全过程的方案优化和科学决策提供依据；支持各专业协同工作、项目的虚拟建造和精细化管理，为建筑业的提质增效、节能环保创造条件。本书主要从工程管理视角展开对 BIM 技术的讨论，主要涉及 BIM 发展过程、技术基础、在建设项目全寿命周期管理中各项目参与方的 BIM 管理应用及 BIM 大数据的应用管理等。

2. BIM 内涵

（1）BIM 应用于建设项目全寿命周期

从 BIM 定义可看出，BIM 参与项目建设全寿命周期的各项活动，贯穿项目全过程，实现各个环节协同运作。通过应用 BIM 手段，提供信息管理和共享的方法，实现 BIM 全寿命周期管理的目的。BIM 涉及建设项目各项活动如图 1-2 所示。

（2）BIM 是多维（nD）的信息载体

BIM 通过创建并利用数字模型对项目全寿命周期进行管理，它实现了从传统二维到三维绘图，甚至多维的转变，使建筑信息得到更加全面、直观地展现。众多行业专家认为"多维工程信息模型"是对 BIM 最贴切的解释。BIM 的多个维度见表 1-4。随着 BIM 应用的不断扩大和深入，可以通过各种维度进行建设项目的分析和优化，方便政府、行业、产业、企业在工作过程中的信息交流和协作，从而实现更广泛的自动化和智能化应用。BIM（nD）以信息中心为数据支持，以模型中心为基础，以应用中心为核心价值，其内涵如图 1-3 所示。

第 1 章 BIM 概述

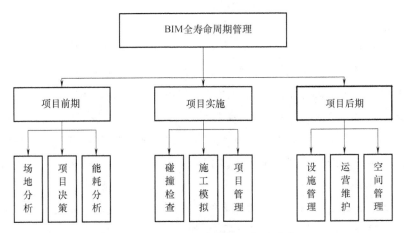

图 1-2 BIM 涉及建设项目各项活动

表 1-4 BIM 的多个维度

BIM 维度	相应特性	价值体现
3D	3D 可视化，立体造型	立体直观地表现设计模型，进行碰撞检查
4D	3D+进度计划	动态模拟施工过程，方便进度管理
5D	4D+造价信息	统计工程量，提供资源量信息，实施监控造价管理，提高利润
6D	5D+建设项目性能分析	关联数据库，全寿命周期全方位信息集成，实现可持续建筑的精细化管理
nD	各种维度的分析和优化	建筑产业链信息共享，更广泛的自动化和智能化应用等

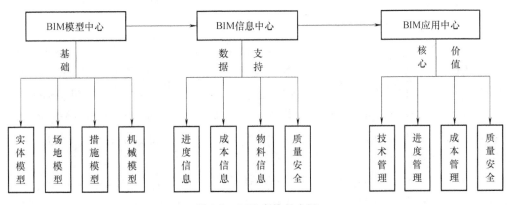

图 1-3 BIM 多维的内涵

（3）BIM 数字化

BIM 模型使构件数据数字化并实现信息共享，使得建设工程所涉及数据在全寿命周期各个阶段、各项任务和各相关方之间得以交换和应用。BIM 可利用一定规则确定几何参数和约束，完成面向对象化的模型搭建，简单地改变模型中的参数值就能建立和分析新的模型，为模型搭建提供了便捷平台。此外，BIM中图元是以构件的形式出现的，参数的调整反映出构件之间的不同，保存了图元作为数字化建筑构件的所有信息。

BIM数字化模型具有两个特点：第一是快速改变模型的能力，第二是通过创建可适应给定情况的集合来收集特定领域的知识。除设计之外的许多学科都需要通过元数据和语义来评估模型。这是因为许多学科需要模型几何以外的数据（Fernando et al., 2012）。

BIM有助于创建一个数字表示，该数字表示在几个维度上具有所有物理和功能性建筑特征，例如XYZ（3D）、时间，以及建筑及其元素的建设和管理所必需的非建筑信息。BIM技术有助于将基于实体的虚拟几何重建分割并参数化为富含测量、语义、属性、关系和动态信息的基于元素的模型。BIM还进一步地为结构分析和数据管理提供了基础。因此BIM环境将几何建模、元素参数化、动态信息管理和结构分析结合在一起，避免了不同平台和数据格式之间的转换。目前，BIM软件已经提供了一个基于现实数据（如测量、全站仪、图像和激光扫描）参考的手动语义建模平台，一旦参数化地创建了元素，它们就可以基于严格的空间关系链接在一起（Yang et al., 2017）。

运用BIM技术，通过集成项目信息的收集、管理、变换、更新、存储过程和项目业务流程，为建设项目全寿命周期中的不同阶段、不同参与方提供及时、准确、充足的信息，支持相互之间的信息交流和共享，使工程技术和管理人员能够对各种建筑信息做出高效、正确的理解和应对，为多方参与的协同工作提供坚实基础，并为建设项目从决策到运营维护全寿命周期中各参与方的决策提供可靠依据，进而提升工程建设行业发展水平。

（4）BIM信息化

一个完善的信息模型，能够连接建筑项目全寿命周期不同阶段的数据、过程和资源，是对工程对象的完整描述，可被建设项目各参与方普遍使用。BIM具有单一工程数据源，可解决分布式、异构式工程数据之间的一致性和全局共享问题，支持建设项目全寿命周期中动态的工程信息创建、管理和共享。

利用BIM技术，将组成工程的每个部分按标准化的尺寸、形状分解成可以定型生产的构件，在BIM中根据构件的特点，建立构件库。构件库可以包括建筑材料库，预制构件库（预制梁、预制板、柱、栏杆、门、窗等），家具库（桌椅、厨卫、洁具、灯具等）等。建立BIM模型时可以利用构件库搭建整个建筑工程。建立构件库时，应完善每个构件的信息，包括构件的编号，构件的尺寸信息，构件的材质信息，构件的位置信息，从而解决构配件标准化的问题。

BIM信息化的核心为BIM数据模型，数据模型分为BIM主体模型和BIM扩展数据模型。BIM主体模型主要为三维化的实体模型数据，是虚实交换技术的基础模型。而BIM扩展数据模型是所有与BIM模型进行关联的现场实时相关信息，它依附于BIM主体模型。当主体模型和扩展模型进行动态合并后，将产生各种不同应用目的的综合模型，而综合模型数据便是信息。

BIM信息化以信息模型作为数据交换的主要载体，通过信息集成与编码控制系统，实现从实体建筑的拆解、标准化构配件的成组化、委托加工，到零部件的验收、工作包拆分，再到具体建筑上构配件的还原过程中,对相关零部件、构配件的全过程跟踪与监测的全过程信息化管理。

(5) BIM 智能化

BIM 技术为智能化应用系统提供基础数据。BIM 模型中除包含相关的属性信息,例如构件材料、加工要求等,以及管理信息(成本、进度、质量、安全等),还应包含这些信息之间的关联信息。BIM 模型作为信息的载体提供数据,其智能化既离不开空间信息,也离不开进度信息、成本信息等管理信息。集成应用 BIM 技术为信息系统增加了信息感知和认知的能力。

基于 BIM 的建筑施工智能化可以分为两个方面,即智慧工地和智慧施工。

1) 在智慧工地方面,目前已发表的、以 BIM 应用为基础的智能化应用技术可归纳如下:

① 基于 BIM 的作业人员智能化管理系统,让工人佩戴内嵌智能芯片的安全帽,将 BIM 模型导入系统。系统具有门禁功能,不仅可以自动进行人员的出勤统计,而且可以记录人员在项目场地中的轨迹和分布,并可以对在场人员进行实时语音提示。

② 基于 BIM 的物料智能化管理系统导入 BIM 设计模型,集成施工进度计划、流水段、清单项目、分包队伍等信息。在系统中选择单体、楼层、构件,均可提取相应的材料用量,辅助制订材料采购计划及进行限额领料管理;支持材料的模型量和实际量间的对比,方便物料控制。

③ 基于 BIM 的混凝土建筑钢筋智能化加工系统以建筑结构专业的 BIM 模型为输入,实现钢筋的自动翻样,并通过与数控加工设备配合,实现钢筋的半自动或全自动加工。

④ 基于 BIM 的智能化质量管理系统以施工 BIM 模型为输入,按照相关标准,自动生成质量验收计划;支持在施工现场利用移动终端,通过定位功能动态识别现场的构件和模型中的构件的对应关系;通过点击模型中显示出的计划验收构件,显示数据输入表,支持在其中录入验收数据后自动上载到系统的服务器,便于各参与方共享数据和协同工作。

⑤ 基于 BIM 的智能化安全管理系统通过让作业人员在现场佩戴智能安全帽,以施工 BIM 模型为输入,在系统内生成虚拟施工现场场景,通过定位技术实时采集作业人员位置信息和不安全环境信息,系统可实时对作业人员进行安全监测和预警。

⑥ 基于 BIM 的智能化成本管理系统通过输入施工 BIM 模型,建立构件与预算文件、分包合同、施工图、进度计划的关联,支持实时按专业、楼层、进度、流水段等多维度计算统计工程量、分包量,再通过输入实际成本,实现基于"三算对比"的成本控制。

⑦ 基于 BIM 的智能化施工综合管理系统以 BIM 模型为输入,将三维模型与施工进度计划相关联,对施工过程进行可视化模拟。同时,实时采集并更新当前的进度、资源、成本费用等信息,自动进行资源与工程进度统计、成本实时监控等,可进行冲突分析,辅助调整计划。

2) 在智慧施工方面,以 BIM 应用为基础的智能化应用技术可归纳如下:

① 基于BIM的智能化机电安装管理系统在基于BIM的智能化施工综合管理系统的基础上，建立机电设备的4D模型，实现机电安装施工动态管理及可视化模拟。同时，可结合激光扫描、GPS、移动通信等技术，对施工现场的机电设备进行跟踪，方便对安装进度进行管理和检查。

② 基于BIM的智能化施工过程监测系统输入施工BIM模型，并利用每日施工照片，生成已建成部分的点云模型，采用支持向量机等机器学习的方法，将点云模型与施工BIM模型进行比较，自动识别进度偏差。

1.1.4　BIM的基本特征

BIM用多维数字化技术，对建筑设计、建造及运维过程中的方案进行可视化展示、分析和优化，把CAD时代只能在建造过程中发现在设计方案中的一些遗漏或错误，在多维数字化模型中预先发现并解决。BIM能够提高人们对全寿命周期内的建筑物信息的控制。其基本特征见表1-5。

表1-5　BIM基本特征

BIM基本特征	相应优点
可视化	立体模型，容易理解
协调性	信息共享平台，方便有效沟通协调
模拟性	施工模拟及监控，提高设计、施工及管理效率
优化性	碰撞检查，优化方案
可出图性	汇总信息，形成综合施工图
协同性	信息共享，提高信息传递、使用效率
子信息模型多样性	服务于不同目标，产生多样化的子信息模型，多效利用

1. 可视化

可视化是指"所见即所得"。可视化在建筑行业中的运用对建筑行业的发展起到重要作用。例如拿到的施工图，只是各个构件的信息在设计施工图上的线条化表达，缺乏立体的展现，其真正的构造形式就需要建筑业参与人员去自行想象。对于一般构造简单的物体来说，这种想象未尝不可，但现在建筑形式各异，造型复杂，光靠人脑去想象出完整立体的构造并不现实。而BIM提供了可视化的思路，将二维线条式的构件形成一种三维的立体实物状态展示在人们的面前，并且BIM可视化能够同构件之间形成互动性和反馈性。

除BIM建筑模型三维可视化外，VR可以沉浸式的体验来进行建筑的规划和设计。如今，BIM+VR的可视化已经应用于质量监控。运用BIM技术的施工建模不同于原始的建模，模型创建空间的真实感远高于原来的模型。而BIM技术与VR技术的结合则是还原了智能信息化的真实场景。BIM具有模型与数据信息，VR提供虚拟的实景体验，BIM+VR协同，打造智能信息化的真实感受。

BIM+AR[①]可以提供所有已知项目信息集成的、基于计算机的集合。BIM 已经包含几何信息、非几何设计和管理信息，如材料属性、供应商信息、成本和进度数据、组织信息等。这些信息可以很容易地通过 AR 可视化，指导建筑工人建造实际建筑并提高他们的工作质量。通过将虚拟模型与真实场景中的对象进行配准，可以更有效地理解某些计划，可使按照计划快速而精确地建造变得更容易，尤其是在受限空间中的复杂设计。BIM+AR 可以提供完整的三维交互实体设计模型，让工人对细节有直观的理解。因此，实现了高水平的可施工性，并将建筑材料清楚地运送到现场。三维增强详图缩短了变更设计施工图通常需要的时间，为所有相关方节省了时间（Wang et al，2012）。

在建筑信息模型中，整个过程都是可视化的，其可视化的效果不仅可以展示效果图及生成报表，更重要的是项目设计、建造、运营过程中的沟通、讨论、决策都在可视化的状态下进行，方便进行更好的沟通、讨论与决策。

2. 协调性

BIM 技术可贯穿运用于全寿命周期中的各个阶段，包括规划、设计、施工、运营维护等。各阶段的参与主体不同，导致建设项目全寿命周期内的参与方众多，有建设单位、施工单位、设计单位，监理单位等。不同的项目参与方在建设项目全寿命周期中职责和作用不同，因此需要和产生的信息也不同。然而建设过程持续时间长，贯穿全寿命周期各个阶段，因此各参与方之间需要有密切的信息交流。例如，设计单位会根据业主方的建设项目使用要求完成设计图，施工单位需要设计施工图按图施工，监理单位按设计施工图管控质量。当遇到问题时，牵涉到的各参与方可以利用需要的信息交流互通就能解决问题。如图 1-4 所示为项目主要参与方之间的信息流结构（孙悦，2011）。

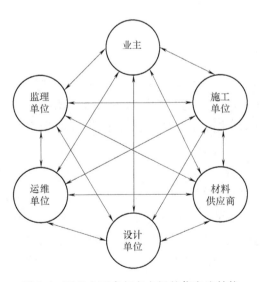

图 1-4　项目主要参与方之间的信息流结构

[①]　AR（Augmented Reality）是在虚拟现实的基础上发展起来的新的计算机仿真技术。

BIM 的使用使得建设工程项目的流程更加协调，降低了不合理变更方案或者问题变更方案的可能性，例如基于 BIM 的三维设计软件在项目管线综合设计周期里，能够清晰、高效率地与各系统专业有效沟通，更好地满足工程需求，提高设计品质。BIM 能将全寿命期各参与方所需的信息整合，构建信息平台，使各参与对象能够快捷有效地获取信息，以协调建设项目各参与方的工作，缩短建设项目周期、降低成本。

3. 模拟性

BIM 模型的数据信息具有多样互用性以及可视化的特征，这也是 BIM 具备模拟仿真的基础。建设项目在不同阶段，各参与方有其不同的工作目的，由此 BIM 模拟仿真能应用于建设项目全寿命周期中。在设计阶段，BIM 可以进行模拟实验，例如节能模拟、日照模拟、热能传导模拟等，以便优化设计。施工阶段，通过四维施工模拟与施工组织方案的结合，实现虚拟施工，能够使设备材料进场、劳动力分配、机械排班等各项工作的安排变得最为有效、经济。BIM 还可以实现数字化的监控模式，这将大大减少建筑质量问题、安全问题，减少返工和整改，更有效地管理施工现场。后期运营维护阶段可以进行日常紧急情况处理方式的模拟，如地震人员逃生模拟及消防人员疏散模拟等。

4. 优化性

事实上整个设计、施工、运维的过程就是一个不断优化的过程。

优化受三种因素的制约：信息、复杂程度和时间。信息包括几何信息、物理信息和规则信息，此外信息还反映了建筑物变化以后的实际存在。建筑物的复杂程度高到一定程度，参与人员本身的能力将无法掌握所有的信息，必须借助一定的科学技术及设备的帮助。现代建筑物的复杂程度是参与人员难以想象的，加之参与人员能力有限，更加剧了建筑物的复杂程度，而 BIM 及与其配套的各种优化工具则提供了对复杂项目进行优化的可能。基于 BIM 的优化可以做以下工作：

（1）规划阶段的方案优化

传统模式下的二维设计图，无法立体全面地展示给建设单位，建设单位被动地将成本控制在项目中后期。在引用 BIM 技术后，建设单位便可在项目前期把项目设计方案、施工方案与运维方案等与投资分析相结合，通过不同方案结合的成本测算，选择最优的项目方案组合，实现项目投资收益最大化。

（2）设计阶段的深化设计

由于 BIM 数据信息互通性，建模前确定建模标准后，利用其可视化与模拟仿真的特点，将建筑、结构、机电三个专业的模型用审查软件针对不同专业进行一致性审查和碰撞检测，可快速发现碰撞点并迅速解决问题。预先发现项目设计图的错误，让设计图可行、可建，减少由此产生的变更申请单，避免后期施工因设计图问题带来的停工以及返工，这样不仅可以提高施工质量，确保施工工期，还能节约大量的施工和管理成本，也为现场施工及总承包管理打好基础，创造可观的经济效益。

（3）异形构件的设计优化

裙楼、幕墙、屋顶、大空间等常见的异形设计，看起来占整个建筑的比例不大，但是与占整个建筑的比例相比，占投资和工作量的比例却往往要大得多，而且通常也是施工难度比较大和施工问题比较多的地方，对这些内容的设计施工方案进行优化，可以显著缩短工期和降低造价。

（4）施工阶段的场地布置优化

一方面借助BIM技术现场施工过程模拟结果，将建筑材料摆放至指定位置，避免材料堆场影响施工导致材料二次搬运；另一方面运用BIM准确提取各区段材料消耗量，施工人员根据此量将备用材料搬运至用料区段，避免多运、漏运、错运，造成二次搬运。

5. 可出图性

BIM出图是指建模软件对建筑物进行可视化展示、协调模拟、优化以后，在三维模型的基础下用软件形成综合施工图，如机电平面图、初步设计图、综合管线图、碰撞检测错误报告和建议改进方案等。

制定行业制图标准将有利于BIM在设计阶段的模型定义及信息交流规则。与传统的出图方式比较，BIM出图具有以下几方面的优点：

1）BIM施工图中的注释符号不仅仅是实体的抽象代号或孤立的注释文本，还包括了进一步深化这些实体所需要的数值化信息，这些信息可以提取、交换和分析。

2）设计施工图标注是参数化设计过程，可以快速浏览到各种设计信息，通过调整和修改参数，可以实时进行方案比选和深化设计。

3）设计施工图与模型逻辑相关，当模型发生变化时，与之关联的图形和标注将自动更新。从初步设计到施工图设计只需使用同一个数据文件，这样可避免多个文件的重复修改，减少人为设计错误。

4）设计施工图标准化管理。BIM模型生成的设计施工图定制模板文件，使每一张设计施工图都有其独有唯一的条形码，把大量纷杂的信息进行有序的组织，并进行精细化管理。通过软件自带的设计施工图资源管理库，设计施工图的名称、尺寸、类型、创建时间、修改时间等都会详细标示，提高了信息沟通和数据采集的效率。

6. 协同性

传统的信息交换方式是一种分散的信息传递模式，各参与方必须相互交换信息才能获取自己所需的信息以及将信息传递出去。而BIM联合了建筑项目的各参与方，强调多工种、多行业协同进行建模工作，为建设行业各环节质量和效率的提升提供了方法和保障。同时BIM信息整合能力强，各参与方只需将信息数据提交至BIM信息数据库，即可在数据库中实现信息共享，这种信息交换模式简化了信息传递路径，提高了信息传递效率，实现了协同作业。

BIM技术的应用可实现建筑全寿命周期过程中各参与方的协同工作，实现建筑领域中各部门各专业设计人员对建筑信息模型的共享与转换，使各参与方可以共同对BIM数据库中的程序、设计流程中信息交换和共享的内容、设计时间进行合理的分配，从而将建筑全寿命周期过程中建筑信息的无序变为有序，更好地实现建筑信息模型的共享与转换。

7. 子信息模型多样性

建筑全寿命周期过程中由于进展和需要应分阶段创建 BIM 数据，即从项目规划到设计、施工、使用不同阶段，针对不同的应用建立相应的子信息模型，例如结构模型、建筑模型、机电模型、场地布置模型等，实现各设计方的协同作业与设计。子信息模型的信息交换实现了 BIM 模型的多方利用。各子信息模型能够自动演化，可以通过对上一阶段模型进行数据提取、扩展和集成，形成本阶段信息模型，也可针对某一应用集成模型数据，生成应用子信息模型。随着工程进展，各子信息模型最终集成面向建筑全寿命期的完整信息模型。BIM 子信息模型与完整信息模型构建过程如图 1-5 所示。

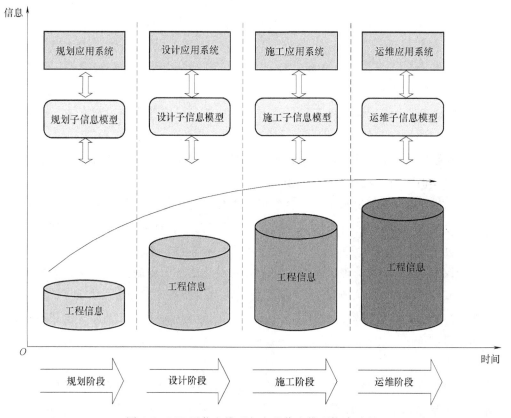

图 1-5　BIM 子信息模型与完整信息模型构建过程

1.2　BIM 应用

1.2.1　BIM 应用概况

1. 国内应用 BIM 现状

目前，建筑信息管理的概念逐渐被中国的建筑业所认识。一些具有

BIM 应用概况

前瞻性的建筑设计和房地产公司已设立 BIM 业务板块，同时，专业的 BIM 咨询公司已将 BIM 技术深入应用到北京、上海、广州等地建设项目全寿命周期的各个阶段（包括规划、设计、招标投标、施工、运营、维护和升级等）。此外，各类高校开始深入了解并学习 BIM 技术核心概念及相关技术，并举办各类 BIM 大赛，例如龙图杯、创新杯等，推动了 BIM 理念在高校中的传播。

BIM 技术已呈现出发展的趋势，在国内许多大型基础设施项目中均得到了广泛的应用。从国内政策推广层面来看，住房和城乡建设部针对全球采用 BIM 技术趋势率先做出回应，颁布国家层面鼓励政策，支持各城市试点推广 BIM 项目，以推进 BIM 技术在国内建筑业的广泛应用。地方政府层面均制定了 BIM 技术的指导方针和规章制度，确定从国家层面到地方层面均鼓励支持推行 BIM 试点项目。为满足特殊设计和绿色建筑的要求，国内一些标志性建筑也尝试采用 BIM 技术，譬如北京的国家游泳中心（俗称"水立方"）和国家体育场（俗称"鸟巢"）、上海世博会展馆、南水北调中线项目工程以及大型城市轨道交通项目等。

目前国内建筑业将 BIM 技术的实际应用层面着眼于建筑的全寿命周期。较国内早期 BIM 应用阶段相比，现在国内建筑业更侧重于建筑设计时的 BIM 技术应用，即合理的设计优化。此外，国内大型建筑企业也顺应形势，积极采用 BIM 技术。譬如，我国最大的建筑公司之一上海建工集团，在其广泛承揽的建设项目中积极采用 BIM 技术，大大影响了其项目团队、子公司以及业务合作伙伴开展 BIM 技术应用。基于 BIM 技术交互信息平台，建筑全寿命期各参与方可在平台上进行高效的信息交互、共享，感受 BIM 技术采纳推广所带来的优势（例如，有效减少设计变更、更佳的节能设计、快捷的成本估算以及有效缩短建设周期）。目前国内越来越多的建筑企业致力于采纳推广 BIM 技术（陈奕林，2019）。

近年来，BIM 在建筑业的应用越来越广，越来越深入，其主要原因是：计算机软硬件技术和网络技术的发展为 BIM 应用提供了基础；城镇化进程和众多大型复杂项目的增多为 BIM 应用提供了市场需求；全球范围的节能减排要求，特别是可持续理念及生态环保理念的升华，提高了人们对建筑品质的要求，增大了人们对 BIM 技术应用效果的期望。

BIM 运用直观的三维信息模型，成为承载各方信息和数据的中心，各方的诉求汇集于此，沟通均在该平台上完成，极大地提高了建设效率，降低建筑设计的出错率。BIM 数据平台实现各方信息共享如图 1-6 所示。

BIM 能够应用于工程项目规划、勘察、设计、施工、运营维护等各阶段，实现建筑全寿命周期各参与方在同一多维建筑信息模型基础上的数据共享，为产业链贯通、工业化建造和丰富建筑创作提供技术保障；支持对工程环境、能耗、经济、质量、安全等方面的分析、检查和模拟，为项目全过程的方案优化和科学决策提供依据；支持各专业协同工作、项目的虚拟建造和精细化管理，为建筑业的提质增效、节能环保创造条件。当前，我国建设项目在规划、设计、施工、运维等四个阶段共 25 个 BIM 应用点，见表 1-6。BIM 不同分类及相关应用见表 1-7。

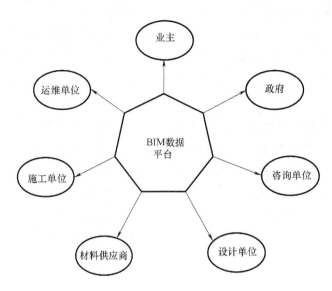

图 1-6 BIM 数据平台实现各方信息共享

表 1-6 BIM 的 25 个应用点

BIM 应用阶段	BIM 应用点
规划阶段	场地建模、成本预算、阶段规划、策划、场地分析
设计阶段	设计评审、设计建模、能量分析、结构分析、照明分析、设备分析、其他分析、LEED 评估规范验证
施工阶段	3D 协调、场地使用、规划施工、系统设计、数字化加工、三维控制和规划
运维阶段	记录模型、维护计划、建筑系统分析、资产管理、空间管理/追踪、防灾减灾计划

表 1-7 BIM 不同分类及相关应用

BIM 功能角度分类	对象	细分	具体内容	特征及作用
技术方面	软件	基于绘图的 BIM 软件	建模软件	nD 可视化；方案优化；碰撞检查；应急管理模拟
		基于专业的 BIM 软件	建筑设计软件、结构设计软件、能耗及日照分析软件	
管理方面	项目主体	政府	项目监控、项目管理、设施维护管理等	全寿命周期应用，各方协同设计；节约成本，缩减工期；空间管理
		业主		
		咨询单位		
		设计单位		
		施工单位		
		运维单位		

2. 国内 BIM 应用障碍

BIM 在建筑行业的前景十分巨大。虽然 BIM 在我国建筑行业已经取得了一定的应用，但是 BIM 在我国建筑行业的应用发展比较缓慢，即不管是 BIM 的应用水平还是行业内使用 BIM 的企业的数量，都发展得极为缓慢。国内 BIM 应用障碍因素见表 1-8。

表 1-8　国内 BIM 应用障碍因素

BIM 应用障碍因素	具体内容
使用成本高	BIM 培训费用高、硬件升级配置费用高、BIM 软件价格高、BIM 咨询费用高、BIM 效益低
BIM 技术缺陷	BIM 软件功能不完善、基于 BIM 的二次研发不足、BIM 出图性能差、BIM 模型准确度管理难、软件兼容性差、BIM 对人员素质要求高、国外 BIM 软件本土化程度低、BIM 建模所需数据源不足、缺少标准化的对象库、缺乏国内 BIM 软件、BIM 软件操作困难
BIM 认知程度低	BIM 的重视程度不够、传统思维转型困难、对 BIM 认识不足、不乐于分享成果和数据
BIM 规则不完善	BIM 的法律责任界限不明，缺乏 BIM 知识产权保护法律，缺乏数据标准、BIM 支持政策、BIM 标准和指南、BIM 类的标准合同范本
组织机构不成熟	基于 BIM 的工作流程尚未建立、缺乏与 BIM 相配合的企业组织结构、BIM 应用缺乏统筹管理、不适应协作、缺乏使用 BIM 的战略计划、企业使用 BIM 的目标不明确
BIM 大环境	BIM 研究不足、BIM 的综合应用模式缺乏、BIM 成功案例和应用经验缺乏、外部动力不足、BIM 人才缺乏

3. BIM 发展措施

影响 BIM 应用最重要的因素见表 1-9。

表 1-9　影响 BIM 应用最重要的因素

主体	BIM 应用最重要的因素
设计企业	标准化法规
	成本、利润
	效率、便利性
	提高 BIM 熟悉性（应用率）
	项目管理系统整合
施工企业	提升质量准确度
	效率、便利性
	项目管理系统整合
	提高 BIM 熟悉性（应用率）
	成本、利润

设计企业、施工企业认为成本、利润、效率、便利性以及提高 BIM 熟悉性（应用率）等是影响 BIM 应用的最重要因素。因此我国可以据此采取相应措施，推进 BIM 得到更好的发展和应用。

（1）鼓励和带动小型企业接受并推广 BIM

相较于规模较小的同类企业，我国的大型设计企业和施工企业通常拥有更丰富的 BIM

应用经验。全球各地的研究表明，应用BIM的业内参与者越多，技能越强，BIM的益处就越多，优势越明显，这意味着规模较小的企业也需参与其中。因此，业内领先的BIM用户需努力带动尚未应用BIM的企业，应用率较低的企业应更深入地参与进来。这两点至关重要，这将加速我国的BIM发展步伐。

（2）开发支持项目全寿命周期的三维族库

未来，BIM最强大的功效将是支持整个项目全寿命周期运作，因此需要创建BIM三维族库，以供项目相关方在设计到运维的整个流程中使用。例如，设计企业和施工企业需要与建筑材料供应商协作，创建易于获取和使用的BIM族库，以便各公司减少内部创建族库的需求。

（3）把握基于模型的预制

在许多先进的BIM市场中，最受重视的BIM应用之一是协调使用模型来推动装配件的场外及近场预制，从而整合多类分包商的工作。基于装配件可以事先造好并在运抵现场后于适当时间直接安装的特点，预制在一定程度上加快了项目进度。此外，在车间内铸造装配件可以更严谨地控制质量，避免天气造成的影响，且工作环境通常也更为安全。这种方法可以减少现场的物料运送、存储、管理和浪费以及现场劳动力的成本，通过相对低廉的车间劳动力来降低成本。

（4）改善BIM实施环境

统一的技术标准是建筑行业实现BIM技术扩散的基础，对加快BIM技术的扩散有着极为重要的意义。统一的技术标准和指南对我国BIM的发展有着深远的指导意义。此外，要加强对BIM的认知，提高BIM效益的转化。例如，社会以及高校在教学课程中增设BIM课程，招收部分BIM应用型的学生，在较短的时间内为建筑行业培养一批懂管理、熟悉BIM应用的综合性人才，以改善BIM的实施环境，促进BIM在我国建筑行业的应用。

4. 基于BIM的数据驱动

数据驱动的背景是图元，而BIM模型都是通过包含各类信息的三维几何体来表示，例如，柱、梁、板等结构构件是BIM模型的结构基本单元，构件参数通用高效。BIM是工程建筑行业的大数据，是实现资源汇聚共享和跨部门协调联动，以及高效精准管理与安全可靠运行的核心。数据驱动为网络、数据、信息的集成与应用BIM的展现、监控、管理、运维、服务打下坚实基础，为实现网络互联、信息互通、数据共享、业务协同提供有力保障，为实现智慧建筑、园区、城市的大数据分析、BIM挖掘应用提供条件。

BIM数据跨部门的共享利用，提升了数据价值，方便了建筑行业领域各类数据的收集。结合一系列机器学习、数学建模、自然语言处理、搜索引擎等技术，BIM把信息精细加工以后，提供给管理者，达到数据驱动智慧管理和科学决策的目标。这既可以节省很多人力成本，也可以在做招标、投标和审核时的预算中直接载入做过精加工的数据，方便进行各种调度。例如BIM与智能化整合，对建筑内各公共区域、设备房及设备房内的各个设备进行远程数据采集、控制、报警、输出设备巡查记录，通过数据的累计分析，实现对水、电、空调、照明等精细化能源管理，逐步形成预防数据，定期向管理者推送管理报表，实现可视化管理。

BIM作为促进我国建筑行业发展创新的重要技术手段，其应用与推广将对建筑行业的科技进步与转型升级产生无可估量的影响，尤其是BIM与地理信息系统GIS、设施管理FM、智能化集成系统IBMS的整合，将对城市、园区、建筑的管理和服务产业升级发展带来巨大效益。

建筑信息化管理利用建筑领域最新成果的信息技术，它对建筑行业的各个方面都有深远的影响。但是，随着业主积极推广和设计单位尝试BIM技术和探索，以及软件系统的不断完善，BIM技术将成为建筑行业的发展趋势，逐渐改变现有建筑寿命周期内传统的工作方式。

1.2.2 BIM具体应用

BIM应用贯穿于整个项目寿命周期的各个阶段。其中现状建模和成本预算控制贯穿了从规划到运营维护的各个阶段；各阶段规划、规划书编制、场地分析、设计方案论证、3D协调与竣工模型均为跨阶段应用；其余应用则大部分发生在项目全寿命周期的某个特定阶段。

BIM的应用对建筑项目设计、建造、运营起到管理和协同作业的作用。BIM电子文件能够在参与项目的各建筑企业间共享。在规划设计阶段，建立综合BIM模型，协调综合设计图并进行优化，提高设计质量，提供更专业的技能和服务，整体布置、科学规划；在施工过程阶段，进行施工进度、施工组织和可建设性模拟，有效指导施工，检查碰撞冲突，提高施工现场效率，降低成本，减少工期；在运营维护阶段，提供高效数据库，建立BIM竣工模型，进行灾害应急模拟，采取有效措施应对突发状况，并且方便后期维护管理。对于建设项目全寿命周期而言，BIM主要整合各阶段的信息，构建信息共享平台，用于业主、政府监管部门、咨询管理方、设计方、施工方、物业管理单位等相关人员共享信息、沟通交流、协同管理。

BIM在整个建筑行业从上游到下游的各个企业间不断被完善，从而实现项目全寿命周期的信息化管理，最大化地实现BIM的意义。BIM包含了工程造价、进度安排、设备管理等多方面项目管理的潜能。根据BIM模型可得知丰富的建筑信息，有利于优化施工流程，统筹管理材料、设备、劳动力等施工资源，提高项目整体的建造效率和建造质量。建筑工程进行BIM管理，通常由业主方搭建BIM平台，组织业主、监理、设计、施工等多方，进行工程建造的集成管理和全寿命周期管理。BIM具体应用及服务对象如图1-7所示。

信息化是建筑产业现代化的主要特征之一，BIM应用作为建筑业信息化的重要组成部分，有望大幅度提高建筑工程的集成化程度，极大促进建筑业生产方式的变革，提高投资、设计、施工乃至整个工程寿命期的质量和效率，提升科学决策和管理水平。BIM应用如图1-8所示。

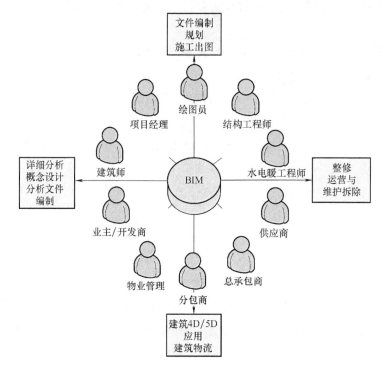

图 1-7　BIM 具体应用及服务对象

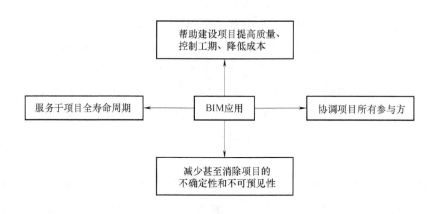

图 1-8　BIM 应用

1. BIM 软件的应用

从技术角度看，BIM 以三维技术为基础，整合项目全寿命周期的不同信息，创建项目实体与功能为一体的数字化模型，集成应用于包括设计、施工、投产运营及维护的建筑全寿命周期。相比传统模式工序分散，信息化不足，BIM 提供的协同工作环境，可使项目生产交互进行，集成化程度高，是行业发展的需要。

例如，BIM 核心建模软件能够完成整个建筑项目的设计，包括方案设计、成果输出等。建模软件不仅可以通过建筑设计得到效果图和建筑动画，同时还可以生成建筑施工图，统计构件数量形成明细表，导入分析软件进行绿色建筑分析、结构计算，甚至综合各专业模型进行碰撞检测。此外，BIM 还可以与相关软件协同设计，最终建模结果即可产生指导施工的精确施工图，使得设计过程和设计结果可视化。

结构分析软件可与 BIM 核心建模软件高度配合，基本上实现双向信息交换，即结构分析软件可使用 BIM 核心建模软件的信息进行结构分析，分析结果可用于结构的调整，又可反馈到 BIM 核心建模软件中去，自动更新 BIM 模型。

根据美国总承包协会（Associated General Contractors，AGC）分类法，BIM 软件可分为九大类，其分类及应用见表 1-10。

表 1-10 BIM 软件分类及应用

BIM 软件分类	代表性软件	BIM 软件应用
概念设计和可行性研究软件	Revit Architecture、ArchiCAD、Vico office	创建和审核三维模型，概念设计和成本估算，3D、5D 概念建模
BIM 核心建模软件	Revit Structure、Digital Project、Risa	建筑和场地设计，结构、机电、消防设计等
BIM 分析软件	Robot、Green Building Studio、Energy Plus	模型检查和验证，能量分析，热能分析等
加工图和预制加工软件	Revit MEP、CAD-DUCT	加工图和工厂制造、预制加工
施工管理软件	Navisworks Manage、Solibri Model Checker	碰撞检查，模型协调，施工计划，施工管理
算量和预算软件	QTO、Visual Applications	计算工程量，施工图预算等
加工图和预制加工软件	Inventor、Revit、CATIA	制作建筑、结构、机电等加工图，进行预制构件的加工
计划软件	Navisworks Simulate、Synchro Professional	编制项目计划，编制施工计划
文件共享和协同软件	ProjectCenter、SharePoint	文件共享和沟通，项目管理信息，信息协同

BIM 软件已在工程建设项目中产生作用。例如，上海中心 2015 年竣工并投入运营。该项目运用 BIM 技术，使用相关软件，进行四维建模、优化设计施工图、各专业间碰撞检查，提前发现了 10 万多个问题，保守估计节约费用超过 1 亿元。以上海中心的外幕墙为例，运用 BIM 技术后，绘制加工图效率提升 200%，加工图数据转化效率提升 50%，复杂构件测量效率提高 10%。

2. BIM 管理的应用

从管理角度来看，BIM 应用有四个时间节点：

1）在项目规划阶段，利用 BIM 技术可进行可视化的规划景观模拟和规划微环境模拟分析以及评估。具体应用包括项目的三维景观分析、建筑项目的环境日照分析、项目的风环境分析、项目的温度环境分析以及项目的环境噪声分析。业主可根据 BIM 分析结果选择最佳方案，使投资收益最大化。

2）在项目设计阶段，主要利用 BIM 技术进行建筑模型建立、管线综合排布、三维协同设计、结构的力学分析、设计概预算信息的统计等工作。不仅提高设计的质量和效率，在 BIM 模型建立后，还可以从中直接生成工程量清单和工程造价统计，为工程资金准备提供依据，为招标投标提供依据。

3）在项目施工阶段，利用 BIM 技术可对施工方案进行模拟、实现工程变更管理、进度控制、成本控制、安全管理、施工资料记录；进行可视化的三维模型技术交底，提高了施工管理效率；及时应对处理工程变更问题，实时记录施工资料和信息，形成 BIM 竣工模型。

4）在项目运维阶段，利用 BIM 技术可以对现代建筑进行可视化的设备维护管理、设备应急管理和物业租赁管理等。当遇到设备故障如火灾、气管爆裂、水管爆裂等突发状况时，能通过 BIM 平台及时获取设备的有关问题所在，协助相关人员及时进行报警，妥善处理紧急问题。基于 BIM 技术的设备维护，比如对各系统和设备进行的运行监控、空间定位、内部空间设施的可视化以及运营维护数据的累积和分析，可将物业租赁管理中的相关信息存入 BIM 模型数据库中，并及时更新维护，提高物业租赁管理水平。

从建设项目全寿命周期看，BIM 在规划、设计、施工及运维阶段起到非常大的作用，详见本书相关章节。

从建设项目参与方看，各方对 BIM 的应用见表 1-11。

表 1-11　项目参与方对 BIM 的应用

项目参与方	BIM 应用
业主	帮助项目决策，对比设计方案，项目沟通和协同，业主方项目管理，动态管理投资项目
政府	方便审批项目，随时监管建设项目，项目审计
咨询单位	帮助业主对项目进行管理
设计单位	优化设计，建立 3D 模型，各设计专业协调
施工单位	虚拟建造，施工分析和规划，施工碰撞检查，施工项目管理，精确计算施工工程量及预算，施工过程电子监控
运维单位	运行维护管理，应急救援，空间管理

BIM 实现了施工图的三维可视化，改变了传统的 2D 施工图局面，从而实现了建筑物的 3D 设计与 4D 甚至 5D 施工。BIM（nD）更是加入了时间、成本、性能分析等，能够帮助业主、设计方、施工单位等进行项目规划，提高项目质量，降低项目成本，并优化项目进度。BIM 为项目所有参与方服务，实现了信息共享。

从技术角度看，BIM 使建筑工程更高效、更经济、更精确，使各工种配合得更好，因而减少了施工图的出错风险，很大程度上提高了设计乃至整个工程的质量和效率。从管理角度看，BIM 不断提供质量高、可靠性强的信息使建筑物的运作、维护和设施管理更好地运行。

3.“BIM+”拓展应用

"互联网+"的概念被正式提出之后迅速发酵，各行各业纷纷尝试借助互联网思维推动行业发展，建筑行业也不例外。BIM 是建筑业实现信息化和工业化的技术，随着智慧建造技术、数字建筑等概念的提出，以及新技术的产生与应用，"BIM+"概念也开始出现。BIM技术与VR、3D打印、大数据、无人机倾斜摄影、AI、ERP等新技术的融合应用，深化拓展了BIM应用，极大地提高了设计、施工和运维管理质量和水平。

（1）BIM+VR

BIM是通过数字信息模拟建筑的真实信息。虚拟现实（Virtual Reality，VR）是运用计算机对复杂数据进行的可视化操作，模拟产生一个三维空间的虚拟世界，为使用者提供关于视觉、听觉、触觉等感官的模拟。BIM与虚拟现实技术集成应用，主要内容包括虚拟场景构建、施工进度模拟、复杂局部施工方案模拟、施工成本模拟、多维模型信息联合模拟以及交互式场景漫游。目的是应用BIM信息库，辅助虚拟现实技术更好地在建筑工程项目全寿命周期中应用。BIM+VR集成应用见表1-12。

表1-12　BIM+VR集成应用

BIM+VR 应用阶段	BIM+VR 应用点	集成应用及价值	BIM+VR 技术软件
建筑营销阶段	VR样板房展示	提升用户体验，实现线上销售与展示，同时集成客户信息录入和客户体验数据捕捉系统，进行大数据支持	Fuzor Lumion Twinmotion
设计阶段	进行三维空间实体化建模	BIM建模渲染真实度提升，直观地实现了空间设计，优化设计	
施工阶段	交互工艺模拟	施工作业人员通过手柄可以实时查看相关构件参数，判断构件位置的合理性，提升了施工作业的可控性	
施工阶段	VR工程结构分析	简化了实施试验的器材和时间，并且能够反复操作，精确地记录每一组试验数据，并加以汇总比较	
施工阶段	VR施工现场安全教育体验	提高了安全意识，有效降低了安全事故发生概率	
施工阶段	模拟施工过程	优化施工方案和精确报价，提高了企业的市场竞争力和处理业务的效率	
施工阶段	工程测量应用	提供高效的测量模式，全面高效地管理测量和分析数据，提高了测量的效率，为企业节约了时间成本和人工成本	
施工阶段	工程管理	管理人员通过VR视频监控、数据分析把控施工进度，降低施工现场管理成本	
运维阶段	3D仿真运维体验	让设备维护检修、消防应急等变得更为直观可控	

我国国内VR成型产品加速落地，与建筑直接相关的产品包括展示设备、拍摄设备、设计软件等，目前应用主要集中于VR样板房展示、云渲染家装、设计转换VR平台等。例如，湖南省湘潭天易示范区三建·江湾广场项目，该项目从设计到施工全寿命周期运用BIM+VR技术，通过BIM技术的应用不仅实现了项目工程中的全方面信息化管理，还对项目施工过程进行了更精细化的管理；从VR虚拟样板间交底、项目观摩体验到项目对外展示

均使用VR技术，使观看者无论是在项目建筑初期，还是在项目建设时甚至建成后都可以360°全方位对该项目进行了解。通过BIM+VR技术的应用，不仅减少了项目设计、建筑时间及成本，还提升了项目的品位，产生了良好的经济效益及社会效益。

（2）BIM+3D打印技术

住房和城乡建设部在《2016—2020年建筑业信息化发展纲要》中指出"积极开展建筑业3D打印设备及材料的研究。结合BIM技术应用，探索3D打印技术运用于建筑部品、构件生产，开展示范应用"。可见，我国倡导结合信息化技术，以生产"部品"和"构件"为主要实践方向，推动研究3D打印技术。

3D打印技术是一种基于3D模型数据，通过采用分层制造、逐层叠加的方式形成三维实体的技术，即增材建造技术。根据材料和打印工艺也可划分成以下三类：基于混凝土分层喷挤叠加的增材建造方法、基于砂石粉末分层粘合叠加的增材建造方法和大型机械臂驱动的材料三维构造建造方法。BIM与3D打印的集成应用，主要是在设计阶段利用3D打印机将BIM模型微缩打印出来，供方案展示、审查和模拟分析；在建造阶段采用3D打印机直接将BIM模型打印成实体构件和整体建筑，部分替代传统施工工艺来建造建筑。BIM与3D打印的集成应用，可谓两种革命性技术的结合，为建筑从设计方案到实物开辟了一条"高速公路"，也为复杂构件的加工制作提供了更高效的方案。目前，BIM与3D打印技术集成应用有三种模式：基于BIM的整体建筑3D打印、基于BIM和3D打印制作复杂构件、基于BIM和3D打印的施工方案实物模型展示。

BIM与3D打印技术很好地融合、发挥各自的优势，将在应用中创造更大的价值，实现建筑行业工业化的生产流程，促进建筑行业向更好的方向发展。基于BIM与3D打印的施工方案实物模型展示和用3D打印制作的施工方案微缩模型，可以辅助施工人员更为直观地理解方案内容；携带、展示不需要依赖计算机或其他硬件设备，还可以360°全视角观察，克服了打印3D图片和三维视频角度单一的缺点；应用成本下降，提高施工行业的自动化水平。随着个性化定制建筑市场的兴起，3D打印建筑在这一领域的市场前景非常广阔。

（3）BIM+无人机倾斜摄影

无人机倾斜摄影作为近年来兴起的高新技术，倾斜摄影测量表现出相较于传统测量技术的巨大优势及潜能。该技术通过飞行器搭载的影像拍摄器材获取目标区域内的影像数据，同时配合其他传感器同步获得影像数据对应的POS数据、目标区域内的纹理数据等，而利用无人机倾斜摄影技术获取的三维实景模型数据可作为BIM设计优质的三维基础资料，倾斜模型和BIM可以直接支持BIM数据，通过将BIM模型转化为三维空间模型数据库，实现将微观的BIM单栋模型置于具有地理信息的三维场景中，并保留全部模型信息。

这样实现了测量—建筑—地理空间的互通，实现从室外到室内、从面模型到体模型的精细化管理。基于倾斜摄影技术的城市模型提供了现实世界的真实环境，可还原基础设施资产的工程、施工和运维中的宏观场景，为建设过程的各个阶段提供更精细化的数据支撑，实现了微观上的信息化、智能化。随着数据采集手段和生产技术的发展，BIM模型与倾斜模型融合的应用前景十分广阔，如图 1-9 所示。

a) BIM模型渲染图

b) 模型融合鸟瞰图

图 1-9　BIM 模型与倾斜模型融合

（4）BIM+AI

将人工智能（Artificial Intelligence，AI）技术与 BIM 技术结合，可提高数据分析的效率，甚至可在纷繁复杂无序的数据中找出共性的、潜在的知识和规律，为各方人员提供更为准确的决策建议，解决 BIM 中数据深度应用困难的问题。同时 BIM 作为数据集成与共享的平台，可为 AI 提供可靠的数据支持与结果可视化手段。可见，BIM 与 AI 技术具有良好的可结合性。基于 BIM 的 AI 技术可用于设计、施工、运维等建筑全寿命期的各个阶段，并为各阶段参与人员提供便利。根据各个阶段的特点，AI 技术的具体功能与实现方式也有所不同。基于 BIM 的 AI 方法在各阶段的应用见表 1-13。

表 1-13　基于 BIM 的 AI 方法在各阶段的应用

应用阶段	具体功能	具体应用
设计阶段	方案优化与检查 设计规律研究 辅助设计	人工神经网络的结构系统辨识方法，以实测的结构动力响应数据，建立起结构的动力特性模型，用于结构振动控制与健康诊断中
施工阶段	施工进度管理 造价预测 质量管理 辅助施工 安全管理	人工神经网络技术应用于混凝土性能预测方面。RBF 网络模型具有较强的泛化能力和极高的预测精确度，是一种新型的、有效的分析商品混凝土性能的方法
运维阶段	自动控制 能耗管理 辅助决策	在发生火灾时，AI 结合 BIM 技术能快速定位室内人员。使用 AI 方法建立火灾报警模型，可解决传统算法在复杂环境下易产生的误报漏报等问题

基于 BIM 的 AI 方法也来自于建筑业对节省人工、优化方案、实现精确预测、达到提高

效益等方面的要求。推理技术与专家系统可替代专家的部分工作，提升决策与判断的效率；DM⊖技术用于处理大量数据，发现其中的知识与规律；神经网络具有传统统计方法所不及的适应性与准确性；EA⊖及其他多目标优化算法用于优化规划与设计方案。基于 BIM 与 AI 技术，目前已有各种架构的应用平台被开发，实现的功能涉及设计、施工、运维各个方面，拓宽了 BIM 的应用领域，为建筑全寿命周期各阶段的参与者提供了便利。

（5）BIM 大数据

我国在《2016—2020 年建筑业信息化发展纲要》中明确提出，要在"十三五"时期增强 BIM 与云计算、大数据、物联网等技术的集成应用能力。BIM 与大数据的综合集成应用可在工程建设的过程中对海量工程数据进行收集、存储、整理与挖掘，彼此各取所长，以 BIM 为中心实现智慧型决策。

大数据技术与 BIM 的集成运用，在设计、施工、运维等阶段中，助力进度、质量、安全、成本等管理。BIM 数据奠定基础，大数据技术则可以对海量数据进行高效的深度挖掘，从而充分发挥 BIM 的作用，是体现 BIM 价值与服务科学决策的重要手段。

BIM 在建设项目信息化过程中处于核心地位，其有效实施是实现数据积累、沉淀与高效应用的基础，而大数据技术的引入为海量 BIM 数据的深度挖掘、分析与可视化提供了新的技术，可有效发现数据的潜在价值。例如，通过收集 10 年间的建筑工伤事故数据，采用决策树分析的方法，对工伤产生的原因、类型进行分类，并从中识别出容易引发工伤的若干因素，为今后的事故预防提供借鉴。BIM 与大数据的具体应用详见本书第 6 章。

1.2.3 BIM 应用价值

BIM 是一种基于模型的智能流程，它能够创造、发掘和保存有关设计与施工建设的数据，从而帮助从业者提升决策效率和生产力。BIM 为优化设计方案、提升效率、减少设计施工文件中的错漏、简化大型和多样化的团队协作等方面带来了好处。优化设计方案和减少施工图的错漏是 BIM 最主要的两大效益处，有助于提高客户参与度。BIM 在施工过程中有效减少施工现场问题和返工，是 BIM 设计后期价值的体现。

根据 2016 年度 NBS 国际 BIM 报告（NBS International BIM Report 2016），BIM 应用效益、BIM 为设计企业创造的应用价值、BIM 创造的内部商业价值、七大 BIM 内部效益如图 1-10 所示。

据调查可见，我国早已开始将基于 BIM 的技术日益融入其强健的建筑经济中，并取得了巨大的应用价值。在 BIM 技术的助推下，不仅可以实现项目设计阶段的协同设计、施工阶段的建造全程一体化和运维阶段对建筑物的智能化维护与设施管理，还可以从根本上打破业主、施工单位与运营维护方之间的隔阂和界限，从而真正实现 BIM 在建造全寿命周期的应用价值。未来不断推广普及 BIM 技术，可让更多的项目从中受益，使建筑在全寿命周期

⊖ DM（Data Mining，数据挖掘）是指从大量的、不完全的、有噪声的、模糊的、随机的实际数据中，提取隐含在其中的、人们所不知道的、但又是潜在有用的信息和知识的过程。

⊖ EA（Evolutionary Algorithms）是指基于自然选择和自然遗传等生物进化机制的一种搜索算法。

做到可视化、参数化、智能化和最大效益化,让 BIM 技术成为建筑业可持续发展的强力助推器。

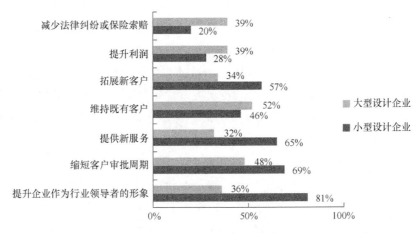

图 1-10　七大 BIM 内部效益

1.2.4　BIM 应用趋势

BIM 技术在未来的发展势必要结合先进的通信技术、计算机技术及项目管理模式,才能够大大提高建筑工程行业的效率。预计将有以下几种应用发展趋势:

BIM 应用趋势

1. 移动终端的应用

随着互联网和移动智能终端的普及,人们可以在任何地点和任何时间来获取信息。而在建筑设计领域,将看到很多承包商也会为自己的工作人员配备这些移动设备,这样在工作现场就可以进行设计。

目前正在开发的 3D 打印+无人机的技术,被称为"空中添加建筑制造"(Aerial Additive Building Manufacturing,AABM)。AABM 技术不仅能被用于灾后应急建筑的建设,还有可能成为一种改变所有建筑类型的新方法。未来有望通过 AABM 实现:无人机收集现场信息→将收集到的信息提供给 BIM 软件→设计结构→使用具有 3D 打印功能及携带打印材料的多架无人机进行建设。

2. 无线传感器网络的普及

如今,监控器和传感器的结合使用,可对建筑内的温度、空气质量、湿度进行监测,并提供供热信息、通风信息、供水信息和其他的控制信息。这些信息通过无线传感器网络汇总之后提供给工程师,方便工程师全面充分地了解建筑物的现状,从而为设计方案和施工方案提供有效的决策依据。

3. 基于项目管理的集成应用

基于 BIM 的项目管理系统将越来越完善,甚至完全可代替传统的项目管理系统。基于 BIM 的项目管理会促进工程项目新型交付模式——集成交付(Integrated Project Delivery,IPD)模式的推广和应用。IPD 模式是一种通过多方协议集成人员、系统、业务结构和实践来优化项目结果，增加所有者价值，减少浪费，并通过设计和建设的所有阶段最大化效率的模式（Mesa et al.，2019）。IPD 在工程项目总承包的基础上，要求项目参与各方在项目初期介入，密切协作并承担相应责任，直至项目交付。参与各方着眼于工程项目的整体过程，运用专业技能，依照工程项目的价值利益做出决策。在 IPD 模式下，BIM 与 PM（Project Management）集成应用可将项目相关方融入团队，通过共享信息化平台、扩展决策圈，使之拥有更为广泛的知识基础，做出更优决策，实现持续优化，减少浪费从而增加各方收益。因此，IPD 模式将是项目管理创新发展的重要方式，也是 BIM 与 PM 集成应用的一种新的应用模式。

4. BIM 与 PPP 相结合

2018 年是政府和社会资本合作（PPP）落地的大潮。但是，国内外实践表明，由于前期规划不当、特许经营期监管失利等原因，PPP 项目失败的情况仍然存在，问题的症结之一在于当前建筑业信息管理的缺失。随着企业对 BIM 研究和应用的不断成熟，基于信息管理的视角，以现代信息技术为手段，将 BIM 应用于 PPP 项目，通过对项目各个阶段数据的收集、整理，搭建 BIM 信息平台、BIM 协同平台以及 BIM 运维系统，以期实现对 PPP 项目全寿命周期信息的集成与管理，进而打通政府与社会资本之间的信息通道，搭建利益相关者共享的 PPP 项目信息平台，全面推动 PPP 项目的成果运作，促进 PPP 的良性发展和延续。PPP 与 BIM 组合必将有助于推动建设行业的健康快速发展，实现公众、政府、社会资本三方共赢的新局面。

5. 云计算技术的应用

云计算是一种基于互联网的计算方式，以这种方式共享的软硬件和信息资源可以按需提供给计算机和其他终端使用。BIM 与云计算集成应用，是利用云计算的优势将 BIM 应用转化为 BIM 云服务，这是未来发展的趋势之一。

基于云计算强大的计算能力，可将 BIM 应用中计算量大且复杂的工作转移到云端，以提升计算效率。基于云计算的大规模数据存储能力，可将 BIM 模型及其相关的业务数据同步到云端，并通过精细的权限控制及多种协作功能，满足项目各专业、全过程海量数据的存储、多用户同时访问及协同的需求，确保工程文档能够快速、安全、便捷、受控地在团队中流通和共享，大大提升管理水平和工作效率。

6. BIM 与数字化加工

数字化是将不同类型的信息转变为可以度量的数字，将这些数字保存在适当的模型中，再将模型引入计算机进行处理的过程。数字化加工则是在已经建立的数字模型基础上，利用生产设备完成对产品的加工。

BIM 与数字化加工集成，意味着将 BIM 模型中的数据转换成数字化加工所需的数字模型，制造设备时可根据该模型进行数字化加工。目前，BIM 与数字化加工集成主要应用在预制混凝土板生产、管线预制加工和钢结构加工等三个方面。

未来将以建筑产品三维模型为基础，进一步加入构件制造、构件物流、构件装置以及工期、成本等信息，以可视化的方法完成 BIM 与数字化加工的融合。同时，更加广泛地发展和应用 BIM 技术与数字化技术的集成，进一步加强信息网络技术、智能卡技术、家庭智能化技术、无线局域网技术、数据卫星通信技术、双向电视传输技术等与 BIM 技术的融合。

7. BIM 与物联网集成应用

物联网是通过射频识别、红外感应器、全球定位系统、激光扫描器等信息传感设备，按约定的协议将物品与互联网相连进行信息的交换和连通，以实现智能化识别、定位、跟踪、监控和管理的一种网络。

BIM 与物联网集成应用，实质上是建筑全过程信息的集成与融合。BIM 发挥上层信息集成、交互、展示和管理的作用，而物联网技术则承担底层信息感知、采集、传递、监控的功能。二者集成应用可以实现建筑全过程"信息流闭环"，实现虚拟信息化管理与实体环境硬件之间的有机融合。目前 BIM 在设计阶段应用较多，并开始向建造和运维阶段应用延伸，二者集成应用将会产生极大的价值。

在工程建设阶段，二者集成应用可提高施工现场安全管理能力，确定合理的施工进度，支持有效的成本控制，提高质量管理水平。例如，临边洞口防护不到位、部分作业人员高处作业不系安全带等安全隐患在施工现场无处不在，基于 BIM 的物联网应用可实时发现这些隐患并报警提示。在 BIM 系统中，可通过高处作业人员的安全帽、安全带、身份识别牌上安装的无线射频识别实现精确定位。如果作业行为不符合相关规定，身份识别牌与 BIM 系统中相关定位会同时报警，管理人员可精准定位隐患位置，并采取有效措施避免安全事故发生。

在建筑运维阶段，二者集成应用可提高设备的日常维护维修工作效率，提升重要资产的监控水平，增强安全防护能力，并支持智能家居。

BIM 与物联网的深度融合与应用，势必将智能建造提升到智慧建造的新高度，开创智慧建筑新时代，这是未来建设行业信息化发展的重要方向之一。未来建筑智能化系统，将会出现以物联网为核心，以功能分类、相互通信兼容为主要特点的建筑"智慧化"大控制系统。

总之，未来发展如果能够通过应用 BIM 让建设项目所有干系人在这个项目的全寿命周期都参与其中，那么 BIM 将会实现它最大的价值。

8. BIM 与 GIS

地理信息系统（Geographic Information System，GIS）是在计算机硬、软件系统支持下，对整个或部分地球表层（包括大气层）空间中的有关地理分布数据进行采集、储存、管理、运算、分析、显示和描述的技术系统。BIM 数据作为地理信息系统重要的数据源，用来生成数字城市三维模型，而 GIS 中的数据作为空间数据，可应用于新的建筑信息模型建立时的基本数据。

GIS 与 BIM 的融合可以用于城市应急管理、市政资产管理、城市公共安全等方面，提高了城市建设管理的质量和效率。GIS 和 BIM 的融合可以实现从微观到宏观的多尺度城市管理，在室内导航、公共场所的应急管理、城市和景观规划、3D 城市地图、各种环境状况模拟、大型活动安全保障等方面都将产生难以估量的价值。

在规划设计中，GIS 和 BIM 的分工是十分明确的。GIS 的应用重点是规划，对大场景信息的管理和分析，从宏观的角度对工程的空间分布进行定义。BIM 的应用重点是设计。在 GIS 的大场景规划完成后，BIM 技术对局部的工程进行详细设计，并在 GIS 的大环境中进行展现，以及进行一些基于地理信息的空间分析。在施工阶段，GIS 和 BIM 技术可以用于建筑供应链管理，从工程项目的整体角度对工程建设所需材料进行调度、跟踪和管理，结合射频识别（RFID）、全球定位系统（Global Positioning System，GPS）、物联网等多种技术，实现在 GIS 的大环境下对建筑材料供应的可视化管理。市政设施管理中的 GIS 与 BIM 集成应用集成了部分 GIS 与 BIM 数据，实现了城市建筑物和构筑物的全寿命周期管理。除了城市尺度的市政设施管理，建立一套覆盖国家、区域、城市、社区、建筑等不同尺度的数字化建筑资产管理系统有重要的实际应用价值。除了具体的管理工作，城市道路路径规划、建筑能耗评估等也是 GIS 和 BIM 结合应用的重要内容。火灾应急处理中的 GIS 与 BIM 集成应用，能在火灾响应时间、火灾精细化处理、人员应急疏散等方面提供技术支持。例如，利用 GIS 与 BIM 融合形成的数据模型，在 GIS 环境中对室内的逃生路线和城市内的救援路线进行规划。GIS 与 BIM 融合具有广泛的应用价值，是城市精细化、智慧化管理的基础。未来 BIM 与 GIS 的融合会有更广阔的应用领域。

1.3 BIM 标准和相关政策

BIM 的作用是使建筑项目各方面的信息在从规划设计、建造到运营维护的全寿命周期中无损传递。因此，要在建筑物几十年甚至上百年的寿命周期中便捷地获取模型和相应的各类信息，要面对信息技术的不断发展、变化，BIM 标准就成为 BIM 推广应用的前提。BIM 作为一项新技术，其发展与应用需要政府的引导，并制定相关标准来提升 BIM 应用效果、规范 BIM 应用行为。只有统一的 BIM 标准，才能实现信息共享、协同工作；拥有统一的 BIM 标准，每个施工企业才能在应用过程中有章可循。BIM 标准是建立标准的语义和信息交流的规则，为建筑全寿命周期的信息资源共享和业务协作提供有力保证。

建筑物在项目生产时通常由多个平行的利益相关方在较长的时间段协作完成。建筑业的信息化尤其依赖不同阶段、不同专业之间的信息传递标准，即需建立一个全行业的标准语义和信息交换标准，否则将无法整体实现 BIM 的优势和价值。此外，BIM 标准对建筑企业的信息化实施具有积极的促进作用，尤其是涉及企业中的业务管理与数据管理的软件，均依赖标准化所提供的基础数据、业务模型，从而促进建筑业管理由粗放型向精细化转变。

1.3.1 国外 BIM 标准和相关政策

2002 年欧特克公司对 BIM 概念进行定义后，国际上一些发达国家开始研究和制定 BIM 标准。2011 年，IAI（国际协同联盟）发布 IFC（Industry Foundation Classes）标准的最新版本，该标准已经被 ISO 标准化组织接受。IFC 标准是面向对象的三维建筑产品数据标准，可以共享和交换 BIM 数据，在建筑规划、设计、施工等领域获得广泛应用。

1. 美国 BIM 标准和相关政策

2015 年 7 月，美国国家建筑科学院及 buildingSMART 联盟发布"NBIMS-US V3"（第 3 版），这是一个基于多方共识的行业规范。从场地规划和建筑设计，到建筑施工和使用经营，作为基于多方共识的实施标准，其覆盖了一个建筑工程的整个寿命过程。

为了把 BIM 技术应用得更好，一些国外政府制定了具体的技术政策。美国早在 2003 年就开始规定了具体的政策。2006 年，美国陆军工程兵团（USACE）发布了为期 15 年的 BIM 发展路线规划，承诺未来所有军事建筑项目都将使用 BIM 技术。2009 年 7 月，美国威斯康星州成为第一个要求州内新建大型公共建筑项目使用 BIM 的州政府。威斯康星州的设施部门发布实施规则要求从 2009 年 7 月开始，州内预算在 500 万美元以上的公共建筑项目都必须从设计开始就应用 BIM 技术。2015 年 BIM 模型精度 LOD（模型精细度，用于描述 BIM 模型构建精度）标准（秋季版）在美国奥兰多正式发布。同时 LOD 编委会开始组织 LOD 认证，即 CD-BIM（建筑信息模型深化建模认证）网，为设计单位、项目协同工程师等提供认证。

美国国家建筑信息模型标准（NBIMS）在 2007 年提出了第一个 BIM 成熟度测量工具，并将其作为国家 BIM 标准的一部分颁布。该成熟度模型在 CMM 模型的基础上扩展，针对 BIM 应用的特点进行改善。在第 3 版 BIM 标准中，其成熟度模型共有 11 个评估项，见表 1-14，每项共有 10 个成熟度递进的等级，每个等级根据调查对象自行评估后确定，同时得到等级对应的分数，经过权重计算后得到总分，该总分即为最终的 BIM 成熟度水平。在该模型中，11 个评估项的权重未有统一的规定，而是由调查对象自行确定。在第 3 版 BIM 标准中还存在一个 BIM 成熟度的最低标准，即总分 40 分为 Minimum BIM。美国建筑科学研究院（BSA）下属的美国国家 BIM 标准项目委员会专门负责美国国家 BIM 标准的研究与制定，目前 BIM 标准已发布第 3 版，正准备出第 4 版。美国总务署 3D-4D-BIM 计划推行至今，超过 80% 建筑项目已经开始应用 BIM。

表 1-14 NBIMS CMM 评估项及说明

评估项	说明
数据丰富度	是指建筑信息模型包含有关建筑物的可用信息的程度
寿命周期视图	是指整个建筑寿命周期中可能需要数据执行其职责的各参与方适当查看（和使用）建筑信息模型的程度
角色或学科	是指建模环境中容纳的与建筑相关的角色或学科的数量，据此衡量信息如何从一个角色或学科流向另一个角色或学科
变更管理	是指组织为改变业务流程而制定文件化方法的程度
业务流程	是指业务流程设计和实施的程度，以便在建筑信息模型中定期捕获信息，作为每个业务流程的组成部分
及时性/响应性	衡量 BIM 信息在整个生命周期中的充分完整性、最新性和可供用户访问的程度
交付方式	是指 IT 环境的稳健性，以支持数据交换和信息保证

（续）

评估项	说明
图形信息	是指图形信息的复杂程度或具体情报
空间能力	是指根据地理信息系统（GIS）标准，建筑信息模型在现实世界中的空间位置
信息准确度	衡量信息反映实际情况的程度
互操作性/IFC 支持	使用开放标准的 Industry Foundation Classes 来测量软件应用程序之间数据可靠交换的程度

2. 英国 BIM 标准和相关政策

英国建筑业 BIM 标准委员会于 2009 年 11 月发布了英国建筑业 BIM 标准——AEC（UK）BIM Standard。2011 年 6 月发布适用于 Revit 的英国建筑业 BIM 标准——AEC（UK）BIM Standard for Revit。2011 年 9 月发布适用于 Bentley 的英国建筑业 BIM 标准——AEC（UK）BIM Standard for Bentley Product。2013 年 3 月，推出 PAS 1192-2 标准。这项标准作为英国政府建设策略的一部分，专门以加强工程交付管理及财务管理为目标，其主要目的是为了在总体上减少公共部门建设近 20%~30% 的费用支出。这些标准的制定都是为英国的 AEC 企业从 CAD 过渡到 BIM 提供切实可行的方案和程序。标准委员会成员来自于日常使用 BIM 工作的建筑行业专业人员，所以这些服务不只停留在理论上，更能应用于 BIM 的实际实施。

英国建筑业委员会（Construction Industry Council，CIC）在 2013 年颁布的"BIM 协议"已囊括了该国现行 BIM 深层次推广和应用过程中的一些亟待解决的法律问题，如 BIM 保险服务、BIM Manager 的角色定位，对 2016 BIM 计划执行层面提供的法律保障基础。

英国皇家特许测量师学会（RICS）于 2015 年 8 月发布 RICS 指导细则第 1 版"适用于成本控制经理的 BIM-BIM 模型的需求"，为 5D 工程预算与 BIM 执行计划初期相关性方面提供了强有力的结构化指导。

英国政府规定，2016 年 4 月 4 日后，所有公共建设项目必须使用 3D BIM，并且所有期望获得政府工程项目的建筑集团，都必须证明自己拥有 BIM level 2 能力。此外，由中央提供资金支持的政府部门要在合同中提供"明确而且完整"的雇主信息需求（EIRs）。英国政府还公布自 2016 年 10 月 3 日起，每个政府部门必须具备"电子检验供应链 BIM 信息"的能力。

为配合 2016 BIM 强制令，帮助相关单位轻松识别建筑公司的 BIM 实施资质，英国标准协会（BSI）出台了一部针对 BIM 项目资本/交付阶段信息管理细则的认证方案，帮助行业甄别相关企业是否具备运用 BIM 技术进行项目交付的能力，以保证 BIM 市场的健康发展。该认证方案将为与政府部门相关的建筑公司带来巨大收益。

Bew 和 Richards（2008）开发了英国 BIM 成熟度模型——iBIM 英国成熟度模型。iBIM 模型识别英国建筑的特定能力目标，涉及技术、标准、指南、分类和交付的行业。它有四个主要级别，定义如下：0 级，使用二维的 CAD 而没有统一管理，通常借助施工图进行信息交流；级别 1，使用二维或三维的 CAD，并借助协作平台提供的公共数据环境（及标准化的数据结构和格式）实现统一管理，但商务信息另行管理，也没有集成成本管理；级别 2，使用多个基于不同专业任务的 BIM 工具,并有统一的三维环境,进度和成本的信息也可纳入其中,采用企业资源计划(ERP)管理商务信息;级别 3,使用集成了各类信息的单一模型,且借助统一的数据格式实现完全开放,还可根据项目进展进行实时更新。

3. 澳大利亚 BIM 标准和相关政策

澳大利亚也制定了国家 BIM 行动方案,将 BIM 技术列为教育内容之一,并推行 BIM 示范工程。2016 年 2 月,国家基础设施建设局正式公布了未来 15 年的基础设施发展战略——《澳大利亚基础设施规划》,作为澳大利亚首个长期性的全国基础设施规划。BIM 作为一种"追求最佳采购和交付实践"的方法,是该规划的一大亮点。规划中还列出了"基础设施优先名单",涉及全澳 90 余个重大基础设施建设优先项目,其中已经有一个项目被地方政府强制列为 BIM 项目——悉尼西北地铁项目。

4. 部分亚洲国家 BIM 标准和相关政策

韩国公共采购服务中心(PPS)于 2010 年制定了 BIM 实施指南和路线图。2010 年 1 月,韩国国土交通海洋部发布了《建筑领域 BIM 应用指南》,规定先在小范围内试点应用,然后逐步扩大应用规模。韩国在 2016 年底实现了全部公共设施项目试用 BIM 的目标。

2010 年,新加坡公共工程全面以 BIM 设计施工,并于 2015 年所有公私建筑以 BIM 送审及兴建。新加坡在 2012 年发布了新加坡 BIM 标准指南。在创造需求方面,新加坡规定政府部门必须带头在所有新建项目中明确提出 BIM 需求。2011 年,澳大利亚商业理事会(Business Council of Australia,BCA)与一些政府部门合作确立了示范项目。BCA 将强制要求提交建筑 BIM 模型(2013 年起)、结构与机电 BIM 模型(2014 年起),并且最终在 2015 年前实现了所有建筑面积大于 $5000m^2$ 的项目都必须提交 BIM 模型的目标。在 BIM 技术的传承和教育方面,建筑管理署鼓励大学开设 BIM 相关课程。

日本建筑信息技术软件产业成立国家级国产解决方案软件联盟。日本建筑学会于 2012 年 7 月发布了日本 BIM 指南,从 BIM 团队建设、BIM 数据处理、BIM 设计流程,以及应用 BIM 进行预算、模拟等方面为日本的设计院和施工企业提供指导。

这些国家政府非常重视 BIM 的应用,并从政府技术到学术组织的角度出发来制定 BIM 标准和指南。BIM 标准的建立不仅实现了产业竞争力的提升,也带来了显著的经济效益。2015 年 8 月,RICS(英国皇家特许测量师学会)发布了关于第 1 版全球专业指引《国际 BIM 实施指南》。指南是由 RICS 携手各大国际组织形成同盟制定的国际标准,将造价、分类和测量等建造领域的定义纳入其中并进行规范。这将提高全球基本工程项目的可比性、统一性和基准管理。

1.3.2 国内 BIM 标准和相关政策

现代化、工业化、信息化是我国建筑业发展的三个方向,BIM 技术将成为我国建筑业信息化未来十年的主旋律。目前,BIM 理念已经在我国建筑行业迅速扩展,基于 BIM 的设计、施工和运维等应用已经成为我国 BIM 发展不可逆转的趋势和方向。为此,政府出台多项标准政策指导和引领企业应用 BIM。

我国香港 BIM 发展较早。为成功推行 BIM，香港房屋委员会及房屋署自行订立 BIM 标准、用户指南、组建资料库等，这些资料有效地为模型建立、档案管理，以及用户之间的沟通创造良好的环境。香港从 2006 年起就开始将 BIM 技术应用于公共房屋计划，2009 年 11 月，香港房屋委员会及房屋署发布了一系列 BIM 指南，包括《建筑信息模拟标准手册 1.0》《建筑信息模拟使用指南 1.0》《建筑信息模拟组件库设计指南 1.0》《建筑信息模拟标准手册 2.0》等，为各个项目主体提供指导。

上海申通地铁股份有限公司 2014 年 9 月发布了《城市轨道交通 BIM 应用系列标准》，包括轨道交通工程建筑信息模型指导意见、交付标准、应用技术标准等。2015 年 6 月，上海市住房和城乡建设管理委员会发布了《上海市建筑信息模型技术应用指南（2015 版）》，针对 BIM 技术基本应用，描述了建设工程项目设计、施工、运营全寿命周期的 23 项 BIM 技术应用的定义、目的和意义、数据准备、操作流程以及成果等内容。2015 年 8 月，上海市发布《上海市建筑信息模型技术应用咨询服务合同示范文本（2015 版）》，内容共计十八条条款，主要包括工程概况、服务阶段、服务内容、人员配置和职责、服务期限、服务质量标准、服务费计算和合同价、委托人权利和义务、受托人权利和义务以及合同生效条件等，约定了合同当事人的权利和义务。此合同示范文本有助于加快推进上海 BIM 技术应用过程，规范 BIM 技术应用咨询服务活动，维护合同当事人的合法权益。

深圳市建筑工务署于 2015 年 5 月发布了全国首例政府工程的 BIM 标准——《政府公共工程 BIM 应用实施纲要、BIM 实施管理标准》，内容包括 BIM 应用的形势与需求、政府公共工程实施 BIM 的必要性、BIM 应用实施内容等。2019 年 11 月，由深圳市住房和建设局进行总体统筹，深圳市建设工程交易服务中心与清华大学共同编制了《深圳市房屋建筑工程招标投标建筑信息模型技术应用标准》，对设计、施工 BIM 招标投标进行明确规定，是对已有 BIM 标准的进一步补充和完善。

我国内地针对 BIM 标准化进行了一些基础性的研究工作。2007 年，中国建筑标准设计研究院提出了《建筑对象数字化定义》（JG/T 198—2007）标准，并非等效采用了国际上的 IFC 标准《工业基础类 IFC 平台规范》，而是对 IFC 进行了一定简化。2010 年清华大学软件学院 BIM 课题组提出了"中国建筑信息模型标准框架"（China Building Information Model Standards，CBIMS），框架中技术规范主要包括三个方面的内容：数据交格式标准（IFC）、信息分类及数据字典（IFD）和流程规则（IDM）。2012 年，住房和城乡建设部《关于印发 2012 年工程建设标准规范制定修订计划的通知》宣告了我国 BIM 标准制定工作的正式启动，该计划中包含了《建筑信息模型应用的统一标准》《建筑信息模型储存标准》《建筑设计信息模型交付标准》《制造工业工程设计信息模型应用标准》，截至 2022 年，上述规范都已发布并实施。2015 年 6 月，住房和城乡建设部发布《关于推进建筑信息模型应用的指导意见》，强调 BIM 的全过程应用，指出要聚焦于工程项目全寿命期内的经济、社会和环境效益，在规划、勘察、设计、施工、运营维护全过程中普及和深化 BIM 应用，并提出了发展目标：到 2020 年年底，建筑行业甲级勘察、设计单位以及特级、一级房屋建筑工程施工企业应掌握并实现 BIM 与企业管理系统和其他信息技术的一体化集成应用。以国有资金投资为主的大中型建筑，以及申报绿色建筑的公共建筑和绿色生态示范小区新立项项目，在勘察设计、施工、运营维护中，集成应用 BIM 的项目比率达到 90%。

2015 年，住房和城乡建设部科技与产业化发展中心在住房和城乡建设部科研计划项目——《基于信息技术（BIM）的绿色建筑产品数据平台构建与应用研究》课题基础上，开发了"住房和城乡建设产品 BIM 大型数据库"，涵盖建设领域全部产品类别。BIM 数据库产品体系是在国际 OmniClass 标准（建筑业分类体系）与《建筑产品分类和编码》（JG/T 151—2015）相结合的基础上进行规划的。BIM 数据库可以覆盖建设领域，用于建设流程中建设设计、施工选型、招标采购与运行维护等各个阶段。通过网络共享的方式，使用者可以在任何时间、任何地方访问 BIM 数据库。

截至 2018 年，中国工程建设标准化协会建筑信息模型专业委员会已发布各项 P-BIM 软件技术与信息交换标准征求意见稿，包括规划审批、绿色建筑设计评价、工程造价管理、混凝土结构施工等，大多数已经通过审批，正式标准很快会正式发布。这些标准从全寿命周期角度出发，以各阶段 P-BIM 为对象，内容包含相关方专业任务建筑信息模型数据读入、本专业工作规定、相关方专业任务建筑信息模型数据交付等。

在我国 BIM 标准体系计划中，有 6 项标准陆续出台，不断规范工程建设全寿命周期内 BIM 的创建、使用和管理。根据标准框架，可以把 BIM 标准体系分为三层，第一层是作为最高标准的《建筑信息模型应用统一标准》（GB/T 51212—2016），第二层是基础数据标准，包括《建筑信息模型分类和编码标准》（GB/T 51269—2017）和《建筑信息模型存储标准》（GB/T 51447—2021），第三层为执行标准，即《建筑信息模型设计交付标准》（GB/T 51301—2018）、《制造工业工程设计信息模型应用标准》（GB/T 51362—2019）、《建筑信息模型施工应用标准》（GB/T 51235—2017）。

各省市也陆续发布 BIM 各项指导意见与实施办法。国内 BIM 相关标准和政策见表 1-15。

表 1-15 国内 BIM 相关标准和政策

发布单位	发布时间	相关标准和政策	要点
住房和城乡建设部	2014 年 7 月	《关于推进建筑业发展和改革的若干意见》	推进建筑信息模型（BIM）等信息技术在工程设计、施工和运行维护全过程的应用，提高综合效益
	2015 年 6 月	《关于推进建筑信息模型应用的指导意见》	发挥企业在 BIM 应用中的主体作用，聚焦于工程项目全寿命期内的经济、社会和环境效益，通过 BIM 应用，提高工程项目管理水平，保证工程质量和综合效益
	2017 年 7 月	《建筑信息模型应用统一标准》（GB/T 51212—2016）	BIM 在工程项目全寿命周期的各个阶段都做出了统一规定，包括模型结构与扩展要求、数据交换及共享要求、模型应用要求、项目或企业具体应用要求等

（续）

发布单位	发布时间	相关标准和政策	要点
住房和城乡建设部	2017年8月	《住房城乡建设科技创新"十三五"专项规划》	特别指出发展智慧建造技术，普及和深化BIM应用，建立基于BIM的运维与检测平台，发展施工机器人、智能施工装备、3D打印施工装备，促进建筑产业提质增效
	2018年1月	《建筑信息模型施工应用标准》（GB/T 51235—2017）	面向施工和监理，规定其在施工过程中该如何使用BIM应用，以及如何向他人交付施工模型信息，包括深化设计、施工模拟、预加工、进度管理、成本管理等方面
	2018年5月	《建筑信息模型分类和编码标准》（GB/T 51269—2017）	规定了各类信息的分类方式和编码办法，这些信息包括建设资源、建设行为和建设成果。对于信息的整理、关系的建立、信息的使用都起到了关键性作用
	2019年2月	《关于印发〈住房和城乡建设部工程质量安全监管司2019年工作要点〉的通知》	指出推进BIM技术集成应用，支持推动BIM自主知识产权底层平台软件的研发，组织开展BIM工程应用评价指标体系和评价方法研究，进一步推进BIM技术在设计、施工和运营维护全过程的集成应用
	2019年3月	《住房和城乡建设部办公厅关于印发2019年部机关及直属单位培训计划的通知》	将BIM技术列入面向从领导干部到设计院、施工单位人员、监理等不同人员的培训内容
	2019年3月	《国家发展改革委联合住房城乡建设部印发〈关于推进全过程工程咨询服务发展的指导意见〉》	要建立全过程工程咨询服务管理体系，大力开发和利用建筑信息模型（BIM）、大数据、物联网等现代信息技术和资源，努力提高信息化管理与应用水平，为开展全过程工程咨询业务提供保障
	2019年6月	《建筑工程设计信息模型制图标准》（JGJ/T 448—2018）	规定了构件的命名规则，依次对不同等级的模型单元命名做了详细规定，有利于行业在工程命名方面规范化，便于政府部门以及其他工程参与方的业务实施
	2019年6月	《建筑信息模型设计交付标准》（GB/T 51301—2018）	对BIM信息的交付准备、交付过程、交付成果做出规定，提出了建筑信息模型工程设计的四级模型单元
	2022年2月	《建筑信息模型存储标准》（GB/T 51447—2021）	为建筑信息模型数据的存储和交换提供依据，为BIM应用软件输入输出数据通用格式及一致性验证提供依据

(续)

发布单位	发布时间	相关标准和政策	要点
河北省住房和城乡建设厅	2021年10月	《关于加快新型建筑工业化发展的实施意见》	大力推广建筑信息模型（BIM）技术。开展BIM技术应用示范工作，加快推进BIM技术在新型建筑工业化全寿命期的一体化集成应用，实现设计、采购、生产、建造、交付、运行维护等阶段的信息互联互通和交互共享
南京市城乡建设委员会	2021年2月	《关于加快推进我市建筑信息模型（BIM）技术应用的通知》	要求对众多满足条件的新建工程项目，应用南京市工程建设项目BIM智能审查系统进行BIM规划报建、施工图报审和竣工验收管理
济南市住房和城乡建设局	2020年12月	《济南市房屋建筑和市政基础设施项目工程总承包管理办法（征求意见稿）》	推进工程总承包项目积极应用BIM技术，建立有关BIM信息管理平台，工程总承包文件招标文件明确BIM要求
上海市黄浦区建设和管理委员会、黄浦区发展和改革委员会	2021年1月	《黄浦区建筑节能和绿色建筑示范项目专项扶持办法》	对BIM技术应用示范项目进行扶持

随着建筑行业逐渐意识到 BIM 的价值以及 BIM 在全球的广泛应用，国际标准的规定也日渐明确；因为只有更好的标准才能提高全球市场对 BIM 工具的充分利用。国际建筑测量标准（International Construction Measurement Standards，ICMS）可以有效支持 BIM 标准的实践，并提供如何在不同国家应用 BIM 的共同指南。

1.4 BIM 人才培养

BIM 技术理念发展迅速，在大学数字化建筑教学中以及企业培养人才中引入 BIM 可谓大势所趋。在 BIM 不断发展的背景下，迅速推广最新的建筑数字技术，实现建筑行业高质量、高效率、低成本发展，整体提升建筑业的信息化水平，已成为整个行业的当务之急。为适应国家经济建设和科技发展需要，德、智、体全面发展，BIM 技术将成为未来建筑专业人员的必备技能，开展 BIM 教育，培养 BIM 人才迫在眉睫。应培养一批具备 BIM 技术基础的基本知识，同时具备较强的专业综合素质与创新能力，能在国内外 BIM 领域相关工作，并有强烈的社会责任感和社会主义核心价值观的高素质、复合型人才。

1. 人才培养目标

掌握 BIM 专业基本理论和基本知识，获得 BIM 工程师基本训练，掌握现代 BIM 科学的理论、方法与手段；具备 BIM 实践所需的专业技术、技巧并具有使用专业工具的能力；具备进行有效沟通、团队合作的能力；具备跨领域学习和组织跨领域团队工作的能力。学生毕业后可以在与 BIM 技术有关的建设单位、设计单位、监理单位、施工单位、教学和科研等单位工作，从事设计、施工、检测、管理、监理、咨询、教育和研究等工作。

2. 人才培养规格

具有良好的工程图识图能力，良好的 BIM 模型绘制的能力，运用计算机进行工程辅助设计和辅助管理的能力；具有解决 BIM 模型技术问题、进行模型维护和应用的能力；具有根据使用要求、不同条件，经济合理、安全可靠地进行建筑辅助设计能力；具有模型质量检查和模型监理的基本能力；具有编制模型组织设计、进行模型进度与质量管理及项目管理的能力；具有应用所学理论和知识解决工作岗位实际问题的能力、适应发展的能力和知识更新、终身学习的能力。

3. 人才具备能力

BIM 专业应用人才应具备的能力如图 1-11 所示。

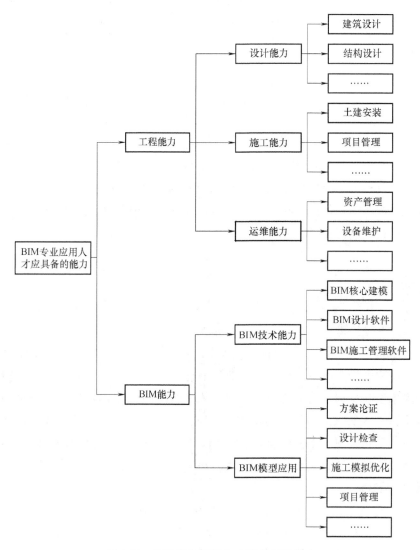

图 1-11 BIM 专业应用人才应具备的能力

BIM 专业应用人才的 BIM 能力则可以归结为表 1-16 中的各项内容。

表 1-16　BIM 专业应用人才的 BIM 能力

序号	能力	要求
1	BIM 软件操作能力	BIM 专业应用人员掌握一种或若干种 BIM 软件使用的能力，这至少应该是 BIM 模型生产工程师、BIM 信息应用工程师和 BIM 专业分析工程师三类职位必须具备的基本能力
2	BIM 模型生产能力	BIM 模型生产能力是指利用 BIM 建模软件建立工程项目不同专业、不同用途模型的能力，如建筑模型、结构模型、场地模型、机电模型、性能分析模型、安全预警模型等，是 BIM 模型生产工程师必须具备的能力
3	BIM 模型应用能力	BIM 模型应用能力是指使用 BIM 模型对工程项目不同阶段的各种任务进行分析、模拟、优化的能力，如方案论证、性能分析、设计审查、施工工艺模拟等，是 BIM 专业分析工程师需要具备的能力
4	BIM 应用环境建立能力	BIM 应用环境建立能力是指建立一个工程项目顺利进行 BIM 应用而需要的技术环境的能力，包括交付标准、工程流程、构建部件库、软件、硬件、网络等，是 BIM 项目经理在 BIM IT 应用人员支持下需要具备的能力
5	BIM 项目管理能力	BIM 项目管理能力是指按要求管理协调 BIM 项目团队实现 BIM 应用目标的能力，包括确定项目的具体 BIM 应用、项目团队建立和培训等，是 BIM 项目经理需要具备的能力
6	BIM 业务集成能力	BIM 业务集成能力是指把 BIM 应用和企业业务目标集成的能力，包括确认 BIM 对企业的业务价值、BIM 投资回报计算评估、新业务模式的建立等，是 BIM 战略总监需要具备的能力

1.5　本书学习指导

BIM 已经成为 AEC（Architecture，Engineering and Construction）从业人员（建筑师、工程师、承包商、制造商和其他专业人员）的关键技能，不仅可以完善建筑行业各个企业间的层级管理，还可以加强各个企业间的沟通和交流，有利于实现项目全寿命周期的信息化管理。行业需求决定了 BIM 人才培养能力结构。简单来说，BIM 包含的协同建模是建筑师沟通交流设计意图的有效工具，使用 BIM 冲突检测工具，建筑师可以在施工前减少失误和差错，提高工作满意度和建筑的设计性能。随着建筑物设计、招标投标、施工、运维的不断发展推进，BIM 将在建筑的全寿命周期管理中不断体现其价值。

2019 版《高等学校工程管理本科指导性专业规范》（以下简称《规范》）按知识领域、知识单元和知识点三个层次构建工程管理专业知识体系，强调工程管理专业学生培养的知识体系是由知识而不是由课程构成。在《规范》中，BIM 更多体现为计算机及信息技术的专业应用，但是绝对不能将其等同为一门软件课程。从《规范》角度来看，工程管理人才培养 BIM 能力的实现，涉及技术、管理和合同等多方面知识，其培养层次如图 1-12 所示。

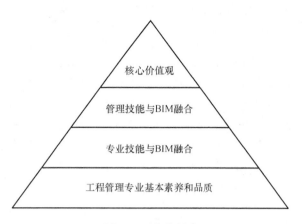

图 1-12　培养层次

工程管理专业 BIM 人才应综合掌握与工程管理相关的技术、管理、经济、法律方面的理论和方法，具备在土木工程或其他工程领域进行设计管理、投资控制、进度控制、质量控制、合同管理、信息管理和组织协调的基本能力，具备发现、分析、研究、解决工程管理实际问题的综合专业能力。因此，本书认为不可能通过一门课程掌握 BIM 所需的技术和管理能力。合理的途径应该是 BIM 与《规范》所要求的五个知识领域进行交叉，依托工程管理人才培养的五大知识领域（即土木工程或其他工程领域技术基础、管理学理论和方法、经济学理论和方法、法学理论和方法、计算机及信息技术），形成相应的 BIM 交叉知识单元和知识点，通过五个知识领域内相关课程对 BIM 交叉知识点组织学习，通过分散学习、交互学习、独立学习等方式，进行工程管理 BIM 教育的能力结构培养。

基于五大知识体系与 BIM 的交叉知识单元和知识点，进行工程管理专业 BIM 能力的培养，与其他专业相比，呈现以下特点：

首先是实践深度和广度的区别——客观因素。其他工程类专业，如结构、土木和路桥专业等，BIM 环节一般局限于工程建设的某一具体方面，有比较精深的专业实践要求，对学生的专业实践能力要求更具体、更深入。这是由这些专业的具有深度大、广度小的特点决定的，而工程管理专业却恰恰相反。

其次由于学制和时间等因素——主观因素。工程管理专业 BIM 能力培养不可能像上述其他工程类专业专注于工程建设的某一方面，如规划、设计、监理、施工、预算、工程财务、工程法律等方面。工程管理 BIM 教育融合在工程建设系统认识和实践过程中，也必须融合在工程建设的交叉知识单元和知识点中。因此，工程管理 BIM 教育知识单元和知识点较宽泛，能力结构要求更加综合，既包括 BIM 核心工具技术和工程技术实践的要求，又容纳工程项目方面的素质和体验，还涵盖工程经济与管理方面的实践操作能力的培养。BIM 与《规范》的融合应该立足于 BIM 的基本原理与技术应用基础，从 BIM 全寿命周期角度，结合工程管理的利益相关者实践应用，突出 BIM 的数据集成平台核心地位，进行课程体系的构建、相关知识单元和知识点的融合。

因此，在此对书中各章节进行章节疏导，本书导图如图 1-13 所示。

第 1 章 BIM 概述

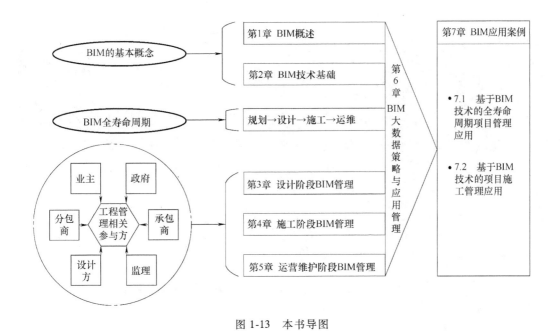

图 1-13 本书导图

本 章 小 结

1. 从 BIM 基本概念入手，引出 BIM 概述和 BIM 技术基础。

2. 从 BIM 全寿命周期入手，确定 BIM 应与工程管理的规划、设计、施工及运维阶段相结合。

3. 以工程管理相关参与方为基点，对 BIM 与工程规划设计阶段项目管理、BIM 与工程施工阶段的项目管理、BIM 与项目运维阶段的项目管理、BIM 在工程项目决策中的应用和效益四个方面进行理论阐述，需要注意的是，BIM 与合同管理始终贯穿以上四个方面。

4. 在以上三点的基础上，对 BIM 大数据策略与应用管理进行理论阐述，并由此切入 BIM 应用实践。

思考与练习题

1. 谈谈你对 BIM 标准和相关政策的理解。
2. 讨论 BIM 的应用范围。

第2章 BIM技术基础

【学习目的与要求】

（1）全面了解和熟悉 BIM 工具、BIM 系统、BIM 平台、BIM 参数等 BIM 技术基础。

（2）要求学生能够掌握并能够较深刻地理解 BIM 技术基础的方方面面。

（3）具有应用所学理论和知识解决实际问题的能力、适应现实 BIM 发展的能力和知识更新、终身学习的能力。

2.1 BIM 相关工具介绍

BIM 工具主要是指常用的 BIM 软件系列，在了解 BIM 软件系列的基础上，还需了解 BIM 软件与 CAD 软件的区别，以便后续对 BIM 技术进行全面了解。

2.1.1 BIM 软件的功能类型划分

BIM 软件一般可以分为两大类型：第一类是以建模功能为主的 BIM 软件，不同的 BIM 建模软件在专业（建筑结构、机电等）建模能力上存在差异；第二类是根据实际需要基于 BIM 模型的技术工具延展，即基于拥有 BIM 数据互用性的软件来满足综合建模、分析、管理、可视化等要求。

本章将对上述两类软件进行详细展开介绍。

1. 以 BIM 建模为主要功能的软件

以建模功能强大而闻名的 BIM 软件在市场上分属五家主流公司，分别是 Autodesk、Bentley、Graphisoft/Nemetschek AG、Gery Technology 以及 Tekla 公司。

（1）Autodesk 代表产品——Revit 系列相关软件

Autodesk 公司的 Revit 系列是行业领跑者，并占据了最大的市场份额，是全球运用较为广泛的商用建模软件。Autodesk 公司追求产品精细化，根据建筑专业的不同分为 Revit Architecture（建筑）、Revit Structure（结构）、Revit MEP（机电管道）三个产品。

Revit 是运用了不同代码库且文件结构区别于 AutoCAD 的独立软件平台。其特色包括：①该软件系列包含了绿色建筑可扩展标记语言模式（Green Building XML，即 gbXML），可在软件内基于 BIM 模型辅助完成能耗模拟、荷载分析；②作为 BIM 核心软件，其与众多软件存在互用性，保证数据单向或双向的流通性；③提供了强大的应用程序接口（API），因此如 Ideate BIM Link、Dynamo 等插件可以使工程师更轻易地获取和修改数据，大大提升了工程师处理数据的能力，同时可以与参数化设计完美结合，为拓展 Revit 功能提供了帮助。

Revit 软件的优势是：①软件易上手、用户界面友好，具备由第三方开发的海量对象库（Object Libraries），方便项目各参与方多用户操作；②具有各视图与三维模型的双向关联功能（Bi-directional drawing support），支持信息全局实时更新，提高准确性且避免了重复作业；③根据路径实现三维漫游，方便项目各参与方交流与协调。

Revit 软件的劣势是：Revit 软件的参数规则（Parametric Rules）对于由角度变化引起的全局更新有局限性，软件不支持复杂的设计如曲面等。

（2）Bentley 代表产品——Bentley 多系列软件

Bentley 公司开发出了 MicroStation TriForma 这一专业的 3D 建筑模型制作软件，由该软件所建模型可以自动生成平面图、剖面图、立面图、透视图及各式的量化报告。2004 年 Bentley 公司在此基础上推出了功能更加完善的继承者，其系列软件中包括 Bentley Architecture（建筑）、Bentley Structural（结构）、Bentley Building Mechanical Systems（机械：通风、空调、水道）、Bentley Building Electrical Systems（电气）、Bentley Facilities（设备）、Bentley PowerCivil（场地建模）、Bentley Generative Components（设计复杂几何造型）及 Bentley Interference Manager（碰撞检查）等。

除此以外，Bentley 公司还提供了支持多用户（Multi-user）多项目（Multi-project）的管理平台 Bentley ProjectWise，其管理的文件内容包括：工程图文件（DGN/DWG/光栅影像）；工程管理文件（设计标准/项目规范/进度信息/各类报表和日志）；工程资源文件（各种模板/专业的单元库/字体库/计算书）。

该管理平台是基于文件形式的，即所有指令都写入文件以减少记忆内存。第三方开发了大量基于文件的应用，但由于与其他软件平台不匹配，用户需要转换模型形式。

Bentley 系列软件的优势有以下几方面：

1）Bentley 提供了功能强大的 BIM 建模工具，涵盖专业领域广泛。Bentley 涉及工业设计和建筑与基础设施设计的多个方面，包括建筑设计、机电设计、设备设计、场地规划、地理信息系统管理（Geographic Information System）、绘图（Mapping）、污水处理模拟与分析、厂房设备内外管理（Complete Lifecycle Management of Inside and Outside Plant Assets）及不规则设计等。

2）满足更多元的用户需求。Bentley 较 Revit 的先进之处在于 Bentley 基于 MicroStation 这一优秀图形平台涵盖了实体、B-Spline 曲线曲面、网格面、拓扑、特征参数化、建筑关系和程序式建模等多种 3D 建模方式，完全能替代市面上各种软件的建模功能，满足用户在方案设计阶段对各种建模方式的需求，由此也产生了许多强大的插件。以 Generative Components 为例，作为参数化建模插件，它可以帮助建筑师和工程师设计实现从前不可想象的自由曲面和不规则几何造型，其参数化的设计思路和工作模式使生成的几何形体处于"可控制的随机形态"，即通过定义一系列几何元素的空间关系就可以在同一个空间实体上产生相当丰富的拓展变形，从而为设计师的形体构思提供多样化的参考，并可为施工图的生成提供精确的定位。

Bentley 系列软件的劣势是：①不同产品软件用户操作界面差异明显，不易上手；②根据需求的不同需要掌握众多 Bentley 产品，而不同软件之间功能模型包含了不同的特征行为，短时间内掌握这些软件存在困难；③相比 Revit 软件，其对象库（Object Libraries）的数量有限；④产品之间互用性差，不同功能系统只能单独被应用。

（3）Graphisoft/Nemetschek AG 代表产品——ArchiCAD

ArchiCAD 是历史最悠久且至今仍被应用的 BIM 建模软件。早在 20 世纪 80 年代初，Graphisoft 公司就开发了 ArchiCAD 软件；2007 年，Nemetschek 公司收购 Graphisoft 公司，并新发布了 11.0 版本的 ArchiCAD 软件，其不但可以在 Mac 操作平台应用，还可以运用于 Windows 操作平台。

ArchiCAD 的数据互用性强，可与多软件配合，包括利用 Maxon 创建曲面和制作动画模拟、利用 ArchiFM 进行设备管理、利用 Sketchup 创建模型等。ArchiCAD 提供与其他软件连接的互用接口，如 Ecotect、Energy+、ARCHIPHISIK 及 RIUSKA 等。除此之外，ArchiCAD 包含了广泛的对象库（Object Libraries）供用户使用。

ArchiCAD 的优势是：①ArchiCAD 软件界面直观，相对容易学习；②具有海量对象库（Object Libraries）可供用户使用，具有丰富多样的支持施工与设备管理的应用；③ArchiCAD 软件是唯一可以在 Mac 操作系统运用的 BIM 建模软件。

ArchiCAD 的劣势是：①由 ArchiCAD 软件设计的 BIM 参数模型对于全局更新参数规则（Parametric Rules）有局限性；②ArchiCAD 采用的是内存记忆系统，对于大型项目的处理会遇到缩放问题，需要将其分割成小型的组件才能进行设计管理。

（4）Gery Technology 代表产品——Digital Project

Dassault 公司开发的 CATIA 软件是在全球广泛应用的针对航空航天、汽车等大型机械设计制造领域的建模平台，而 Digital Project 是基于 CATIA 软件为工程建设项目定做开发的应用软件（二次开发软件），其本质还是 CATIA。

Digital Project 软件需要强大的工作站支持其运行，适用于大型工程项目。此外，Digital Project 与 Ecotect 等能耗设计软件具有互用性。

Digital Project 软件能够设计任意几何造型的模型，支持导入复杂且特制的参数模型构件。Digital Project 与 CATIA 相比，CATIA 的逻辑结构是称为 Workbenches 的模块，用户可以重复利用别的用户开发的模块满足自己的需求，但 Digital Project 软件无法实现该功能。在这种情况下，Gery Technology 公司通过导入建筑模件（Architecture Workbench）和结构模件（Structure Workbench）来扩大软件功能。除此以外，Digital Project 协同 Knowledge Expert 支持基于规则的设计复核；协同 Project Engineering Optimizer 根据用户需求满足功能优化的参数化设计；协同 Project Manager 跟踪管理模型构件，最大限度地满足用户的功能要求。

Digital Project 软件支持强大的应用程序接口以开发附加组件（Add-ones）。美国、加拿大、新加坡和欧洲许多发达国家，建立了本国建筑业需要的建设工程项目编码体系，并将建设工程项目编码体系导入 Digital Project 软件，为后续工程预算做准备。

Digital Project 的优势是提供了强大且完整的建模功能，并且能直接创建大型复杂的构件，而大部分细节的建模过程都是直接以 3D 模式进行的。

Digital Project 的劣势则是需要大量时间去学习和掌握该软件，用户界面复杂且初期投资高，其对象库（Object Libraries）数量也有限。

(5) Tekla 公司代表产品——Tekla Structures、Xsteel

Tekla 公司于 1966 年在芬兰创建。它涉及多个专业模块，包括建筑、施工、基础设施及能耗。

Xsteel 是 Tekla 公司最早开发的基于 BIM 技术的施工软件，于 20 世纪 90 年代作为钢结构深化设计软件面世并迅速在全球被广泛应用。该软件可以使用 BIM 核心建模软件的数据，对钢结构进行加工、安装的详细设计，生成钢结构施工图（加工图、深化图、详图）、材料表、数控机床加工代码等。

随着科技和建筑行业的发展，为顺应欧洲及北美对于预制混凝土构件装配的需求，Tekla 公司推动软件与一些有限元分析软件的数据互用性，Xsteel 的功能逐步支持预制混凝土构件的详细设计、支持结构分析，增加了开放性的应用程序接口。2004 年，具备以上功能的 Xsteel 正式更名为 Tekla Structures 以反映其支持钢结构、预制混凝土构件、木结构以及钢筋混凝土结构的设计与结构分析。在软件中建立的模型和数据能够同时输出到部分数控加工设备（CNC Fabrication Equipment）和加工设备自动化软件（Fabrication Plant Automation Software）中。

该软件的优势是可设计与分析各种不同材料及不同细节构造的结构模型。Tekla Structures 支持设计大型结构，如温哥华会展中心（Vancouver Convention Center）扩建工程即使用 Tekla Structures 软件以设计与分析 3D 模型。同时支持在同一工程项目中多个用户对于模型的并行操作。在定制参数构件库方面，少用甚至不用程序设计即能实现复杂的定制参数构件库（Parametric Custom Component Libraries）的编辑。

其劣势也较为明显，Tekla Structures 软件作为功能强大的工具，很难学习掌握从而不能完全地发挥功能，软件不能从外界应用中导入多曲面复杂形体，并且购买软件费用昂贵。

2. 基于 BIM 核心软件互用性的工具延展

互操作性（interoperability）又称作互用性，是指不同的网络、应用程序等在一起工作并能共享信息的能力。BIM 核心建模软件如 Revit，均可满足精细化建模的要求。除建模以外，由于用户需求的差异，BIM 模型还被用于完成其他任务如分析、管理、视觉效果，因此 BIM 核心软件需要与其他可满足这些用户需求的软件进行数据信息互用，并由此延伸出众多与 BIM 核心建模软件有互用性的软件。以下将对与 BIM 核心软件具有互用性的软件做简要概述。

(1) 基于 BIM 互用性的建模软件

1) 2D 建模类软件。2D 施工图是 BIM 模型特定角度的一种表现形式,在全面展示模型信息上存在欠缺。但目前,我国工程建设行业在设计、施工、运维阶段所依据的仍然是 2D 施工图,BIM 模型直接输出的施工图还不能完全满足市场对施工图的要求,因此 2D 建模类软件仍然是不可或缺的施工图生产工具,BIM 核心建模软件需要与其保持互用性。

与 BIM 核心建模软件保持最紧密联系的 2D 建模类软件是 Autodesk 的 AutoCAD 和 Bentley 的 MicroStation,如图 2-1a 所示。

2) 3D 建模类(3D Solid model)软件。面对设计初期阶段的形体、体量研究或者复杂的建筑物造型的某些情况,使用有专业侧重的 3D 建模类软件比直接使用 BIM 核心建模软件更方便、效率更高,甚至可以实现 BIM 核心建模软件无法实现的功能。3D 建模类软件的成果可将数据无损地输入 BIM 核心软件。

目前常用的与 BIM 核心软件具有互用性的 3D 建模类软件有 Google Sketchup、Rhino 和 formZ 等,其与 BIM 核心建模软件的关系如图 2-1b 所示。

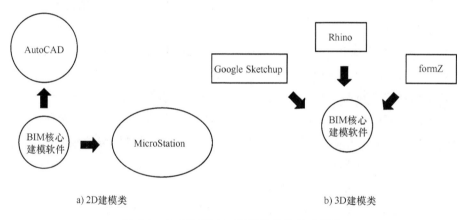

a) 2D 建模类　　　　　　　　　　b) 3D 建模类

图 2-1　与 BIM 具有互用性的软件的建模类

(注:箭头表示信息传递方向)

(2) 基于 BIM 互用性的可视化软件

BIM 模型除了在建筑物设计、施工、运维阶段有较为广泛的应用,建筑物的室内外装修也极度依赖 BIM 模型。基于 BIM 模型来真实呈现装修效果,给设计师提供了极大的便利。因此将基于 BIM 核心建模软件创建的 BIM 模型导入可视化效果极好的软件中进行处理,可以达到最优的可视化效果。

常用的软件包括 3ds Max、Artlantis、Lightscape、AccuRender、Lumion 等,如图 2-2 所示。以 3ds Max 和 Lumion 为例,将构建的建筑物 BIM 模型单体导入 3ds Max,可对其进行室内外装修设计,并通过渲染和光线追踪的方式呈现真实世界的效果,以此来判断装修设计的好坏。Lumion 不仅可处理单体 BIM 模型,还可对建筑物周边环境进行真实模拟,并输出渲染后的动画和图像,极大地满足了用户可视化的美学需求。

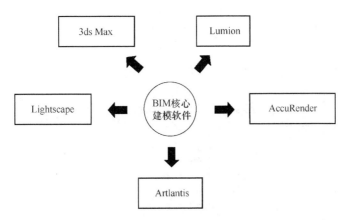

图 2-2 与 BIM 具有互用性的软件的可视化类

（注：箭头表示信息传递方向）

(3) 基于 BIM 互用性的分析软件

1) 可持续发展分析软件。基于 BIM 模型信息，可持续发展分析软件可以对项目的日照、风环境、热工、景观可视度、噪声等方面做出分析，以满足项目可持续发展（节能）的要求。在能源分析方面，主要软件有国外的 Ecotect、IES、Green Building Studio 以及国内的 PKPM 等，如图 2-3 所示。

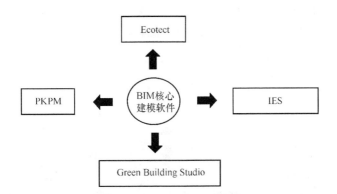

图 2-3 与 BIM 具有互用性的软件的可持续发展分析类

（注：箭头表示信息传递方向）

以 Ecotect 为例，该软件中文名称为生态建筑大师，是英国 Andrew Marsh 博士设计的一个对建筑进行性能分析的软件。分析功能包括热能分析、光照分析、太阳能辐射分析、声学分析、经济指标分析等。该软件的特点是在建筑的概念设计阶段对建筑性能进行分析，操作简单，导入、导出接口丰富，在建筑物节能方面不可或缺。

2) 机电分析软件。机电管线在 BIM 模型中占据重要位置，复杂多变，需根据建筑物结构布局进行调整。机电分析软件同时还涉及管线间协调和功能分析。国内比较知名的水暖电等设备和电气分析软件有鸿业、博超等，国外有 Design Master、IES Virtual Environment、Trane Trace 等，如图 2-4 所示。

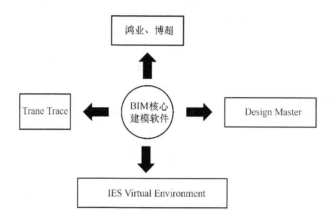

图 2-4 与 BIM 具有互用性的软件的机电分析类
（注：箭头表示信息传递方向）

以鸿业为例，该软件涵盖给水排水、暖通空调、规划总图、市政道路、市政管线及日照分析等方面。同时，鸿业软件积极探索开拓城市信息化道路，主攻城市规划局和自来水公司方向，把办公业务与地理信息有机紧密地结合起来，极大地提高了办公效率并加速了城市信息化进程。

3）结构分析软件。结构分析软件是目前与 BIM 核心建模软件互用性较高的软件，两者之间可以实现双向信息交换，结构分析软件可对 BIM 模型进行结构分析，且分析结果对结构的调整可以自动更新到 BIM 模型中。与 BIM 核心建模软件具有互用性的结构分析软件有 ETABS、STAAD、Robot 及 PKPM 等，如图 2-5 所示。

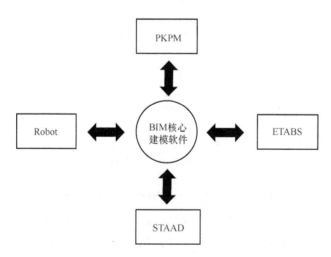

图 2-5 与 BIM 具有互用性的软件的结构分析类
（注：箭头表示信息传递方向）

以 PKPM 为例，PKPM 软件在我国钢筋混凝土框架结构设计中的应用十分广泛，该软件可与 BIM 核心软件保持互用性，同时软件也具备建模能力。通过在软件中设置结构的关键参数、计算结果可判断结构设计的合理性，保证结构设计安全可靠，并获得良好的经济性。

（4）基于BIM互用性的管理协调软件

在建筑行业，不论是施工阶段还是运维阶段，BIM模型的参与度都很高。依赖BIM模型完成进度、成本和质量管理的情况非常普遍。除此以外，通过漫游和碰撞检查等方式判断设计的合理性也是项目中优化设计和节省成本的常规手段，由此基于BIM模型满足管理、协调要求并具有互用性的软件相继而出。

1）进度、成本、质量管理类软件。常见的对进度、成本和质量进行管理的软件，国外的代表软件是ProjectWise Navigator、Visual Simulation、Synchro 4D，国内则有广联达、鸿业等。

基于BIM互用性的管理类软件有些可以同时满足进度、成本和质量的管理要求，而有些则仅能满足部分要求，需要多软件配合使用。软件中的造价功能使建设项目各参与方能够更清晰地预见和控制管理施工进度与工程造价。常见的满足建设过程中管理要求的软件有以下几种：

① Innovaya公司的Visual Simulation。

Visual Simulation软件是Innovaya公司开发的一款4D进度规划与可施工性分析的软件，其可与Revit软件建立的模型进行互用，由Microsoft Project及Primavera创建的施工进度计划可以直接被导入该软件。用户可以直接点击建筑对象，查看软件甘特图中显示的相应任务，反之亦可。施工模拟可以有效地加强项目各参与方的沟通与协作，优化施工进度计划，为缩短工期、降低造价提供帮助。

该软件优势明显，一是操作界面简单、易学习；二是与Revit构建的模型和相关进度计划软件具有兼容性，进度任务与构件一一相关联。举个简单的例子，当模型设计变更时软件可以自动完成进度更新变化，当进度计划变化时，软件也将在模拟施工时体现出更新，且关联工作较Navisworks操作更加简单方便。

该软件的劣势是软件自动更新能力不强。虽然上述关联工作较Navisworks简单易行，但是Visual Simulation软件与进度计划任务及变更后的模型相关联时有缺陷，如对于新增构件、临时性建筑（脚手架、起重机等的进出场安排）、删减构件，常常需要手动添加新类型的任务项于进度计划中，再进行关联工作。

② Synchro Ltd公司的Synchro 4D。

Synchro 4D是一款年轻但功能强大的4D软件，具有比其他同类4D软件更加成熟的施工进度计划管理功能，正如软件的名字"Synchro（同步）"一样，Synchro 4D可以为整个工程项目的各参与方（包括业主、建筑师、结构师、承包商、分包商、材料供应商等）提供实时共享的工程数据。工程人员可以利用Synchro 4D软件进行施工过程可视化模拟、安排施工进度计划、实现高风险管理、同步设计变更、实现供应链管理以及造价管理。Synchro 4D软件能与SolidWorks、Google Sketchup及Bentley软件创建的模型相关联，且由Microsoft Project、Primavera及Asta Powerproject进度计划软件创建的施工进度计划可以被导入该4D软件。

Synchro 4D 作为目前最成熟的 4D 平台之一，除基本的 4D 可视化模拟施工功能之外，强大的施工进度计划管理功能也是其一大优势，包括任务状态管理（Task Status Control）、任务顺序排列管理（Task Sequencing Options）、资源管理（Resource Management）、多重考核机制比较实际完工情况与计划出入、进度跟踪管理（Progress Tracking）、重新编制施工进度计划（Rescheduling）及关键线路分析（Critical Path Analysis）。不仅如此，Synchro 4D 所提供的风险缓冲机制（Risk Buffers）能够保护关键线路，从而最大化地减少重新编制施工进度计划的情况，同时减少与缓解可识别的风险。

该软件的劣势是使用软件的人需要具有强大的施工进度计划管理背景，需要具备丰富的施工进度安排经验和知识才能，这样才能最大化地利用软件的风险分析、资源管理等特色功能。

③ Innovaya 公司的/Visual Estimating+Visual Simulation。

Visual Estimating 是 Innovaya 公司开发的一款针对工程造价的应用软件，结合应用该公司的 Visual Simulation 4D 软件，即可实现 5D 项目管理功能。Visual Estimating 软件可以与 MC2 ICE 及 Sage Timberline 工程造价软件相协作，且由 Revit 和 Tekla 各自创建的 BIM 模型均可以导入其中。其具体功能包括：

A. 自动计算工程量。Visual Estimating 软件可以通过识别模型中的构件类型与尺寸直接导出工程量，如通过确定三个参量——墙体单面毛面积（计算墙体的材料数量）、双面毛面积与净面积（计算饰面数量）来计算出工程量。该功能可以为用户量身定制且可被多个工程重复使用。导出的工程量可以按照特定的格式保存，如 Uniformat（美国建设工程项目编码）。每一项工程量均与 BIM 模型的构件自动链接，随设计变更而自动更新。工程量协同 MC2 ICE 与 Sage Timberline 工程造价软件以 Microsoft Excel 报告形式给出总造价。

B. 定义装配件的组成。基于 Visual Estimating，用户可以在 MC2 ICE 与 Sage Timberline 中定义装配件的组成，然后直接将模型中相应装配件的组成尺寸与数量拉入定义中，如"墙"装配件包括钉子、龙骨、石膏板等组成件的规格和数量。这样对于所有同类型的装配件 Visual Estimating 软件可以自动归类计算，从而大大减少了工作量，提高了效率。

Visual Estimating 的优势：一是操作界面简单，易学习，且它与 Revit、Tekla 构建的模型及 MC2 ICE、Sage Timberline 具有兼容性；二是 Visual Estimating 软件量化的信息与构件一一相关联，便于归类计算；定义装配件的功能将工程造价精确到装配件的每一个细节。

该软件的劣势则是：我国工程量的计算规则和定额管理体制与国外有明显区别，若想利用 Visual Estimating 软件，改动的参数较多甚至需要修改软件，代价高昂。

④ VICO Software 公司的 Virtual Construction。

Virtual Construction 软件套装是一款为施工单位服务的高度集成的 5D 管理工具，其套装包括 VICO Constructor（建模）、VICO Estimator（概预算）、VICO Control（进度控制）、VICO 5D Presenter（5D 演示工具）、VICO Cost Manager（造价管理）及 VICO Change Manager（变更管理）。

VICO Constructor 可创建 VICO 环境下的 BIM 模型，包括建筑（Architecture）、结构（Structure）及机电管道（MEP）模型，作为其他工具的基础。VICO Estimator 是基于模型的预算分析，其对于不同的预算方案（Budget Alternatives）与投标文件包（Bid Packages）可以提供数值及图表分析。VICO Control 基于详尽的建筑构件、造价及施工进度计划的工作分解结构（Work breakdown Structure）和地区的生产流程编制常规施工进度计划，减少进度风险；同样地，由 Microsoft Project 及 Primavera 进度计划软件创建的施工进度计划可以被导入该软件。VICO 5D Presenter 是将 BIM 模型（3D）、施工进度计划（4D）与施工过程模拟以及工程造价（5D）的所有信息集中在一个平台演示，为项目各参与方提供决策参考。VICO Cost Manager 负责监控与管理造价变更。VICO Change Manager 跟踪管理实现同步化。

Virtual Construction 作为一款综合性强、成熟度高的 5D 管理软件套装，能够将设计、施工、造价、工期紧密地连接成为一个有机的整体，使项目各参与方对项目有更深刻的认识以便做出各种正确的决策。其多元化的优势首先体现在软件可分析施工的可行性上，在建模过程中能及时发现潜在的问题，避免施工时的错误与碰撞，加强对项目的可控性，减少不确定性因素，从而提高生产率、缩短工期；其次，它能加强项目中各参与方的交流与协作，而基于模型的实时造价分析能够使结果更加准确。

Virtual Construction 的劣势和 Visual Estimating 类似，国外对于工程量的计算规则、定额管理体制、施工技术方法和设备条件与国内相比有较大的区别，故 Virtual Construction 软件套装不与我国建筑业的大环境相匹配。此外，运用 5D 软件进行施工管理对于现行的工作模式来说是革新性的变化，对工程人员实际运用软件的知识与经验、软硬件的配套设施等都提出了极高的要求，故软件的推广应用不可能在短时间内实现。

⑤ 广联达公司的广联达系列软件。

广联达科技服务有限公司（简称广联达）是立足建筑产业，围绕工程项目的全寿命周期，提供以建设工程领域专业应用为核心基础支撑，以产业大数据、产业新金融等为增值服务的平台服务商。经过近 20 年的发展，广联达旗下的软件广泛应用于中国工程造价行业。

广联达和 Autodesk 公司进行积极合作，试图推进软件之间的数据互用性，并提升 Revit 构建的 BIM 模型在广联达系列软件中识别和计算的精准率。现阶段广联达系列软件涵盖土建、机电等各专业的计量计价功能，同时可以为招标投标阶段进行服务。

广联达是国产软件，其优点是开创了国人自己的轻量化图形平台，操作流程简单，符合国人的使用习惯，并且软件保持不断更新、不断创新、不断优化，积极寻求与世界接轨的机会。

但广联达的缺点也十分明显：第一，它在施工管理方面还需要深入地探索和尝试；第二，软件没有打通建筑设计前端，不能实现全流程的软件应用，从软件发展来看，较为缺乏竞争力；第三，软件三维显示效果和使用者的操作美观体验较差，应在软件轻量化的基础上，提升专业化界面 UI 设计。

2) 协调类软件。常见的对项目起到协调作用的软件，国外的代表软件是 Navisworks、ProjectWise Navigator、Fuzor，国内较为知名的为鸿业科技旗下的部分软件。

基于 BIM 互用性的协调类软件可满足漫游、碰撞检查或进度协调等要求。常见的满足建设过程中管理要求的软件有：

① Autodesk 公司的 Navisworks。

Autodesk Navisworks Manage 软件是 Autodesk 公司开发的用于施工模拟、工程项目整体分析以及信息交流的智能软件。软件的具体功能包括模拟与优化施工进度、识别与协调冲突与碰撞，能够使项目参与方有效沟通与协作以及在施工前发现潜在问题。Navisworks Manage 软件与 Microsoft Project 具有互用性，在 Microsoft Project 软件环境下创建的施工进度计划可以被导入 Navisworks Manage 软件，再将每项计划工序与 3D 模型的每一个构件一一关联，即可制作施工模拟过程。

优势：不论模型大小，Navisworks Manage 软件都可进行平滑的实时漫游；Navisworks 兼容多种模型格式，包括 AutoCAD、ArchiCAD、MicroStation 以及 Solidworks 等；Navisworks 软件操作界面友好，便于掌握；Navisworks 的 3D Mail 功能允许设计团队的成员使用标准的 MAPI E-mail 进行交流，任一 3D 模型的特定场景视图可以和文字内容一同发送。

劣势：由于渲染与制作模拟动画的功能需求，Navisworks Manage 软件对于计算机的配置要求很高，且渲染花费的时间极长；对于变更后的模型再次导入 Navisworks，需要重新将每一个构件与进度计划的任务一一关联，工作量巨大且过程繁琐，故不适用于大型项目。

② Bentley 公司的 ProjectWise Navigator。

ProjectWise Navigator 软件是 Bentley 公司于 2007 年发布的施工类 BIM 软件，其以动态协作的平台，便于项目各参与方能够快速看到设计人员提供的包含设备布置、维修通道和其他关键设计数据的最初设计模型，并做出评估、分析及改进，以避免在施工阶段出现代价高昂的错误与漏洞。其具体的功能包括：一是友好的交互式可视化界面，方便不同用户轻松地利用切割、过滤等工具生成并保存特定的视图，进而分析错综复杂的 3D 模型；二是检查冲突与碰撞，项目建设人员在施工前利用施工模拟能尽早发现施工过程中的不当之处，降低施工成本，避免重复工作；三是模拟、分析施工过程以评估建造是否可行，并优化施工进度；四是直观的三维实时漫游功能，用户可以根据需要简单地运用行走、飞行、自动巡视、旋转、缩放等功能，模拟置身于建设项目的任何一个角落实时查看构件的工程属性。

ProjectWise Navigator 对各种应用、行业标准及文件格式提供广泛的支持。一些 2D/3D 文件格式和所支持的应用包括 DGN、DWG、PDF、DWF、AutoPLANT、TriForma、PlantSpace、PDS、Google Sketchup、Google Earth、IGES、STEP、JPEG、TIFF 和 3DS。

ProjectWise Navigator 的优势，一是它相比于 Navisworks Manage 软件来说，检查碰撞与模拟施工功能更强大，成本低廉；二是软件可支持的文件格式广泛（DGN、DWG、DWF等）；三是软件可以同时浏览 2D 图与 3D 模型，且界面友好。

软件的劣势主要是对计算机配置要求较高,如内存、硬盘、显卡等。在安装问题上,安装 ProjectWise Navigator 之前必须安装 MicroStation Edition Software Prerequisite Pack 作为其前提包。

③ Fuzor Virtual Design Construction。

Fuzor 是一款集设计、建造、协同、4D 施工模拟于一体的 4D 软件,与 Revit、ArchiCAD 等建模软件的实时双向同步是 Fuzor 独有的突破性技术,其对主流 BIM 模型的强大兼容性为建设项目的设计、施工及管理的专业人员提供了一个集成的设计环境,以实现工作流程的无缝对接。Fuzor 可整合 Revit、Sketchup、FBX 等不同格式的文件,在 2D、3D 和 VR 模式下查看完整的项目,在查看过程中发现问题并进行相应优化,最终交付高质量的设计成果。Fuzor 包含 VR、多人网络协同、4D 施工模拟、5D 成本追踪几大功能板块。用户可以直接加载 Navisworks、P6 或微软的进度计划表,也可在 Fuzor 中创建,还可以添加机械和工人以模拟场地布置及现场物流方案。同时,用户可以在 VR 中查看 4D 施工模拟及相关 BIM 信息,帮助用户提高管理效率、缩短工期和节约成本。

优势:与 Navisworks 相比渲染更加真实,包含了强大的碰撞检查、施工模拟、净高检查等检查功能,软件本身占用内存较小,却具有双向实时同步、远端多人协同等 BIM4D 软件功能,并且结合了 VR 技术,能更直观地展示预览 BIM 成果。Fuzor 可以把文件打包成一个 EXE 的可执行文件,供其他没有安装 Fuzor 软件的项目参与方像玩游戏一样审阅模型,同时他们还可以将用户的 BIM 成果进行标注。

劣势:软件功能繁多,界面不够简洁,未明确模块化功能界面,需耗费较长时间进行学习。由于其与 BIM 建模软件能够双向实时同步,因此其渲染精度高,对计算机的配置和性能要求也很高。

(5) 基于 BIM 互用性的其他软件

基于 BIM 互用性的软件还会根据需要应用于其他方面。如 ESRI 公司正致力于研究 ArcGIS Pro 和 Revit 模型信息的互用性,以加深陆地和海洋上的地理信息研究。部分 GIS 软件已经可以直接提取 Revit 模型信息进行相关研究。除此以外,还可以基于 BIM 互用性进行其他领域的学术研究以解决一些实际问题,如利用数据互用性将 BIM 模型导入专业的仿真(Massmotion、Pathfinder、FDS)或推演软件中。

3. BIM 软件小结

将上述 BIM 设计类、施工类及与 BIM 核心软件具有互用性的三类软件做出简要总结,见表 2-1。

表 2-1 BIM 软件小结表

软件类型	类型	公司	软件名称
BIM 建模软件	建模类	Autodesk	Revit Architecture(建筑)
			Revit Structure(结构)
			Revit MEP(机电管道)

(续)

软件类型	类型		公司	软件名称
BIM 建模软件	建模类		Bentley	Bentley Architecture（建筑）
				Bentley Structural（结构）
				Bentley Building Mechanical Systems（机械：通风、空调、水道）
				Bentley Building Electrical Systems（电气）
				Bentley Facilities（设备）
				Bentley PowerCivil（场地建模）
				Bentley Generative Components（设计复杂几何造型）
				Bentley Interference Manager（碰撞检查）
			Graphisoft/Nemetschek AG	ArchiCAD
			Gery Technology	Digital Project
			Tekla 公司	Xsteel
				Tekla Structures
与 BIM 核心软件具有互用性的软件	建模类	2D	Autodesk	AutoCAD
			Bentley	MicroStation
		3D	Google	Sketchup
			Rhino Software	Rhino
			AutoDesSys	formZ
	可视化类		Autodesk	3ds Max
			被 Autodesk 收购的 Lightscape	Lightscape
			Abvent	Artlantis
			Robert McNeel	AccuRender
			Act-3D	Lumion
	分析类	可持续发展	Autodesk	Ecotect
			被 Autodesk 收购的 GeoPraxis	Green Building Studio
			Illuminating Engineering Society	IES
			中国建筑科学研究院建筑工程软件研究所	PKPM
		机电	Design Master Software	Design Master
			Integrated Environmental Solutions	IES Virtual Environment
			Trane	Trane Trace
			鸿业科技	鸿业 MEP 系列软件
			北京博超时代软件有限公司	博超电气设计软件

(续)

软件类型	类型		公司	软件名称
与BIM核心软件具有互用性的软件	分析类	结构	Computer and Structures Inc.（CSI）	ETABS
			REI Engineering Software	STAAD
			Autodesk	Robot
			中国建筑科学研究院建筑工程软件研究所	PKPM
	管理协调类	管理类	Innovaya	Visual Estimating
			Synchro Ltd	Synchro 4D
			Innovaya	Visual Simulation
			VICO Software	Virtual Construction
			广联达	广联达系列软件
			Common Point	Project 4D ConstructSim
		协调类	Autodesk	Navisworks、Fuzor
			Bentley	ProjectWise Navigator
	其他	其他	ESRI	ArcGIS Pro
			Thunderhead Engineering	Pathfinder
			美国国家标准技术局	FDS等

2.1.2 建筑项目中应用的传统软件和新兴BIM比较

随着社会发展，建筑项目中应用的软件逐步从传统的2D转向BIM新兴技术，实现了建设效率和管理效率的双进步。在建筑行业中应用最为广泛的2D软件是CAD，而随着3D软件的发展，建筑行业进入BIM时代，极大地实现了建筑信息集成，满足了多元的需求，因此涌现了一系列优秀的BIM软件。本节将CAD和现在运用较多的BIM软件做比较，以方便后期使用者对软件进行科学选择。

1. 信息整合化能力不同

在CAD软件时代，建设项目各专业如结构、机械、电气、暖通及造价等以2D建筑设计图为基础，这些专业之间各司其职，极易出现设计变更、空间碰撞等情况，修改烦琐费时、整体协调性差；在BIM软件时代，BIM整体参数模型由各专业的BIM模型整合而来，BIM软件作为统筹信息的平台避免了空间碰撞等情况，且其对于设计变更全局更新的特性方便了建设项目的整体协调运作。

2. 软件种类与数量要求不同

"在CAD时代，基本上一个软件就可以解决问题，而在BIM时代需要一组软件才可以解决问题"（汤志强，2018）。由于BIM的功能更加智能化，其软件种类较多并拓展到了许多新的领域，如施工4D模拟（Navisworks等）、工程造价（Visual Estimating等）、施工进度计划（Innovaya等）等软件，且与其具有互用性软件的范围更广。

3. "生产工具"与"生产内容"不同

如图 2-6 所示,"CAD 只改变了生产的工具,没有改变生产的内容;而 BIM 既改变了生产的工具,又改变了生产的内容"及"CAD 成果是静态的、平面的,纸张可以作为承载和传递的媒介;而 BIM 成果是动态的、多维的,必须借助计算机和软件来承载和传递"(李海荣,2017)。狭义上讲,CAD 软件提供给工程人员的仅仅是生产的"画板",并没有改变生产的内容(即静态的、平面的"施工图")。而 BIM 软件提供的生产工具不仅是"画板",而是利于多方协作的 3D 平台,生产内容也从"施工图"变成了模拟实际建设项目的动态的、多维的、实时的"参数模型"。

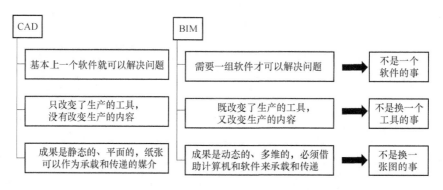

图 2-6 BIM 软件与 CAD 软件的比较

2.2 BIM 的系统管理

建设项目全寿命周期信息管理是通过在整个寿命周期中实现信息的有效集成和应用,使建设项目达到预期的使用目的,并实现可持续应用。而有效的信息管理是指有效地实现建筑信息的创建、管理和共享。BIM 则是实现信息有效管理的关键。此处提出了基于 BIM 的建设项目全寿命周期信息管理框架。该管理框架为实现建设项目全寿命周期信息管理奠定理论基础。

2.2.1 基于 BIM 的信息管理框架的总体设计

随着全球化、知识化和信息化时代的到来,在现代信息技术的影响下,现代建设项目管理已经转变为对项目信息的管理。传统的信息沟通方式已远远不能满足现代大型工程项目建设的需要。实践过程中如某些索赔或争议事件归根结底是信息的错误传达和不完备造成的。如何为工程项目的建设营造一个集成化的沟通和相互协调的环境来提高工程项目的建设效益,是迫在眉睫的问题。BIM 从一个理想概念成长为如今的应用工具,应最大限度地利用其价值,做好项目的信息管理工作。基于 BIM 的信息管理大体遵循如下框架。

1. 构建思路

建设项目信息管理涉及业主方、设计单位、施工单位、材料供应商、运维管理单位、政府部门及金融机构等众多参与方，信息量巨大且信息交换复杂，而传统的信息管理方式凌乱无序，信息利用率低。因此基于 BIM 信息管理框架的构建思路的核心就是改变传统的信息传递和共享的方式，通过 BIM 将不同阶段、不同参与方之间的信息有效地集成起来，真正地实现建设项目全寿命周期的信息管理。因此，基于 BIM 的建设项目全寿命周期信息管理框架的构建主要从以下三点展开：

（1）数据问题

建设项目信息管理过程中，产生的信息形式多样，各参与方所用的信息管理软件不尽相同。为了实现数据信息的标准化管理和共享，保证不同阶段产生的信息能够持续流通，且避免数据的重复，需要建立强大的数据库以保证不同 BIM 应用之间的信息提取、关联及扩展，该数据库也是基于 BIM 信息管理框架的基础。

（2）信息模型

数据库是存储信息的地方，而信息模型是承载信息的载体。随着建设项目的进展，信息数据不断增加，为了保证这些信息分门别类并有效地存储，需要在全寿命周期不同阶段，针对不同的 BIM 应用形成子信息模型，由各子信息模型来承载不同专业和类别的信息，以保证信息的有序。子信息模型通过提取上一阶段信息模型中的数据，再经过扩展和集成，如此反复，最终形成全寿命周期信息模型。该过程同时确保了信息录入的标准性，从而保证了大型数据存储的稳定性和安全性。

（3）功能实现

对信息进行存储和管理的最终目的就是有效地应用信息，进行建设项目管理，因此，在管理框架的最上层为功能模块层。不同的功能模块对应着不同的 BIM 应用，即为一个功能子信息模型。如在设计阶段基于 BIM 的主要功能模块有结构分析、碰撞检测等，对应着结构分析子信息模型、碰撞检测子信息模型。

2. 管理框架

根据上文信息管理框架的构建思路，基于 BIM 的建设项目全寿命周期信息管理框架如图 2-7 所示。该框架由数据层、模型层和功能模块层三个部分构成。其中，数据层是一个中央数据库，其包含了建设项目在整个存续阶段方方面面的信息，通过该中央数据库，实现了信息在不同阶段、不同参与方之间的传递和共享；模型层是该管理框架的核心部分，连接着数据层和功能模块层；功能模块层是 BIM 在全寿命周期中不同阶段的主要应用，每一个 BIM 应用都是一个子 BIM 模型，根据建设项目管理的需求不同、目标不同，功能模块可适当地扩展或改变。

2.2.2 基于 BIM 的信息管理框架的数据层

信息管理框架的数据层是一个 BIM 数据库，理论上包含了建设项目方方面面的信息。BIM 数据库的数据分为基本数据和扩展数据。基本数据是对信息模型的图元本身的几何、物理、性能等信息的数字化描述。扩展数据是与模型图元相关的各种技术层面、经济管理层面的文档、资料，这些数据通常是非结构化和半结构化的。BIM 数据库可被视为一个信息管理平台，保证了不同阶段不同参与方需要什么信息都可以随时从这个数据库中提取，同时各个参与方也会根据建设项目管理的实际需要，扩展和输入相应的信息，并用对应的软件分析后，再将结果输入到中央数据库中，不断完善数据层信息。通过数据层的管理避免了建设信息的重复输入，减少了不必要的人力和财力的投入，以提高信息使用效率，节约工期和成本。

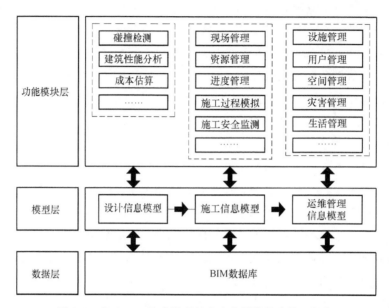

图 2-7 基于 BIM 的建设项目全寿命周期信息管理框架

因此，存储在 BIM 数据库中的信息只需要在某一阶段由某个参与方输入一次即可，其他后续参与方只需要根据自己的使用需求提取这些信息，这不但避免了重复输入发生错误，又节省了重复输入的成本。由前文分析可知，建设项目涉及业主、设计、施工、供应商、运维管理单位等众多参与方，信息量大，来源多，数据形式各异，因此建设项目全寿命周期中信息数据的存储和共享就是数据层要实现的关键目标。因此，数据层应保证数据存储、数据交换、数据提取、数据应用几个功能的实现。

1. 数据存储

通过对建设项目全寿命周期的信息进行分析可知，信息类型、数据形式各异，因此，将这些数据以合理的形式进行管理和存储，以方便后续的应用是数据层要实现的功能之一。由于不同阶段的工作活动和目标不同，阶段信息也会不同，项目信息有多种分类标准，如按属性划分、按目标划分、按来源划分、按层次划分等。以下从内容属性方面说明信息的分类。根据前文的信息分析，按内容属性，大体上可以将项目信息分为以下几个方面：项目公共信息，如国家和地方的政策法规、法律、技术标准和规范等；经济信息，如项目的投资额、与成本有关的各种资源的市场价格、工程款支付情况等；环境信息，如当地自然环境、治安环境、地块周边的设施情况等；商务类信息，如签订的各种合同、合约、工程索赔信息等；工程概况信息，如工程各项说明、所有设计图等；技术信息，如各项施工技术、施工要求、操作规范等；管理方面信息，主要是指项目参与方的组织信息。

以上信息的内容形态各异，主要有各种数字、表单、文档、设计图、照片、视频、声音等，因此既有结构化的信息，又有非结构化或半结构化的信息，根据管理目标不同主要用于投资控制、质量控制、进度控制、成本控制、安全控制等方面。

因此，在数据存储过程中，要综合考虑信息的属性、专业、形态、阶段、目标，分门别类，以利于信息的存储和检索。最终目标是能够保证其他参与方或专业人员可以在 BIM 数据库中方便快捷地查询、搜索到所需要的任何信息。

2. 数据交换

数据交换主要是指实现不同 BIM 专业软件与 BIM 数据库之间数据交换操作的畅通无阻。虽然很多信息数据都是由基本的信息模型提供，但是仍有大量信息是由不同的专业根据对应的专业软件分析后提供，因此不同参与方、不同专业间的信息交换问题是 BIM 数据层要实现的功能之一。

要解决信息交换问题，一定要有一套可以被业界接受和认可的数据交换标准。目前大多数软件工具支持由国际协同工作联盟组织（IAI）研究的 IFC（Industry Foundation Class，工业基础类）标准格式的数据。有了统一的标准便代表着各个软件之间有了交流的语言。IFC 标准的最终目标是保证在不同的 BIM 应用软件、不同的专业之间、在全寿命周期内信息的有序共享。虽然现阶段基于 IFC 标准的数据存储和交换还存在着许多问题，但是其在数据存储和交换方面的优势已经被广泛认可，对于 IFC 数据标准的研究还有待更多研究人员的努力。总之，数据标准的建立，可以有效地解决信息化管理过程中的一系列问题和困惑，极大地提高建设项目管理水平。

3. 数据提取

数据提取主要是指从庞大的 BIM 数据库中筛选出需要的 BIM 信息数据，并从数据库中提取并储存起来，方便后面阶段的数据应用。目前 BIM 的数据提取方式中，较为成熟且较为普遍的方式为 Revit 的数据提取。由于 Revit 具有强大的 Revit API，因此二次开发和数据提取更有意义且更易操作。

数据提取可以完整并且高效率地对庞大的 BIM 数据和信息进行提取，解决建筑行业中各专业之间在施工过程中数据使用效率低的问题。通过对 BIM 模型数据需求的分析，利用 Revit API 外部功能扩展方式，研究 Revit 对象的访问、过滤、编辑与创建，并依此形成基于构件的数据提取方案；结合 SQL Server，对 BIM 模型构件图元实现基于关系数据库的数据储存，并创建形成构件拓扑关系；利用 OpenGL 三维图形库，采用完全面向对象设计方法，进行三维模型重建的研究。通过上述步骤，将 BIM 模型的数据提取至数据库，并进行数据库的关联查询、模型重建和构件查找。数据提取与应用技术具有可行性，在建筑工程领域具有一定的应用价值，能够解决模型与信息相互独立、模型抽象和信息断层等问题，从而实现模型与信息的完美结合。

4. 数据应用

数据应用是指在数据层能够实现对相关信息的查询、建立、更新以及删除等基本功能，保证不同阶段、不同参与方能够及时地访问所需的数据。关于数据应用主要从两点考虑：

1)对于各个参与方来说,在访问 BIM 数据库中的数据时,需要明晰每个参与方的权限设置。明确不同的参与方对信息数据的权限,是为了保证各种数据及时更新、纠正、删除等。

2)关于数据的任何变动,即各个参与方在权限设置范围内对数据所做的建立、纠正、删除、扩展等操作,都能及时地反馈给其他参与方、反馈到 BIM 数据库中,以保证数据的准确性和实时性。

2.2.3 基于 BIM 的信息管理框架的模型层

在基于 BIM 的建设项目全寿命周期信息管理框架中,模型层起到了核心作用,因为其针对功能模块层不同的 BIM 应用需求,从数据层获取信息,产生相应的子信息模型。在这个过程中,充分发挥了 BIM 的关联修改、一致性及协同工作等特点,真正实现了 BIM 在全寿命周期各个阶段的集成应用。建设项目全寿命周期管理,更多是站在业主或房地产商的角度,因此从他们的立场和整个项目全寿命周期的综合效益角度来分析,有三个阶段可使项目的效益达到最大化,分别是设计阶段、施工阶段和运维阶段。因此,可将管理框架的模型层定义为设计信息模型、施工信息模型和运维管理信息模型。

1. 设计信息模型

设计阶段是建设项目全寿命周期后续各个阶段的基础。在此阶段会对建筑物的各专业进行确定,创建建筑物的 BIM 模型,从而产生大量的信息;且设计阶段将会有大量的不同专业的相关人员介入此过程,包括建筑设计师、结构工程师、水暖电工程师、室内设计师和造价工程师等,这些不同的专业人员分属于不同的部门,因此这些人员之间的建筑信息的共享和利用非常重要。

设计信息模型是在设计阶段由各个专业的设计师们共同设计而成的,主要由三部分构成:由建筑设计师设计的建筑模型、由结构工程师设计的结构模型以及由水暖电工程师设计的水暖电模型。如图 2-8 所示,设计阶段对各个专业设计的信息流动和传递的流畅性有较高要求,之后建好的三个模型相结合便构成了 BIM 集成的基础,即设计信息模型,后续信息模型在建立时可以从中提取所需的信息。该过程减少了不必要的信息输入、提高了建筑信息的重复利用率。

(1)建筑模型

由建筑设计师基于 BIM 技术构建的建筑模型是主要由建筑物的几何数据构成的三维模型。建筑模型侧重于表达建筑产品的各个基本对象(墙、板和部分构件)的规模尺寸、空间拓扑关系、空间分配关系和外观真实表现等。因此建筑模型所承载的主要是各个构件的几何信息。

(2)结构模型

结构工程师主要负责分析梁、柱、板、基础等承重和非承重构件并创建结构分析的结构模型,以便于从力学角度对建筑产品和建筑对象以及对象之间的链接关系进行分析和计算。基于结构模型分析并及时对材料和构件尺寸进行调整,以满足结构安全的需要,并实时更新结构模型中的数据，以保证信息的有效性和真实性。

（3）水暖电模型

在设计过程中要充分考虑设备与管线的安装、修理和更新的要求。水暖电设计人员在之前的建筑模型和结构模型的基础上，提取空间数据等信息，并根据设计的总体方案和相关规范，输入相应的技术指标和系统形式，进行负荷计算，确定设备型号，进行水暖电系统设计，最后形成完整的水暖电模型。

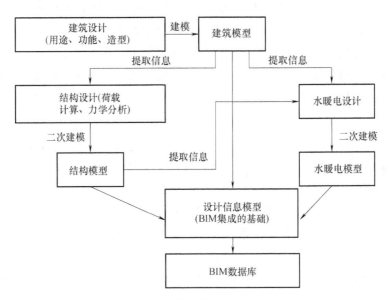

图 2-8　设计信息模型形成示意图

2. 施工信息模型

现在大多数的建筑施工信息均以电子数据的形式被存储在计算机中，如施工计划与进度、成本控制、文档管理、分包商和供应商管理等。但是在基于计算机进行这些管理的时候，仍然要重新输入数据并建立模型，这不但消耗大量时间，还增加人工成本，甚至在录入过程中可能出现错误。而在施工阶段通过使用 BIM 技术，根据管理目标及功能模块的需求，可以直接从 BIM 数据库中提取决策和设计阶段的部分信息，并从进度、质量和资源等方面进行信息扩展。这些扩展的信息都将存储到数据层中，逐渐形成完善的施工信息模型。该完善的施工信息模型的信息主要由两个部分组成：

（1）基本信息

基本信息是全寿命周期管理过程中的必要信息，是施工信息模型建立的基础。基本信息通常在设计阶段由不同专业的设计师们创建，主要是指与建筑产品相关的几何属性信息，如建筑物的规模、尺寸、布局、结构、构件和设备等，以及关于建筑物概况的说明和描述等。

（2）扩展信息

扩展信息是在基本信息的基础上，根据施工阶段管理目标增加的信息，这些信息主要包括进度信息、成本信息、施工方案、质量信息、安全信息和资源信息等。

基本信息与扩展信息整合而形成施工信息模型，能够支持施工阶段各种管理活动的需要。

3. 运维管理信息模型

运维管理主要是对建筑物、设备与周边相关的环境进行维护管理。因此运维管理过程将需要大量的原有设计图和施工信息。虽然现在已经有各种智能的物业管理系统，但是由于设计、施工阶段的信息不能被运营维护阶段直接利用，需要重新输入，这不但浪费了大量的人力、财力，甚至还会造成信息的延误和缺失。而基于BIM进行建设项目全寿命周期信息管理，运维管理单位或物业单位在建设项目建造完成后，需要得到的不是传统的设计图、竣工图和文档，而是能够反映建筑物真实状态的可视化模型。通过该模型，运维管理单位或物业单位可以获取后续管理过程中各种所需信息。运维管理的模型主要是用于及时掌握实际建筑物出现问题的位置，因此运维管理模型的关键节点应精确定位到真实建筑物的实际位置。

基于BIM的运维管理信息模型，集成了策划、设计、施工阶段的地理位置、规模尺寸、建筑构件信息、设备信息和空间布局信息等，实现了建筑信息的持续应用，避免了信息流失和断层问题。运维管理信息模型中的信息主要由三部分信息构成：运维管理的基本元素，从策划、设计和施工信息模型中提取的共有的基本信息，以及基于BIM在运营维护阶段的应用需要输入的扩展信息。每一部分信息的内容由以下几部分组成：

（1）基本元素

基本元素主要是指运营管理的基本对象信息，包括了如梁、板、柱等建筑构件实体信息以及设备管道信息、设备分组、资产鉴定、对象数量等信息。

（2）共有的基本信息

共有的基本信息是贯穿建设项目全寿命周期各个阶段的基本信息，这些共有的基本信息不用重复地输入，而是直接从设计阶段BIM模型和施工阶段BIM模型中提取即可。共有的基本信息包括建筑的几何尺寸、结构构件的性能和建筑性能分析数据等。

（3）扩展信息

扩展信息主要用于改善设施的性能，在基于运营维护阶段所要实现的目标以及共有的基本信息的基础上，由管理人员或用户自定义的各种扩展信息和根据管理需要而建立的元素，如运行水平、满足程度、资产管理数据、检查和维护计划等。

2.2.4 基于BIM的信息管理框架的功能模块层

功能模块层是由BIM在建设项目管理中的应用构成，这些管理功能模块会自动将分析结果反馈给相应的专业人员，由专业人员将信息数据存储到BIM数据库中，以方便后续阶段各参与方使用，提高信息的利用率，使项目效益最大化。

1. 设计信息模型功能模块

（1）碰撞检测

碰撞检测是指对建筑构件、结构构件、机械设备和水暖电管线等进行检查，以确保上述构件和设备之间不发生碰撞交叉等现象。造成碰撞交叉现象的原因是建筑各专业的工程师们一般进行独立设计，导致经常出现不同专业的设计管线发生交叉碰撞的问题，所以设计完成后不能立即出图，要进行管线碰撞检测协调和优化。

传统模式下，解决问题的方法是施工前各专业进行图纸会审，经过设计图对比来发现设计过程中的碰撞问题，继而给出改进优化方案。但是即使如此，实际建造过程中因地形和设计图错误等原因仍然会有大量的碰撞问题不能被发现，而且设计图之间不能进行关联修改，使得设计变更不能及时得到修改，导致部分设计图未能及时更新，给施工造成麻烦。这不但增加投资成本，甚至会延误工期。

管线是建设项目中较为复杂的专业，而基于 BIM 创建的管线综合碰撞模型，首先能够实现关联修改，保证了设计变更信息的及时传递。管线综合碰撞模型包含了参数化三维模型中实体对象更多的信息，使得构件、设备和管线之间的冲突直观地呈现在眼前，确保了工程师们能够准确地发现问题，并及时进行修改，最大限度地为后期施工节省成本。

管线的碰撞检测主要基于设计信息模型中获取碰撞检测需要的空间数据，以及建筑构件、结构构件、机体设备、水暖电管线和连接件等的尺寸、坐标和型号等几何数据。将以上提取的数据组合成一个子系统，对该子系统再输入相应的检测指标、规范要求或者经验数据等，形成用于碰撞检测的子模型。在检测过程中，发生冲突的地方会得到相应的显示，以确保设计人员可以及时进行调整。基于 BIM 的碰撞检测子模型的应用流程如图 2-9 所示。

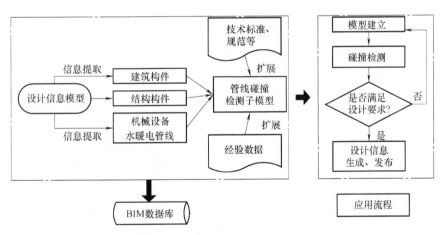

图 2-9　基于 BIM 的碰撞检测子模型的应用流程

（2）建筑性能分析

当今社会，人类对建筑物除了满足最基本要求，也越来越重视提高建筑的品质，而绿色建筑的倡导也要求降低对能源和资源的消耗，因此，要求对建筑物进行性能分析，在一定程度响应环保和节能的要求。对传统建筑物进行性能分析时，需要人工再次输入构件的几何尺寸和特性等信息，但一旦设计信息发生变更，构件的信息也将需要再次调整，耗时耗力的同时还极容易发生错误。

基于 BIM 技术进行能量分析时只需直接调用设计信息模型中的信息，减少了信息的重复输入，同时 BIM 的关联功能使得设计变更的同时，性能分析也会随之更改，这种自动性和关联性大大缩短了建筑性能分析的周期，为业主提供了更专业化的服务，保证了决策的准确性和高效性。基于 BIM 的建筑性能分析流程如图 2-10 所示。

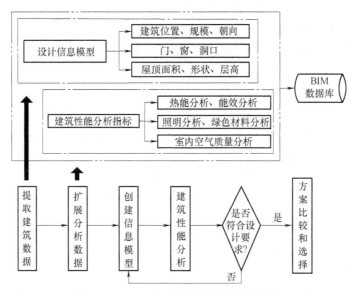

图 2-10 基于 BIM 的建筑性能分析流程

（3）成本估算

传统的设计图大多是手绘或者基于 CAD 的电子图，无法自动计算出工程量信息，所以工程量均需要人工看图且手算统计。基于上述情况，出现了专门的工程造价软件，虽然可以一定程度上实现工程量的自动统计，但是需要人工提前将 CAD 图的数据重新输入到工程造价软件，或者用软件自带的识别功能对设计图进行识别。传统的纯手工计算不但需要大量的人员，而且产生错误后不易纠正；而使用工程造价软件，虽然测算速度加快，但是若设计出现变更，仍然需要不断地更新输入的数据，另外识别设计图时可能出现错误，对结果造成扰动。

而 BIM 的信息集成和软件间的互用性，使得 BIM 数据库包含的信息可直接为成本估算所用。由于减少了重复输入的工作，应用相应的 BIM 成本软件可以快速测算工程量和造价，进行方案的比选和修改，实现成本的有效控制。不仅如此，BIM 的关联修改功能保证了各种工程设计数据、价格数据能够及时和高效地更新。

成本估算功能模块构成如图 2-11 所示。

2. 施工信息模型功能模块

（1）场地管理

场地管理是对施工现场进行合理的布置，主要包括现场控制网测量、建筑物定位和放线，施工道路、管线、临时用水用电等设施的建设，施工材料的进场及调度安排和塔式起重机的布设等，以保证施工的有序进行。

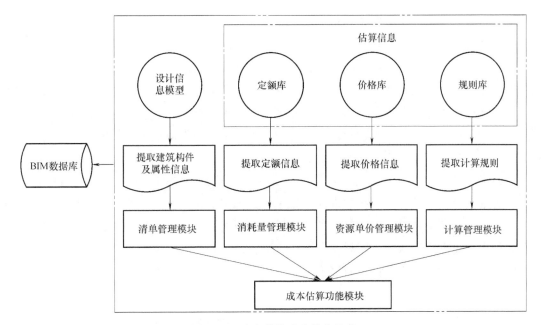

图 2-11 成本估算功能模块构成

通过 BIM，现场管理人员可以迅速为相关人员展示和介绍场地布置和使用情况，或者是场地规划调整情况，让相关人员及时掌握自己的工作范围，提升对工作内容的理解程度，也极大地提升了沟通交流的效率，将因施工过程中产生的变更对全寿命周期的经验管理的影响最小化。基于 BIM 进行的施工现场平面布置如图 2-12 所示。

图 2-12 基于 BIM 进行的施工现场平面布置

（2）资源管理

资源是项目实施的物质基础，因此合理管理资源是项目顺利实施的保证。而从实践意义上"资源计划"的重点是确定物资资源需求的数量与时间计划。资源计划主要是指材料、设备等物资的采购计划。传统情况下，资源计划的编制是现场管理人员根据项目实施计划，确定资源需求的时间及数量，制订资源采购计划，并随着项目的开展不断深化和细化。施工信息模型可以根据工程的进度以及资源的使用量等，自动生成资源需求计划，可以动态且可视化地表现出各个时间阶段，各种施工资源的使用、剩余和采购计划，便于管理人员对资源进行管理,这在无形之中节约了项目成本,对现场的有序管理起到了很大作用。

(3) 进度管理

建筑施工过程的复杂程度会随着工程规模的扩大而不断提高,因此施工是一个高度动态且时刻变化的过程,这也使建设项目施工进度管理变得极为复杂。建设项目中常用的进度管理工具以甘特图和网络图为主,虽然它们已经广为施工人员采纳且熟练应用,但是可视化程度非常低,无法直观呈现建筑物随时间变化的过程,不能清晰地表示出各种复杂关系,最关键的是不能清晰地表达施工的动态过程。

在施工阶段基于 BIM 技术的进度管理,是在设计信息模型的基础上增加时间维度,建立可以直观、准确反映施工过程的进度管理子信息模型。该子信息模型可以实现施工进度的模拟,即根据建筑信息模型中的信息预先制订施工进度计划指导施工。基于进度管理子信息模型的可视化进度模拟功能,管理者能够比较实际施工和计划施工的相符程度,找出进度差异的原因并进行调控,以保证按时完成任务。进度管理功能模块构成如图 2-13 所示。

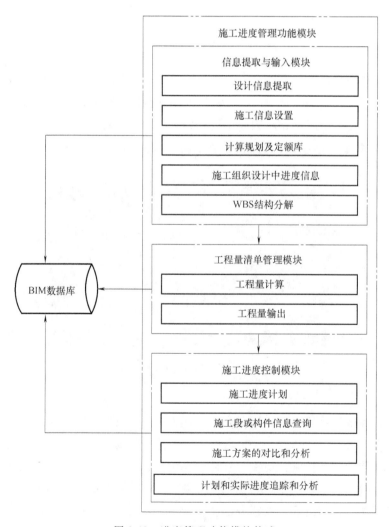

图 2-13 进度管理功能模块构成

(4) 施工过程模拟

施工过程模拟是指在建设项目建造阶段,利用 BIM 技术虚拟出建筑施工过程,充分考虑建设过程中的风险。BIM 技术可精确调用关于施工进度、资源以及场地规划等信息,合理地管理和控制项目风险,以制定出更为优化的施工方案,对制定的方案进行施工模拟和可行性检测。基于 BIM 的施工过程模拟不仅能够提前预防施工事故的发生,提高施工质量和施工安全性,还真正实现了施工过程模拟的可视化,极大程度地提升了项目的经济性。通过 BIM 技术施工方可以对重点和难点施工工序进行可行性模拟,从而进一步对施工方案进行优化。

(5) 施工安全监测

施工安全一直备受重视,但是由于一直没有施工安全监测和预警的有效方法,所以往往是事故发生后才发现存在严重安全隐患。基于 BIM 技术,在施工过程中将建筑安全信息扩展进已经建立的施工信息模型中,从而形成施工安全子信息模型,并对全过程施工安全进行分析与监测。施工安全子信息模型可以实时动态地对建设过程和建设项目安全性进行分析。将施工安全子信息模型的关键节点与摄像机、传感器等技术结合,可以实时地对施工过程进行安全监测、分析和评价,从而对安全隐患进行预警,同时可以通过包含在 BIM 数据库中的安全知识库,为管理者们提供相应的解决方案。

施工安全监测功能模块构成如图 2-14 所示。

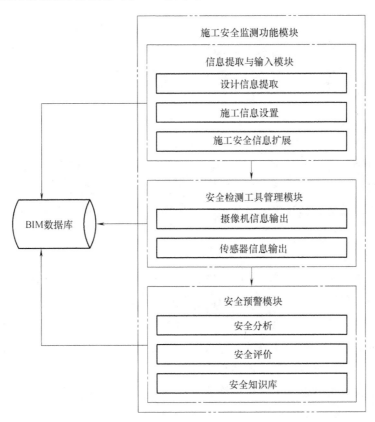

图 2-14 施工安全监测功能模块构成

3. 运维管理信息模型功能模块

（1）设施管理

在传统情况下，结构设施、设备设施等资产信息需要在运维初期，通过手动重新输入到相关的管理系统中，这样很容易出现输入错误。应用 BIM 后，BIM 模型中包含的大量的建筑信息可以直接导入到运维管理信息模型或相关的管理软件中，大大减少了时间和人力的投入。通过 BIM 可以记录各种资产设施的位置、数量、使用情况和性能等信息，查询方便，有利于提前对设备设施、结构设施的使用状态做出判断，制订合理的维护计划，提高设施的使用性能，降低修理费用和能耗，进而降低长期的维护成本。同时运用 BIM 后，可第一时间掌握设备损坏的情况，及时对设备进行更换，提升相关的用户体验。

在旧改新方面，基于 BIM 避免了重复建立模型和建筑性能信息的工作，因此将 BIM 与专业的建筑物性能分析软件结合，来评估建筑物的使用性能，最大限度地保留建筑物原始特色以提高建筑物的可持续使用功能。

（2）用户管理

在运维管理阶段，BIM 可以同步记录用户信息、入住人员与容量、访客来往记录、房屋空置率、可销售或出租面积，对于商业场地可记录已经出租面积、承租人情况或部门分配情况、可出租的情况或部门信息。定期访问这些信息可以提高建筑物运维过程中的管理水平和整体收益。

（3）空间管理

运营管理单位或物业单位基于 BIM 模型可以有效地记录建筑物的空间使用情况。空间管理可以帮助业主有效利用空间和合理布局，最终为用户提供良好的工作和生活环境。BIM 模型可以帮助分析空间使用情况，处理用户提出的空间变更请求，分析现有空间布局情况，制定合理的空间分配方案，确保空间资源的最大化使用。

2008 年北京奥运会，就采用了基于 BIM 模型的数据信息管理方法，设计了"奥运村空间规划及物资管理信息系统"。设计师们将奥运村空间规划和设施信息经过二维图形方式处理，创建了 BIM 模型。将 BIM 模型与该信息系统结合，在完成奥运村空间规划的同时，也确保了奥运村资产设施管理和物流服务的高质高效，实现了奥运村空间规划和物流服务的在线设计与管理。

（4）灾害管理

在灾害发生前，基于 BIM 提供的虚拟现实、漫游技术和相关的灾害分析软件，可以模拟出灾害发生的过程，分析发生灾害的原因，从而制订出灾害防护计划以及灾害发生后最佳的疏散和防护计划；借助可视化的演示，顾客和救援人员可以方便地了解该建筑物的灾害应急预案。当灾害发生后，BIM 模型可以为救援人员提供发生紧急状况部位的完整且详尽的信息，包括建筑各个部位空间信息、构件和设备的状态、性能信息和最佳逃生路线等信息。根据这些信息，救援人员可以立刻做出正确的救援处置，有效地提高了突发状况的应对成效。

（5）生活管理

运维管理除了确保项目的可持续发展，还要满足居住在建筑物内人们的生活需求。随着科技发展，互联网逐步融入生活，给人们的生活带来便利。而 BIM 和互联网的结合，可提升项目或者社区的管理效率，给人们的生活增添更多的选择。如物业可通过互联网和 BIM 来管理小区的路灯的使用，也能调节室内的温度以达到节能的效果，同时还能将通过 BIM 的应用接口接入其他生活服务。

2.3 BIM 平台

在构建基于 BIM 的建设项目全寿命周期信息管理框架后，为了保障基于 BIM 的建设项目全寿命周期信息管理的顺利实施，需要从网络协作平台的构建、信息管理体系的建设以及信息管理实施保障三个方面展开处理。

建设项目全寿命周期中参与方众多、信息量大、格式多样，若要实现不同参与方之间的交流和沟通，实现这些信息的有效交换、集成、共享和应用，避免信息滞后、信息未及时更新等问题，就需要构建面向建设项目全寿命周期信息管理的网络协作平台。网络协作平台是应用计算机和信息处理技术，在项目全寿命周期内为项目参与方提供信息交流和相互协作的虚拟网络环境。下面将从网络协作平台的构建原则、体系架构、功能要求、实现四个方面阐述网络协作平台的构建。

2.3.1 BIM 网络协作平台的构建原则

1. 实时性原则

保证各参与方在任何时间、地点都能够及时获取所需的信息，即建设项目各参与方之间有身处同一地点的感觉，建设项目的实际状态以及每个过程都能够及时且清晰地通过网络平台展现出来。通过各参与方的实时协同工作，能够增强信息的协作与共享，消除信息传递发生的错误，从而提高信息管理质量，使问题在发生前得到及时处理，保证项目各成员的良好的工作能力和状态。

BIM 网络协作平台的构建原则

2. 标准性原则

统一数据标准和编码体系是应用 BIM 技术实现网络端信息交流、协同管理的基本前提。IFC（Industry Foundation Classes）标准是开放的建筑产品数据表达与交换的国际标准，不但保障了工程信息的有效识别和传递，还在建筑全寿命周期内提供了一种稳定、高效的信息管理方法。由于目前基于 BIM 开发的各类软件还没有形成完整的体系，因此在建设项目全寿命周期信息交换过程中，有很多软件不能支持目前通用的 IFC 数据标准，所以网络协作平台需要支持这些软件之间进行 IFC 数据的交换，以保证基于 BIM 的建筑信息交换和共享的流畅性。

3. 安全性原则

由于建设项目参与方众多，各方参与建设项目的范围及其专业领域也不同，所以网络协作平台应该有严格的访问权限和安全措施，阻止非法用户的侵入，以保证信息不会受到损失，从而保证各方的利益不会因为网络的虚拟环境的安全问题而受到损害。

4. 轻量化原则

为追求构件 BIM 模型的精细化和可视化渲染，往往要求计算机具备高性能显示配置，同时大体量的 BIM 模型也增加了网络端平台搭建的难度。因此如何对 BIM 模型进行轻量化处理是 BIM 技术应用阶段的研究焦点。通过轻量化处理能够提高网页系统平台的可视化性能，降低对终端设备的性能要求，具备经济性和可行性。

5. 科学管理原则

作为统一的管理平台系统，能够进行科学的工程结构分解是实现工程建设项目精细化管理的前提。EBS 编码体系作为一种成熟的技术标准，与 IFC 标准的工程理念相契合，二者共同应用于 BIM 模型中，能实现参建单位之间、项目建设各个阶段之间的信息互通和共享，提供了目标控制、动态过程控制和决策分析的管理基础。

6. 高效协同性原则

建设项目具有参建单位多、工程信息流复杂等特点，因此平台的搭建必须采用工作流技术和数据库技术，为参建方提供一个信息交流和互相协作的媒介工具，进而实现信息共享并形成高效的协同管理机制。

2.3.2 BIM 网络协作平台的体系架构

网络协作平台通过计算机与信息技术，为建设项目的参与方提供一个信息交流和共享的网络虚拟环境，可以说是电子商务平台在建设项目管理领域的一种应用。因此网络协作平台的体系架构应该是开放的、模块化的、体系化的。在综合已有的其他平台的基础上提出的网络协作平台体系架构如图 2-15 所示。

以下对构成网络协作平台体系架构的各个层次做简要分析。

1. 参与方软件交互层

由于基于 BIM 的建设项目全寿命周期信息管理框架的最上层为功能模块层，每个功能模块都承担 BIM 建设项目中的重要责任，各个功能模块都由相应的 BIM 软件去实现，因此参与方软件交互层针对的就是管理框架的功能模块层。参与方软件交互层面向的是建设项目的管理，针对不同的项目管理目标，可根据实际需要集成不同的 BIM 软件实施阶段管理或目标管理。在设计该层时，要考虑相应的软件接口的适用性，提高软件结合能力及扩展性。

2. 参与方管理层

参与方管理层为各参与方提供一个协作的工作环境、一个具有个性化信息需求获取的窗口。参与方管理层基于 Web 的网络站点，可以进行远程通信和交流，并根据管理层权限的不同进行信息和指令的发布，同时也可对权限内的数据进行浏览和修改。其对应的实现技术的工具是项目信息门户（PIP），后面将在网络协作平台的实现中介绍。

3. 参与方信息交互层

参与方信息交互层是各方信息数据存储、交换和共享的一个环境，为全寿命周期内的数据库管理、数据交换和存储服务提供了支撑平台。例如，将设计阶段的信息用于施工阶段，将 BIM 数据库中的竣工信息用于运维管理。该层能够确保数据在各个阶段保持顺畅流通，同时为软件交互层提供信息接口,以方便基于 BIM 的软件及时获取所需信息进行相应的分析、评价及管理。

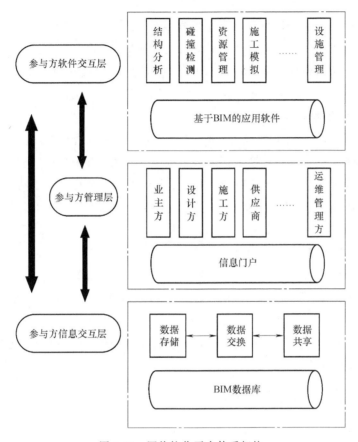

图 2-15 网络协作平台体系架构

2.3.3 BIM 网络协同平台的功能要求

构建基于 BIM 网络协同平台的目标是在建筑全寿命周期过程中,各部门各专业设计人员能够共享和转换建筑信息模型,从而实现建筑领域中的协同工作。这就要求基于 BIM 网络协同平台应具备以下几点功能(陈立生和荣建,2015):

1. 建筑模型信息存储功能

建筑领域中各部门各专业设计人员协同工作的基础是建筑信息模型的共享与转换,这也是 BIM 技术实现的核心基础,因此,基于 BIM 网络协同平台应具备良好的存储功能。目前在建筑领域中,大部分建筑信息模型的存储形式仍为文件存储,这样的存储形式对于处理包含大量数据且改动频繁的建筑信息模型来说效率是十分低下的,更难以对多个项目的工程信息进行集中存储。而在当前信息技术的应用中,以数据库存储技术的发展最为成熟、应用最为广泛,并且数据库具有存储容量大、信息输入输出和查询效率高、易于共享等优点,所以 BIM 技术应具备存储功能,且能最大限度地以数据库存储的方式记录建筑模型信息。

2. 图形编辑平台

在基于 BIM 网络协同平台上，各个专业的设计人员需要对 BIM 数据库中的建筑信息模型进行编辑、转换和共享等操作，这就需要在 BIM 数据库的基础上，构建图形编辑平台。图形编辑平台的构建可以对 BIM 数据库中的建筑信息模型进行更直观地显示，或者对建筑信息模型精细化程度进行修改和调整。不仅如此，存储整个城市建筑信息模型的 BIM 数据库能够与 GIS（Geographic Information System，地理信息系统）、交通信息等相结合，利用图形编辑平台进行显示，从而实现真正意义上的数字城市。

3. 建筑专业应用软件

建筑业是一个不论是横向还是纵向都受较多因素影响的综合行业。横向上，项目进行的每个时刻都需要多方参与，涉及政府、开发商等各个单位，需要互相沟通协作和相应的配合。而纵向上，从设计阶段到运维阶段，多个专业的设计人员都必须协同工作，这就需要用到大量的建筑专业软件，如结构性能计算软件、光照计算软件等。所以，BIM 建筑协同平台需要提供建筑专业应用软件以便于各专业设计人员对建筑性能进行设计和计算。

4. 基于 BIM 技术建筑协同平台

由于在建筑全寿命周期管理过程中有多个专业设计人员的参与，如何进行有效的管理是至关重要的，所以，需要开发 BIM 网络协同平台，通过此平台对各个专业的设计人员进行合理的权限分配，对各个专业的建筑功能软件进行有效的管理，对设计流程、信息传输的时间和内容进行合理的分配，这样才能更有效地发挥基于 BIM 网络协同平台的优势，从而为 BIM 技术的实现奠定基础。

2.3.4 BIM 网络协作平台的实现

由上述网络协作平台的功能分析可知，网络协作平台是将在时间和空间上相互分离的建设项目不同参与方及其活动有序的组织起来，通过建设项目信息在全寿命周期内传递、交换和共享，来实现建设目标的分布式虚拟工作环境。以上网络协作平台的功能只是从理论上提出了基本的方向，而具体实现则是技术层面的问题，需要从以下三个方面来保障网络协作平台的实现：

1. 应用 PIP 实现远程协同工作

PIP 是指项目信息门户（Project Information Portal），它是网络协作平台实现的核心技术。PIP 是为建设项目各参与方提供一个信息共享和交流，以及协同工作的基于网络平台的信息获取单一入口。作为网络协作平台实现的核心工具，PIP 通过个性化的用户权限和用户界面设置，为在时间和空间上广泛分布的项目各参与方提供一个安全、高效的信息交流环境。PIP 作为网络协作平台实现的核心技术，除了要满足网络协作平台构建的总体目标和功能要求，还应根据实际需求细化功能，以满足建设项目全寿命周期信息的管理需要。PIP 的应用使建设项目的信息流动大大加快，信息处理效率大大提高，不但遏制了传统建设信息沟通的问题，而且杜绝了由于信息重复输入而产生的成本浪费，确保了全寿命周期 BIM 模型的建立。

2. 运用中间插件实现多个系统的集成

当前应用 BIM 进行建设项目信息管理的重要阻力就是在不同系统、不同应用软件之间协作时，部分 BIM 软件之间不存在互用性。适当使用中间插件，可轻松实现不同的系统、不同的数据源之间的相互操作，特别是能够与 IFC 标准相容的中间件，能帮助网络协作平台的集成，发挥网络协作平台的整体效力。

3. 运用分布式数据库系统进行数据管理

基于分布式的数据库系统能够实现建设项目信息的管理。所有信息都被存储于一个中央数据库中，称之为 BIM 数据库，该数据库是建设项目最终的信息模型，包含了完整的建筑数据。用户通过直接访问数据库获得所需数据，不同的参与方通过访问该数据库，实现信息的交流和共享。基于分布式的数据库系统，是一种理想的数据协作方法。即每个参与方都有自己的数据库系统，随着工程的进展，各参与方不断地与 BIM 中央数据库进行信息交换，不断完善中央数据库中的信息。

2.4 BIM 参数

2.4.1 BIM 的参数与属性

1. BIM 参数与属性的含义

构建 BIM 模型往往会使用一些不同类型的属性和参数。参数是决定事物特征和行为的一系列物质属性。在 BIM 的专业术语中，参数和属性是联合在一起使用的，参数是属性的名称，而属性则是参数包含的量值。熟练运用参数能够帮助用户迅速输入、读取、修正和筛选信息，减少检查模型的时间。BIM 模型中最常使用的参数是维度和材料参数，因为这些参数决定着物体对象的整体轮廓。参数和属性在本质上具有一致性，都是模型特征的量值，而参数和属性的不同之处在于：参数是基于图像或视觉特征的量值，这些特征会直接影响外观，比如长度是一项参数，因为改变长度会改变模型的外观，而重量是一项属性，因为它改变的是非图像的量值，不会影响模型外观的呈现。BIM 的参数不仅仅是物体的尺寸变量，还包括材料、颜色、实际物体的施工说明和功能数据等。

比起传统的 CAD 软件，BIM 的功能更加多样化，它能给物体的尺寸大小、文字说明以及其他有利于项目实施的各项数据赋予相应的量值。在使用 BIM 时，参数能够使人们更好地从项目本身出发，对产品进行研究。

以门窗为例，当在 BIM 模型中查询它们的尺寸信息时，可以便捷地列出它的隔热系数、太阳能吸热系数、可选择的颜色以及它的性能指标等。模型上蕴含着丰富的信息，可以帮助人们筛选罗列出模型的内容和选择每一项产品的原因。这些信息能够由初步设计转化为施工要求，通过建设管理变成资产管理的内容。如果在建模的早期就将信息输入到模型当中去，就能够为决策提供相应支持，特别是在根据项目的设计要求进行产品或材料选择的时候，能够有依据地为决策提供参考。

最常使用的参数类型是材料参数或维度参数，它们通常是用来简化 BIM 模型的创建与管理过程，提升修改数据的速度。同样以门窗为例，门窗在尺寸上有上百种选择，但基于 BIM 模型的构件参数化，只需要用一个目标物体并且通过运用参数便可以表示它们。通过创建一个尺寸参数并命名，用户可以在这个尺寸参数上配置多个量值。一般来说，BIM 的物体会有多个维度参数，所有这些维度参数可能在版本和类型上会有细微的差别。例如有一个维度称为宽度，另一个称为高度，这些创建的参数都有独立的量值，并且合并成 BIM 物体的不同版本。

在 BIM 模型上创建物体时，可以模拟现实产品在现实世界可能出现的各种问题，因此在建模时对产品材质的考量十分重要。对于模型中的构件实体，可以赋予其材质信息，从而可以根据实际材料对实体进行整合，并为用户选择产品材料提供参考。在选择产品使用材料的时候，通常会考虑它们所处的位置和使用的原因，因此材料是建模内容的重要组成部分。由于色彩无法使人辨明材质，颜色并不是判别构件的唯一特征，因此构件的材质信息极其重要，它对指导实际施工有重要意义。

在创建一个简单的球形物体的时候，为了使球形物体具有动态的特征，用户可以添加一些参数使其符合使用者的要求。添加的参数包括直径、颜色和球体的材质。若直径设置为 2in（1in=2.54cm），颜色设置为红色，材质设定为橡胶，则软件将生成直径为 2in 的、红色的橡胶球。因为这个物体是由参数来进行调节的，通过改变参数，这个球体可以迅速转换成直径为 1in 的光面钢球，又或者是直径 12in 的蓝塑料球。

2. BIM 参数与属性的类型

参数类型包括在工程领域使用的根据具体的工业要求而定义的参数，以及不同专业领域定义的参数和信息计算领域使用的参数，如超链接、面积、容量等。但绝大多数的参数类别包括以下类型：

1）长度参数。长度参数是物体尺寸方面的参数，能够对维度进行命名，它不单单是一个量值，构件的尺寸和规格在 BIM 模型中发挥着重要作用，也是 BIM 模型指导实际施工所需要的基本信息。除此之外，它能够自动在不同的计量单位之间进行转换。BIM 软件系统能够在英制单位（如英尺、英寸）和公制单位（如米、厘米）间转化。因此，如果一个物体是用英尺和英寸来衡量的，那么在加载进一个 BIM 模型时，BIM 系统会自动将它转换成公制标准。

2）面积参数。面积参数是使用 BIM 模型进行材料用量计算和概预算的基础。通常这项参数是自动生成的，但有时操作者需要基于参数维度的设置，自己定义计算公式，自动辨识并计算出特殊区域的面积。例如，一扇窗户需要达到作为消防出口的要求，根据建筑消防条例，它要有特定的无遮挡的开放面积。BIM 软件在这种情况下，是无法自动定义窗户的开放面积的，这时候就需要用户根据实际规范和计算方法定义这个物体。建模人员创建窗户开口的宽度和高度等参数，通过代码编程使用简单的算式，就能够自动进行窗户开口的无遮挡的开放面积的计算。

3）角度和坡度参数。项目建设过程中普遍会遇到不平整的地面或者不规则的角度，因此角度和坡度参数能够帮助解决这一问题。该参数既能识别坡度，又能识别角度，还能够改变控件物体相对于周边物体的方向或角度。这类型参数普遍应用于屋顶，也可用于照明系统、管道系统、通风系统、楼梯、栏杆等。

4）文本参数。文本参数是包罗万象的参数，它可以给任意属性分配任意量值。它在处理信息资源性质、鉴别和标记属性时的作用尤为突出，这些是软件分析时无法顾及的内容。从产品名称与说明，到美国材料与试验协会（ASTM）对于材料性能方面的描述等都可以被列为一个基于文本的属性。

5）布尔值参数（是/否参数）。布尔值参数或复选参数主要是用于打开、关闭图像，或者用于注明一个组成部件是否包含某个特定的附件。此参数可改变图像的外观，而文件大小不会有太多变化。通常可以采用打开或关闭几何尺寸参数的方式来构成特定的图像，而不是将不同类型的图像全部融合在一起。

6）数字参数。数字参数能在不同小数位上加以分类使用，在有些情况下还能进行四舍五入以满足工程要求。

7）整数参数。整数参数通常用于数组，或对于某个特定构件进行整体数量的计数。整数参数和数字参数的不同之处在于，整数参数只可能是整数，所以在使用整数参数进行计算时必须要小心，因为两个整数的相除的结果不一定仍为整数。

8）超链接参数。超链接参数允许用户在模型上添加一个动态链接，以允许软件使用默认的浏览器自动打开模型中的一个特定的网页地址。这对于添加可能会经常改变的属性信息来说是一个巨大的优点。如果软件不需要使用某些属性来分析模型的话，通常来说，使用超链接的方式而不是属性嵌入的方式能够将这些属性更好地和模型联系起来。

还有一些其他类别的参数，它们针对的是性能取值或是特定类型的构件。例如，结构组件的参数包括外力、质量、荷载和压力等参数，而照明组件的参数包括流明、烛光、瓦特数和色温等参数。不同构件所需要的参数存在差异，而这些参数都需遵循相关专业内具体的规范和标准，这种标准应用于某个特定的参数类别。遵循通用的测量标准的模式，会让使用者在设计时方便了解组件在工程使用时的性能和使用要求。实际上，在全寿命周期管理过程中，项目中很多信息因为暂时不被需要而不调用它们，这部分信息则可当成备用的文本参数用来传递信息。

3. 使用参数提升设计效率

使用参数进行设计的最大效益是可以给参数多次赋予不同的量值，而不必是固定的一个量值。以这样的方式可以极大地节省重复工作的时间，提升设计的效率。在某些情况下，若人们无法立刻对于某个尺寸、材料或组件位置的设置进行决策时，使用者可通过使用参数来对这些量值进行任意设置，在后期也可以根据实际建设情况迅速地更改这些参数的量值。在设置可以选择的量值时，使用者可以限制某些选项。比如说，如果建设项目的地板材料的选项是有限的，那么使用者可以限制材料选项，一旦实际材料的选项设置完成后，就可以从材料列表中挑选。一般说来，建筑设计是从创建外形物体或拟建建筑的外观形状开始的。一旦拟建建筑的外形物体创建完成后，接着便可以添加墙体、楼板、屋面和顶棚，随后可以继续添加需要开洞的物体，例如门窗等。这些需要开洞的物体的尺寸大小有时候无法一次全部到位，在这种情况下，添加可调节大小的门窗就可以提高建筑设计的灵活性，也避免了修改门窗周围的墙体这类附加工作。

一旦墙体设置完成，使用者可根据实际情况来锁定或者移动墙体。在工作流程的下游，当用户需要新增额外的组件时，绘制平台中的模型可以帮助用户决定模型中哪些是可变的部分，哪些是不可变的部分，内部承重墙和管道墙就是典型的例子。在结构组件中，管道和空调管网的布置是基于建筑物本身的结构与机械系统的设计要求来决定的，这就规定了在布置墙体时需要考虑或者包含上述要素。

我国是个幅员辽阔的国家，地区建筑物特征各异，阳光照射情况不一，房屋的朝向也存在很大差别。每个地区的建设法规、光照和客户偏好等因素不尽相同，为了建筑物整体的设计符合当地相关规范，建筑物的门、窗型号或尺寸也会有所变化。一般在初始设计时，考虑问题不够周全，此时运用带有参数的门、窗或者其他构件，用户就能够方便快速地比较使用不同尺寸的门窗对建筑外观和材料性能的影响。除尺寸之外，窗户的观感质量也要有相应的参数设置，以利于窗户的色彩和配置，使得窗户的材料选择不仅能够满足功能的要求，而且同时满足预期的设计水准。

完成上述工作后，构件和设备问题也可以应用参数。例如壁橱、壁柜、装饰、灯具、五金等模型组件，随着新的模型组件的添加，用户需要对模型组件的尺寸、外形和位置等做出决策，这些决策可能影响其他的设计决策（例如墙和门窗的放置位置）。使用参数的意义就是将限制材料的使用条件体现在合成模型中。通过了解到哪面墙能移动而哪面墙不能移动，就能轻松地设置组件和门窗的位置。

一旦所有的组件都添加到模型中，BIM 模型会列出某一个特定类别的组件一览表或是工程项目中所有组件的一览表。由于每种组件的属性都是由参数来定义的，所以可以对信息进行及时的审阅、操作和更新，这些操作可以在表格中进行，而不必在 BIM 模型上定位到某一壁橱来修改它的材料，或者定位到某一窗户来修改它的玻璃材料，此功能可以令全模型的信息得到快速并及时的更新，不存在滞后和忽略。传统建设项目中，工程人员由于工作量的问题仅统计门、门的五金件、室内装修、设备和窗户的数据，如今使用 BIM 技术，任何材料都可以形成列表，有助于对 BIM 模型上的所有组件进行用量计算，包括计算材料的件数、面积、长度等。

2.4.2 BIM 参数的约束与条件

1. 约束的含义

BIM 模型中参数的约束把工程的可能性控制在有效的或可能的范围内。例如，用户可以限定模型组件的高度或宽度上限；一堵墙被限定在某个具体的位置时就不能被移动；一扇窗可通过定位来保证它与两面墙是等距离的；一扇门被限定为只能用红、白、蓝三种颜色。BIM 物体的约束能限制用户出现绘制失误的可能，节约设计师返工检查设计图的时间，但添加过多的约束，工程的计算量就会变大，从而导致软件运行速度变慢、效率变低。每当模型操作做出一个指令，软件就需要验算每一个指令，因此约束的指令越多，就需要越多的计算时间。出于这个原因，应当仅在设计中必要的地方使用约束，而不是用约束来限制制造商的产品选择。

过多的约束会影响计算机的处理速率，模型加载变得困难，操作也变得缓慢。因此在使用约束时，要注意结合相关建设规范和实际情况，对约束的必要性进行考虑，基于自身良好的判断力，由用户自己决定如何为模型创建合适的物体对象。除了约束，用户也可以考虑创建一系列可用尺寸的选项集。如果该物体可以完全由用户自定义，就可以直接在物体上进行文本标注，注明物体的生成范围。

虽然应当谨慎考虑约束的使用，但约束在某些情况下是必需的。

最常用的约束是等距离约束。从固定点开始测量，该约束允许设定两个以上的等距离的点。例如，如果需要在一个长方体的中央钻一个孔，只要确保在长和宽方向上都是等距的，就能确定圆心的位置；如果需要钻多个孔，就需要对准多个位置进一步添加参考点。另一种等距离约束的形式上升到了整个工程的层次上，用户可以基于美感或平衡感将元素放在特定位置。比如说，如果四扇窗在墙上是等距排列的，而在墙的长度仍不确定的情况下，用户可在每堵墙与每个窗户间实施等距离约束，窗户就能等距排列，而这个约束不受墙的长度影响。

另一种约束要素的方式是固定它的位置或与某个控制线对齐。一个几何体可以与另一个几何体一起移动，所以将两个要素捆绑在一起，就能让它们同时移动。最佳例子是窗框中的玻璃。对窗户族的整体设计结束后，窗框和玻璃成为一个统一的整体，适当利用约束可以使玻璃和窗框的尺寸以某种关系进行联动。一个窗户的首要尺寸通常是该扇窗户的高度和宽度，次要尺寸是粗糙开孔尺寸和精确开口缝隙。次要尺寸通常是由首要尺寸通过计算得到的，而且在某些情况下不需要再将次要尺寸的数据显示出来。若这些属性是必要的，通过创建计算公式来确定次要尺寸通常会比改变多个维度的方式更有效，而要素出错的风险也更小。

在极少数情况下，对于用户自定义程度很高的物体组件会选择通过赋予最大和最小极限值的方式来限制它们的尺寸。许多制造商都可以提供任何尺寸的窗户，尺寸可以精确至1/16in或1/32in，所以创建一系列各种尺寸是不实际的，大多数情况下，创建出极限值是不太现实的，但在非常必要的时候，就可以通过创建最小和最大参数，然后建立一个条件陈述，描述允许创建小于最小值或大于最大值的条件。虽然这减缓了模型制作的速度，但对制造商来说，条件限制通常是极具吸引力的，因为它限制了创建不恰当要素的潜在威胁。

2. 条件语句的创建

条件语句是由一系列的"如果"（"if"）语句创建而来的，这些条件语句决定了要素的显示及行为方式。通常只有尺寸、整数、数字、布尔值（是/否）这些参数可以用于条件语句，当然也有例外，但在大多数情况下，只有这些参数是真正需要使用条件语句来控制的。简单的条件语句可能只包含一个操作，而一个更复杂的语句可能有多个操作和多个语句嵌入其中。简单条件语句可以用来控制很多东西：从最小最大尺寸到基于特定尺寸的材料性能数值。条件语句可以生成关于最小最大值的文本注释，例如注明尺寸超出了合适的范围，而不是去阻止用户创建这个尺寸。条件语句也可以根据一个特定的尺寸打开图形，根据窗口的尺寸计算并显示它的功能数值，或是根据部件长度和间距来确定其安装数量。

条件语句可以做很多事，但是就如同约束的使用一样，它们也会降低建模速度。因此应当只在必要的时候使用它们。条件语句允许在模型内进行大量的操控。当模型添加了太多的控制，就会出现对信息进行微处理的趋势，从而导致建模速度大幅度变慢。故在建模时要慎重选择需要限制的要素，如果对所有方面都进行限制，最终将会导致模型操作变慢和模型的崩溃。

2.5 BIM 数据交互

在工程项目全寿命周期管理过程中，往往会涉及十余个不同的软件系统，例如在设计阶段，不同 BIM 专业人员可能采用不同的设计软件：ArchiCAD（建筑设计），Tekla Structures（结构设计），Revit MEP（机电设计）。当需要多个软件协同完成任务时，不同系统之间就会出现数据交互和共享的需求。传统的做法是开发对应的软件数据接口，比如 B 软件需要使用 A 软件中的数据，那么就需要开发一个接口来从 A 软件中读取数据到 B 软件中去。这种方法在实现两三个不同软件系统之间的数据交互时是比较高效的，如果涉及的软件系统众多，这种方法将变得非常冗余和难以维护，任何一个软件的升级都需要对应的数据接口升级。如果能有一个标准、公开的数据表达和存储方法，每个软件都能导入、导出这种格式的工程数据，问题将大大简化。

为促进不同 BIM 软件间的数据交互，BuildingSMART 组织发布了一系列 BIM 数据标准。BuildingSMART 是通过创建和采用开放的国际标准推动建筑资产经济转型的全球权威 BIM 组织。图 2-16 所示为三个主要的 BIM 数据标准：工业基础分类（Industry Foundation Classes，IFC）、信息交付手册（Information Delivery Manual，IDM）和国际字典框架（International Framework for Dictionaries，IFD）。另外两个标准也是由 BuildingSMART 发布：模型视图定义（Model View Definition，MVD）和 BIM 协同格式（BIM Collaboration Format，BCF）。这五个标准为全寿命周期 BIM 软件数据

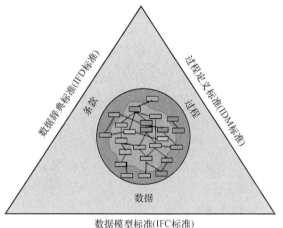

图 2-16 BIM 数据标准

交互奠定了坚实的基础。

2.5.1 工业基础分类（IFC）

IFC 是一个计算机可以处理的建筑数据表示和交换标准，其目标是提供一个不依赖于任何具体系统的、适合于描述贯穿整个建筑寿命期内产品数据的中性机制，可以有效地支持建筑行业各个应用系统之间的数据交换和建筑寿命期内的数据管理。IFC 提供了一个统一的共享建筑信息模型，每个软件只要有一个标准的数据接口输入和输出信息，就能够和其他软件交换数据，从而大大降低了系统的升级和维护成本。

IFC 标准分为四个层级（图 2-17），从上至下分别为领域层、共享层、核心层和资源层。

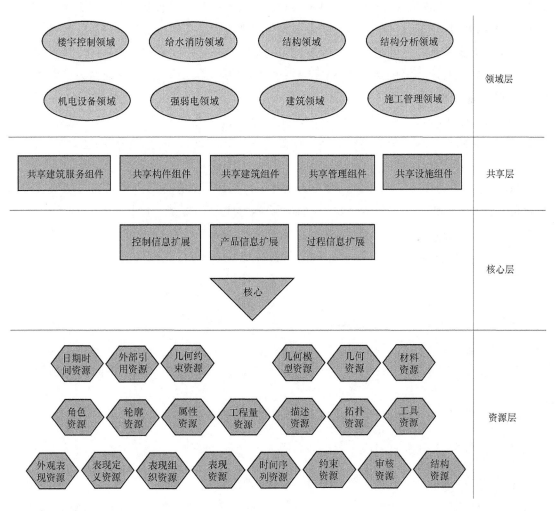

图 2-17 IFC 模型结构

1）领域层为 IFC 架构的最高层级，提供了建筑和施工管理领域所需要的对象模型。目前 IFC 所定义的领域模型包含楼宇控制（Building Controls）、给水消防（Plumbing Fire Protection）、结构（Structural Elements）、结构分析（Structural Analysis）、机电设备（HVAC）、强弱电（Electrical）、建筑（Architecture）以及施工管理（Construction Management）。

2）共享层为 IFC 架构的第三层级。该层定义了不同的领域模型之间所共享的观念或对象模块，解决领域信息交互的问题，并且这个层次使各个系统的组成元素细化。目前共享层包含了共享建筑服务组件（Shared Building Services Elements）、共享构件组件（Shared Component Elements）、共享建筑组件（Shared Building Elements）、共享管理组件（Shared Management Elements）以及共享设施组件（Shared Facility Elements）。

3）核心层为 IFC 架构的第二层级。核心层所定义的类别可被共享层与领域层的所有类别所参照（Referenced）与特殊化（Specialized）。核心层提供了 IFC 对象模型的基本结构并且定义了大部分的抽象观念。核心层自身包含了两阶抽象内容：基本核心（Kernel）和核心延伸（Core Extensions）。基本核心提供了 IFC 对象模型所需的所有基本观念，并且定义了对象模型的结构与组成成分。基本核心所定义的抽象观念为高层级所必须用到，并且基本核心包含了关于对象关系、型别定义、属性及规则的基本观念。核心延伸的内容包含基本核心的延伸观念或特殊观念，提供施工/设施管理相关领域的需求。每一个核心延伸为基本核心所定义类别的特殊化。

4）资源层为 IFC 架构的最低层级。资源层所定义的类别（Classes），为一般性的低阶观念与对象，可以不依赖其他类别而独立存在。在最新的 IFC4 中，资源层共包含 21 个资源类别，包含时间、材料、几何、测量、约束、成本、人员、数量、属性等。

IFC 架构遵循阶梯原则（Ladder Principle）：每一个层级的类别可参照同一层级或较低层级的其他类别，但不能参照较高层级的类别。这样上层资源变动时，下层资源不受影响，从而能够保证信息描述的稳定性不被破坏。阶梯原则的内容如下：

1）资源类别（Resource Classes）只能参照或使用其他资源类别。

2）核心类别（Core Classes）能参照其他核心类别，以及无限制地参照或使用资源层的资源类别。核心类别不能参照或使用共享层或领域层的类别。

3）基本核心类别（Kernel Classes）能被核心延伸的类别所参照或使用，基本核心类别不能参照核心延伸类别。

4）共享层的类别能参照任何共享层、核心层或资源层的类别，但不能参照领域层的类别。

5）领域层的类别能够参照共享层、核心层以及资源层的任何类别。

2.5.2 信息交付手册（IDM）

基于 IFC 的信息分享工具需要安全可靠地交互数据信息，但 IFC 标准并未定义不同的项目阶段、不同的项目角色和软件之间特定的信息需求，兼容 IFC 的软件解决方案的执行因缺乏特定的信息需求定义而遭遇瓶颈，软件系统无法保证交互数据的完整性与协调性。针对这个问题的基本解决方案就是制定一套标准，将实际的工作流程和所需交互的信息定义清晰，而这个标准就是 IDM 标准（周成和邓雪原，2012）。IDM 标准的目标在于使得全寿命周期某一特定阶段的信息需求标准化，并将需求提供给软件商，与公开的数据标准（IFC）映射，最终形成解决方案。IDM 标准的制定将真正落实 IFC 标准，实现交互性、创造价值。

IDM 的基础技术架构如图 2-18 所示，每一个组成部件都作为架构中的一层。各部件的组织形式是基于以下两个相关的准则：

1）与流程定义及描述相关的组成部件位于顶层，对数据详细描述的位于中间层，包含应用软件元素的位于底层。

2）与行业从业者相关的位于架构的顶层，而与信息通信技术领域的分析人员及程序员相关的位于底层。

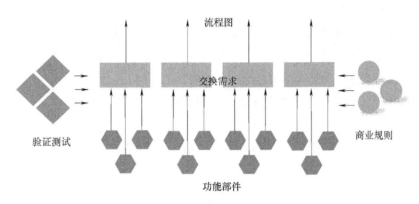

图 2-18　IDM 的基础技术架构

完整的 IDM 标准主要有五部分内容：流程图、交换需求、功能部件、商业规则和验证测试，其中核心的部分就是流程图和交换需求。

1）流程图（Process Map）：信息的需求与利用总是基于特定的任务和过程。流程图定义了针对某一特定主题（如从建筑设计到结构设计）的活动流程、所涉及的人员角色以及整个过程中需要信息交换的节点。同时对于各流程及相应的子流程有详尽的文字描述。

2）交换需求（Exchange Requirements，ER）：交换需求是对流程图中的特定活动所需交换的一组信息的完整描述。而这种描述采用的是非技术性方式，即从建筑师、工程师、建造师等 BIM 用户的角度对信息进行文字性的叙述。

3）功能部件（Functional Parts，FP）：功能部件是 IDM 中数据信息的基本单元。每一个交换需求都是由若干个功能部件组成，一个功能部件也可能与多个交换需求关联。交换需求中文字性描述的信息以技术性语言被转述为各个功能部件中，即一定数据模型标准和格式描述的数据信息，通过软件支持模型交换需求形成解决方案，最终提供给软件商使用。而目前建筑信息模型领域最为成熟，得到广泛认可和采纳的数据模型标准是 IFC 标准，因此现在制定的 IDM，功能部件的建立都是基于 IFC 数据模型标准，一个功能部件完全可以作为 IFC 数据模型的子集被描述为一个独立的信息模型。

4）商业规则（Business Rules，BR）：需要交换怎样的信息已经在 ER 中定义，而信息的详略程度以及精确度则需要通过商业规则来控制。商业规则是用来描述特定过程或者活动中交换的数据、属性的限制条件。这种限制条件可以基于一个项目，也可以基于当地的标准。通过商业规则可以改变使用信息模型的结果而无须对信息模型本身做出改变，这使得 IDM 在使用中更加灵活。

5）验证测试（Validation Tests，VT）：验证测试是根据交换需求模型的模式对从软件应用程序导出的信息执行的测试，用于确保根据一组应用的业务规则满足规定的交换要求。验证测试必须使用具有已知性能且专门用于验证交换需求模型的特定方面的测试文件来执行。分配给测试文件中的属性和属性的值可能在执行验证测试的位置之间有所不同，这是因为不同的业务规则可以应用于不同地方的相同交换需求模型。

验证测试适用于以下目的：

① 验证软件应用程序中的信息导出是否符合所规定的质量标准。

② 提高软件实施的质量。

③ 提供可以验证软件性能声明的指标。

④ 在实现相同目标的软件应用程序之间进行比较。

⑤ 估计可靠性。

IDM 制定过程的目标是理解信息交换和/或共享的业务需求，并开发可供业内从业者满足这些要求的对象模型和软件实现。

2.5.3 国际字典框架（IFD）

IFD 的作用是核对所提取的信息与所需求的信息是否相符。在全球化日益深入人心的今天，一个建设项目参与方来自不同的国家、不同地区、不同文化背景的情况比比皆是，不同语言之间的差异使得信息交换时常出现偏差。

比如，在普通的语言字典里面，挪威语的"dør"和英语里面的"door"同样都可以翻译成"门"的意思，这样翻译在非技术的语言交流中没有任何问题。但是实际上挪威语里的"dør"是"门框"的意思，应该对应英语的"door set"，而英语里面的"door"指的是"门扇"，对应挪威语的"dørblad"，它们实际上并不对应。除此之外，即使是同一种文字，也有这种问题存在，如"顶棚"又称"吊顶"，"榔头"也是"锤子"，"角钢"还作"角铁"，这就是自然语言的特点。这个作为自然语言来说不是问题的问题，在进行建设项目信息交换时就成了一个大问题，这就是 IFD 产生的背景原因。

IFD 将概念和名称或描述分开，引入 GUID（Global Unique Identifier），一种类似身份证件号标识来给每一个概念定义一个全球唯一的标识码，不同的语言和名称的描述与这个 GUID 进行一一对应，保证了信息交换后得到的信息与想要得到的信息一致。IFD 中的概念独立于时间和用途。以窗为例，IFD 记录并且汇聚了所有不同的信息来源中关于窗的性质，从而形成了一个包含所有可能窗的性质的一个最一般意义上窗的概念，同时记录每一种窗的性质的初始信息来源，一个与窗有关的最完整的字典就形成了。

2.5.4 模型视图定义（MVD）

因为 BIM 模型协同交互的目的不仅仅只是自动交换数据，更重要的是要完善工作流程。

对于设计师、承包商、建筑产品供应商、制造商、政府部门等各主体数据需求而言，IFC 模型数据是高度冗余的，特定主体需要的信息只是一部分，为了工作流程更加精简高效，需要在导出数据时从 IFC 架构中过滤掉一些不必要的类别和参数，只保留特定主体需要的数据，于是引出了模型视图定义（MVD）这一概念。

MVD 是 IFC 标准的子集（图 2-19），用于满足项目特定阶段、特定专业的信息交互需求。因为 IFC 被定义为一个面向对象的可扩展的数据架构，所以这些基本实体都可以通过分型详细化和具体化为任意数量的子实体。

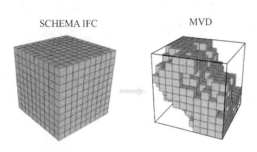

图 2-19　MVD 是 IFC 标准的子集

2.5.5　BIM 协同格式（BCF）

在 2010 年之前，想要在 BIM 数据模型中交换部分信息，必须将整个 BIM 模型作为批量数据进行交换，接收方必须比较 BIM 模型的不同版本，以便达到发送方的请求。2010 年，Tekla 和 Solibri 提出了一个名为"bcfXML v1"的初始 XML 模式，通过仅交换主题而不是软件应用程序之间的整个批量 BIM 数据模型来提高 BIM 工作流程中的协作程度。BCF 是一种"简化的"开放标准 XML 模式，它对消息进行编码以实现不同 BIM 软件工具之间的工作流通信（张海龙，2018）。通过应用 BCF，可以将开放式通信技术应用到基于 IFC 的工作流程。通过软件平台之间的文件交换以及由多软件平台直连或专用第三方 BCF 服务器提供的 RESTful 服务，不同的 BIM 应用程序能够通过之前已在项目协作者之间共享的 IFC 模型交流关于模型的问题。

BCF 是一种用于在 BIM 中交换和协调信息的标准及中立文件格式，它是一种通过将问题与模型分离而改善项目参与者之间交流的格式。利用 BCF 可以更好地控制信息数据，并有助于监控问题的处理进度，从而使项目保持在正轨上。BCF 包括问题描述、作者、接受人、状态、类型、截止日期、GUID（全局唯一 ID）等信息，也包含视觉效果，包括视点（IFC 坐标）、快照、屏幕截图和标记。此外，BCF 会引用 3D 模型、3D 模型中的元素、相关文档和问题，也会存储一些沟通信息，例如与问题相关的回应和评论。总的来说，BCF 包含有关问题更改和修正的文件，这些文件都会保存为 XML 格式并汇总到 BCF 文件中，同时，这些文件中不包含几何图形（集合图形采用链接方式引用），因此文件体量不会很大。

BCF 有两种不同的使用方式：

1）通过基于文件的交换或通过网络服务。基于文件交换的工作流程相对简单，是大多数人习惯使用的流程。BCF 文件（.bcfzip）在用户之间传输、编辑并返回。与以往规定的 IFC 文件工作流程不同，只要每个人都保持共享 BCF 文件的完整性，并且不传播多个副本，BCF 文件就可以"往返"。

2）基于网络服务（RESTful）的 API 模式。这种方式涉及 BCF 服务器的部署，可以选择将一个 BIM 服务器看作 BCF 服务器，在存储所有 BCF 数据的同时可以让项目参与方在一个中央服务器中同步 BCF 问题的创建、编辑和管理。

BCF 的使用过程：

1）确定主题。确定需要沟通的主题，例如问题、信息请求等。

2）创建问题。给出问题描述，然后创建相关信息（如屏幕截图）以准确解释问题的内容。

3）问题发出。将问题发送给项目中的相应参与方，该参与方将审查并解决此问题。

4）问题解决。问题的创建者可以通过确认和批准流程来关闭问题，或者可以拒绝并重新提出问题。项目相关参与方必须再次审查和解决，直到创建者确认问题解决为止。

本 章 小 结

1. 按功能类型划分介绍了相关的 BIM 工具，并将其与传统软件进行了简单比较。

2. 从总体设计、数据层、模型层和功能模块层对 BIM 信息管理系统进行介绍。

3. BIM 网络协作平台构建需要遵循实时性、标准性、安全性、轻量化、科学管理、高效协同性的原则，对 BIM 网络协作平台体系架构以及功能要求进行概述，并对如何实现 BIM 网络协作进行介绍。

4. BIM 参数以及 BIM 数据交互是网络协作平台的构建、信息管理体系的建设的基础，通过对 BIM 参数以及 BIM 数据交互的介绍，可以加深对 BIM 信息系统建设内涵的理解。

思考与练习题

1. 简述 BIM 的常用工具。
2. 谈谈你对 BIM 协作平台构建的理解。
3. 谈谈你对 BIM 参数的理解。
4. 谈谈你对 BIM 数据交互的理解。

第 3 章
设计阶段BIM管理

【学习目的与要求】

（1）全面了解和熟悉 BIM 技术在招标投标管理、工程变更管理、设计阶段的应用要点及工作内容。了解 BIM 在各个过程应用中存在的障碍。

（2）通过对比传统模式下基于 BIM 的招标投标管理、工程变更管理，掌握基于 BIM 管理的优点。

（3）结合自身专业及岗位需求，有选择地掌握相关 BIM 技术在设计阶段的应用。

3.1 BIM 与招标投标管理

3.1.1 传统模式下的招标投标管理

1. 建设工程招标投标管理的概念

传统模式下的招标投标管理

工程项目招标投标是指在市场经济条件下进行工程建设发包承包过程中所采用的一种交易形式，即招标人对工程建设、货物买卖、劳务承担等一系列交易活动，事先公布所需的条件和要求，招引他人参与工程投标，由招标人根据规定的程序和办法从众多投标人中择优选定中标人（冯伟等，2018）。

工程建设招标是指发包人在发包建设项目之前通过公共媒介告示或直接邀请潜在投标人，根据招标文件所设定的主要内容，包括功能、质量、数量、期限及技术要求等，提出实施方案及报价，通过开标、评标、决标等环节，从众多投标人中选定最优中标人的经济活动。

工程建设投标是指具有合法资格和能力的投标人根据招标文件要求，提出实施方案和报价，在规定期限内提交标书，并参加开标，中标后与招标人签订工程建设协议的经济活动（李启明，2015）。

建设工程招标投标实质上是一种竞争行为，其向工程建设活动中引入竞争体制，依据相关法律法规、规定的办法和程序，从投标人中择优选择中标人，以达到缩短工期、提升质量、降低造价、提高效益的目的。

2. 招标投标管理的发展过程

随着我国多年来对招标投标制度的不断摸索，招标方式也在发生着变化，依据这些变化，可以将我国招标投标管理的发展过程归纳为三个阶段：

（1）招标投标制度初步确立

20世纪80年代，我国的招标方式基本以议标为主，招标投标制度经历了试行—推广—兴起的发展过程。此时，招标投标制度以宣传和实践为侧重点，是正处于社会主义经济体制下的一种探索（杨洋，2000）。

1980年，国务院常务会议通过了《关于开展和保护社会主义竞争的暂行规定》，规定中第三条提出"对一些适宜于承包的生产建设项目和经营项目，可以试行招标、投标的办法"，以此揭开了中国招标投标的新篇章。

1984年9月，国务院颁布了《关于改革建筑业和基本建设管理体制若干问题的暂行规定》，规定中第二条提出"大力推行工程招标承包制。要改革单纯用行政手段分配建设任务的老办法，实行招标投标"。

1984年11月，国家计划委员会发布了《建设工程招标投标暂行规定》，对招标投标制度进一步规范和约束，标志着我国招标投标制度初步确立。

此阶段虽初步建立了招标投标制度，但因为相关文件中没有明确给出招标范围，致使招标投标制度的发展存在领域性差异。同时，由于没有固定的招标地点，招标投标过程未能做到完全公开透明，不能充分体现其公平、公正、公开的性质。

（2）招标投标制度规范发展

20世纪90年代，我国的招标方式由以往的以议标为主逐渐发展成以公开招标和邀请招标为主，相关法律法规的颁布与施行完善了招标投标的管理，规范了其工作流程，招标投标管理体系基本形成，这是招标投标管理发展史上十分重要的阶段。

1992年，中共十四大明确了我国经济体制改革的目标是建立社会主义市场经济体制，解除了招标投标体制上的约束因素，有利于招标投标管理制度的进一步发展。

《建筑法》由全国人大常务委员会于1997年11月1日通过，1998年3月1日施行。《建筑法》中的第三章建筑工程发包与承包，为工程建设项目的招标投标实施进一步提供了法律保障，提高了招标投标过程中的透明度，使其有法可依。《建筑法》的发布标志着我国招标投标制度的法律建设已经步入正轨。

（3）招标投标制度不断完善

21世纪以来，随着经济的进一步深化，我国招标投标法律法规也在不断完善和细化，电子化招标投标进入了人们的视野，成为传统招标投标制度的发展新风向。

2000年1月1日施行的《招标投标法》中，明确规定建设工程招标的方式包括公开招标和邀请招标，不再包括议标，标志着我国的招标投标发展进入了全新的历史阶段。

2012年2月1日施行的《招标投标法实施条例》进一步规范了招标投标活动，对虚假招标、串标等问题确定了针对性制度。

十八大以来，国家针对电子化招标投标出台了一系列相应的规范和办法，从政策上给予了电子化招标投标极大支持。

2013年发布的《电子招标投标办法》是我国推行电子化招标投标的纲领性文件，是招标投标行业发展的一个重要里程碑（冯伟等，2018）。

2017年8月，国家发改委印发了《关于修改〈招标投标法〉的决定（征求意见稿）》，对《招标投标法》的修改提出了一系列提议，提议第二点为：在第五条中增加一款，作为第二款："国家鼓励利用信息网络进行电子招标投标。数据电文形式与纸质形式的招标投标活动具有同等法律效力。"进一步推动了电子化招标投标在我国的发展。

2019年12月，国家发改委再次印发《招标投标法（修订草案公开征求意见稿）》，对《招标投标法》进行修改，提议第七条为："国家推广以数据电文形式开展电子招标投标活动，推进交易流程、公共服务、行政监督电子化和规范化，以及招标投标信息资源全国互联共享。除特殊情形外，依法必须进行招标的项目应当采用电子招标投标方式。"逐步提升电子化招标投标在我国招标投标管理中的地位。

招标投标管理的发展过程如图3-1所示。

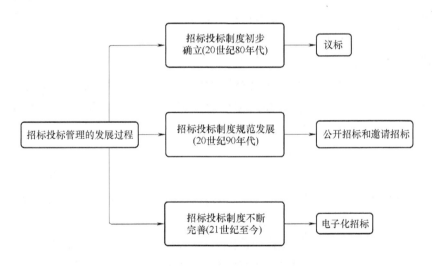

图 3-1　招标投标管理的发展过程

3. 传统模式下招标投标管理存在的问题

近年来我国招标投标制度发展快速，应用广泛，但由于起步较晚，技术方面相对来说较为落后。在这个"互联网+"快速发展的时代，传统模式下的招标投标管理存在着以下问题：

1）招标投标活动需要递交大量纸质材料，如项目建议书、可行性研究报告、资格预审文件、招标文件、投标文件等，耗费了纸张，一定程度上造成了资源浪费，不符合可持续发展的要求。

2）操作人员对以上纸质材料的存放、阅读、查找也极为不便，降低了其工作效率，增加了人力成本。

3）在招标投标过程中，人为决定比例较大，招标信息、工作流程等不够透明，部分单位为拿下招标项目并实现自身利益最大化，试图通过金钱贿赂等方式拉拢招标投标内部人员，容易发生虚假招标、串标等现象，违反了公平、公正、公开原则（严燕，2019）。

3.1.2 基于 BIM 的招标投标管理

BIM 技术的推广与应用，大大提高了招标投标管理的精细化管理水平。在招标投标过程中，招标方根据 BIM 模型可以编制一份准确的工程量清单，达到清单内容完整、快速、准确的效果，有效减少或避免漏项、计算错误以及施工阶段因工程量问题而引起的纠纷。投标方根据 BIM 模型快速获取正确的工程量信息，通过与招标文件的工程量清单对比，制订出更好的投标策略。

1. BIM 在招标控制中的应用

（1）创建或复用设计阶段的 BIM 模型

在招标投标阶段，为各学科创建 BIM 模型是 BIM 应用的核心工作。BIM 模型生成的质量和效率直接影响后续应用的有效性。建立模型主要有以下三种途径：

1）直接根据施工图重新建立 BIM 模型。

2）将 AutoCAD 格式的二维施工图通过软件的识图转图功能转换为 BIM 模型。

3）复用和导入设计软件提供的 BIM 模型建立 BIM 算量模型。这是最合理的方式，可以减少或避免重新建模所带来的手工工作及可能产生的纰漏。

（2）基于 BIM 的快速精确算量

基于 BIM 的计算可以大大提高工程计算的效率。这将使人们从烦琐的手工劳动中解放出来，为更有价值的工作节省出更多时间和精力，如查询、风险评估等，从而编制更精确的预算。

基于 BIM 的计算提高了工程计算的准确性。BIM 模型是存储项目构件信息的数据库，可为造价人员提供成本编制所需的项目构件信息，从而大大减少根据设计图人工识别和命令选择构件信息的工作量以及由此引起的潜在错误。因此，BIM 的自动化算量功能可以使工程计算摆脱人为因素影响，得到更加客观的数据。

在综合管廊等设计复杂、工程量清单计算难度较大的项目中，应用 BIM 模型中的工程信息核对钢筋、混凝土等主要材料的用量，能够实现设计方案与工程量的统一。利用 BIM 模型精确计算不仅能够节省造价人员的大量工作时间，提高工程量计算准确率，避免出现错项漏项的情况，还能保证招标投标双方的合法权益（王恒玉，2021）。

2. BIM 在投标过程中的应用

（1）基于 BIM 的施工方案模拟

借助 BIM 手段可以进行项目虚拟场景漫游，在虚拟现实中身临其境般地进行方案初步试验和论证。通过 BIM 模型，对施工组织设计方案进行论证，对施工中的重要环节进行可视化模拟分析，按进度计划对施工安装方案进行模拟优化。对于一些重要的施工环节或采用新施工工艺的关键部位、施工现场平面布置等进行模拟和分析，以提高方案的可行性。在投标过程中，通过对施工方案的模拟，将施工过程直观、形象地展示给业主方。

（2）基于 BIM 的 4D 进度模拟

建筑施工是一个高度动态和程序复杂的过程，目前，在建筑项目管理中常用网络计划表示进度计划，由于专业性强、可视化程度低，无法清晰描述施工进度以及施工组织之间的各种复杂关系，很难可视化工程施工的动态变化过程。通过将 BIM 与施工进度计划联系起来，将空间信息与时间信息集成到一个可视化的 4D（3D+Time）模型中，可以直观、准确地反映整个建筑的施工过程和虚拟图像进度。借助 4D 模型，建筑企业将在工程项目投标中获得竞争优势，BIM 可以让业主直观地了解投标单位对项目主体施工的控制方法、施工安排是否平衡、总体计划是否基本合理等，从而有效评估投标单位的施工经验和实力。

（3）基于 BIM 的资源优化与资金计划

BIM 模型可以方便、快捷地模拟施工进度、优化资源，估算产值和编制资金计划。通过进度计划与模型之间的关联，以及造价数据与进度之间的关联，可以实现不同维度（空间、时间、流水段）的成本管理与分析。

通过对 BIM 模型的流水段划分，可以按照流水段自动关联快速计算出人工、材料、机械设备和资金等资源需求计划，不仅能帮助投标单位制订合理的施工方案，还能生动形象地展示给业主方。

总之，BIM 在提高建设项目寿命周期内的管理水平和生产效率方面具有不可比拟的优势。通过 BIM 标准化的投标清单和投标技术，可保障工程量清单的全面和精确，提高招标投标的质量和效率，加深招标投标管理的精细化程度，从而进一步促进招标投标市场的规范化发展。

3. BIM 招标投标的未来前景

BIM 的应用使电子招标投标系统打破了传统招标投标固有模式，在现有电子化招标投标系统的基础上，进一步深化网络与信息技术的利用。文本招标文件和投标文件可以部分或全部用数字化模型代替。

采用基于 BIM 的电子招标投标系统，可以最大限度地避免项目设计信息在传递到投标人的过程中流失。由于在设计阶段通过建立 BIM 模型可以很容易地发现设计缺陷，因此可以在投标前对设计图中的错误、遗漏、碰撞和冲突，以及投标过程中可能出现的模糊点和未知节点进行修改和优化，因此可以大大提高工程量计算的准确性，最大限度地减少或避免施工阶段因工程量计算问题而引起的纠纷。同时，基于 BIM 的自动化计算方法节省了更多的时间和精力。

基于 BIM 的电子招标投标系统更突出的特点是，它提供了招标文件和投标文件的可视化和可模拟化功能，更好地发挥了电子招标投标系统的人机集成和交互机制。借助 BIM 可以直观地进行漫游项目的虚拟场景，在虚拟现实中进行方案体验和论证。通过对施工方案的模拟，招标文件可以直观、形象地展示给招标人和评标专家。招标人及评标专家通过可视化和模拟化的方法直观了解投标人对投标项目采用的主要施工方法，判断施工安排是否平衡、总体计划是否合理等，并可查询与进度计划相对应的资金和资源曲线，从而对投标单位的施工经验和实力进行十分深入和个性化的评估。例如，如果招标人认为项目施工期间发生恶劣天气的可能性较高，可以在各投标人提交的施工方案的数字模型中插入一个模拟的不可抗力事件，BIM 的 4D 进度模拟技术可以用来观察事件对每个投标方案的进度影响和成本增加，从而比较哪个投标方案能更好地应对风险。

3.1.3　BIM 在招标投标管理应用中的障碍因素

随着建筑行业建造技术的革新，工程规模的扩大，结构与设备愈加复杂，造价愈加昂贵，项目管理趋于精细化。BIM 作为技术革新领域的重大突破，在工程项目全寿命周期的各个环节都起到了一定的助力作用。其中，在招标投标阶段重点加强了对招标控制价、投标报价及技术标管理等方面的优化。但就国内而言，BIM 在实际使用中未能发挥其巨大潜力，在应用中充满了诸多障碍。BIM 技术的推广应用，企业需求是牵引，政策是引导，价值是基础，平台软件是工具。就工程招标投标环节 BIM 的应用而言，目前存在着行业变革驱动力不足，政府规范引领未到位以及 BIM 技术本身不成熟的问题。

1. 行业变革驱动力不足

（1）实施成本过高

成本及收益的考量是直接影响 BIM 是否被采用的要素之一。使用 BIM 技术制作投标文件的成本高昂。同时，制作这些内容的技术人员通常也需要投标单位临时招聘，导致投标环节的投入大大增加。当 BIM 模型建成后，若施工方没有对 BIM 的实施进行有效规划，那么 BIM 的价值只体现在了投标环节的可视化上，这导致了信息建模成本增加，而不能凸显其在项目管理中的实际价值。

对于中小型建筑公司而言，成本是阻碍它们选择 BIM 技术的主要因素。完善的 BIM 基础设施、员工培训及人才招纳，包括软件的购买、使用以及涉及业务流程的成本，相对传统招标投标来说是较为昂贵的。

（2）技术人员不足

根据我国建筑业企业 BIM 应用分析报告的调查结果，近几年来缺乏 BIM 技术人才一直排在阻碍企业 BIM 发展的问题之首。现阶段，企业培养掌握 BIM 技术本身能力的人员相对容易，但同时掌握施工技术和管理能力的难度较大。操作 BIM 的技术人员必须参与过项目的全过程建设，精通工程管理、工程造价、施工工艺、法规标准等，尤其是需要熟练掌握

5D 软件，最好有大型项目竣工结算审核的经验。

中小型建筑公司需要在市场上高价聘请相应的技术人员。一来加大了投标成本；二是临时聘用人员不够了解正在投标的项目，短时间内无法给出与项目十分契合的投标方案，多是借鉴其他项目成果，这样导致投标方案针对性不强，虽在演示上更加直观多元，但在实质内容及实际应用中不敌传统招标投标。

（3）应用要求不明

招标时需要着重界定招标文件中 BIM 模型的深度与广度。目前开发商在项目中应用 BIM 主要是为了提升公司品牌影响力或是因为工程项目有评奖和认证需求。但其对于 BIM 的能力没有明晰地认知。在一些地方标准里明确规定招标过程中使用 BIM 技术加分，但是对于 BIM 模型应用的深度和广度都没有具体说明，BIM 技术目前只处于信息建模以及模型展示阶段，关于 BIM 在设计管理中应用的方法、规则、成果格式、模型深度、需要提供模型的项目单体以及成果的提交步骤等问题，均未涉及。

在招标文件中开发商并没有明确规定模型的深度与广度，且投标阶段各专业的布置存在很多不确定性，这导致投标单位为了中标，将模型详细等级不断提高，以期更好的视觉表达效果，这样虽使初步设计精度不断细化，但会造成不必要的信息建模成本及储存空间的浪费，且为日后的设计变更增加了难度。

2. 政府规范引领未到位

（1）标准制定问题

我国的 BIM 标准体系已初具规模，但与应用较早的国家相比仍存在标准制定上的差距。在我国，有国家发布的《建筑信息模型施工应用标准》（GB/T 51235—2017），各地也针对 BIM 技术应用出台了相关标准。如北京市发布的地方标准《民用建筑信息模型（BIM）设计基础标准》等。根据《中国建筑业企业 BIM 应用分析报告（2019）》，目前全国仍有接近 20 个省市自治区未发布省级 BIM 专项政策。但已出台的标准并不能构建成一个完善的 BIM 标准体系，这不仅会影响 BIM 招标投标的跨区域管理，也限制了全国范围内招标投标管理信息资源的共享和优化配置。

（2）与传统评标不兼容

综合评审项目原则上是尽可能使用暗标的方法，即不能明示或者暗示投标单位。但目前 BIM 的应用还处在尝试阶段，过于生硬地使用横向暗标的方式会导致出现较多无效标，可以酌情考虑使用明标暗标相结合的方法。

其次评委评标能力需加强。一些评委自身业务能力并不出色，或是基本不了解新技术的要求和行业规范，那么就无法给出公正合理的评审结果。政府应有针对性地组织专家们进行 BIM 技术评标岗位培训，并对评标专家进行定期资格审查，考察其对应用 BIM 等新技术的工程项目的了解程度，评估其是否能够公平公正地对新项目进行评审。

（3）相关法律不够完善

我国目前与 BIM 相关的法律条款尚不完善，BIM 软件的本土化程度不够，因此在标准上国内外有细微出入。例如 BIM 模型交付前后的所有权,应用 BIM 技术的工程项目风险的承担,信息建模错误导致的重大损失引起的争议。这些法律责任亟须明确。

此外,从法律角度要加强对参与招标企业商业机密的保护。一些投标人在投标文件中使用专利和商业技术,因此他们希望在评标过程中保护知识产权。参与审查的各方,尤其是评委会的专家,有义务保护他们接触到的商业专利和机密技术。未中标的评标单位在不知情的情况下,承担着提交的 BIM 建模被修改后使用的风险。BIM 的一大特点就是信息储存得详细具体,如果建模信息在招标投标环节中被泄露,相应人员应该受到法律制裁。

3. BIM 技术本身不成熟的问题

作为数字化转型的核心技术,BIM 技术与其他数字化技术的融合和应用将是推动企业数字化转型升级的核心技术支撑。建筑项目产品的独特性和施工过程按工序结算的特点,导致施工过程标准化程度低、流水施工不畅,这也是当前数字技术只能服务于特定的过程和环节,以及技术碎片化严重的重要原因。

(1) 数据对接问题

目前,招标投标过程中投标单位不是将 BIM 技术作为投标文件的组成部分提交的,而是另外提交光盘,这种方式不仅不利于文件的保存,也不利于评标过程的简化,且远程评标将无法实现,同时对中标后的数据分析带来了困难。

另外,设计过程与施工过程使用的 BIM 软件不尽相同,国内的软件尚不能实现数据接口的完全对接,如果不是设计施工一体化招标,在模型的传递上也存在一些缺陷。

(2) 系统稳定性问题

由 BIM 技术、大数据技术、电子化技术、互联网技术等先进的信息化技术构成的项目招标投标管理系统较为复杂,存储内容复杂,项目子项多,管理内容精细,系统的同期运行量较大,系统测试量大。这种问题会影响信息传输的速度和有效性,部分系统漏洞、故障严重时会影响招标进度,阻碍招标投标管理的有序进行。

目前国内工程项目使用的引擎大多数是国外的,多数情况下重大的项目优先选用国外三维图形平台,由于是云服务,数据库都设在国外,只要登录云平台数据就将向国外公开,因此安全问题格外需要注意。随着我国建筑业逐步向高度信息化方向发展,建设项目的数据包含着越来越重要的信息。从整个行业角度看,所有工程信息的数据安全都需要提升到国家层面来看待。

(3) 软件协同性差

目前适合我国建筑行业发展的 BIM 软件体系尚未建成,各软件之间协同性差。尤其在 BIM 招标投标环节中需要使用的 BIM 软件多种多样,如 BIM 建模、能耗分析、结构分析、方案设计、与 BIM 接口的几何造型、可视化、模型检查及运维管理等软件。届时要实现数据的无缝互传,必须不断提高 BIM 技术自身的成熟程度,才能让招标投标环节更加高质高效。

综上所述 BIM 在招标投标管理应用中的障碍因素如图 3-2 所示。

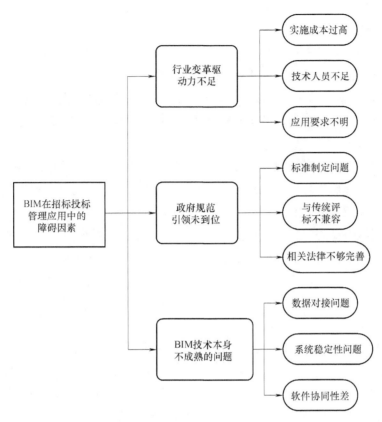

图 3-2　BIM 在招标投标管理应用中的障碍因素

3.2 BIM 与工程变更管理

3.2.1 传统模式下的变更管理

工程变更管理是建设项目尤其是大型超高层项目的管理挑战。工程变更在每个项目上都会发生，而大型超高层项目的变更会更频繁。工程变更对项目主要有两方面影响，一是当工程变更的时效性过了索赔期，变更就会影响索赔；二是工程变更所涉及的计量工作量巨大，尤其是钢筋部分，往往很难算清楚，这也会影响项目各方主体对于工程变更的判断。

长期以来工程变更的管理手段过于单一，基本上停留在手工作业层面，没有实现计算机网络和纸质文件的结合。在实践中，工程变更管理存在很多问题，主要表现在：工程变更管理不重视设计阶段的事先控制，导致后期工程变更增加；工程变更后的信息管理手段落后，缺乏系统的软件支持；项目参与方之间沟通协调困难。BIM 技术的应用可有效地解决这些问题，达到缩短工期、节约成本、减少变更的目的。

工程变更管理主要从两方面考虑：一方面预测可能发生的变更及其产生的后果，对可以避免的变更尽量减少；另一方面是对不可避免的变更尽最大努力管理和动态控制。

1. 工程变更管理的内容

工程变更管理既要对未知的变更进行预测、分析，也要对已经发生的变更及时处理。从项目角度讲，不同的阶段工程变更管理的内容也不同：

1）在建设项目前期的规划阶段，不合理的建设规模和工程方案导致资源利用不足、单位成本过高，这些不利因素都将增加工程变更的可能性，所以应该合理确定项目建设规模和重视工程方案的选择。

2）在建设项目前期的设计阶段，工程变更管理工作应关注建设功能是否满足短期和长期的使用功能，设计概算的编制能否满足总体投资，是否考虑周边环境因素等情况。

2. 影响工程变更管理的因素

由于建设工程建设周期长，项目参与方众多，决定了工程变更管理受到诸多因素的影响。研究诱发工程变更的因素，有助于建设项目过程中权利责任问题。从项目参与者角度出发，将诱发工程变更因素归结为四个方面，即业主方原因、设计方原因、承包方原因和客观因素。

（1）业主方原因

1）业主本身对项目的需求发生改变、项目的工程规模改变、增加或减少项目的内容、增加或减少工作范围、提高或降低质量标准、改变项目的使用功能以及工期要求提前等。

2）业主前期的可行性研究工作不充分，提供给设计单位的数据和资料存在误差。

3）合同对工作内容界定不清晰，在标段划分时出现遗漏内容。

4）业主方内部组织管理制度混乱，对工程变更的组织分工不明确，管理程序混乱，引发不必要的工程变更等。

（2）设计方原因

1）设计方案不合理。

2）各设计专业之间配合不当。

3）设计错误和遗漏。

4）协调沟通不到位。

5）图纸会审不到位等。

（3）承包方原因

1）施工图复杂，不能深入了解。

2）施工工艺或方案的改变。

3）技术管理上的失误。

4）施工组织顺序不合理。

5）不良的沟通协调。

6）施工单位提出合理化建议等。

（4）客观因素

1）新的法规、政策的出台。

2）材料的规格、尺寸、价格等因素与预期不一致。

3）自然环境的影响。

4）合同因素等。

由此可见，影响工程变更管理的因素有很多方面，要想有效地控制工程变更，需要对影响工程变更的因素进行全面的分析和预测，应用先进的信息技术管理以及相关工具，事先采取控制，事中采取有效措施，事后采取妥善补救措施，缩小工程变更对项目目标的影响，实现对工程变更的主动控制和动态管理。

3. 工程变更管理现存的主要问题

目前我国在对待工程变更上仍然存在着诸多的问题，主要存在以下几个问题：

（1）不重视设计阶段的预先控制

工程变更发生的时间一般是在施工阶段，因此，目前在工程变更管理的主要工作集中在施工阶段，而没有重视设计阶段的预先控制。然而，产生工程变更的最大原因来源于设计阶段。国外一些专家分析了工程变更产生的原因，认为设计是工程变更的主要原因，指出有65%以上的工程变更是由于设计错误和设计遗漏导致的，设计修改占30%，不可预见占5%。因此设计阶段是处理技术和经济关系的关键环节，更是控制工程变更的源头。设计质量的高低关系到项目的一次性投资，对工程质量、工期、人力、物力的投资起着决定性作用。工程变更应尽量提前，变更发生得越早，损失得越小，如图3-3所示。如果在设计阶段发生变更，只需修改设计图，其他费用还未发生，损失有限，如果在后期发生变更，则会产生新的费用，因此设计阶段是控制工程变更的一个重要环节，应尽量把工程变更控制在设计阶段。

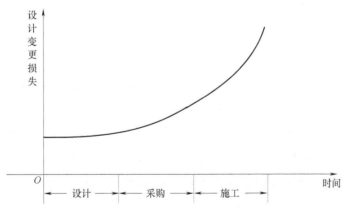

图3-3 工程变更随时间变化对项目影响示意图

然而在设计阶段影响工程变更因素有很多，比如人为因素、客观因素、技术因素等。例如，项目在设计时各专业之间的信息存在壁垒，各专业工程技术人员无法实现最佳协调，各设计专业之间配合不当，从而不能得出最优的设计方案，设计也会存在一些偏差。二维图不能完整地解决管线综合协调问题，只有在施工时才会发现管线之间是否存在碰撞交叉点，此类情况将会为后期的施工阶段带来不必要的变更。

(2) 信息化手段落后

目前建设项目工程变更管理基本上处于传统的手工作业状态，工程变更管理缺乏系统软件的支持。工程变更信息的管理基本以人工传输和纸质文件形式进行，在工程变更管理的过程中，对计算机和网络的开发利用严重不足，缺乏成熟的项目管理软件。大量的工程变更信息主要依赖纸质文件进行，工作效率低，信息传递时间长，容易发生信息丢失，造成工程变更管理混乱。此外，由于缺乏闭合式的管理流程，项目管理部门和决策者在建设项目工程变更过程中无法及时确认变更信息，建设项目工程变更的管理容易出现"管理黑洞"。工程变更对工程进度、质量、造价都有一定程度的影响。信息化手段落后具体表现在：

1) 变更工程量统计费时。工程变更方案不仅是设计人员的工作，也会导致施工人员和造价工程师的劳动效率低下。由于变更信息的滞后，收到工程变更方案的通知可能正好是施工完成之时，刚刚计算好的工程量又因设计变更只能重新计算，并且需要对比哪些是变更工程量。在工程变更中统计工程量花费的时间很长，同时还需要编制人员足够的耐心，努力把误差控制在最小范围内，以免影响变更工程量的准确性。

2) 变更价款不易确定。工程项目现场往往会出现大量设计变更，材料价格经常波动，需要对工程的数量和价格做出相应的调整。传统方法依赖手工在设计图上找出变更的确切位置，然后计算工程量变更的增减情况，还要调整与之相对应的构件，这样的计算过程耗时长、速度慢，信息的可靠性也难保证。材料成本占比较大，材料管理方法落后，材料采购和存储量计算不科学，无法把握市场机遇，不利于材料成本控制。由于工程变更的内容没有历史数据和位置信息，以后查询和对比也较为麻烦。

3) 不利于工程变更方案的多次计算对比。后续的变更会频繁出现，但工程变更费用不能超过一定的控制价。通过计算对比工程变更方案前后的造价可以控制工程变更费用。传统的工程变更方案靠纸质记录，历史数据积累和共享不方便，因此工程变更方案很难参考历史数据。

(3) 组织协调困难

工程项目需要多方参与共同完成，各单位除完成自身内部的协调之外，还要与其他参与方进行协调，协调不力会导致工程变更的发生。若当前的工程管理模式没有一个合适的平台提供给各项目参与者，就不能充分协作，不利于建设项目目标的实现。具体体现在：

1) 设计方与建设方沟通协调不利，设计方不明白建设方的意图，设计出来的效果不能满足业主的要求，业主要求更改设计方案，导致设计方案要重新修改，不利于工程变更的管理。

2) 设计方与承包方沟通不及时，导致设计方不熟悉施工条件，无法预测施工阶段的情况，某些方面的设计无法满足现场的施工要求。

3) 在施工过程中，如果各专业管理人员没有及时沟通，承包商与分包单位之间的工作衔接不畅，或者分包商的管理不到位，可能会发生变更。

4) 供应商不能按时、保质、保量地供应材料设备；机械设备使用时间的争抢与纠纷；施工流水段划分不合理，流水组织不到位；承包商未能解决业主的工程款无法按时支付等问题，都会产生变更。

5）其他原因。各参建方内部组织协调不畅也会不利于项目目标的实现。

3.2.2 基于 BIM 的工程变更管理

传统工程变更管理方法有一定的局限性，在一定程度上导致工程变更管理诸多问题的出现，限制了工程变更管理效率的提高。结合 BIM 技术的应用价值和现状，将其引入到工程变更管理中，可以实现对工程变更管理有效的动态控制。

基于 BIM 的工程变更管理

在建筑项目设计中实施 BIM 的最终目的是提高项目设计质量和效率，减少后期的谈判、变更、返工，确保工期顺利，节约项目成本。3D 参数化设计是 BIM 在建筑设计阶段的应用，3D 参数化设计不同于传统 AutoCAD 等二维设计方法，3D 参数化设计的重点在于建筑设计，这个设计的三维建筑模型包含了数据参数，同时具备了可视化功能，而传统的三维效果图与动画只是 BIM 其中的附属部分。BIM 在设计阶段的价值主要体现在以下三个方面：

1）可视化（visualization）。BIM 将抽象的二维建筑描述得具体化、生动化，从而在不同程度上满足非专业人士对项目各个部分的需求，使专业设计师能够更清晰、高效地判断，业主能够做出更准确的决策。

2）协作（coordination）。一个建筑项目的设计需要各专业设计师来完成，现在的做法是通过 CAD 来把各专业设计师的设计成果整合起来，这中间有一个传递过程，信息在传递的过程中会失真、失效，而 BIM 是将各专业设计师的独立设计成果（包括中间结果和过程）置身于同一个设计平台上，避免因误解或沟通不及时造成不必要的设计错误，提高设计质量和效率。

3）仿真（simulation）。一般项目的建造过程与结果需要在真实场景中才能实现，应用 BIM 技术可以事先进行数字虚拟，可以最大限度地预演未来真实的项目。

1. 自动变更管理

BIM 技术的优势之一就是它的自动变更管理。

（1）设计阶段的变更管理

使用 2D CAD 技术，在设计过程中一旦设计出现变更，设计师就要花费巨大的人力和时间去进行整体更改和协调，这是对人力资源的巨大浪费。但是 BIM 技术不同，在其基础上制造的模型，可以直接生成建筑相关的设计图。即使是建筑出现变更，对应的设计图也会自动做出调整。正是因为所有的数据都来自于同一个数据库，所以任何视图的变动都会引起整个数据库相应的更新，进而反映在其他的视图中，视图会根据这些数据的变更进行相应的更新。这就把建筑师从繁杂的设计图修改中解放了出来，使得他们的工作效率极大地提升。BIM 技术最终让设计师有更多的时间专心完成设计，提高了建筑设计的质量。

（2）施工阶段引起的设计变更

在施工过程中，工程变更的发生是在所难免的。工程变更经常会引起项目工程量的变动及项目进度的变动等问题，这些都可能造成实际施工成本与计划成本发生较大出入（主要是实际施工成本的增加），所以，必须高度重视和重点控制变更对项目成本产生的影响。在发生工程变更时，使用 BIM 5D 技术进行工程变更管理，因为 BIM 模型信息具有关联性，工作人员只需将变更构件在 BIM 模型中进行修改调整，整个模型中与之关联的部位都会自动更新，而且由于 BIM 模型具有共享协同能力，各参与方之间传输交换信息的时间大为减少，从而可快速计算变更工程量，准确确定工程变更费用，减少成本浪费，有序管理工程变更造价。

（3）BIM 技术自动变更管理的功能

运用 BIM 技术来保证自动变更管理的主要功能是参数的变更管理。在以前，用 3D 建模软件来进行建筑设计时，所创建的是建筑物的几何模型，如墙体、柱、管道、设备，它们只是一些简单几何体的组合，没有包含构件的特定参数，例如细部构造、材质要求、构件特征等参数。使用简单的 3D 建模不利于对该模型进行建筑物性能方面的分析，不利于施工方对于工程量进行统计和进度安排，也不利于造价管理。BIM 模型中的建筑基本单元是参数化的构件，构件的参数化可以为设计人员提供开放式的图形系统，可以逐步细化设计用途。参数之间的相互关系可以用于支持 BIM 所提供的协调功能和变更管理功能。BIM 的一个基本特性是能够协调变更，并始终保持修改的一致性。所有 BIM 模型的信息都存储在一个物理位置，比如说建筑师在模型上添加了一堵墙，那么设备、电力、管道等系统（MEP）的 BIM 模型上无须再添加这堵墙，因为 BIM 系统会自动在设备、电力、管道等系统的 BIM 模型上增加这堵墙，这堵墙在整个 BIM 模型中是唯一的。任何一处工程变更都可以同时地、有效地更新到整个模型上去，所有相关内容也随之自动变更，无须用户干预，即可实现关联内容的更新，信息更新的速度也非常快，对设计进行修改比较容易。

2. 减少设计变更

传统计算机辅助设计二维图过程中，由于画图量的巨大与专业的独立性，很容易出现专业图之间不衔接，往往在施工过程中才发现问题。施工方发现问题报备监理，监理再联系设计方，由设计方更改，之后修改后设计图再逐层传达至施工方，费时且费力。

与传统的建筑设计相比，运用 BIM 设计三维图形，可以提升参数化、可视化和性能化的设计能力，促进设计过程中的多专业协作，解决复杂建筑平、立、剖面协调问题及土建与安装之间的协调问题。设计过程中可以随时点击查看效果图，有利于施工图的优化，有助于施工图的设计和出图，有助于设计中的"错漏碰缺"检查，调整和优化设计方案，减少设计变更，提高施工图质量。

（1）增强建筑设计贴合度

BIM 技术运用协同设计的功能增强建筑设计的贴合度。传统建筑设计主要是通过设计图来完成的，设计图通常是十几张到几百张，而其中的细节设计是相互独立的。比如，审图人员必须从大量的设计图中整理出管径的信息。由于细节设计工作是由不同的人员完成，若没有进行合理有效的沟通，设计图中势必会存在一些相互矛盾的地方。而建筑所在环境、气候及其他一些不可控因素都在不断的变化，若是数据收集不齐全，也会造成建筑设计的不合理及对后期建筑施工的影响。

以前在建筑、结构完成之后,水暖电各专业都是在建筑和结构的基础上为建筑物添加管道和设备,虽然水暖电各专业都是基于同样的建筑设计来确定管线设备位置,但不容易确定水暖电各专业之间的碰撞交叉点在哪里,各个专业的设计师沟通不及时,提出的修改要经过书面报告,信息传递速度慢。BIM 技术可以通过中心文件来实现项目共享,在中心文件上实时可以看到其他专业的模型更新或修改信息,通过计算机的操作来实现协同共享,无须通过中间过程的传递。BIM 的协同设计可以解决各专业之间配合不当的问题。

此外,在建筑施工前,运用 BIM 技术可以进行现场模拟施工、安装,优化施工、安装方案,减少施工变更次数,方便工程变更管理。

(2) 可视化程度高

传统的计算机辅助建筑设计是采用二维三视图来实现建筑的设计,这与人们习惯的观看方式不一样,并且随着人们对建筑外观审美的要求越来越高,传统的计算机辅助建筑设计技能已经不具备充分的可视性,满足不了现代建筑的需求。准确地说,CAD 是计算机绘图软件工具,绘制出来的二维图对于各专业的设计师空间想象力和创造力要求高,当需要修改时,设计修改工作量大。

BIM 的可视性不仅能直观地展现建筑设计中的质量问题,还能够直观地呈现建筑的外观设计,加强了建筑的外形美观,避免工程变更。BIM 软件在布管的时候,可以任意调到各种视图——平面、立面、剖面,平面有利于布置水平管线,立面有利于布置垂直管线,剖面有利于布置建筑物内部管线;可以任意调到各种角度查看构件位置,解决各专业靠空间想象力来描绘建筑物全貌的难题;实现水暖电系统图表达精准化、各专业大样图表达形象化,专业冲突一览无余,提高设计深度;实现三维校审,减少设计"错、碰、漏、缺"现象。

(3) 实现高度集成

BIM 计算机辅助技术主要是采用三维视图的方式来展现建筑设计,对建筑内部的构件也能进行生动的模拟,加大了建筑构件的模拟与实践数据的相似度,让设计者能够从不同的角度来分析设计的效果,确认构件所展现的属性及其需要被调整的方向。比如在设计一个门开启的方向开关,可以通过传统的计算机辅助技术来确认开关的控制图表及门的开启方向,运用 BIM 中的三维技术进行详细的调整,以此更加贴近实际施工后的效果。

(4) 碰撞检测

不同专业之间、不同系统之间的设计是由相应专业独立完成,由于项目的复杂性,不可避免存在一些碰撞交叉点,BIM 核心建模软件可以初步提高设计精度和效率,能够初步对BIM 模型进行分析碰撞检测,发现在设计阶段的问题。设计阶段结合其他的碰撞检测软件,可以对建筑与水暖电专业、水暖电之间进行预判碰撞,将碰撞点尽快交给设计人员,对管线进行调整。确保设计师在创建、查看与审阅三维模型时使用一致的参数化模型,提高设计方案精确性,尽量减少现场的管线碰撞和返工现象,在满足施工规范的同时符合业主的要求、维护检修空间的要求,让最后的 3D 模型实现零碰撞,减少后期可能出现的设计变更。碰撞检测模拟流程如图 3-4 所示。

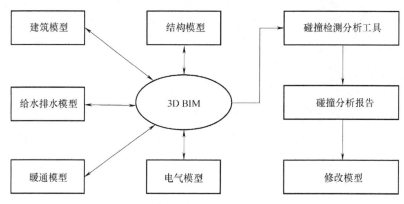

图 3-4 碰撞检测模拟流程

在碰撞检查功能中，虽可以分析出碰撞点，但因为碰撞条件设定项目不够详细，无法排除构件本应相接或与邻近构件落差等的合理碰撞，需通过三维可视图逐项对碰撞点进行判断、解读与分析，确认是否为合理碰撞。这较为耗费工时，若本身经验不足，容易造成误判，在此笔者期望未来的相关软件在碰撞检查功能中，能有更详细的设定，让碰撞分析功能更为完善。

3.2.3 BIM 在工程变更管理应用中的障碍因素

1. BIM 5D 运用度低

在我国传统建筑行业中，设计单位和施工单位往往是两个相互独立运作的体系。设计人员在将设计图交付后，通常只会在施工阶段定期到现场进行施工指导并与施工人员商量施工过程中产生的问题。在施工阶段变更设计方案，设计院调整后的 BIM 建筑信息模型往往仅停留在三维阶段，未加入施工进度信息和成本信息，即未能形成 BIM 5D 模型。变更后的 BIM 的三维模型能指导施工却无法反映由于设计变更造成的施工进度和建设成本的改变，因此施工单位从 BIM 建筑信息模型中的受益程度也会相应降低。

2. 碰撞检验技术不成熟

BIM 的碰撞检验功能是其可视化和三维化的体现，不仅可以完成物理碰撞检验，还可以通过设定距离进行软碰撞检验，但在设计变更过程中，若碰撞条件的设定不够详细精确，则难以分析出所有的碰撞点。碰撞点需要人工逐项进行分析判断，若技术人员的自身经验不足，不仅耗费时间，也容易得到错误的结论。

3. 专业协同度低

BIM 这一概念虽早在 2004 年已引入我国，但当前 BIM 在我国的发展并不成熟。当监理人员根据工程需要，下达对施工方案在材料、功能、尺寸等任一方面改变的指令时，需要相应的设计人员对工程信息进行变更。但由于这些设计人员的专业不同，设计企业内部缺乏较为完善的 BIM 应用流程，难以对其变更信息进行有效集成，专业协同度低（李强年和周理圆，2017）。同时，由于 BIM 本土软件技术相对国外较为落后，各软件之间无法完全做到无损传递，工程变更信息存在丢失的风险，工程变更管理的精确度也有待进一步提升。

4. 交付模式的不适应

目前，我国的工程项目交付模式主要以 DBB（Design-Bid-Build）模式为主。DBB 是传统式的交付模式，它最为突出的特性是强调工程的施行必须依照设计—招标—施工的顺序展开，只有前一阶段的具体任务完成了才能进入下一阶段。在这种模式下，项目的各参与方在各自约定的合同下，各自行使权利与履行义务，三方的权利、义务、利益分配十分明确。

而在 BIM 技术中推行的交付模式则以 IPD 模式为主。IPD（Integrated Project Delivery，项目整合交付模式）是美国建筑师协会（AIA）提出的一种结合 BIM 技术的建筑项目管理模式（郭俊礼等，2012），在此种模式下，其重点突出建设项目各个参与方通过 BIM 技术手段，实现一种协同度更高的合作。

传统交付模式中业主、设计方、施工方之间的权利与义务彼此分离，在此交付模式下会导致生产效率低下、工程成本不易控制等诸多问题，增加了工程项目变更的困难。然而在 IPD 模式中，突出强调的是三方是一个整体，是风险同承担、利益同分享的高度协同关系，此交付模式下工程项目的变更管理更易实现。

3.3 设计阶段 BIM 应用

3.3.1 可视化设计

1. 可视化概念

可视化（visualization）是利用计算机图形学以及图像处理技术手段，将数据资料转换成图形或是图像，并使之在屏幕上显示出来进行交互处理。简单而言，可视化即是"所见即所得"。可视化最突出的特点即是直观，它简化了事物的复杂性，加强了使用者理解信息内容、剖析信息内容的能力。在建筑领域，可视化的应用极具重要性，其前景十分广阔。

2. 传统设计模式的局限性

（1）协同性差，效率低

传统式设计模式过程中不同专业之间、同一专业之间的协同性差，各个专业的设计成果是互相独立的。例如建筑物的外墙形状改变，则需要外墙设计师与结构工程师及时沟通，但这种沟通大多是口头形式，沟通达成一致后，相关专业组人员再修改自己负责的设计图。这其中难免会产生大量的重复性劳动，其效率是较为低下的。

（2）设计冲突现象易发，缺陷难免

工程项目一般规模大，周期长，因此参与项目的设计人员众多。这些人员大多来自不同专业背景，其具有的工程经验也各不相同，难免会对同一问题产生不同的理解，因此在各个设计环节都可能存在相互冲突、相互矛盾的问题。冲突现象易发导致设计变更，项目工期与造价也因此受到影响。

(3) 设计成果无生命，信息易流失

传统的设计模式下，设计成果往往是设计图。而每份设计图是由不同的专业组负责，设计图之间是相互独立的，在所有设计图设计完成后，只能通过打印后整合才能使这些设计图在形式上成为一个整体，但是设计图中的信息内容仍是各自成块的。一个项目在其全寿命周期中会产生大量的数据和信息，传统模式下各个阶段的数据很难甚至不能随着项目传递延续到下一阶段。这些项目信息的流失对工程经验的积攒、项目后评价等都是不利的。

3. BIM 与可视化设计

BIM 的可视化使同构件之间的互动性及反馈性得到极大彰显。在 BIM 模型中，项目的全寿命周期都是可视化的，因此，可视化的结果可以用于建筑效果图的展示，也可使项目在设计阶段、施工阶段、建后维护、运营管理中的沟通在可视化的状态下进行。BIM 全寿命周期如图 3-5 所示。

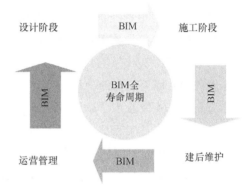

图 3-5　BIM 全寿命周期

通过 BIM 模型的构建，一方面设计人员在进行设计创作的同时即可通过人机交互界面实时观看到三维模型，更直观地把握设计结果与设计意图之间的关联。而另一方面，在设计人员设计创作的同时，业主方也能通过平台观看到该 BIM 模型，使得业主方与设计方的联系更为紧密，业主实时可观看更新的设计模型，提高了其对设计结果的满意程度。此外，在 BIM 的可视化设计中，它还能通过 BIM 模型提供详细的工项和材料数量的估算及编制，以及发包预算及招标文件的编拟，使项目的全寿命周期联系更为紧密，减少了各阶段交接过程中的时间。

在设计阶段完成后，通过已建立的 BIM 模型进行动态仿真施工与运营维护，可以更直接快速地了解到工程在施工阶段与运维阶段的问题，并给出优化与解决的方案。

BIM 的可视化设计改变了以往传统式的设计模式。在 BIM 模型中，设计方能更为明确地观看到设计的结果，业主方也能摆脱技术壁垒的限制，随时知道自己的投资成果。

4. BIM 可视化设计的优点

（1）三维渲染，宣传展示

三维渲染动画带来真切和直接的视觉效果冲击。设计方将制作的三维模型动画提供给业主以进行更加直观的宣传展示，不仅提高了业主的满意度，也给设计方带来了宣传效益，吸引更多业主。

（2）虚拟施工，有效协同

通过 BIM 的动态仿真施工可随时随地直观快速地将工程施工进度计划与实际进展进行对比，施工方、监理方甚至非工程行业出身的业主领导通过有效协同机制，也都能知晓工程项目目前的状况（龙健辉，2019）。通过 BIM 技术结合施工方案、施工模拟和现场视频监测，保证了建筑质量与安全。

(3) 碰撞检查，减少返工

施工前期的管线碰撞检查，极大减少了在施工阶段可能存在的错误和返工的概率，并且可优化建筑净空，优化管线排布等设计方案（余元波，2017）。经过碰撞检查后，施工人员可利用优化后的三维管线方案进行仿真施工，再次检验施工方案的可靠性，对施工质量的提高具有显著的作用。

3.3.2 协同设计

设计阶段一般分为方案设计、初步设计和施工图设计三个阶段。BIM 的协同设计贯穿于整个设计阶段。在方案设计阶段，各专业设计人员通过 BIM 模型进行可视化交流。在设计阶段，通过 BIM 模型的可视化显示，整个项目更直观地展现在参与者面前，可以有效地解决碰撞问题，减少了设计变更的发生。因此，在设计阶段，项目的所有参与者都可以通过 BIM 系统查看整个项目的设计过程和进度，并给予反馈。对于设计团队来说，BIM 可以让他们的想法同时进行，设计出各种方案，充分发挥每个人的价值。不同的专业人员可以通过 BIM 良好地沟通，互相给予专业性意见，避免专业之间出现错误，这是专业人员之间的协同。对于业主来说，他们可以随时查看设计进度，进而可以及时提出自己的意见和需求，选择自己最满意的方案，这是业主和设计团队之间的协同。

1. 方案设计阶段

在这一阶段，不仅需要设计方与业主之间的沟通，还需要方案设计团队成员之间的协同设计。首先接收可行性研究阶段所收集分析后的信息，结合项目实际，开始进行各专业方案设计建模。方案模型完成后，对模型进行计算分析。然后各负责人员会根据分析结果对设计模型进行一定的调整和修改；修改后由专业人员对模型进行比对检查。之后专业人员会把各专业的方案模型数据进行汇总和整理，根据汇总模型再次进行各专业间的设计协调。各专业间设计协调完成后，各专业需要对 BIM 模型设计进行最后的调整和改动。由此可见，在建筑方案设计阶段，建筑设计师需要通过 BIM 模型进行信息交互，进而设计建筑空间和建筑功能（刘照球和李云贵，2009）。这不仅仅要求建筑专业内部人员相互协作进行设计，也要求不同专业设计人员通过 BIM 相关软件进行紧密配合。BIM 在方案设计阶段的协同设计如图 3-6 所示。

2. 初步设计阶段

进入初步设计阶段后，专业人员各自提交方案模型，经过分析比较再根据其他专业的方案模型进行初步设计建模。在建模过程中，不同的专业也需要随时向对方提交自己专业的设计模型。这样其他专业就可以根据这个专业的设计模型，进一步调整和完善本专业的设计模型。建模完成后，对模型进行计算分析。经过计算分析，同样根据分析结果对设计进行调整和修改。完成后，对各专业的初步设计模型数据进行汇总和组合，并根据汇总模型进行各专业间的设计协调。

在初步设计阶段结束时，通过渲染、实时漫游、虚拟现实系统等显示手段，将调整后的模型呈现在业主面前。业主可以提出意见进行反馈，这是实现设计方与业主良好沟通的主要途径。

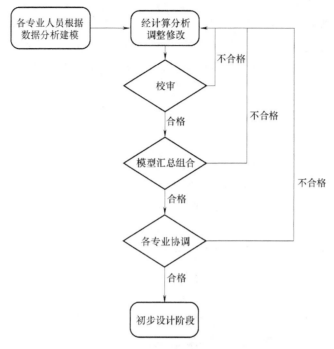

图 3-6　BIM 在方案设计阶段的协同设计

3. 施工图设计阶段

在施工图设计阶段，除了专业间的主要应用，最主要的是专业间的相互协作。BIM 将集成建筑物、构筑物和设备的模型信息，配合设计和检测，分析和调整检测设计中存在的问题。采用 BIM 软件，通过可视化显示，简单直观，容易发现问题（石磊等，2016）。

在碰撞检测方面，各个小组的设计者都可以查找模型冲突的位置，找出冲突存在的原因，并利用 BIM 的碰撞检测功能完成碰撞检测和修改。这样既可以降低错误、碰撞和遗漏的概率，又可以减少后续施工过程中因设计问题而进行的修改，节约成本。

在进行管道综合时，三维效果能更直观、快速地反映管道系统的整个空间状态（刘星，2016）。在大型的工业建筑、交通建筑、公共建筑里，都会存在大量复杂的专业管道设计。那么如何更好地进行管道设计？这不是一个专业工种的问题，而是需要建筑、结构、暖通、机电设备等不同专业之间的配合。

3.3.3　能耗分析

广义的建筑能耗指的是建筑物在建设施工、运营维护直至拆除过程中产生的能耗，狭义的建筑能耗则是指建筑运行能耗，即为维持建筑物功能和正常运行时所需的能耗。目前我国提及的建筑能耗常指建筑运行能耗。随着经济的快速发展，人民的物质生活水平越来越高的同时对居住环境的要求也随之提升，而全球面临着的能源短缺问题正在对建筑行业的进一步发展产生着消极影响。根据《中国建筑能耗研究报告（2018）》调查显示，目前建筑能耗占全国能源消费比重已高达 20.6%，建筑碳排放占全国能源碳排放的 19.4%。我国作为世界上最大的发展中国家，必须协调好经济建设与生态环境保护之间的关系，减少建筑能耗，大力发展绿色建筑，促进建筑行业的健康可持续发展。

1. 传统能耗分析与基于 BIM 的能耗分析

在传统设计方法中建筑设计专业和设备专业相互分离，因此往往在施工图阶段才进行能耗分析，这导致传统的能耗分析通常只着眼于通过计算来看建筑设计方案是否符合国家和地方的建筑节能设计标准，而非真正的节能减排，这不利于设计方案的修改与优化。同时传统的能耗分析需要输入大量的专业数据，分析结果复杂，效率低下。而基于 BIM 技术进行建筑能耗模拟分析实质上是对已建立好的数字化建筑信息模型进行全寿命周期的建筑能耗预测分析，因此可以将能耗分析提前至建筑设计阶段，便于提早发现在设计方案中存在的问题，减少损失，并且能为达到节能减排而进行模型的优化（燕达等，2018）。

传统能耗分析与基于 BIM 的能耗分析对比见表 3-1。

表 3-1 传统能耗分析与基于 BIM 的能耗分析对比

对比内容	传统能耗分析	基于 BIM 的能耗分析
开始阶段	常始于施工图阶段	建筑设计阶段
分析精度	低	高
分析结果可读性	分析结果常为数字，可读性差	分析结果为图表，可读性强
参与方	设计单位或专业能耗模拟分析人员	业主和设计人员
能耗分析目的	满足建筑节能设计标准	在满足建筑节能设计标准的同时，进行模型优化，最大限度降低建筑能耗

2. 影响建筑能耗的关键因素

（1）室内外热环境影响

太阳辐射强度、空气湿度、空气温度、降水情况等气候因素会通过围护结构对室内的环境有所改变从而对建筑能耗产生影响，因此进行合理的场地设计，确定建筑物的朝向十分重要。

（2）建筑围护结构

外墙、屋顶等非透明围护结构的导热系数、保温性能以及外窗等透明围护结构的遮光系数、窗墙面积比等参数都会对建筑能耗产生影响。选择适宜的墙体、屋面材料和厚度以及合理窗墙面积比等能够减少建筑物在保温隔热方面的能耗需求，即能够减少供暖、空调设备能耗。

（3）用能设备

用能设备包括供暖、空调、照明、家电等。随着人民生活水平日益提高，建筑中的用能设备也越来越多，其中暖通空调系统产生的能耗占据了建筑能耗的绝大部分。

3. 基于 BIM 技术的建筑能耗分析一般过程

1）建立建筑信息模型。通过 Revit 等 BIM 建模软件建立好建筑信息模型，然后导出格式为 gbXML 或 DXF 的文件。

2）导入建筑能耗分析软件。将 gbXML 或 DXF 格式文件导入常用建筑能耗分析软件，如 DOE-2、Ecotect、EnergyPlus、CHEC、DeST 等。

3）进行建筑能耗模拟分析。通过 Ecotect 等软件对建筑物进行自然通风模拟、日照采光模拟、太阳能辐射模拟、综合能耗分析，在确保达到最佳使用性能标准的前提下寻找建筑能耗最低的组合，从而优化建筑设计方案（杨文领，2016）。

4. 基于 BIM 的能耗分析在不同设计阶段的运用

基于 BIM 的建筑能耗分析可以运用于设计的各个阶段。前期设计阶段，方案信息尚不完整，设计师可以在充分结合当地自然环境和气候条件后对建筑的总体布局、朝向和单体体量进行初步设计，生成多个备选方案后，对建筑能耗进行粗略的模拟分析以获得方向性建议。在方案设计阶段进行形体造型、平面布局和表皮设计，则可通过自然采光模拟和自然通风模拟确定在何种方案下建筑内部的采光、通风效果更好，从而减少照明、空调等用能设备的使用，达到节能效果。最后深化设计阶段则需要通过能耗分析选择合理的遮阳构件和围护结构，确定开窗位置与形式（葛曙光等，2017）。基于 BIM 的能耗分析在不同设计阶段的应用如图 3-7 所示。

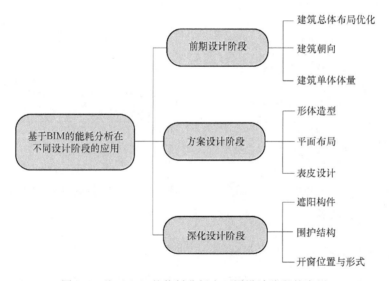

图 3-7　基于 BIM 的能耗分析在不同设计阶段的应用

随着城镇化的不断扩张，我国的建筑业也在快速发展，建筑能耗更是不断攀升。将 BIM 技术运用到建筑能耗分析中，在设计阶段就能得到更高效、更准确、更形象的能耗分析数据，便于设计师在比较各备选方案后对模型进行优化改进，进而将可持续发展理念贯穿建筑的全寿命周期。

本 章 小 结

1. 本章介绍了传统模式下的招标投标管理和工程变更管理，以及基于 BIM 的招标投标管理和工程变更管理，并进行比较，分析了 BIM 在招标投标管理以及工程变更管理中的障碍因素。

2. 本章从可视化设计、协同设计以及能耗分析等三方面对设计阶段的 BIM 应用进行了具体介绍，展现出 BIM 技术在设计阶段的应用。

思考与练习题

1. BIM 技术应用于施工设计与传统设计相比，对招标投标管理有何影响？
2. BIM 技术应用于施工设计与传统设计相比，对工程变更管理有何影响？
3. BIM 设计流程与传统设计的区别有哪些？
4. BIM 技术应用在设计阶段的优势明显，请总结设计阶段的优势。

第4章 施工阶段BIM管理

【学习目的与要求】

（1）全面了解和熟悉 BIM 技术在进度管理、预算管理、成本管理、质量管理、安全管理、合同管理、物料管理、深化设计方面的应用要点及工作内容，了解各方面 BIM 应用中存在的障碍。

（2）结合自身专业及岗位需求，有选择地掌握相关 BIM 技术应用。

（3）理解智慧工地和数字工地的理念，了解涉及的技术和功能。

BIM 就是在计算机中建立一座虚拟建筑，该虚拟建筑会提供一个单一、完整、包括逻辑关系的建筑信息库。这个根据建筑直观物理形态而创建的数据库，记录了建筑各阶段的数据信息，对建筑物的全寿命周期，从规划设计到后期的运维管理持续发挥作用。BIM 技术在施工管理方面的应用对提高工程质量、提升管理效率、控制工程成本、保证施工安全等方面带来了非常明显的成效。随着"互联网+建筑大数据"服务模式的推进，建筑领域开始采用大数据、云计算和物联网等技术，整合核心资源，以可控化、数据化以及可视化的智能系统对项目管理进行全方位立体化的实时监管，并根据实际做出智能响应。智慧工地、数字工地，一种崭新的工程全寿命周期管理理念走入建筑领域的视野。

4.1 BIM 与进度管理

进度管理是工程项目管理的三大目标之一，是指为确保实现进度目标而进行的一系列活动，主要包括进度计划的编制和控制。施工过程中进度计划的控制主要是指对实际进度情况与进度计划进行对比和纠偏，分析出现偏差的原因，并对工程实际进度或进度计划进行调整，采取适当的补救措施，持续循环这个过程，直至工程交付使用。

4.1.1 传统模式下的进度管理

传统的工程项目进度管理以施工单位为主，施工单位与设计单位进行沟通后确定项目施工目标，以此为依据，根据自身实际情况和以往经验，编制工程项目进度计划，并将其下发至各相关单位。相关单位再根据自身情况，对计划的不合理之处提出反馈改进意见。

1. 传统模式进度管理的局限性

传统工程项目进度管理系统不利于系统的自组织和自运行，项目进度信息不能及时、准确地获取，其主要表现在以下方面：

1）缺乏协调性。传统的工程项目进度管理以设计图为基础，开始往外延伸扩展，但工程项目往往比较复杂，通常是由团队协作完成，每个人负责其中的一部分或一个环节，因此整个设计图本身的协调性不足，各图层之间的关联性不强，设计图难免会存在一些错误之处；同时，工程项目进度管理的主要负责方是施工单位，而施工单位本身并未参与设计图的设计，因此在编制项目进度计划时难免会出现一些不合理之处。

2）项目之间差异较大，以往的施工经验不适用于新项目。施工单位在编制工程项目计划时以其以往的施工经验为主，进行不同阶段的划分。但实际上没有两个完全相同的项目，再相似的项目也会存在地域或资源限制的不同，因此项目之间的实际情况差异性较大，以以往施工经验为基础，编制项目进度计划难免会出现一些问题。

3）表达方式抽象，工作人员之间难以沟通。传统工程项目进度计划以横道图为主，其次还有网络图，但这两种进度计划表达方式都比较抽象，对于专业的施工人员来说，也会经常出现不能完全了解图形含义的情况，造成进度计划传达受限，下层施工人员不能准确了解项目进度计划，进而出现现场实际进度和计划进度不符合的情况，影响工程项目工期。

2. 传统施工阶段进度管理问题产生的原因

传统模式下的进度管理工作存在不能在发现问题时立即做出决策、传统方法不利于规范化和精细化管理、二维设计图形象性差等问题，影响施工进度、浪费资源等，这些问题产生的原因有很多，主要为信息沟通和管理模式两大类。

（1）参与方沟通和衔接不畅

施工阶段涉及的参与方众多，而且进度偏差表达形式也复杂，这就造成在实际施工中某单位独自获得进度偏差的信息和纠偏措施没有同步知会项目的其他参与单位。由于不同阶段的要求不同，设计阶段的数据与施工阶段的数据存在衔接不畅等情况，上述情况都会造成工期的延误。

（2）管理模式不够完善

由于进度计划抽象，二维图形象性差，难以对进度进行总体筹划，一旦进度计划出现问题，不易对其进行检查。并且由于现场人员素质不高及施工环境的影响，现场管理人员往往根据个人经验编制进度计划，容易导致进度计划存在不合理之处，再加上施工环境的复杂性和不确定性，有可能对项目进度产生严重影响。

4.1.2 基于 BIM 的进度管理

随着建设项目的大型化和复杂化，进度与承包、质量的多方协调仅依靠传统进度控制方法已很难兼顾，应用信息化技术实现对进度的控制已成为发展趋势。BIM 技术提供了一个良好的工程项目进度控制信息交互平台。

科学合理的施工进度管理有利于管控施工顺序、促进工序间的有机衔接，提高质量和工效。基于 BIM 的进度管理是指应用 BIM 技术，通过立体化的建筑信息模型，结合施工组织设计及工程监督管理人员巡检修误、施工区域责任人划分、监控体系安装等方式进行管理。通过 BIM 技术管理软件的运用，对工程设计和施工方案划分的分项、分部工程流水进行网络计划技术建模编制，运用虚拟与实际进度进行对比，及时调整修正关键控制线路，达到工程进度管理的目的，有效地防范因监管不全面、不到位而产生的工程进度延误现象。

1. BIM 技术在工程项目进度管理中的优势

传统方法虽然可以对前期阶段所制订的进度计划进行优化，但是由于其可视性弱，不易协同，以及横道图、网络计划图等工具自身存在着缺陷，项目管理者对进度计划的优化只能停留在部分程度上，即优化不充分。这就使得进度计划中可能存在某些难以被发现的问题，当这些问题在项目的施工阶段表现出来时，对建设项目产生的影响就会很严重。

基于 BIM 技术的进度管理提前进行施工模拟，在模拟施工的过程中发现问题，制定解决方案或进行计划修改，使进度计划和施工方案达到最优，再用来指导实践，确保项目施工顺利进行，避免在实际施工时发现计划行不通，延误工期，浪费人力物力。传统方法与基于 BIM 技术的进度管理对比如图 4-1 所示。

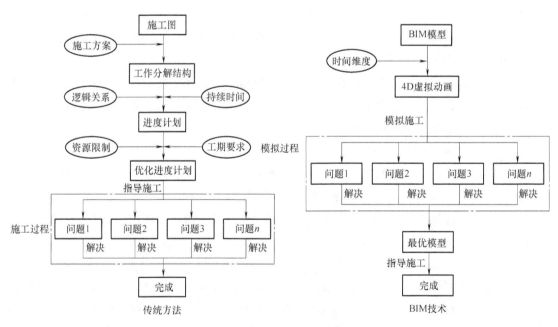

图 4-1　传统方法与基于 BIM 技术的进度管理对比

通过以上 BIM 技术和传统方法在工程项目进度管理中的应用比较，发现 BIM 技术在进度管理中有其自身的优越性，具体表现在：

（1）包含完整的建筑数据信息

BIM 模型与其他建筑模型不同，它不是一个单一的图形化模型，而是包含着完整的建筑信息，从构件材质到尺寸数量，以及项目位置和周围环境等。然而在复杂项目的进度管理中，仅使用 BIM 3D 的建模信息与实际施工情况仍然相差太远，于是 Koo 和 Fischer（2000）就提出了将三维建模和时间相结合的想法，并被称为四维计算机辅助设计（4D CAD）。之后又逐渐发展，衍生出进度模拟和 3D 模型相结合的 BIM 4D 的概念（Shou et al., 2015；Chen et al., 2019）。目前已经可以通过将建筑模型附加进度计划而成的虚拟建造间接地生成材料和资金的供应计划，并且与施工进度计划相关联，根据施工进度的变化进行同步自动更新。将这些计划在施工阶段开始之前与业主和供货商进行沟通，让其了解项目的相关计划，从而保证施工过程中资金和材料的充分供应，避免因为资金和材料的不到位对施工进度产生影响。

三维模型的各个构件附加时间参数就形成了 4D 模拟动画，计算机可以根据所附加的时间参数模拟实际的施工建造过程。通过虚拟建造，可以检查进度计划的时间参数是否合理，即各工作的持续时间是否合理，工作之间的逻辑关系是否准确等，从而对项目的进度计划进行检查和优化。将修改后三维建筑模型和优化过的四维虚拟建造动画展示给项目的施工人员，可以让他们直观地了解项目的具体情况和整个施工过程。这样可以帮助施工人员更深层次地理解设计意图和施工方案要求，减少因信息传达错误而给施工过程带来的不必要的问题，加快施工进度和提高项目建造质量，保证项目决策尽快执行。

（2）基于立体模型具有很强的可视性和操作性

传统的 2D 图不能直观地展示设计内容，需要人们在脑海中想象出 3D 模型，也就容易产生错误和偏差。BIM 的设计成果是高仿真的三维模型，设计师可以以第一人称或者第三人称的视角进入到建筑物内部，对建筑进行细部的检查。另外，还可以利用 BIM 包含了完整的建筑数据信息的特点，不仅可以细化到对某个建筑构件的空间位置、三维尺寸和材质颜色等特征进行精细化地修改，从而提高设计产品的质量，降低因为设计错误对施工进度造成的影响，还可以将三维模型放置在虚拟的周围环境之中，环视整个建筑所在区域，评估环境可能对项目施工进度产生的影响，从而制定应对措施，优化施工方案。

2. 基于 BIM 的进度管理体系

基于 BIM 的进度管理应建立在传统进度管理体系之上，以 BIM 信息平台为核心，建立 BIM、WBS、网络计划之间的关联，从而综合利用各种方法和工具，改善进度管理流程，增加项目效益。基于 BIM 的进度管理体系取代了传统的项目各参与方单独进行信息处理的模式，加快了信息共享，使进度信息更及时、准确、可获取。该进度管理体系可直观显示引入 BIM 技术后，进度管理方法工具的提升和完善。由于 BIM 技术模型能够承载项目全寿命周期管理中所需的信息，因此，BIM 技术产生的 BIM 信息平台及功能有利于项目进度管理的全过程，其效益渗透到进度计划与控制的各环节。基于 BIM 的进度管理应用框架体系如图 4-2 所示。

（1）BIM 信息平台构成

基于 BIM 的进度管理体系的核心是 BIM 信息平台。BIM 信息平台可分为信息采集系统、信息组织系统和信息处理系统三大子系统。三大子系统是递进关系，只有前序系统工作完成，后序系统的工作才能继续。工程项目信息主要来自于业主、设计方、施工方、材料和设备供应商等项目参与方，包括项目全寿命周期中与进度管理相关的全部信息。在信息采集系统完成项目信息的采集之后,信息组织系统按照行业标准、特定规则和相关需求进行信息的编码、归类、存储和建模等工作。信息处理系统则利用信息组织系统内标准化和结构化的信息支持工程项目进度管理,提供施工过程模拟、施工方案的分析、动态资源管理和场地管理等功能。

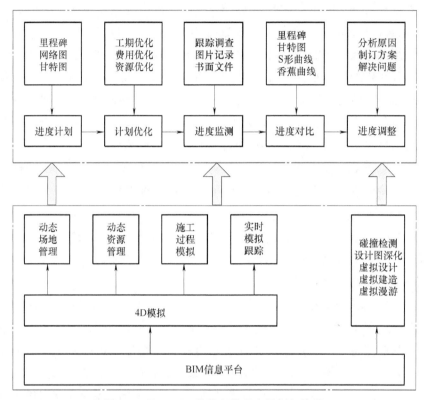

图 4-2 基于 BIM 的进度管理应用框架体系

(2) BIM 进度管理流程

项目进度管理大多按照总进度计划、二级进度计划、周进度计划和日常工作四个层面的流程进行。基于 BIM 的进度管理流程设计和分析按照以上四个层次展开。

传统的项目管理方法是由首位计划员来制订项目实施计划的,经常发生任务没有按时开始和按时完成的情况。BIM 应用体系支持末位计划系统(Last Planner System,LPS),末位计划系统是一个基于项目计划的精益管理和项目管理系统,主要是在项目运作的组织和管理中应用精益原理,对项目在成本、工期、质量和安全四个方面同时进行改善。具体做法是让施工一线的基层团队负责人(最后一层做计划并保证计划实施的人)充分参与项目计划的制订,通过保障末位计划员负责的每个任务的按要求完成来保障整个项目计划的按时、按价、按质和安全完成。

在项目施工前,首先由项目经理或相关计划编制负责人完成总进度计划编制。二级进度计划由项目经理与各分包项目经理共同编制。各施工班组长在参照总进度计划和二级进度计划的基础上,编制周进度计划草案。然后各计划编制方通过 BIM 信息平台进行充分的协作和沟通,对进度计划进行协调,形成最终的工作计划。底层计划完成后,根据具体情况,选择使用 BIM 模型可视化、4D 模拟施工等功能，分析计划执行中的潜在问题，并及时加以调整和完善，确保计划的可实施性。整个计划要得到各方认同，并承诺按时完成。计划执行中，可利用 4D 功能动态跟踪施工过程，便于与实际情况比对，促进相关方交流效率，及时解决施工中存在的问题。另外，为保证项目计划的持续改进，应做好工作经验的积累。各施工班组长按照工作计划要求做好及时汇报。不管工作任务是否按计划完成，均应对计划执行中的问题和困难进行总结上报。即使任务按时完成，也存在检查不合格现象，相关部分的处理仍需重新进行计划安排。BIM 进度管理体系应用总流程如图 4-3 所示。

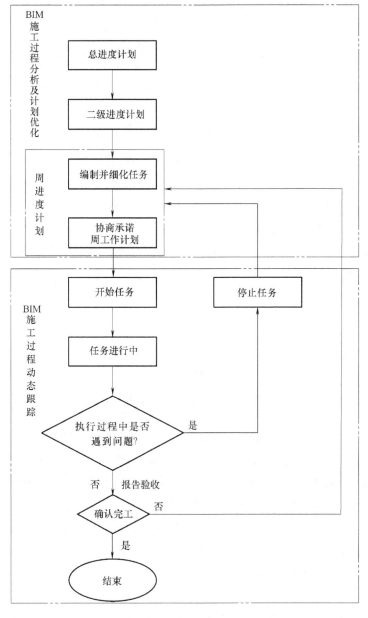

图 4-3　BIM 进度管理体系应用总流程

针对进度管理总流程，工程项目按照参建对象的职能可划分为四个层次进行管理，各级计划相互依存，一、二、三级计划工序间与工作分解结构编码对应。总进度计划的建立是整个流程的开始（图4-4）。总进度计划的编制不局限于系统的应用，可综合应用进度计划的相关技术和方法。计划编制负责人首先从BIM建筑信息模型数据库中获取相关资料进行研究，并把握各单位实施情况。然后应用Project、P6等现有进度计划工具编制一系列高层级的活动和安装包，确定开始和完成时间，完成对主要设备和空间等资源的高层次分配，完成总进度计划的编制，并将施工进度信息与BIM模型联动进行施工过程分析和总进度计划调整优化。

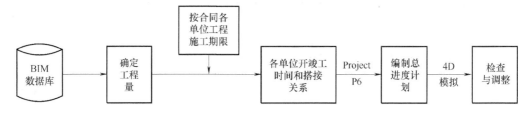

图 4-4 总进度计划编制流程

二级进度计划的编制需要在BIM进度管理信息界面内完成（图4-5）。在总进度计划的基础上，二级进度计划由各单位项目经理或计划负责人共同完成。其编制过程如下：利用WBS技术将高层次的活动分解成工作包；定义任务间工序和逻辑关系，计算工程量、人工和机械台班数量，确定开始和完成时间；利用相关进度计划软件制订二级进度计划。计划编制完成后，要实现系统中模型组件和活动的关联，实现施工过程分析和进度计划优化。此过程根据计划的详略程度可利Navisworks等第三方商用软件完成。

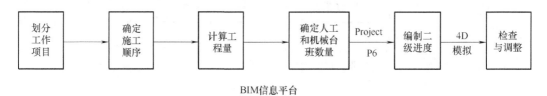

图 4-5 二级进度计划编制流程

周进度计划是以末位计划系统概念为指导，在二级进度计划的基础上编制出来的。它可以分为两步。第一步，每个施工队伍需要根据计划开始和优先级从二级进度计划中选择他们在下一周里可以执行的工作包。分包经理也可以通过系统的设置为施工班组长分配工作包。根据建筑组件的属性，分包经理和施工班组长将工作包继续分解为可执行的任务。各施工队伍间通常存在任务的交叉和分配，工作界面的划分可以通过系统，经各队伍协商解决。第二步，将分解的可执行任务安排周进度计划。周进度计划初步完成后，需利用BIM模型信息和进度信息进行施工过程模拟，分析潜在问题，调整施工方案，优化施工计划，增强计划的可操作性。4D模拟功能在周计划制订中的应用，更能凸显BIM技术价值。周工作计划是二级进度计划与日常工作计划的桥梁，周工作计划的准确性既能保证项目总体进度的实现，又能指导日常工作安排，日常工作计划的制订建立在周进度计划的基础上。BIM进度管理系统可以提供专业的模型界面显示工作任务，模拟施工过程。通过相关终端设备，施工人员可以查看模型信息，施工班组长可输入现场进度信息，并与计划编制人员互动。尤其是现场施工过程中出现各种问题可以得到及时的上报并得到解决，做出新的工作任务调整，保证周进度计划的执行。

4.1.3 BIM 在进度管理应用中的障碍因素

目前国内对 BIM 与进度管理的研究并不多，尤其是 BIM 技术与纯粹的项目管理理论结合的点较少且不深入，基于 BIM 的进度管理实现都是比较浅层的进度展示。目前，BIM 在进度管理应用中的障碍因素主要有以下两方面：

（1）缺乏与我国实情相符的标准

BIM 技术在应用时缺乏软件或系统间实现数据互用的标准。目前，我国现行的行业标准和国家标准都是从国外引入的，这些技术规范、标准的研究和编制是按照国外的建筑业发展而完成，与我国建筑业发展的实际情况不相符。

（2）缺乏软件系统与专业技术人员

BIM 软件自身技术不够成熟，其运行和功能尚未达到平衡，且能够与进度管理软件进行交互的 BIM 系统尚未开发。由于 BIM 技术在我国才刚刚发展，BIM 技术人才相当匮乏，BIM 的培训和咨询力度都不够。

4.2 BIM 与预算、成本管理

施工成本管理的基本原理是以项目计划和预测成本为目标，在施工时由公司定期审查项目的实际成本（含变更），并将计划成本与其进行比较，找到二者之间出现的偏差，然后分析偏差产生的原因，并制定和实施有针对性的纠偏措施，而且对相应的纠偏措施跟踪和监督，来确定是否需要更深层次的纠偏措施，最终使项目的实际成本控制在事先设定计划成本内。

4.2.1 传统模式下的预算管理与成本管理

1. 传统模式下的预算管理

工程预算是衡量施工企业进行项目成本控制的重要标准。预算人员根据项目的特点和实际情况制订完善的预算管理计划，将预算数量化，提升预算的可执行性。通过预算管理可以有效控制好工程建设施工过程，提升节约意识，为施工单位创造更多的经济效益。在预算管理制度及预算管理组织措施的跟进下，重点完善建筑工程施工阶段的技术措施，并且依靠化解及消除建筑工程实践中可能出现的施工问题而优化预算成本开支。这一环节的工作主要包括以下几方面：

第一，统筹安排建筑工程项目施工进度计划。协调好工程建设各部门之间的关系，明确管理标准和要求，优化资源配置，防止窝工及施工机具中断的发生而导致成本增加，提升资源的利用效率。

第二，分析建筑工程施工阶段技术方案的经济性，并进行选择。在保证施工技术方案符合项目质量要求规范的基础上,对方案的经济性进行重点分析,在取得相同的质量效益的前提下,优先选择经济性好、费用耗费较低的施工技术方案。

第三,对变更进行及时办理。建筑工程项目在施工时可能会出现施工变更现象或现场签证问题,需要对这些变更及时进行办理,后续将作为建筑工程项目最终结算的基础资料。

第四,保证工程质量,避免经济纠纷。在建筑工程施工过程中,要符合建筑工程项目的预期质量标准,根据建筑工程合同来组织施工,分项施工结束后进行严格验收,确保各工序能够实现质量标准的统一和规范。另外,还需要对施工材料进行场前场中质量检验,剔除质量不合格的材料,避免因建筑工程质量缺陷而引发大的经济纠纷和损失。

工程预算管理流程如图 4-6 所示。

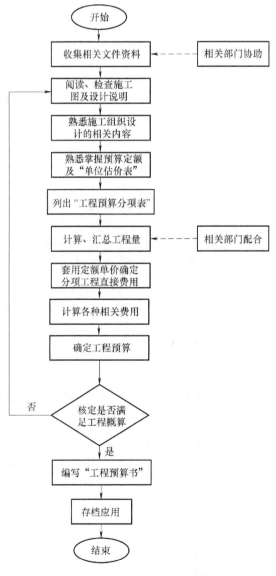

图 4-6 工程预算管理流程

2. 传统预算管理存在的问题

传统预算管理存在的问题较多，具体概述如下：

（1）预算定额的更新速度赶不上建设项目实际发展的速度

社会在不断发展，建筑技术的创新也是层出不穷，建设行业"四新"技术的应用更加普遍。由于施工项目经常会面临定额换算的问题，不同区域的预算定额又有不同，而且价格指标在时间上存在一定的滞后性，不能及时反映市场价格水平，有时还存在缺少定额项的情况，给准确进行预算工作带来了很大的挑战。

（2）预算管理难以从全过程的角度把握项目造价

预算管理的阶段化特征严重，即只注重项目某一建设阶段的预算管理，难以做到全过程预算管理。设计阶段的工程预算只能满足项目前期成本控制的需要，在项目的施工及竣工验收阶段，项目所处的市场环境会发生变化，加上人为因素的影响，项目的建设成本难免会出现变更，预算管理缺乏全过程性考虑。而仅仅以预算为项目成本控制的根本，就会阻碍工程目标的实现。

（3）造价数据很难实现高效共享

在对项目预算管理中由于需要随时在中间阶段进行数据分析，对数据也需要进行重构和再加工。造价工程师积累的数据也有可能因为没有进行有效的电子保存而无法实现共享，导致与其他岗位的工作人员无法有效地协同工作，比如在进行多算对比时不仅需要仓储数据、财务数据，还需要消耗数据等。为此便需要相应部门协同合作提供数据，为造价数据有效共享增加了难度。这也是我国三算对比预算管理不能有效实施的原因之一。

3. 传统模式下的成本管理

施工项目成本管理是指施工企业结合建筑行业的特点，以施工过程中直接消耗为对象，以货币为主要计量单位，对项目从开工到竣工所发生的各项收支进行系统的管理，以实现项目施工成本最优化目的的过程，是工程项目管理的核心（刘小玉，2016）。

（1）施工项目成本的构成

施工项目成本由直接成本和间接成本构成，如图4-7所示。

直接成本是指施工过程直接耗费的构成工程实体或有助于工程实体形成的各项费用支出，其是可以直接计入工程对象的费用，如人工费、材料费、机械使用费和其他直接费等。

间接成本是指为施工准备、组织和管理施工生产的全部费用的支出，是非直接用于也无法计入工程对象，但为进行工程施工所必须发生的费用，包括管理人员的人工费、资产使用费、工具用具使用费、财务费用等。

（2）施工阶段成本管理流程

施工阶段成本管理流程包括成本的预测、计划、核算、分析、控制及考核等，如图4-8所示。

4. 传统施工项目成本管理的缺陷

（1）历史数据保存困难，分析数据难获取

对于项目而言，工程估价和工程造价的历史数据对于类似的项目具有很大的参考价值，所以需要尽量完整地保存历史数据，便于后期项目调用。传统施工项目管理都是以电子文件或纸质资料的形式进行保存，管理工作杂乱无章，既不利于为类似项目提供参考，也不利于后期项目本身数据的调用。成本分析的关键一环是成本数据的储存和调用,传统模式一般以电子文件和纸质的形式保存,但是文件间相互独立,缺乏关联性,使成本分析数据难调用。

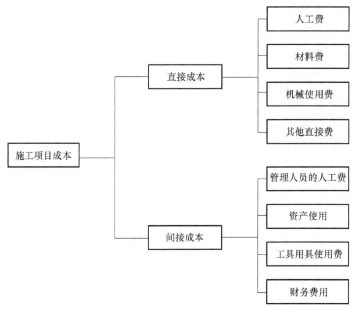

图 4-7 施工项目成本构成

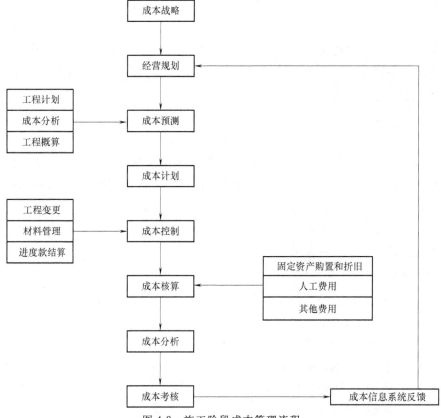

图 4-8 施工阶段成本管理流程

(2) 核算缺乏准确性，成本计划编制依据不完善。

传统的核算涉及施工现场的物资收发、领退、报废等工作内容，通过手工清算并登记纸质表单，再将表格上报给项目管理部门。手工清算很难确保数据的准确性，逐级上报使时间周期长，及时性也会受到影响。而且传统的施工过程中，若出现设计变更，需要预算人员手算工程量，难以确保其准确性；尽管施工企业在施工前期就对索赔进行了深入的研究，但当索赔事件发生时，依然会因过程收集的资料不足导致索赔不成功，无形中加大了成本的损失。

以成本预测为基础编制成本计划。确定目标成本是关键所在。按工程进度编制施工成本计划的方法最为普遍，即对照项目施工组织设计等资料，借助时标网络图按月编制成本计划。但是，传统的二维图不利于施工组织设计人员做出科学合理的施工组织设计，不利于优化资源配置。因此，传统的施工组织设计方案较为简单，各项目差别不大，基本相同，缺乏针对，形同虚设，使得成本计划的编制缺乏适用的依据。

(3) 难以准确实现动态成本控制

施工企业将成本核算部分作为工作重心，却还是存在忽视事前和事中控制的情况。个别施工单位没有严格审核施工图设计过程，轻视甲乙双方的图纸会审、设计单位的技术咨询等工作，外加施工过程中也有忽视工程变更的现象，从而导致成本失控。施工过程中成本处于动态变化的阶段，因此成本控制也是一个动态的控制过程。由于施工前难以对施工过程的突发情况进行准确预测，施工过程发生设计变更，但预算量是静态的，不能随变更而改变。实际施工中，现场工程师难以及时发现资源、进度和各项费用是否超预期。传统模式下，施工过程中不能及时更新成本数据，仅在每个里程碑事件完工后对成本进行计算，成本控制很被动，可能导致施工成本超出预算。

(4) 项目成本控制缺乏精细化管理

任何一个施工企业都会将成本核算部分作为工作重心，但是施工项目成本种类繁多，涉及面十分广泛，精细化管理缺乏有效工具，信息共享难度大。

1) 人员管理方面。工程项目施工工序繁多，施工现场人员也多，且人员流动大。目前大多数的施工企业现场管理体系并不完善，规章制度难执行，缺乏施工计划，人员之间缺乏沟通，各自为了自己的利益，现场状况频发。此外，考虑到大部分员工都是农民工，若缺乏规范的岗前培训，则操作标准比较难统一，施工质量难以得到保障。人员管理中出现的问题会阻碍施工现场的有序管理，不利于成本控制。

2) 材料管理方面。工程项目施工过程中，有可能由于施工前期物资计划的不完善，以及对施工现场合理布局的忽视，致使后期出现材料进场路线不畅、材料堆放不便于现场搬运、塔式起重机的塔臂回转半径的范围超过施工建筑以外等现象。管理人员进入施工过程缺乏时间和精力进行整顿，使施工现场材料堆放缺乏合理性，不利于材料的库存管理，导致管理成本增加。

4.2.2 基于 BIM 的预算管理与成本管理

1. 基于 BIM 的预算管理

（1）BIM 技术在工程预算管理中的优势

1）自动化算量。利用传统方法计算工程量时，工作人员需要手动翻阅设计图寻找每一条信息，既不直观也不便捷，浪费了很多时间。而工作人员基于 BIM 平台进行设计时，已经把对应构件的属性输入 BIM 平台中，这样就实现了三维的全自动化算量，极大提高了工程量计算的效率。传统的方法采用手工计算时，由于不同构件的计算规则不同，并且计算过程也比较烦琐，容易导致计算结果的不准确；而基于 BIM 的算量方法，将计算规则输入计算机，计算机根据实际立体模型自动计算，计算结果更加客观、准确。

2）BIM 的可视化。BIM 的可视化功能可以解决在设计变更中占有很大份额的各专业之间的交接问题。此外传统意义上的每一个项目都需要技术人员重新花时间去理解消化设计图，因为工人的水平参差不齐，会产生误读设计图等问题，对此，BIM 的可视化功能可以解决。利用 BIM 技术进行预算管理，不仅可以有效地确定造价，还可以实现对变更的有效控制和动态管理；且 BIM 可视化管理数据具有完整性，有效地弥补了传统工程预算图、表格等信息记录形式的缺陷。

3）集成信息共享。BIM 平台具有很高的信息集成度，可以集成项目已产生的全部信息，还能根据项目进展不断更新和增加信息。这些信息储存在 BIM 组建的集成信息共享平台，为各部门及时开展工作提供便利。BIM 把工程质量、进度和与影响造价管理的各种因素在其相应软件平台上进行结合，做到多维度多视角的管理，进一步实现工程预算的精细化管理，提高建筑企业的经济效益。

（2）基于 BIM 的预算管理体系

1）BIM 时效性的数据库。BIM 最重要的技术就是由它的计算机三维模型数据所形成的数据库，这个数据库的数据信息在整个项目建设过程中会根据实际情况动态变化调整。施工现场工作人员根据实际变化和进度更新数据，上传平台后所有参与者都能及时获取最新信息。这些数据信息包括所有构件的属性，每一个构件的具体位置，某一部分的设计变更以及变更引起的数据变化等，这些数据信息的更改可以贯穿整个项目的寿命周期。所以 BIM 的这种数据集合平台增强了信息的协同性、时效性，提高了预算管理的整体水平。

2）BIM 资源计划功能。利用 BIM 提供的数据模型的数据库信息，项目负责人可以进行合理的资金及时间进度等计划调配。也就是说 BIM 的数据模型在数据库里都有详细的储存，任何一个模型构件的时间信息可以通过自动化算量功能计算出具体的工作量，就可以按照实际情况对任一分部分件进行细分工作量，或者针对任一工作量细分时间段。同样数据库也包含了各种材料、人工、机械等的价格，据此可以做出具体的造价，再根据总价来进行分配资金情况。通过这样的一种方式用户可以非常有效地对项目时间进度以及工程成本进行动态的管控，从而提高了项目管理水平。

3）预算数据的积累与共享。当下，施工单位和造价企业在完成造价和竣工后，相关的项目数据或者以纸质保存在柜子里或者是 Excel/Word/PDF 等形式保存在硬盘里，它们都被单独地孤立保存，后期再使用非常不方便；但是有了 BIM 技术，可以让工程数据很方便地形成带有 BIM 参数的电子数据，非常便于存储、调用、分析、借鉴等。

BIM 数据库的建立是通过长期对以往的历史项目以及市场信息的积累，它可以帮助施工单位通过工作人员利用相关的标准、经验以及规划信息快速地建立拟建项目的信息模型，还可以快速地生成业主需要的资金计划、时间进度、结算单等报表，这样避免了每月重复计算和花费大量的时间来核实数据的准确性。

企业通过建立自己的 BIM 数据库、造价指标库，不仅可以为同类的建筑项目提供价格指导，而且可以快速地编制新项目的投标文件，准确报价，这样可以避免造价人员流动造成的工作信息不完善，同时也省去了人力资源的成本。甚至在项目建设过程中，利用 BIM 技术可以按某工序、某时间、特定的某一区域输出相关工程的造价。所以 BIM 的这种信息存储平台实现了经验、信息的积累和便捷的共享。

BIM 数据的积累和应用如图 4-9 所示。

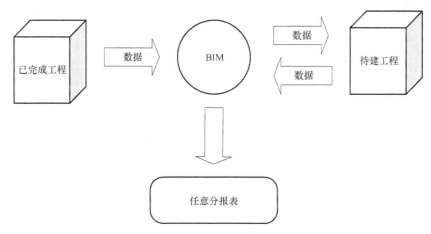

图 4-9 BIM 数据的积累和应用

4）建设项目的 BIM 模拟决策。BIM 建立的数据模型以及 BIM 提供的模拟建设和可视化技术等功能，可为项目的负责人及时做出正确的决策提供坚实的基础。

在工程的投资决策阶段，通过 BIM 的历史模型数据查询与拟建项目类似工程的造价数据，比如该地段的人力、材料、机械等的价格，或者输出以往做过的类似工程的每平方米的造价，可以快速地估算出拟建项目的总投资额，为决策者提供了准确时效的决策依据。在设计阶段的成本控制至关重要，把用 CAD 设计的项目设计图和 BIM 的 3D 模型数据库信息进行关联，可以按照时间维度把任一阶段的工程成本输出，从而把控成本，以达到限额设计的目标。后期把设计图交予总包会审的阶段，因为 BIM 平台把所有的项目干系人的信息以及数据信息都统一起来，这样可以非常方便各参与方，比如监理、业主、承包方、设计方等一起把设计图以 3D、4D、5D 等形式呈现来检查设计的效果，这样极大地减少了返工修改以及纠纷。

施工中的材料分配也同样通过 BIM 大大提高利用率。以往的材料分配是通过领料单，但是往往时间和项目的复杂性，审核人员很难快速地判断出其合理性，常常是仅凭自己的经验和主观判断。但是现在审核员通过 BIM 储存的大量的历史数据可以多维度地模拟出项目的任一分部工程的用料，这样就真正实现了限额领料。

5）BIM 的不同维度多算对比。多算对比往往是指从工序、时间、空间三个维度进行分析对比，如果单纯地只分析一个维度往往发现不了问题，但是同时从三个维度进行统计分析造价，需要重构很多的实物消耗量和成本数据，单纯地依靠人工计算统计很难完成。3D 模型和时间结合起来的 BIM 4D 可以有效地进行工期优化，但是不能用于估计成本和预算，所以在此基础上将 BIM 4D 与成本估计相结合提出的 BIM 5D，可以快速准确地实现多维度多算对比。BIM 同时可以对 3D 模型所有的构件统一编码并且贴上时间、工序、空间等信息，这样可以快速地实现 4D、5D 情况下的任意分析统计（Mitchell，2012；Kehily et al，2017）。

BIM 的 5D 应用如图 4-10 所示。

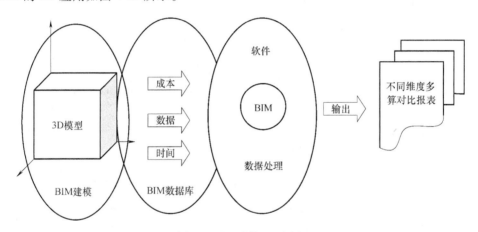

图 4-10　BIM 的 5D 应用

2. 基于 BIM 的成本管理

（1）BIM 技术在工程成本控制中的优势

1）自动化算量。利用传统方法计算工程量时，需要找到二维图中每个线条所对应的工程属性，这个匹配的过程占用了整个过程的大部分时间。而由 BIM 平台设计的三维模型，设计人员在设计过程中，就已经将各种与构件相关的属性进行了匹配，如梁、板、柱等，这样就实现了三维的全自动化算量，大大提高了工程量计算的效率。传统的方法采用手工计算时，由于不同构件的计算规则不同，并且计算过程也比较烦琐，容易导致计算结果的不准确；而基于 BIM 的算量方法，它将计算规则融入软件中去，根据实际立体模型进行算量，得出来的工程量数据更加客观、准确。

2）精确计划。传统模式无法实现精细化管理的根本原因就是不能及时获取准确的工程数据，只能凭借已有的经验制订资源计划，出现大量经验主义问题。BIM 的应用使工作人员能够及时准确地获取数据，为制订精细的资源计划提供支持，确保施工顺利进行。

3）优化方案。三维可视化是 BIM 最直观的特点，利用此特点在施工前期，可以对设计方案进行碰撞检查并优化,从而减少在施工过程中由于设计错误而造成的返工和损失。同时利用 BIM 三维可视化能够优化施工方案和管线排布方案,并以此直接进行技术交底。对于施工方案,依据施工组织计划,利用 BIM 可视化特点可以形象地展示机械设备和施工场地的布置情况以及复杂问题的解决方案,合理安排施工顺序。同时可以通过动态施工模拟,直观展示不同施工方案的优缺点,对其进行对比分析,从而达到评选和优化的目的。

4) 虚拟施工。BIM 模型可以进行维度上的扩展,在三维的基础上加上时间维度,就可以实现虚拟施工。这样一来,在任何时候都可以快速、直观地将施工计划与实际情况进行对比,同时进行协同工作,使施工方、监理方甚至非建筑行业出身的业主都能清晰完整地了解项目实施过程中的情况。同时结合施工方案、施工模拟和现场视频监测,可以在很大程度上减少工程质量问题和施工安全问题,从而减少由此产生的成本。

5) 加快结算。BIM 可以提高设计方案质量,从而减少实施过程中的工程变更,同时 BIM 模型能够包含项目全过程的数据信息,减少由于结算数据造成的争议。加快工程实施过程中进度款的支付以及竣工结算的速度,从而减少时间成本。

(2) 基于 BIM 的成本管理控制体系

成本控制是在经济合理的范围内,减少对成本的投入。对于承包单位而言,成本控制是指对工程项目本身的建筑成本采取一定的方法进行控制,即对在一系列施工过程中所产生的所有费用的控制,它包括施工过程中材料的成本消耗、周转摊销费、机械费、工资、奖金、津贴以及施工组织和管理费用。在施工阶段,施工方成本管理的核心是成本控制、成本核算、成本分析和成本考核。成本控制贯穿于施工前期阶段、施工阶段和竣工结算阶段。

对于施工方而言,施工成本管理控制体系是指在项目经理的领导下,各个阶段的项目管理层、施工队伍以及施工班组共同参与其中的一个成本管理网络系统,系统中的每一个环节和每一个人分工明确,各自肩负着一定的成本管理和成本控制内容。这就需要从上到下落实每个部门、每个人的成本管理责任,明确其职责,让他们都清楚各自管理、控制的内容是什么,需要达到的成本目标是什么以及采取何种控制措施才能达到这个目标。BIM 技术可以有效解决施工成本控制现存的一些问题。施工方在基于 BIM 技术进行施工过程成本控制之时,着重明确 BIM 技术在施工前期阶段、施工阶段和竣工结算阶段三个阶段的具体应用,使其成本控制行为能够更好地与项目总成本目标和成本计划协调一致。基于 BIM 施工成本控制体系如图 4-11 所示。

1) 施工前期阶段成本控制。施工前期阶段成本控制主要涉及投标阶段。投标阶段的关键工作主要为标书的制作,标书制作中核心部分为商务标与技术标的编制。基于 BIM 技术的标书制作,可大大提高工作效率,提高中标率。

在商务标编制过程,工程量复核是商务标编制过程中最重要的一项工作,利用 BIM 技术可快速便捷完成工程量复核工作。若招标方提供的是基于 BIM 的三维模型时,可直接在其基础上进行工程量计算,方便快捷,提高工作效率。若招标方提供的设计方案是二维

CAD 图时，需要根据其建立相应的 3D 算量模型，模型细化到构件级即可。完成工程量计算工作后，将计算所得工程量与招标方提供数据进行对比，按照差额百分率进行排序，并依据排序结果实现不平衡报价，预留利润。成本控制的可操作空间都有详细的数据支撑，不再靠经验和"拍脑袋"来工作。

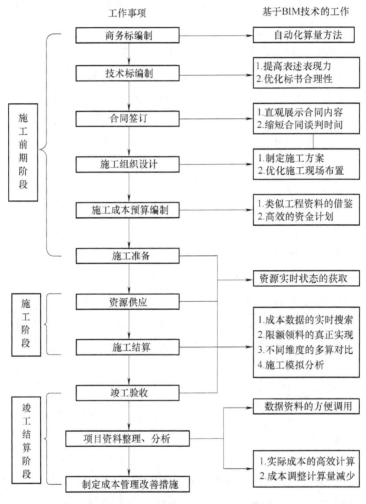

图 4-11 基于 BIM 施工成本控制体系

通过 BIM 模型，造价人员可以及早且尽快地提取出工程量数据，将其与施工项目的实际特点结合，编制出较为精确的工程量信息清单，极大地减少漏项、重复及错算情况的出现，在项目开始前将可能因工程量数据问题而引起纠纷的情况降到最低。

技术标编制过程中，首先利用 BIM 技术可实现施工组织计划可视化，可以很便捷地对整个施工方案进行模拟，轻松直观地展示特殊、重点部位的施工方法和工艺；其次，利用 BIM 碰撞检查的功能可以对招标方提供设计方案中的管线布置方案进行优化，以此可大大提高业主对技术标书的认可度。

综上所述，在投标阶段，有效利用 BIM 技术的 3D 可视化和 BIM 技术相关软件，可大大节约时间，提高标书质量，提高中标率。

2）施工阶段成本控制。

① 多维度的多算对比。利用 BIM 模型可以轻松实现时间维度和工序维度的多算对比。将 BIM 模型与时间维度相结合，赋予各个构件时间信息，将任意时间段内实际发生的成本和预算计划成本进行对比、分析，直观显示项目某个阶段是赚钱还是亏钱，以便及时采取控制措施。将 BIM 模型与工序维度相结合，就可以根据某个工序进行成本对比，便于及时发现成本超支的地方并处理问题，实现精细化成本管理。同时，还可以将具有代表性工序的成本数据保留下来，并将其作为企业定额（成本定额）使用，为未来项目的成本控制提供依据。

② 施工现场优化。在施工过程中，随时利用 BIM 自动化算量的特性，快速、准确地统计出所需的阶段性工程量，从而快速准确地配置施工资源。制订合理的人、材、机使用计划，避免大进大出，均衡组织施工资源。同时，利用 BIM 参数化的特点，可以在施工中发生设计变更时，及时调整 WBS 任务划分和进度计划，并优化资源使用计划，避免资源的浪费和闲置。另外，利用已经建立的 BIM 施工模型，可以准确快速地统计出每个构件、每个工序及每个区域内的资源消耗量，并通过现场监控获取资源实时状态，建立点对点的材料和设备供应，使材料和设备一次性到位，减少材料和大型设备的二次搬运，有效提高各个工序之间的配合程度，从而减少措施费。

③ 施工方案优化。施工方案是在施工准备阶段制订的，但是随着工程的开展，需要对施工方案进行阶段性优化。利用 BIM 技术对项目进行虚拟施工（先试后建），发现施工中可能存在的问题，提前做好预防和应对措施，采取一切手段，最大可能地实现"零碰撞、零冲突、零返工"，从而大幅度减少返工成本。注意：施工现场的安全直接影响施工人员的工作情绪，进而影响施工进度和施工成本。

④ 施工模拟分析。在开始之后，需要不断地对施工过程进行各种模拟分析。对施工预算进行分析，结合"零库存"的生产管理模式，采用限额领料施工，以达到最大限度发挥业主资金效益的目的。通过对施工工序进行分析，将 BIM 模型数据和成本计划软件的数据相集成，实现实时监控成本。通过模拟资金使用情况，制订合理的资金使用计划，有助于合理确定投资控制目标值，使成本控制有所依据，为资金的筹集与协调打下基础，从而有效预测未来项目的资金使用进度，消除不必要的资金浪费，避免投资失控；此外还能避免在今后工程项目中因缺乏依据而轻率判断所造成的损失，减少盲目性，增加自觉性，使资金充分发挥作用。严格执行合理的资金使用计划，可以最大限度地节约投资，提高投资效益。

3）竣工结算成本管理。竣工结算阶段的成本控制是施工成本控制体系的重要组成部分，是确定项目总成本的重要环节。在竣工阶段，对工程进行结算，牵涉着大量的核对工程量的工作。在传统模式下，基于二维图来核对工程量是相当麻烦的，要针对每个构件一一地进行对比计算，还会因为设计的改动造成设计图信息的缺损，产生很多不必要的纠纷。BIM 技术的引入，彻底改变了工程竣工阶段的被动状况。BIM 模型是参数化的模型，这一特点使得建筑物各个构件不仅仅具有几何属性，而且还被赋予了空间关系、建筑元素信息、地理方位信息、工程量数据信息、材料详细清单信息、项目进度信息以及成本信息等物理属性。随着设计和施工等阶段的进展，BIM 模型也在不断地完善，设计变更、现场签证等信息不断地被录入与更新，到了竣工移交阶段，BIM 模型已是一个包含了项目形成过程中所有信息的模型，业主方可以根据需要快速检索出所需要的信息，大大提升了竣工结算能力，节约结算成本。

3. BIM 在预算管理与成本管理应用中的障碍因素

目前，BIM 技术的应用多为设计阶段，施工阶段的应用主要局限于一些实力和技术比较强的大项目，距离 BIM 技术的普及相差甚远。绝大多数施工企业的管理者对 BIM 技术及 BIM 技术的使用方法在认识上还存在不足，无法发挥出 BIM 在预算和成本管理上强大的功能和价值。由于应用深度和范围的不足，BIM 技术的功能并不能得到充分发挥。由于施工企业对 BIM 技术带来的价值不能充分认识和评价，也就无法体验到 BIM 技术对施工项目能够创造多大程度的经济效益。

1）BIM 技术需要的信息共享、协同工作的理念并没有得到完全体现。从管理模式方式上来看，企业现行的项目管理与 BIM 5D 技术的内涵并不匹配，仍旧无法发挥其真正的作用。建筑项目施工行业长期存在的管理粗放，缺乏完善的管理制度的现象，严重阻碍了 BIM 在整个项目成本管理等其他工作管理中的运用效果。项目实施过程中，技术部门、预算部门以及采购部门等信息不能实现有效的协同，给 BIM 在成本管理中的应用产生了巨大的阻碍。

2）BIM 技术标准化工作滞后。由于企业对 BIM 技术的重视程度不够，相关工作流程与标准落后，导致无法将 BIM 完整应用于项目的成本管理、进度管理以合同管理工作中。当然，这一情况正在随着政府和行业方面的重视在不断推进。由于企业重视程度不够与资源分配不合理，成本管理的效果大打折扣；相关管理人员对于管理知识的匮乏致使整个项目参与各方对其重视程度不够，导致 BIM 技术在整个项目的成本管理中无法真正得到实施。上述原因致使其在成本管理应用时容易出现漏洞，导致项目盈利状况无法达到预期目标，阻碍企业对项目资金计划的实施，也使得 BIM 应用远未达到预期的要求。

3）软件功能方面缺乏。BIM 软件的功能并不能满足所有业务的需求，致使基于 BIM 的施工阶段成本管理无法达到预期效果。其中，其功能的缺乏又分为两方面，一是国外的基于 BIM 成本管理软件与国内施工业务相关工作内容不相符，例如在招标投标以及算量计价的规范方面不能够兼容；二是各成本管理软件之间数据交换格式无法统一，国际上通用的 IFC 数据格式无法做到数据的完整传递，信息丢失的情况时有发生，这给成本的全过程管理带来了巨大的阻碍。

4）施工企业缺乏基于 BIM 成本管理的长期规划，专业人才缺乏。BIM 技术的实施离不开相关人员的操作与管理，作为 BIM 在施工阶段实施的主要群体，建筑项目施工人员存在着整体文化参差不齐、学习能力不强的现状。再者，BIM 技术人员培训的费用成本与时间成本也比较高，导致 BIM 技术的培训无法顺利开展。缺乏基于 BIM 成本管理的长远规划是行业、企业层面的问题。无论从行业角度还是企业角度来看，这都是一个战略性的问题。缺少长远规划会导致企业或行业的短视行为，也会导致后续的一系列其他问题。有些企业迫于政府以及业主方的巨大压力,但自己又不具有其实施的能力,往往会选择聘请第三方咨询公司或招聘专业人员对项目实施,却忽略了企业本身的整体 BIM 的发展。但这种依赖于第三方或个别技术人才实施 BIM 工作的方法,对企业整体 BIM 应用水平带来的提升往往十分有限。

4.3 BIM 与质量、安全管理

随着社会经济发展,建筑工程施工数量和规模不断增长,工程的复杂程度也在日益增加,对建筑的质量及安全的要求也越来越高。在实际的建筑工程施工当中,施工模式对于施工质量和施工安全管理也有着很大的影响,做好施工质量和安全管理工作,就能够确保建筑工程整体质量符合要求,若是缺少重视,不但会对施工企业的经济效益提升造成影响,而且会给人们的生命财产造成很大的影响。

4.3.1 传统模式下的质量管理与安全管理

1. 传统模式下的施工质量管理

建筑工程的施工质量直接影响到工程项目的使用寿命和人民群众的生命财产安全。对于施工项目质量管理,自建筑物开始建造,就必须着手进行整体规划,综合考虑项目资源条件及约束条件,形成以施工质量为主线并贯穿整个施工项目的质量管理体系。施工质量管理的关键是对施工生产要素的质量管理。施工生产要素是施工质量形成的基础,它包括工程各参与方的管理者与劳动者、形成工程实体的材料与设备、进行施工工作的机械与器具、用作施工的工艺与技术措施、现场作业环境与自然环境。加强对它们的管理,能够有效地提高工程施工质量。

传统模式下的质量管理与安全管理

(1)施工质量管理工作内容

施工质量管理应在贯彻全面质量管理、PDCA 循环管理与零缺陷质量管理的同时,运用动态控制原理,对工程的质量进行事前、事中和事后管理。

施工质量管理基本环节见表 4-1。

表 4-1 施工质量管理基本环节

事前质量管理	事中质量管理	事后质量管理
审查工程参与者的资格	施工质量管理依据	施工质量管理的验收
材料进场检验	施工工序管理	
设备进场检验	检查质量控制点	质量检验报告的审核
施工工艺、方案、方法检验		技术性文件的审核
施工环境调研	施工工序的检查	竣工图的审核
工程质量管理体系的建立	处理问题	工程安全与功能的审核
图纸会审与技术交底		分项工程与验收数据的审核

1) 施工前准备阶段质量管理。这个阶段的主要工作包括明确质量管理目标，落实质量责任；确定工程施工组织设计，制定施工方案和质量管理制度；进行数据的准备、图纸会审工作、采购质量控制，分析可能导致质量偏差的节点，并制定相应应对措施；进行施工技术准备、施工前的岗前安全教育和培训。施工前准备阶段质量管理要求针对工程质量管理对象的管理目标、影响因素等进行周密的计划，找出薄弱环节，提前进行预控，完成对工程的整体质量管理的把控，防患于未然。

2) 施工阶段质量管理。建筑工程施工阶段质量管理又称作业活动过程质量管理，是施工项目质量好与坏的决定性因素，也是施工质量管理中最重要的一部分，是对工程整个施工活动过程的全面动态管理。它包括施工活动主体的自我控制与他人的监督管理。自我控制是保证施工质量的主要因素，即工程作业人员通过自我约束来进行施工活动与保证工程质量的行为；他人的监督管理是项目管理人员或监理单位通过日常巡查、旁站等方式来对工程施工质量进行检查。自我控制和他人监督之间的关系是相辅相成的。施工阶段、质量管理阶段的主要工作包括及时落实设计变更、严格按照施工图的标准进行施工、进行透彻的技术交底、遇到质量问题严格筛查和补救。

施工阶段质量管理必须以合格工序质量为目标，以质量标准为依据，以对工序质量、工作质量和各关键节点质量的管理为重点，坚决杜绝质量隐患与事故的发生。

3) 施工完成阶段质量管理。施工完成阶段质量管理也称事后质量把关，是对施工过程所完成的成果进行相关的质量控制，也就是针对前期作业的弥补和修正。这个阶段的主要工作是对各分部分项工程的质量验收进行把关，分批次将预期规定的质量要求、质量目标、质量规范与已经完成的质量成果进行对比、分析、检验和检查，包括对施工质量活动进行的评价、对出现质量偏差进行纠偏和对需要返工部位或产品进行整改与处理。施工完成阶段质量管理的重点是发现施工过程中的质量缺陷并进行分析，制定改进措施，使工程项目的质量管理处于受控的状态。

当然，上述的三个过程不是相互独立的，它们之间相辅相成构成有机的系统工程。其实质也是PDCA循环质量管理理论的具体化，它要求在每一个循环周期都有提高，最终达到工程施工质量的持续改进。

（2）传统模式下质量管理存在的问题

工程项目施工的主要依据是设计图，但是传统的设计图专业性和独立性较强，缺乏各专业的协同配合，各个工种沟通不畅，限制了施工的顺利进行。对于一些特殊的建筑项目，传统的二维图不够立体化，设计图表达的能力有限，施工人员对设计图意图的识别需要耗费大量的时间和人力，使得技术难以交底。工程项目由于参与方众多、施工作业存在交叉现象，传统的施工质量管理很难做到从工程全局出发进行质量控制，多是把重心放在单个检验批、单个分项或者分部工程中。但是，随着工程的复杂程度不断增强，这一管理重心已经不能适应新形势下的施工质量管理。施工质量管理严重依赖施工技术，质量管理与成本、进度管理过程相冲突等多种问题和不足，加剧了工程成本控制、建筑施工进度安排、工作效率提升和建筑安全保障等方面目标控制的难度。具体表现如下：

1) 重事后检查,轻事前预控。施工质量管理过程是一个复杂且多变过程,由于它的影响因素与质量控制点众多,所以将施工质量管理分为三个阶段:事前质量管理阶段、事中质量管理阶段与事后质量管理阶段。但是,目前施工质量管理过程中,多数施工企业忽视事前预控处理,仅仅将质量管理理解为对已完成项目的"质量把关"和"不合格品处理",而未考虑如何避免这些质量问题。而质量检验只是通过一种技术性检查活动,来对项目施工存在的质量问题进行事后"判定"和"处理",仅在事后对出现的质量问题进行纠偏,不仅会影响施工进度和增加施工成本,严重时还会引起质量事故,造成人身威胁。工程项目施工质量管理应更多地通过系统全面的事前预防与控制,来最终实现对工程项目质量的管理。

2) 重检查,轻积累。当前,大部分施工企业对施工质量管理思想的理解有一定的偏差,认为施工质量检查的重点应该集中在质量检查结果上。但是,通常情况下质量检查结果所显示出的问题,已经对工程质量产生了影响。从这个角度来说,质量检查就是一种浪费,它不能从根本上解决缺陷部位的质量问题。再者,建筑工程实际施工过程中就"事"论"事"现象严重,施工单位通常只就当前发现的问题寻求解决方式,而事后并不进行总结与积累存档,同一个问题出现在不同项目中的事情,使施工质量管理的效率大大削弱。如果不对质量检查所发现的问题进行登记与记录,那么质量检查的产生效益将会大打折扣。而产生这种现象的原因主要有两方面:一方面是因为缺乏这方面的管理意识,另一方面就是执行起来可操作性差,缺少一个可以支持的工具与方法。因此,工程的质量管理工作应在检查的基础上进行总结与记录,为以后工程施工积累经验。

3) 重利益,轻协作。施工企业过分看重利益,在实际施工中偷工减料、更换劣质材料,为了追求效益最大化而忽略施工本身需要担负的责任,这样不利于企业发展,甚至影响到整个行业的发展。建筑工程的建设是一个极其复杂且多样的系统,它需要各参与方、专业工种之间的相互协调与配合。但是,在实际工程施工中,由于项目的施工所属的单位不同,各专业之间事前很难做好沟通,或者施工单位只顾自身利益而忽略对其他专业、前后工序的影响,这样就造成各专业之间的配合不当或者交叉破坏、交叉干扰,从而影响了工程项目进展的连续性,造成了工程的质量问题。比如说工程主体施工队伍与水、电等其他专业施工队伍间工序安排不合理,就会造成水、电等其他专业施工时,在墙、柱、梁上开洞或凿沟,这样的话就会对工程的主体结构造成破坏,留下安全隐患。

2. 传统模式下的施工安全管理

建筑施工安全管理主要是通过识别、分析和控制施工过程中的安全影响因素,保证施工项目和相关人员的安全,主要遵循系统原理、PDCA循环原理、动态控制原理等来降低安全事故发生率。施工安全管理是控制和减少安全事故发生率的必要条件,也是施工顺利进行的重要保证。

施工现场安全管理以人、机、料、法、环为基本要素,管理的基本方法关键在于采取正确有效的手段对这些要素及其相互关系进行处理,以符合管理的要求。作为建设项目管理的一个分支,施工安全管理必须遵循管理的普遍原则,符合管理的普遍规律,满足管理的基本要求。施工安全管理流程如图4-12所示。

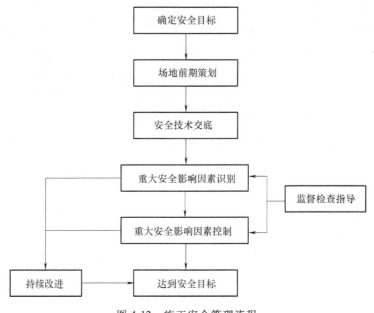

图 4-12 施工安全管理流程

随着建筑工程项目设计和施工越来越复杂，施工环节对于企业管理人员的要求越来越高，需要各部门各专业之间的人员协调配合。传统模式下国内对于施工项目的安全管理通常采取业主与监理双重管理模式，表现出相对较强的分散控制特点，导致了信息传递较为分散，信息源头不容易被控制和识别，安全管理过程中会面临着大量的信息混乱、资源共享不足、安全隐患难以发现等问题，这会在很大程度上导致工程的安全管理不够及时和精确，从而影响整个工程的施工质量、成本，甚至危及人身安全。

4.3.2 基于 BIM 的质量管理与安全管理

1. BIM 技术在工程质量管理中的优势

施工阶段的质量控制与设计阶段和运维阶段的质量控制紧密联系在一起。BIM 技术提供的模型建立为施工方提早发现问题并及时与设计方沟通，以减少施工过程质量问题提供了有效途径。由于设计方的目的与施工方的目的不同，在建模时考虑的因素也就不同，所以设计模型不一定能直接用于施工阶段。因此，施工阶段要重新在考虑施工特点的基础上建立相应的 BIM 模型。施工阶段 BIM 模型的形成，通常有两种形式：一种是直接修改设计模型，在设计模型上添加施工信息，这种办法虽然可以避免重复建模，但更改模型非常麻烦；另一种是依照设计成果出的平、立、剖面图重新建模。

施工过程是由一系列相互联系与制约的工序构成的，施工过程的质量控制必须以工序质量控制为基础和核心。工序质量控制包括工序施工条件质量控制和工序施工效果质量控制。而传统的施工模式一般只注重施工工序效果质量控制，通常的实施办法是：实测实量获得质量信息数据，对获得的数据进行统计分析，根据设计验收规范或业主要求进行质量评定，然后对不合格部分采取措施纠偏，这种常用的控制属于事后控制。

基于 BIM 的质量控制不仅要把握工序施工效果质量控制，更重要的要关注工序施工条件控制，特别是目前 BIM 的质量控制还达不到工序精度。工序施工条件控制主要包括对投入的各要素质量和施工的环境条件质量进行控制。施工企业基于 BIM 的施工过程质量控制的最大特点是可视化、信息共享、动态控制及把质量控制放在事前或事中。其中，过程质量信息是指工序施工条件质量信息，成果质量信息是指工序施工效果质量信息。基于 BIM 的工序质量控制的主要优势如下：

（1）信息传递方面

传统施工质量通常依靠质检员的检测，如果发现存在质量问题，再通知一线工人进行整改，而一线工人基本缺乏质量意识，质量有无问题全靠质量员检测。

基于 BIM 的质量控制信息传递过程是全员参与的过程，并且质量问题被可视化。全员基于 BIM 模型进行信息交流，通过手持的移动设备进行沟通，使得信息快速传递。图 4-13 所示是传统与基于 BIM 技术的质量信息传递方式比较，可明显看出，传统信息传递方式流程比较长，沟通过程烦琐复杂，而基于 BIM 的信息传递则更加方便快捷。

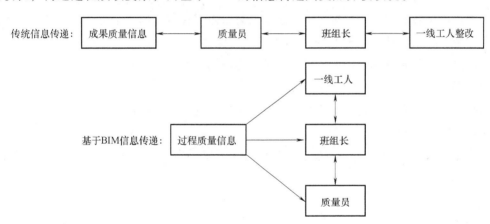

图 4-13　传统与基于 BIM 技术的质量信息传递方式比较

（2）过程控制方面

在质量管理过程中，首先要进行详细合理的工作分级，使项目在各种约束目标（如成本、工期等）的前提下实现建设项目的质量目标，将最先进的管理理论与技术方法相结合，达到项目质量管理的最优化。以混凝土工程为例，柱墙的截面尺寸、表面平整度和垂直度等检验指标，必须查看设计图，在模板工程支模时就仔细核对。图 4-14 所示表示传统方式与基于 BIM 的过程控制方式的对比。

（3）碰撞检查方面

传统方式在实际碰撞时才发现问题，BIM 在施工阶段的一个最重要的应用就是碰撞检测，从而使建筑、结构、机电等专业在实际发生之前就发现构件在时间和空间上的冲突，大大减少施工阶段的设计变更，减少返工，这在一定程度上提高了施工阶段的质量管理水平。

（4）资料整理和知识管理方面

传统项目管理的信息存储一般以纸质文件为主，从项目开工到竣工的质量信息资料很多，很难进行整理为今后借鉴使用。基于 BIM 的项目信息存储在模型中，通过输入 ID 码，可以快速查询构件质量信息，为后续工程利用和学习以前项目积累的经验提供可能。

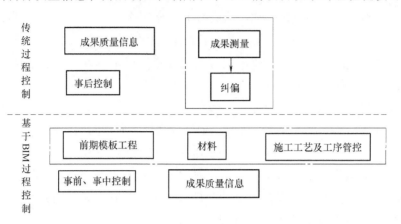

图 4-14　传统方式与基于 BIM 的过程控制方式的对比

传统建设项目参与单位较多，很多质量信息只停留在本部门，信息流通不畅，易形成信息孤岛，影响决策。施工 BIM 模型承载了各种信息，且这些信息是相互关联的，基于 BIM 和互联网的管理平台避免了信息孤岛，信息传递快速方便。

（5）管理方式方面

传统质量管理常常注重某个阶段，大多是事后管理。BIM 是针对全寿命周期的管理，集中于事前和事中管理。

传统是基于 CAD 图，去现场实测实量，检验是否合格。BIM 的质量管理充分应用网络技术、虚拟技术、视频监测技术等，对整个施工过程进行实时动态跟踪检查，以确保每个步骤都尽量合格。

传统质量管理多是从最小单位检验批、分部分项工程至单位工程等从小到大进行质量检测和评价，质量信息多以文档存储，调用和查询不便。基于 BIM 的质量管理以时间维度、空间维度和构件类别等的质量信息进行统计汇总，从工程开工到竣工的全部质量信息存储在 BIM 系统的后台服务器中。BIM 质量管理可以随时调取不同时间、空间或构件的质量数据资料，保证工程基础数据及时准确地提供，为决策者提供最真实、准确的支撑体系。表 4-2 总结了传统方式与 BIM 方式质量管理的比较分析。

表 4-2　传统方式与 BIM 方式质量管理的比较分析

项目	传统管理	基于 BIM 的管理
质量依据	经验和纸质图	建筑信息模型构建质量信息
人员的质量意识	行业门槛较低，质量意识相对较低	行业门槛较高，质量意识提高
变更的应对能力	过程比较复杂，易出错	过程简单易懂
文件的查阅及存储	要查看多张施工图，纸质存储	建筑信息模型
质量密度	粗略	精确控制每道工序
事前、事中、事后控制	事后控制	事前、事中控制

(续)

项目	传统管理	基于 BIM 的管理
信息流通	烦琐复杂	通畅
管理效率	普遍较慢	迅速及时
决策支持	有时会误导决策	可靠性高

(6) 技术实现方面

基于 BIM 技术的质量管理在设计交底、施工组织设计、施工材料质量控制、建筑和结构施工等方面的技术实现方面也有明显的优势，见表 4-3。

表 4-3 传统质量管理与 BIM 质量管理技术实现方面的对比

阶段	传统质量管理	BIM 质量管理
设计交底	通过人工对设计图进行检查，凭借设计人员和施工人员的经验，对不合理之处进行排除。这很难避免出现错误和设计图间的冲突，从而导致施工过程中出现过多的设计变更	通过 BIM 技术进行三维模型的创建，将建筑模型、三位管线模型等进行碰撞检查。更加精确地找到设计图中设计不合理之处，在减少设计变更的同时提高水暖电管线的安装效率和质量
施工组织设计	只能在平面上对施工现场进行布置，通过表格进行空间和周期的运算，如果出现问题只能在施工过程中进行调整，影响施工质量和安全	通过 BIM 5D 进行虚拟施工模拟，可以实现进度、质量、成本、预算和安全等方面协同控制，精确地计算施工过程中的空间和时间，使施工质量管理水平显著提高
施工材料质量控制	通过人工进行材料进场的检查，收集材料的合格证和试验报告，工作量大，工作质量和效率易受影响	通过 BIM 技术的管理平台进行材料的质量检查，查看材料的合格证、检验报告，并检查与 BIM 技术模型中的构件材料能否对应，实现集成管理
结构施工	只能通过施工图上的施工技术要求进行施工，通过超声波检测和回弹仪实验等方法判断结构施工的力学性能等质量指标是否合格	对于 BIM 技术模型，通过集成结构施工图以及施工组织设计、BIM 4D 施工工艺过程模拟、施工过程照片和 BIM 管理平台，可以共享结构施工中质量控制的所有方面。在整个过程和完整的质量控制中，可以跟踪有关结构组成的所有质量控制信息
建筑施工	根据施工流程以及人工深化后的施工图的技术要求，来确定技术质量参数以及现场执行项目的质量控制。管理方法和工具包括二维平面施工图，工程质量整改单以及现场人工管理等，通过检查试验和验收来确定质量是否合格	根据 BIM 技术模型，将施工过程要求的施工工艺流程以及技术质量要求参数输入到在模型中，以便在现场进行可视化技术交底，使用移动终端对信息进行读取和上传。负责人可以有更多的时间进行决策，并且判断信息的准确率也会提高。一旦有质量问题，就可以立即发现并及时反馈给经理和决策层，并将纠正后的整改命令反馈给现场相关技术人员，使问题得到有效整改，从而提高质量管理的水平和效率

2. 基于 BIM 的质量管理体系

(1) 基于 BIM 技术的质量管理组织结构

基于 BIM 技术的施工质量管理的两大关键因素为人员及管理方法，核心仍在于质量控制管理组织设计。在 BIM 技术的使用过程中，管理一直被看作是最关键因素，组织是 BIM 的实施者，组织结构的合理与否、人员素质的高低直接决定了 BIM 项目的成败。管理组织结构仍然是质量管理的关键，基于 BIM 的项目管理组织结构（图 4-15）对于质量控制组织设计有诸多优点：首先，从信息沟通方面来讲，各参与方和参与单位内部人员的沟通均是针对建立的 BIM 模型，信息连续且唯一，解决了信息沟通障碍及流失问题；其次，项目一切活动的根据是 BIM 模型，进度和成本等其他相关部门都是相互沟通协调的；再次，BIM 的质量控制均是根据相关规范和设计要求，管理方面具有标准化特点；最后，容易将过去的教训和经验应用到新项目，增强项目知识管理能力。

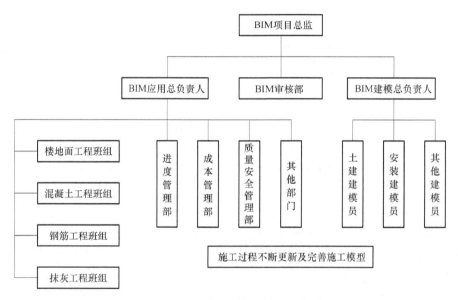

图 4-15 基于 BIM 的项目管理组织结构

（2）基于 BIM 技术的质量管理应用流程

利用 BIM 技术进行施工质量管理是基于三维动态管理的，具体流程如图 4-16 所示。

（3）基于 BIM 技术的质量管理应用内容

BIM 技术带给现代项目管理崭新的管理工具和技术方式，其有助于项目信息管理、设计图理解、技术交底、工程变更管理、材料管理等，为施工标准化提供了技术平台，甚至施工细节都可以在 BIM 模型中很好地对比及纠偏，因此，要在各个流程中尽早引入 BIM 技术，且越早越好。

1）施工前质量管理内容。使用 BIM 技术进行施工前的管理，主要包括以下几个方面：BIM 三维模型创建、图纸会审、碰撞检测、复杂施工节点模拟、可视化技术交底。

① BIM 三维模型创建与质量管理。使用 BIM 技术的前提是利用 BIM 技术进行三维模型的创建，利用 BIM 技术进行施工质量管理的基础也是三维模型的创建。使用 Revit 软件进行三维建筑信息模型的建立，每个专业都要分开建模，完成后将所有专业的模型联系起来，构成整个专业的总体模型。BIM 模型具有整体的关联性和协调性，当在后期的施工阶段进行质

量管理时，整个专业模型会随着模型任意一处的改变而变化。与传统的 CAD 工程图相比，BIM 模型可以为项目各参与方提供更加方便的交流平台，并记录整个建筑在全寿命周期中的动态和实时信息。BIM 三维模型与质量管理如图 4-17 所示（以土建建模和机电建模为例）。

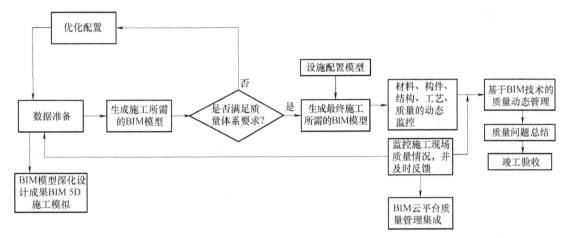

图 4-16 基于 BIM 技术施工质量管理流程

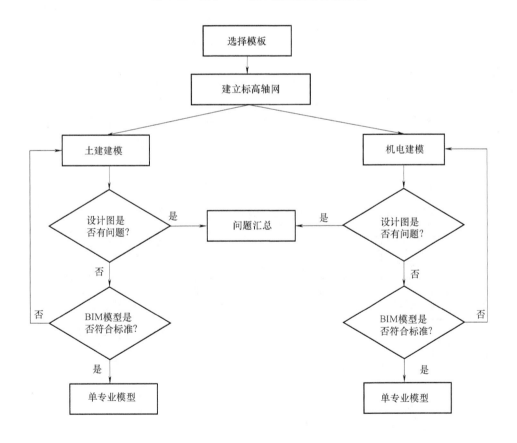

图 4-17 BIM 三维模型与质量管理

② 图纸会审与质量管理。图纸会审是在从审查组织收到合格的建筑设计项目文件后，

施工项目各参与方对施工图进行全面而详细的熟悉和审查,并将施工图中的设计问题归纳整理为清单并发送给设计部门。图纸会审是施工前准备阶段的一项重要工作,可以解决主要参与者之间的许多冲突,提高施工质量并节省成本。使用三维 BIM 施工信息模型来进行设计审查更为直观,在施工前就可以发现施工图中的严重问题,并及时反馈给设计公司,做出变更,以避免施工出现质量问题。基于 BIM 技术的图纸会审与质量管理如图 4-18 所示。

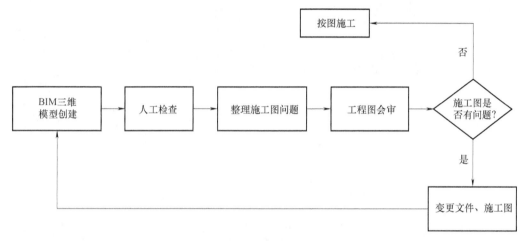

图 4-18　基于 BIM 技术的图纸会审与质量管理

③ 碰撞检测。用 Revit 软件及 MagiCAD 结合进行土建、机电三维模型的创建,对每一个构件赋予工程量、材质以及空间位置,然后用 Navisworks 进行碰撞检测,便可以结合实际项目和相关规范要求,对各专业之间的碰撞点与施工盲点进行分析,优化调整,最终根据优化后的建筑信息综合模型形成平面图、立面图、剖面图及三维详图,为后续施工质量管理打好基础。在碰撞检测后,会发现很多碰撞点,对于土建与机电之间的碰撞,就有很多位置是需要提前预留好孔洞的,如果不通过 BIM 技术,很难在设计的过程中将需要的孔洞全部标记出来,这就会产生施工过程中的质量问题。碰撞检测与质量管理如图 4-19 所示。

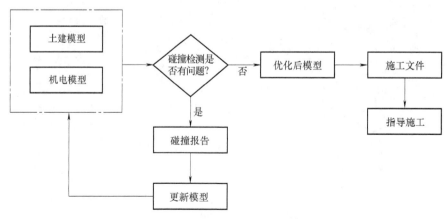

图 4-19　碰撞检测与质量管理

④ 复杂施工节点模拟。当施工过程中遇到比较复杂的或者危险性较大的部分时,或使

用新型的、没有接触过的材料进行施工时，可以通过 BIM 技术建立三维模型，并对模型的信息进行完善，对相应工程施工段进行深化设计及施工模拟，而且可以将模拟的施工过程作为对现场施工人员的施工指导，避免施工中出现影响施工人员的生命安全的质量问题，节约施工工期和成本。

⑤ 可视化技术交底。技术交底是指技术团队在施工开始之前或单位项目开始之前向施工团队提供的技术说明及交代。可视化技术交底就是使用碰撞检测优化后的 BIM 模型对施工项目进行技术交底，将原本的文字性描述转化为三维立体模型进行描述，将施工项目的施工方案与施工工艺利用 BIM 技术进行可视化施工模拟和预演，以完成项目的技术交底。这种对模型多方位、全方面查看与模拟的交底方式，增强了体验的同时也增加了对施工质量的保障。

2) 施工过程中质量管理内容。施工质量管理的重要组成部分之一就是施工过程中的质量管理。在施工过程中对质量检查工作严格要求，不仅可以提高施工质量，而且可以在降低成本的同时缩短工期。BIM 技术给施工过程中质量管理带来了一个全新的时代。在收集施工质量问题的过程中，施工方可以利用智能手机、平板计算机等设备将现场的质量问题上传至现有的 BIM 三维模型，并连接到 BIM 云平台上。施工现场管理人员接到通知后，可以在移动终端上随时查看出现的问题，然后及时提出应对方案加以解决，从而使工作效率得到提高。在云平台上可以很方便地传输现场的问题。基于 BIM 技术的施工过程中质量管理简易流程如图 4-20 所示。

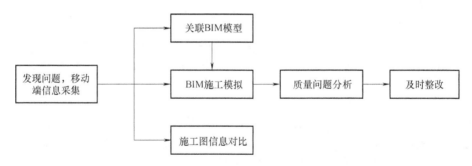

图 4-20　基于 BIM 技术的施工过程中质量管理简易流程

进行 BIM 质量管理的核心在于将一切质量信息关联到 BIM 模型的建筑构件上，使得一切质量决策依据来源于 BIM 模型构件的质量信息。材料设备质量控制和施工工序质量控制是施工质量控制的重点内容。

① 材料设备质量控制管理。施工过程质量控制要从根源上进行控制，所选用材料质量好坏直接影响建筑产品的质量。结合传统的材料质量控制流程，基于 BIM 的材料及设备进场检验流程如图 4-21 所示。

由图 4-21 可见，基于 BIM 的材料进场检查流程与传统的模式相比并没有很大改变。传统的质量检查主要依据经验和施工图，而基于 BIM 的材料进场检查除经验以外更重要的是将材料与 BIM 模型中的材料属性进行对照，最后将 BIM 模型与质量信息文件关联在一起，进一步优化提高管理效率和工程质量。其中，加强流程接口管理是确保基于 BIM 的质量管理的关键。

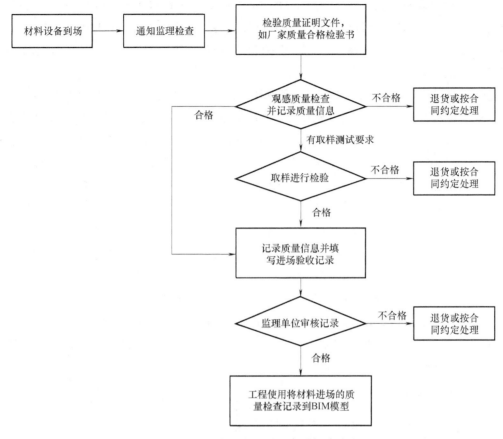

图 4-21 基于 BIM 的材料及设备进场检验流程

② 施工工序质量控制管理。施工工序质量控制的工作主要是基于 BIM 技术模拟施工、资源信息库比对、施工现场质量检查对比及一切质量信息的存储，工作流程如图 4-22 所示。

BIM 技术质量管理工作还有一个重要点，就是对关键质量控制点的把握，如图 4-23 所示。

3）施工现场质量管理实施要点。运用 BIM 技术进行施工现场的质量管理，主要的实施要点为发现质量问题，记录质量问题，然后分析质量问题，处理质量问题。

① 监理工程师在施工现场使用电子设备如手机等，拍摄照片和视频记录质量信息，再将信息导入建筑信息模型，将计划和实际情况进行对比找出质量问题。

② 对发现的质量问题进行分析，将其严重程度分类定级，针对不同的问题制定相应措施，最后将处理结果导入 BIM 模型中，处理不合格不可继续施工。

质量记录的重点是：质量问题必须准确及时地确定时间、部位、质量信息，这样监理、施工、业主等各参建方才能准确了解和沟通。BIM 技术通过文字、图片、模型进行施工现场质量信息记录，使施工方真实地记录质量工作情况和具体信息，监理方准确地指出和分析具体质量情况，业主方直观地了解和掌握总体质量情况，从而使整个项目整体沟通和协调效率得到提升。

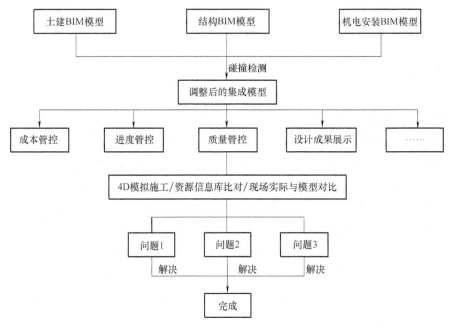

图 4-22 施工工序质量控制管理工作流程

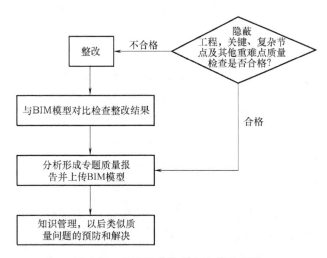

图 4-23 关键质量控制点的管理流程

3. BIM 技术在安全管理中的优势

在施工过程中，由于生产工艺过程、作业场地、施工人员的变化，安全问题成为施工方需要重点考虑的关键问题。利用 BIM 技术建模、虚拟施工、碰撞检测等技术来指导施工，通过模型和施工模拟将危险源暴露出来，在实际施工之前发现安全隐患，基于可视化管理平台提前优化施工方案、制定安全应急预案，会大大提高施工安全管理和安全风险控制水平，避免建筑工程安全事故的发生。

此外，对于大型的建筑工程，施工现场较为复杂，利用 BIM 技术对施工人员进行安全培训，可以帮助他们更快、更好、更直观地了解现场的工作环境。通过专职安全员的讲解与指导使施工人员能够认识和鉴别工作环境中的危险源，并制定相应的安全策略，这对于一些复杂现场的施工进程，效果尤为明显。在施工过程中，根据预先制定的安全策略，或者通过比对实际施工过程与计划施工过程，能够对现场工人、机械设备的不安全行为及时提出预警及规避。

4. 基于 BIM 技术的安全管理

工程施工中由于受劳动者人为的因素、工艺方法、机械设备、地质环境等因素影响，出现安全事故的可能性较大。传统的安全管理、危险源的判断和防护设施的布置都需要依靠管理人员的经验来进行，而应用 BIM 技术，通过可视化的建筑信息模型，一方面可以从场容场貌、安全防护、安全措施、外脚手架、机械设备等方面建立文明管理方案指导安全文明施工，另一方面可以提前对施工面的危险源进行判断，用不同颜色划分不同层次的危险程度或危险区域（如用红色、橙色、黄色和绿色标记事故率和安全等级），并结合现场监控技术、定位技术、预警技术、软件数据分析技术等，在危险源附近快速地进行防护设施模型的布置。这样能够比较直观地将安全死角进行提前排查，采取相应的技术防控措施和管理措施，实现全过程安全管控，有效降低安全风险和管理成本。

（1）BIM 技术在安全管理中的主要应用内容

1）BIM 技术在建立施工安全指标中的运用。在建筑工程施工安全管理工作中，利用 BIM 技术建立施工安全指标是非常关键的一个环节。施工安全指标是建筑工程施工安全管理工作顺利开展的重要依据。施工单位只有明确相关施工安全指标，建筑工程施工的质量和安全才能够得到有效的保证。利用 BIM 技术中数据的关联性构建出的建筑模型，能作为施工单位进行数据调整和风险修复的模型参照，进而降低该建筑工程在施工中的风险性，为建筑工程单位科学合理地设定工程安全指标提供切实有效的技术保证。

具体来说，BIM 技术下施工安全指标的建立有以下两个方面的优点：

① 能够对建筑施工的寿命周期进行合理的计算，让建筑施工能够在规范的时间内进行建造。

② 通过 BIM 技术建立的安全指标，能够很好地将建筑的实际施工与信息数据进行结合，从而让建筑的施工能够达到安全的标准，大大提高了建筑的安全性。

总的来说，BIM 技术为建筑施工安全管理提供了新思路，大大提高了安全管理的效率。

2）BIM 技术在危险因素识别中的运用。为了保证工作人员的安全和施工的顺利进行，在施工开始之前，施工单位要对施工过程中可能遇到的危险进行分析，提前制定好安全措施，避免安全事故的发生。首先，施工单位可以利用 BIM 技术将设计方案中的设计参数用三维模型的方式呈现出来，使建筑施工中的各个流程得到具体的呈现，让设计人员能够直观地看到工程施工中的所有环节。其次，通过时间维度模拟施工计划，针对施工环节中存在的危险因素制定出切实有效的控制措施，为各个环节提供安全保障。最后，利用 BIM 技术的识别优势对工程施工中存在的危险因素进行识别，提高工程施工安全管理的效率和安全管理工作的准确性。

3) BIM 技术在危险区域划分中的运用。施工现场经常会堆放各种大型的器械和材料，施工工人流动性大，如果对施工现场不熟悉，就容易造成安全事故。利用 BIM 技术对施工现场进行静态检测，把施工现场各项作业环节以可视化形式模拟出来，对危险因素发生的范围和时间进行分析，结合实际施工的进度和流程，就能提前对危险区域进行细致的划分，进而采取有效方法对危险区域进行有效控制，如张贴警示标语或加强人为管控，这样就能让员工在施工时避开危险区域。通过 BIM 技术提高工程施工现场在空间上的管理水平，不但能够保证各项施工按照规范化标准进行，而且能够有效保证工程施工的安全和质量。

4) BIM 技术在确立施工方案防护性能中的运用。在建筑施工中，往往存在着很多不确定的影响因素，而这些因素的存在，将会成为建筑施工安全的隐患，所以相关单位与人员还需利用好 BIM 技术，加强施工方案的防护性能，使施工更加安全。具体来说，施工方案防护性能的建立，主要是根据 BIM 技术将施工中的各种影响因素进行详细的分析，如环境、气候、地质等，然后根据研究结果来制订安全的施工流程。而在 BIM 技术运用下制订的施工流程，能够很好地保障每个环节都高效、有序地开展。例如在工程准备阶段，BIM 技术就能够很好地通过 VR 技术将建筑设计展现出来，使施工人员能够明确地了解施工的各项要求与步骤。

5) BIM 技术在建筑工程安全检查中的运用。在建筑施工中，安全检查不可缺少，但安全检查实际操作起来却有一定的难度。这是因为以往对建筑实施安全检查，一般需要人工进行高处操作，而这样的方式不仅对操作技巧有很高的要求，也让检查人员的安全不能得到有效保障。

利用 BIM 技术建立建筑三维可视性模型，以此进行安全检查。在施工三维碰撞检查中及时发现管道或建筑结构可能存在的问题，帮助施工设计人员及时做出修正，把建筑项目设计中很容易出现的专业碰撞问题提前进行技术优化，能显著缩短工程施工建设的时间。利用 BIM 技术的数据收集和分析能力，也能够高效识别工程施工现场可能存在的安全风险，并有效控制施工安全中的危险因素，保证施工人员在工程建设中的生命安全，为施工安全管理的进一步完善提供技术支持。

6) BIM 技术在施工安全培训中的应用。施工单位在开展工程施工建设前通常需要对施工人员进行安全培训。以往的安全培训都是言传身教，很难发现工程施工中存在的隐性危险因素。利用 BIM 技术对工程施工人员进行安全培训教育，以可视化的方式把工程施工的各个环节呈现出来，可以直观展示出工程施工中可能出现的问题，加深施工人员对于危险因素的认识和判断，从而更加规范和标准地进行工程施工操作。

（2）基于 BIM 技术的施工安全管理流程

为了把基于 BIM 技术的施工安全管理系统化，为建筑工程项目利用 BIM 技术进行施工安全管理提供依据，基于 BIM 的施工安全管理通常要结合建筑工程安全管理原理、安全风险管理理论和 BIM 技术建立基于 BIM 的施工安全管理实现流程，如图 4-24 所示。

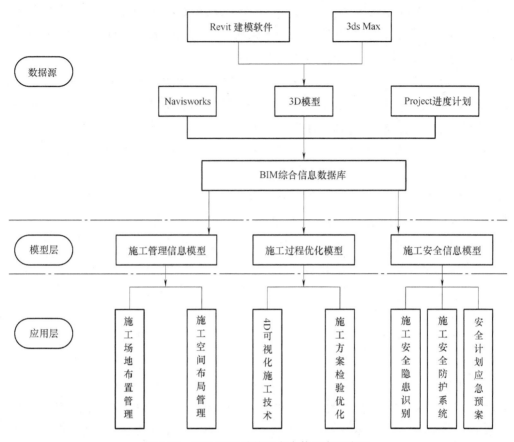

图 4-24 基于 BIM 的施工安全管理实现流程

比较常见的应用是将运用 Revit、3ds Max 等软件创建好的建筑 3D 模型，通过 Navisworks 软件将三维模型与项目进度计划（运用项目进度软件编制）动态链接，实现施工过程的可视化和仿真模拟，相关人员通过交互式、逼真的渲染图和漫游动画来查看施工情况。

利用 Navisworks 的 4D 施工模拟和碰撞检测功能来进行施工阶段的场地规划、碰撞检测、安全分析、方案优化，以控制项目施工过程中的安全风险，避免了手动检测和人工现场巡视的低效。不同工程项目可以根据施工过程的复杂性和管理的难度来对施工全过程，或某一阶段，或存在重大安全风险的施工工序进行基于 BIM 的可视化施工安全管理、基于 BIM 的建筑工程施工安全管理，符合安全管理原理中的系统原理、动态控制原理和循环原理等。在 3D、4D 可视化条件下，从项目整体、全过程的角度综合考虑施工过程的安全管理：通过 4D 或 5D 施工模拟和碰撞检测；识别施工过程中的危险源；通过优化施工方案或者制订安全应急预案来排除安全隐患，动态控制施工不同阶段的安全风险，保证生产过程的安全。其虚拟施工和可视化特性更加有利于风险的识别和管理，以及安全计划的理解和沟通。

BIM 技术在建筑施工行业内很多方面的应用研究已经相继延伸和拓展，并取得了良好的研究成果，如开发基于 BIM-RFID 技术的建筑施工安全管理系统、提出 BIM 技术和定位追踪技术相结合的安全管理可视化框架等，在实际施工过程中也得到了充分的利用。

4.3.3 BIM 在质量管理与安全管理应用中的障碍因素

基于 BIM 技术的施工质量和安全管理确实能够给施工企业带来效益。但同时也存在一定的局限性：

（1）认知障碍

BIM 技术不仅仅是一种技术手段，将其应用于施工质量和安全管理，更使其成为一种管理手段。企业管理层看到了 BIM 技术对于施工质量管理的战略价值，而项目实施层对 BIM 技术的认知却仅停留在是一种技术手段上。这种认知错位是导致 BIM 技术在具体实施过程中存在很多问题的根本原因之一。再加之，传统建筑业发展已久，人们思维模式都固化在传统的形式下，而且 BIM 技术出现时间短，发展不成熟，另外，法律条款与标准、制度与规范上还不成熟等，这些都制约着 BIM 技术的发展。

（2）组织和流程障碍

BIM 技术具有两大特点：一是前期投入高、后期价值高；二是 BIM 与云技术相结合，能够让信息更加准确、精细和共享，但需要各部门的协作。这两个特点都给当前项目的组织和流程带来了冲击。BIM 技术作为一门综合性技术，不是单纯学会某一软件或某一组软件就能完全掌握与应用的。应用 BIM 技术的最终目的是对工程施工全过程进行管理，其运行是围绕 BIM 模型展开的，需要工程各参与方共同参与到其中进行沟通与交流。

（3）相关人才需求障碍

BIM 技术作为建筑行业的一种新兴应用技术，人才短缺还是很普遍的现象。再者，BIM 技术的规模化应用需要每个项目都具备多个专业的建模人员，同时还需要了解计划、物资、质量和安全标准等要求，而传统的项目技术人员在具体软件操作能力以及跨部门协作意识方面是明显不足的。若要实现 BIM 技术规模化，不能总是依赖外部咨询服务公司的力量，也不能仅对 BIM 项目中心的个别人员进行突击培训，而是要通过系统的培训、教育等人才培养模式解决，这种培养模式是现阶段大部分施工企业所不具备的。

4.4 BIM 与合同管理

4.4.1 传统模式下的合同管理

1. 施工合同管理的概念

根据《合同法》对建设工程合同的定义，建设工程施工合同是承包人对约定的工程项目进行建设，发包人支付工程价款的合同。另一方面建筑工程施工合同就是工程建设项目施工过程中，发包人和承包人之间为了完成商定的工程项目，明确双方权利和义务的协议。建筑工程施工合同包含于建设工程合同当中，所以建筑工程施工合同是指由发包人和承包人之间订立的合同，承包人按照约定完成工程项目的施工任务，发包人根据规定支付给承包人相应的工程价款。工程项目合同管理是保证工程项目合同双方当事人严格地按照所签订工程项目合同规定的各项要求,自觉地履行自身义务和维护自身权益的过程,也是指依照工程项目合同及工程项目合同相关法律、法规对工程项目合同的订立、履行、变更及解除而进行的计划、组织、指导、检查、监督、验收、协调以及发生争执时的调解、仲裁等工作。施工合同管理的主体既包括行政管理机关,即建设行政主管部门、各级工商行政管理部门等,又包括合同当事人,即发包方、承包方和监理方。

2. 施工合同管理的内容

不同阶段的施工合同管理内容不同,对于承包方来讲,施工合同管理分为两个阶段:合同形成阶段和合同履行阶段。

(1) 施工合同形成阶段

施工合同形成阶段的合同管理又分为三个阶段:合同策划阶段、招标投标阶段、合同签订阶段。施工合同形成阶段内容主要包括调查项目概况、项目风险研究、编制投标文件、拟定合同条款、合同条件谈判、合同审查和合同签订。

1) 合同策划阶段,需要对整个项目的管理工作做出合理的安排,包括合同管理的机构设置、人员安排、合同的结构设计、合同管理流程设计、合同模式选择及选定招标方案。策划阶段虽没有形成合同文件,但前期的规划对后面合同订立起到指导的作用。

2) 招标投标阶段,工程招标单位和投标单位都要进行合同管理。对招标单位而言,在这一阶段需要进行招标文件的编制、对投标人进行资格审查、开标、评标及定标、组织合同谈判。对于投标人而言,投标人需要准备资格预审的材料、对招标文件进行分析、编制投标文件、参加现场评标。招标投标阶段对合同的形成非常重要,中标文件将会成为双方合同制定的依据,这一阶段的合同管理一定要更加重视,避免违法违规的现象出现。

3) 合同签订阶段,双方进行合同谈判是平衡双方地位、权衡双方利益的过程,也是合同管理的关键环节。在这一阶段双方都要充分考虑到法律、经济等风险的影响,减少合同争议和纠纷的产生。一旦合同签订,双方就要按合同的内容来执行。工程能否按照双方签订的合同履行,关系到双方的诚信,因此必须重视这一阶段的管理工作,要严格对待合同的签订过程,争取自己的利益。

(2) 施工合同履行阶段

施工过程是一个持久的过程,正是由于建设工程的这一特点,在合同推行的过程中可能会面临很多的风险,履行阶段的合同管理是整个合同管理工作的重心。这个阶段的主要管理内容包括对合同总体的分解和结构的分解、合同工作分析和合同交底、三大目标(成本、质量和进度)控制、合同的变更、索赔、争议管理。

在施工履行过程中,合同总体分解和结构的分解、合同工作分析和合同交底、三大目标控制是保证完成合同内容的基础,也是控制成本的根本,只有将合同进行详细的分解,责任落实到人,制定好相应的工作安排,才能保证顺利地完成合同。因此,这三部分是合同履行阶段的首要工作。

发生变更是普遍的现象,而且工程变更问题会产生大量的资料文件,因此对资料的收集、整理、保存非常关键。变更常分为两种,一种是合同变更,另一种是工程变更。合同变更是合同中的义务未履行完成之前，改变了双方的义务。工程变更是施工过程中对工程的数量、质量标准、建筑形式等的变更，变更的权利由工程师掌握。但无论是哪种变更，都要做好相关资料的管理，以作为索赔的依据。

索赔是合同管理的核心问题，工程中用来降低损失的常用办法，常见的一种情况是按照法律法规，通过合理的方式来获得非自己原因造成的经济损失补偿；另一种索赔情况是承包商通过索赔增加工程款，从而增加自己的利益，两种情况下的索赔都需要充分的依据，否则索赔难以实现。

合同双方都想在项目中获得最大的利益，合同的签订就是双方利益的博弈过程，如果一方合同履行的过程中不履行自己的义务，造成其中一方的利益受到损失，那么争议就会发生。

工程施工合同管理的内容如图 4-25 所示。

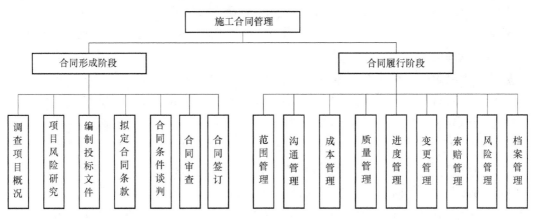

图 4-25　工程施工合同管理的内容

4.4.2　基于 BIM 的合同管理

建筑工程通常涉及多个部门以及多个专业，传统的工程管理方式协同性差，信息无法及时沟通和传递，所以传统的合同管理在风险分配的时候可能会出现不合理的情况。

BIM 技术则可以作为各个部门及不同人员之间的沟通桥梁。通过 BIM 平台作为信息流转的渠道不但能增加信息传递的效率，也能使管理人员更好地对这些信息进行管理。在信息获取和资源分配方面，BIM 技术比传统的技术更加完善和全面。基于 BIM 技术的合同管理通过仿真技术对现场信息进行动态的仿真和模拟，来实现对工程项目的预估和管控，以此来保证合同中存在问题能及时地被发现并做出修改。

1. BIM 技术在合同管理应用中的优势

（1）实现施工合同管理过程中信息传递与共享优势

施工合同管理工作过程中需要大量的信息数据支撑。传统模式下，各参与方之间信息的传递和共享主要以纸质文件方式呈现，纸质文件具有审批流程复杂、存储方式烦琐和管理效率低下等问题。来自各参与方、各专业、各阶段等的复杂且不同类型的信息，给施工合同管理工作过程中信息的整理、传递和共享带来了极大的挑战。

BIM 模型是一个完整的信息数据模型，以三维数字技术为基础，包含了项目整个全寿命周期的全部信息数据，包括建筑物的质量信息、进度信息、成本信息等。利用计算机网络技术构建的 BIM 平台实现信息的共享，能够有效地简化信息的存储方式，提高信息传递的速率，降低信息传递过程中延误的风险。信息以数字化的方式进行共享和传递，能够有效地避免信息审批中的烦琐流程，减少传统纸质文本的信息交流成本，降低信息传递过程中丢失的可能性。BIM 模型中信息的关联性，减少了数据信息重复录入的烦琐工作，保证信息的准确一致性。

BIM 通过构建模型信息平台，基于数字支撑，把不同阶段、不同专业的信息完整高效地衔接起来，实现该工程建设项目的所有信息的自动储存、分类、汇总、搜索与提取，确保该工程建设项目的所有信息在传递及共享过程中快速、顺畅。只有这样，才能解决施工合同管理工作中的信息管理问题，使得信息管理的工作效率得以提高。

（2）促进各参与方对合同管理工作的协调与合作

传统的建设工程项目实施过程中，各参与方由于承担的职责与扮演的角色不同，在都只关注各自利益的前提下，均独立地朝着各自的目标前进，很难做到参与方之间的协调与合作，不利于解决建设工程项目管理问题，更增加工程项目合同管理工作的实施难度。基于 BIM 的施工合同的管理，不同于传统的建设工程项目管理模式，在一个 BIM 模型平台的支撑下，将工程建设项目业主、承包商、设计方、供货方等各参与方在项目建设初期就整合到一起，以模型中的信息数据为依据，更加明确各参与方在合同管理中的职责与角色。各参与方在不同阶段协调工作时，能减少扯皮现象，促进施工合同管理工作的顺利实施。

各参与方受专业等因素的限制，对工程项目相关技术参数信息的理解与掌握程度不同，这是阻碍各参与方之间合同管理工作协调的重要因素之一。BIM 具有参数化和可视化的特点，建筑构件直接以三维的方式呈现出来，能够模拟施工并优化组织方案。在 BIM 技术下，所有参与方在同一个模型中开展工作，各阶段不同专业的工作被衔接起来，抽象的概念被模拟成真实的图形，各参与方可在任何阶段查阅并提取所需部位的图形信息，做到对项目信息理解一致性程度最大化，进而促进各参与方之间的合同管理工作协调便捷与合作高效。

（3）提高合同管理水平

工程项目合同管理水平的高低，取决于对成本、质量和进度三大合同管理目标的管理水平，这也是决定一个项目成败的关键因素。在基于 BIM 的项目成本管理过程中，BIM 对工程量自动化计算功能较传统的成本计算方式更为精确，尤其当发生工程变更时，修改模型信息即可直观地在 BIM 系统中显示变更结果并记录变更的工程量、价格变化等信息，为成本对比分析和索赔、竣工结算等提供可靠的数据支持，保证成本管理工作的连续性，并提高了对成本控制的工作效率。基于 BIM 的施工模拟可以降低施工的不确定性，使施工质量控制更加精细化。BIM 模型数据库涵盖项目全部信息并构成了一个整体，为项目全过程的质量控制提供更加便利的条件。建筑信息模型完成后会自动生成项目的进度信息，协助管理人员评估并完善进度计划，选择最优施工方案。通过实际进度与计划进度的对比，能及时发现偏差，分析原因后采取改进措施，能降低工期延误的风险。总之，基于 BIM 的施工合同管理为三大目标的实现提供便利条件，提高了合同管理水平。

2. 基于 BIM 技术的合同管理

现阶段，对于 BIM 技术进行合同管理的独立应用并不多，也没有成熟的合同管理应用框架，相关方面的研究和总结也是多见于理论层面。

建筑工程施工合同管理是发包方和承包方之间相互联系的经济纽带。在施工项目建设过程中，由于施工现场专业种类繁多，管理人员复杂，容易造成不同专业和不同管理人员接收到的工程信息不尽相同，从而导致施工合同管理出现各种问题，降低工作效率。建立基于 BIM 的施工合同管理模型平台，能够有效克服施工合同管理中信息管理问题，促进各专业与各参与人员之间交流与工程施工信息共享，提高合同管理的工作效率。

(1) 基于 BIM 技术的合同管理框架

合同管理的真正目的在于纠正实际情况与合同文件的偏差，实行动态管理。BIM 技术可以通过施工流程模拟、信息量统计等给项目合同管理提供的技术支持，它将建筑项目的全部信息集成于模型之中，为工程项目管理者提供相互沟通、协作、共享信息的一个集成平台。使每个阶段要做什么，工程量是多少，下一步做什么，每一阶段的工作顺序是什么，都变得显而易见，增强了管理者对合同实施的掌控能力。基于 BIM 技术的合同管理框架如图 4-26 所示。

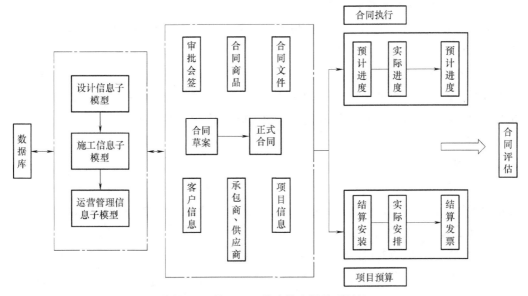

图 4-26　基于 BIM 技术的合同管理框架

(2) 基于 BIM 技术的合同管理实现途径

1) 基于传统的工程项目合同文本，增加附件式的 BIM 合同条款。在项目前期进行 BIM 项目的工作方式规划，明确项目各参与方的工作范围、相关责任；在项目招标前期和招标过程中，利用 BIM 技术可有效帮助招标方进行项目阶段划分、项目进度计划安排、项目管理跨度计算、工程量清单统计、工程资料整理归类等。

2) 基于 BIM 技术进行仿真模拟。对于项目施工方案的制定，可以利用 BIM 技术对各施工方的施工方案进行模拟，以选择合适的施工方。对施工方而言，可在模拟的基础上进行施工方案优化，增加中标机会。对于人员组织方案和材料供应方案，可利用 BIM 技术模拟方案的可行性，评定项目人员的投入是否符合项目管理跨度的要求，材料供应方案是否符合工程进度计划等。

3）基于 BIM 技术，在参与方之间进行工程合同管理的干扰检测。在参与方众多的大型复杂项目的管理中，在合同的执行过程中难免出现管理的交叉干扰。基于 BIM 技术，在众多参与方之间进行工程合同管理的干扰检测，可以帮助业主实现合同工作内容的"零碰撞"。

4.4.3 BIM 在合同管理应用中的障碍因素

1. 缺乏 BIM 技术合同管理应用专业型人才

任何新型技术的引入和应用都离不开专业型人才的辅助，BIM 技术在工程合同管理工作中的应用也是如此。在这一工作的展开过程中，必须动态地对工程建设进行全面的监督和管理，并系统地将各个因素结合起来进行分析，显然，没有专业型人才的辅助是难以达到预期效果的。并且在当前应用 BIM 的建设项目中，从事建设工程合同管理的人员都不是专业的 BIM 技术人员，不具有专业的 BIM 技术知识、法律知识和造价管理知识等，这种情况往往不利于项目的进展。

2. 统一的 BIM 标准还需要完善

要保证 BIM 技术在工程合同管理工作中得到更好的应用，就必须尽快针对这一技术建立统一的标准。从现阶段数据来看，由于缺乏相关的工程合同管理文件，以及项目的各个阶段缺乏针对 BIM 应用的标准合同语言，关于 BIM 方面的应用内容大多仍是以附件的形式在合同中出现。各参与方也没有完善的 BIM 技术合同管理工作流程，基于传统的工程合同文本也无法做到对 BIM 技术应用的规范化管理和相应合同条款的规定。

3. BIM 合同文本的设置要有针对性

依据工作性质及合同签约主体的不同，可以将建设工程合同划分为建设工程咨询合同、建设工程设计合同、建设工程施工合同。不同的合同类型决定了在合同管理中应用 BIM 时，需充分考虑合同约定工作内容的差异性以及合同参与主体的特殊性，针对性地设计各类合同的通用条款及专用条款。

4. BIM 应用责任的归属要有明确性

BIM 是在建筑全寿命周期内的应用，从规划设计到运维，建筑信息随着工程项目的进展不断进行累积，项目各方可能均使用了其他相关方采集的信息，同时也都在已有信息基础上进行了加工和修改，知识产权方面的法律责任也在随之变更。项目参与各方在使用 BIM 的信息载体软件进行信息的输入和输出的过程中，需要有保证信息的完整性和准确性的责任条款设置，以及涉及的相关知识产权归属条款的设置。

4.5 BIM 与物料管理

物料管理是控制施工成本的重要环节，是保证工程进度和质量的重要前提，高效的建筑工程施工物料数据采集对于项目管理至关重要。伴随越来越多大型复杂项目的工程建设，物料管理工作愈加烦琐,难度不断增大。建筑物料作为建筑物形成的必要物质基础,是建筑成本中非常重要的组成部分。在建筑工程成本中,建筑物料一直占有相当大的比重。从房屋建造成本数据来看,其成本会占据到整个建筑工程造价的四分之三左右,物料库存对流动资金的产生具有很大的影响。加强建筑工程物料管理,对于提高工程质量,降低工程成本都将起到积极的作用。

4.5.1 传统模式下的物料管理

在建筑工程项目的施工成本体系下,物料成本是其中重要的一部分。施工企业对物料成本的控制主要在于物资供应和现场物料管理,缺乏对物料整体系统的管控分析。传统模式下施工企业的物料管理流程如图 4-27 所示。

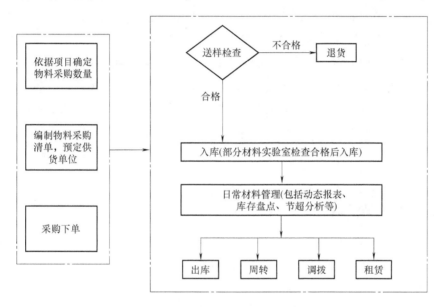

图 4-27 传统模式下施工企业的物料管理流程

传统模式下的建筑企业施工物料管理模式中,物料管理体系也在使用信息系统,但是依然存在大量的问题,严重影响着物料管理的质量。物料成本管控多局限于物资供应和现场物料管理,物料管理信息化水平较低,缺乏系统性。传统模式下的物料管理存在的问题如下:

1) 人工进行数据采集、录入效率低下,难以满足现场精细化管理的需求。现阶段物料管理信息化水平较低,缺乏系统性仍是多数施工企业面临的一个比较现实的问题。现场数据采集多采用纸笔形式抄录,再根据纸质版的信息录入系统,这个抄录再录入的过程不仅浪费了时间,导致信息不及时,还增加了错误率。也有一些企业由于缺少资金投入、物料管理不合理、信息化水平低下,施工企业物料管理相比于制造业仍然处于较低水平,尤其体现在物流和库存环节,很难做到对物料管理体系进行整体性分析和精细化管理。

2) 施工现场物料堆放位置缺乏设计,没有按照标准化施工场地进行布置,导致管理混乱。建筑企业的物料储存主要是指原材料和半成品的储存，项目经理在进行施工现场平面布置时，需要依据合同要求和施工情况将物料按保存要求放在相应区域，以保证物料能随时满足施工要求，进行统筹规划。如果施工现场对仓库和料场的位置规划不合理，很可能造成物料的损耗、二次搬运，甚至影响施工进度，更为严重的是可能出现危险隐患。在某些情况下，由于施工场地条件的限制，项目经理即使能做到综合最优化，却避免不了物料的二次搬运，造成资金的浪费。建筑工程项目的一次性和不可重复性，增加了物料及设备采购的超前性和不规律性，增加了库存管理的难度，也增加了物料管理成本。在传统条件下，为了保证项目的正常进行，建筑物料的提前采购不可避免，同时物料库存的资金损失也不可避免，这已成为施工方的两难选择（赵彬和元晓远，2017）。

3）缺乏精确的物料评判估计系统，不能准确计量物料存储数量。在工程项目施工之前，需要提前采购需要的材料。而施工过程工序繁多，无法准确判断精确的用料量。为了满足施工正常进行，不会因为物料短缺影响施工进度，可能会进行物料过量存储。物料过量储存会导致资金被不合理占用，使资金不能正常运转，降低了资金的时间价值。但也可能因为物料供应不足而影响正常施工作业，使施工成本增加，甚至工期的延误。在建筑施工结束之后，可能由于物料数量控制不匹配，会有部分剩余物资。对此，大部分施工企业都会将剩余物料保存在自己的仓库中，这会占用资金成本，降低企业收益，增加库存风险。同时，多数企业物料管理人员专业素养较低、物料管理方法落后、物料使用不合理，这都给施工企业造成不必要的损失。

4.5.2 基于 BIM 的物料管理

在工程施工过程中，现场施工人员采用的人工记录方式费时费力，且错误率较高，而高效的数据采集、数据共享可以大大提高管理的效率。项目各部门对物料管理系统的主要需求见表 4-4。

表 4-4 项目各部门对物料管理系统的主要需求

需求分析	数字化下料		资源管理			料单管理									进度管理	质检资料			物料扫码			
需求目的	按施工段下料	按进度下料	库存查询	库存不足预警	状态可视化	料单查询	料单审批	料单提交	物料查询	物料统计	生产运输进度	发货扫码记录	二维码打印	构件编码对照	误工风险分析	上传检验批次	上传质检资料	构件状态查询	出厂扫码	入库扫码	出库扫码	安装扫码
总工			√	√	√	√	√								√		√					
工程部			√					√							√	√						√
物资部	√	√			√								√						√	√		
构件厂						√			√	√	√			√		√		√				

将 BIM 技术应用到施工物料的全过程信息管理中,将 BIM 技术和信息采集技术融合起来,整合施工各阶段材料、预制构件等的信息,能够促进信息共享,提高物料管理效率,推动建筑工业化和 BIM 在建筑领域的发展。

BIM 模型中包含建筑物整个施工、运维过程中需要的所有建筑构件、设备的详细信息,并具有项目参与各方在信息共享方面的内在优势。利用 BIM 技术,将物料数据导入三维模型并对施工进度进行模拟,可以及时准确获取物料需求量及需求时间。从物料购买、决策制定到施工使用,甚至到拆除阶段,将 BIM 模型中存储的数据与供应商数据库、GIS(Geographic Information System,地理信息系统)、RFID(Radio Frequency Identification,射频识别,又称电子标签)等相联合,可以方便高效地对各阶段的物料进行管理。基于 BIM 的建筑供应链信息流具有在信息共享方面的优势,甚至在设计阶段就可以提前开展采购工作;结合 GIS、RFID 等技术,能够有效地实现采购过程的良好供应链管理,有效地解决了建筑供应链中各参与方的不同数据接口间的信息交换问题。电子商务与 BIM 的结合对建筑产品的实现提供了更加有利的条件。通过软件的数据格式转换,将 BIM 其他技术手段结合,对传统模式下施工企业物料管理进行改革,就形成了基于 BIM+技术的物料管理总体框架,如图 4-28 所示。

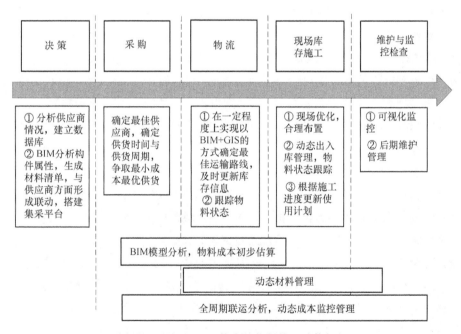

图 4-28 基于 BIM+技术的物料管理总体框架

1. 物料采购阶段 BIM 技术应用

对于一般建筑工程项目而言,施工方需要自行采购除甲方提供材料以外的其他物料,采购量由造价员根据施工图进行估计,采购量的准确度对于造价员的专业素质的依赖性较大,不同的造价员估计出来的数量不同。虽然目前市面上也存在很多造价软件帮助计算,但对于大部分复杂构件还是要采取手工计算或近似计算,这降低了准确性。BIM 技术增强各方协调性，当一处发生更改，视图、明细表等都会相应发生改变。在施工过程中随时会对某些部分做变更处理，需要及时修改信息，BIM 技术构建的虚拟模型可以多方联动，迅速得出相应结果。而且，根据 BIM 模型可直接计算生成工程量清单，缩短工程量计算时间，又能将误差控制在较小范围之内且不受工程变更的影响，采购部门依据实时的工程量清单制订相应的采购计划，实现按时按需采购。基于 BIM 技术的物料采购计划，既避免了在不清楚需求计划情况下的采购过量、增加物料库存成本和保管成本，又避免了物料占用资金导致的资金链断裂或物料不按时到位对项目进度产生的影响。当发生资源变动时，运用 BIM 技术又可通过数据处理由成本管控中心划分到相应的项目中，实时对物料成本进行监控调整。利用 BIM 技术进行施工进度模拟，计算进度节点物料采购成本并导入特定数据库中进行报表输出，方便物料采购部门制订采购时间和用量计划；通过对建筑物料采购量进行控制，能够从物料采购的源头控制建材的成本。通过建立实时的动态 BIM 模型，形成用量大的建筑物料的需求量和资金供应量计划，例如水泥、钢筋、砌体等，并与项目进度计划相关联，能够在施工前及时与供货商沟通，提前准备好物料。采购部门还可以依据 BIM 模型展现出的构件精准信息来制订特殊预制构件的相应采购计划与质量标准，确保构件能够实现标准化定制和采购，以减少库存和保证质量。同时，BIM 技术能够对订货计划、配送运输、库存数量、存货地点这些方面进行最优化组合，有效地提升质量、降低成本，并优化合作机制，对企业经济效益的提升起到重要作用。

2. 物料运输阶段 BIM 技术应用

从物料出库到入库的运输阶段，可以将 BIM、GIS、RFID 结合应用，进行运输路径优化分析、实时跟踪监测，实现产品运输跟踪、零库存、即时发货，改善运输过程中的物料管理。借助物联网技术，还可以针对企业具体情况制定专用交互界面支撑整个物流运转系统，实现资产和库存的追踪。

（1）运输路线优化

运输阶段物料管理 BIM 技术应用主要是针对运输路线进行优化。利用 GIS 系统呈现物流运输路线，进行大空间数据优化分析，通过 RFID 跟踪传导，整合 BIM 模型数据，能够实现可视化路径管理，节约运输成本、缩短运输时间。

1）初步路线确立。根据项目中 BIM 模型提供的物料用量清单和建筑构件静态属性，结合项目具体地理位置数据，参考类似项目的情况，包括物料运输成本、物料用量、进度工期数据等，利用 GIS 的网络分析功能，同时结合运输能力、仓库能力、产品特征，初步确立交通运输路线和计划数据的最优方案。

2）确定最终路线。供应商依照初步确立的最优运输路线，将物料从库存点运送到指定的施工现场的运输途中，将现实情况下的交通状况实时信息与 BIM+GIS 系统中初步优化的路线比较，通过模型网络优化分析对初步路线进行修正完善，得到最终的最优交通运输路线。

（2）运输过程管理

将 BIM+GIS 技术整合到整个物料运输供应环节，通过用户界面实时查询供货商位置、运输网络、中转信息等数据，不仅能对过程成本进行把控，而且可以对运输责任进行界定。在物料运输过程中进行数据集成处理，清晰快速地查询到当前物料所处地理位置信息和状态，明确整个物料的流转情况有无增值活动，对运输过程进行整体把控，减少运输成本和时间。

3. 施工阶段物料管理 BIM 技术应用

1）运用 BIM 技术合理进行施工场地布置，优化临建设施相对位置，控制物料物流成本。随着 BIM 技术相关应用软件日渐开发成熟，三维虚拟现实技术在建筑施工领域的应用日益广泛。将三维施工现场布置软件融入 GIS 地理数据，对建筑施工现场进行虚拟再现模拟，合理规划物料进出场路线、场区临时运输道路，以及各类物料堆场、加工厂和设备位置，再统一进行人员调配模拟（赵彬和元晓远，2017）。

在物料进场前，先根据已建立的工程项目 BIM 模型结合场地空间和地理信息进行初步的物料仓库、料场、加工厂、道路等设施布置。在完成基本的现场布置后，运用三维施工现场布置软件建立施工场地模型，合理利用空间，并进行施工过程模拟。如果在模拟的过程中发现施工现场布置不合理的现象，比如料场影响正常施工，物料二次搬运频繁等，就需要对施工场地布置进行调整，精心规划，直到达到相对理想的标准化工地状态，满足正常施工要求。运用 BIM 技术进行虚拟施工场地再现，能够实现对有限施工现场空间的科学规划，使材料和构件的运输量最小，尽可能较大程度发挥垂直运输设备的作用，减少和避免物料二次搬运，减少由此产生的不必要的工期、用工浪费造成的成本增加。

2）运用 BIM 技术进行施工模拟，根据施工进度需要及时准确地确定物料的堆放位置和物料需求计划。对于施工现场管理来说，既要确保施工过程不断料，保证施工顺利进行，又要控制待料的产生，避免因为囤积物料而造成不必要的浪费影响资金周转。

将 BIM 技术的施工场地布置和施工模拟技术应用于施工阶段现场物料管理，运用 BIM 技术数据统计的准确性和可交换性，确定每一阶段的物料需要量，随时掌握施工现场材料消耗量及下一阶段材料需求量，并将包含所有需要采购的物料信息导入企业数据库中，缩短形成物料清单所需的时间。根据建设项目的进度计划，制订物料需求计划，提前确定好所需物料的时间、放置地点以及储存量，按照计划即时采购物料，尽量避免因材料储存过剩而导致浪费，以及因材料准备不足造成施工不能顺利进行而导致工期延后等问题。

3）运用 BIM+技术，优化施工现场物料记录管理，实现对物料的动态控制。运用 BIM 技术进行物料管理的主要目标，就是考虑到工程项目施工构件的生产、存储、安装涉及多个参与方和多个部门，并且数量庞大、类型众多、成本管控要求高、预制生产及运输对工期的影响比较大，需要在统一平台上集成施工计划、物料状态、进度风险、检验检测等各方面信息，实现基于 BIM 模型的物料信息可视化，及时获取进度信息，确保物料及时到位，并且处在有效的备用状态，既不影响施工进度，也不会造成资金的浪费，给公司带来不必要的损失。

在关于 BIM 技术的研究和生产实践中，已经有一些大型施工企业将信息技术引入到物料管理中，建立了各类施工物料全过程管理系统。通过引入二维码（QR code, Quick Response)、射频标签(RFID)等手段,与施工 BIM 平台结合,将数据与 BIM 模型双向链接,建立清晰的业务逻辑和明确的数据交换关系,丰富物料数据收集渠道与管理手段,加强与施工进度的对比和集成分析,实现了物料管理与 BIM 平台的无缝集成,及对物料全过程的可视化跟踪。BIM 技术与二维码技术、射频识别技术相结合,不管用于物料管理过程中的数据传递,还是现场施工过程中的数据查询采集,都具有承载信息量大,传递信息速度快,录入信息准确率高等优点,在提升多参与方信息化的协同工作水平,降低信息共享所耗费的时间、提升技术人员的工作效率方面具有显著的技术优势。

施工物料全过程跟踪的核心是物料编码,通过 QR code 或 RFID 技术为每个构件提供标识,录入出入库信息、物料信息、责任人信息等,准确记录和识别登记,能够建立精细的物料管理台账来清楚地查找物料的使用、仓储等情况,以便确定物料的准确采购和及时进场,减少因记录混乱导致物料统计出错而影响物料量的储存。应用 QR code 和 RFID 技术,与 BIM 技术相结合,可快速准确记录物料的使用情况、仓储状况;物料管理人员通过移动智能设备和手持 RFID 识别器能轻松地对物料进行识别登记,确保高效率的同时又可以减少物料管理人员的工作量。在实际施工阶段,实时进行进度计划对比,通过信息反馈对物料进行调度,准确定位,提高施工过程透明度。尤其对于装配式工业化建筑,可通过 RFID 技术,在设计之初即对构件尺寸进行定义,与材料供应商原料库匹配或定制,在运输过程中跟踪、监测、定位构件,在 BIM 虚拟环境中指导施工,防止出现施工失误或发生事故造成的工程成本损失和工期延误。

以中国建筑第八工程局施工物料动态管理系统为例,介绍 BIM 技术在其中的应用,如图 4-29 所示。

(1) 系统总体架构

施工物料动态管理系统是基于 BIM 轻量化,将 BIM 信息与二维码信息集成共享的物料管理系统。系统数据库采用 Node.js 领先的服务器端编程环境,MongoDB 基于分布式文件存储的数据库,主要特点是高性能、易部署、易使用,存储数据非常方便地采用"云+端"的模式,BIM 模型、现场采集数据、协同数据均存储于系统,各应用端调用数据,PC 端作为管理端口进行 BIM 模型和现场数据的集中展示及分析,移动端口以系统为核心,集成 BIM 轻量化模型,以二维码为主体进行材料跟踪、现场表单填写。

(2) 二维码技术的应用

施工物料动态管理系统运用二维码技术设立了材料跟踪二维码和资料管理二维码。

材料跟踪二维码:在企业对物料规范化、标准化管理、进行编码的基础上,基于 BIM 模型的构件 ID 号自动获取模型信息,快速生成和打印构件的二维码。此类二维码用于材料跟踪、进度管控、出入库管理等。

资料管理二维码:在构件进场或施工过程中,定位构件在模型中的位置,将工程相关的图片、表单、视频等附件与二维码关联。此类二维码用于辅助技术管理、质量管理、安全管理等。

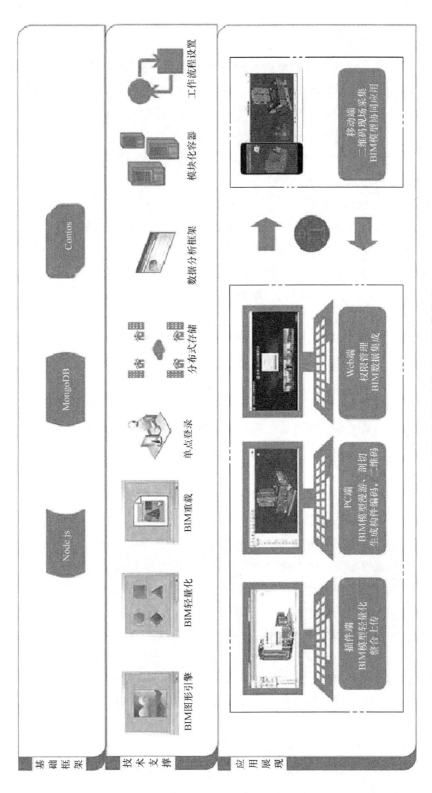

图 4-29 施工物料动态管理系统总体架构

（3）创建材料跟踪二维码

登录 Web 端创建新的项目，添加账号进入项目列表的用户，可以共享该项目。如果项目体量巨大，可采用"子模型"形式，即分楼层、分专业上传模型，分专业设置二维码物料跟踪模板，进行账号权限设置，再由管理员统一管理。插件端将 BIM 模型（Revit 文件）轻量化处理、整合上传。处理后的模型具有独立性，可以按照区域专业楼层等分类进行显示控制。模型的对齐点可按照建模软件设计的绝对坐标点进行整合。通过 PC 端选择单构件或组构件，根据构件类型及分类编码生成二维码，然后根据需求添加二维码体现的信息，连接与 BIM 协同管理系统配套打印机，设置好尺寸，打印成贴纸形式。幕墙、钢结构、设备等未粘贴二维码，不得进场。

（4）物料单全过程追踪

从系统生成所需物料数据，通过接口提取物料数据，由物资部提交物料单，即下单；项目总工结合实际施工进度，审核物资部提交的物料单是否合理；物料厂获得通过审核的物料单后，按照时间、规格型号、数量等物料信息，加工生产、扫码出货、上传相应检验批资料等；经物资部扫码入库、扫码出库，工程部扫码确认物料已安装架设后，物料单归档，系统已进行物料 BIM 模型同步更新，展现物料在工程中最后的使用部位。

（5）物料出入库管理

以二维码为物料流转信息的载体，保证物料的有序控制：物料粘贴对应的二维码标识，系统移动端的 App 扫描后出厂；物资部接收物料时，利用二维码扫描入库，系统信息实时反馈给工程部、构件厂等用户；工程部监控物料的使用状态，合理组织施工。通过二维码管理，物料数据信息不可改动，使得施工管理更为科学、严谨、高效，避免因物料信息传递有误、信息更改等原因造成的损失，降低了物料管理的风险。

（6）物料进度管理

物料进度管理功能主要实现物料的计划与实际施工的差别分析和展示。物料表单数据在现场填写，后台按不同颜色展示完成情况，进行物料计划入库与实际入库、计划安装与实际安装之间的对比分析。施工各方通过该渲染后的进度图，可直观地了解物料的实际进度和计划进度，保证物料及时到位，同时避免占用库存，利于成本控制和场地周转。也可以根据用户角色的不同，自动进行料单状态类型的精简显示。

（7）误工风险分析

物料的交付时间延误和物料数量不足是造成施工延误的重要原因之一，可以根据物料生产、运输、计划入库料单、实际入库料单跟踪物料的到位情况，进行误工风险分析。也可通过设定的物料计划进场时间节点，对逾期进场的构件标记为警告，及时展示给项目总工，以便联系构件对应负责人、材料供应商等追踪进展，避免厂家原因造成构件的经常延误，影响施工进度。

4. 维护与监控检查阶段 BIM 技术应用

项目相关数据将全部存储在 BIM 信息模型中。对于可替换构件，如门、窗、地砖装饰材料等，其信息除了查询 BIM 信息模型，还可以通过构件上的 RFID 或二维码查询获得。当建筑物完工移交后,可以帮助业主在运营维护过程中,将构件、设备等信息提取并导入到运维软件中。管理人员定期检查,及时获取构件、设备状态,快速定位,按时维修。通过对物料的监控和跟踪处理,及时反馈信息,进行维护处理,在一定程度上可以降低风险,缩短维修时间,同时也能节约运维成本。

4.5.3 BIM在物料管理应用中的障碍因素

尽管将BIM技术运用于施工阶段物料管理可以带来很多好处,效果也是显而易见的,但在实际应用过程中还是存在很多不足和障碍。如工程物料信息种类繁多,运用BIM技术后信息录入烦琐的问题依然还是没有解决。物资数据库内容偏少,尚不能完全满足项目需要,还需要逐渐丰富和建设。虽然将QR code(二维码)、RFID(射频标签)与BIM技术结合解决了物料编码和物料跟踪及其他物料管理等问题,但进行物资跟踪的感应器需要大量投入、成本较高,很大程度限制了BIM技术的应用。而且与BIM技术结合的物料管理系统也需要专门的人员负责资料上传,若信息跟踪不及时或者缺漏项,就会导致系统无法发挥其优势效果,失去为后续决策和管理提供依据的作用。另外,运用BIM技术进行施工物料管理也会受到物联网条件的限制,对物联网的要求比较高。

4.6 BIM与深化设计

4.6.1 传统模式下的深化设计

深化设计是指根据施工现场的实际情况对招标设计图及原施工图中的不合理之处进行调整,确保其能够与施工现场的实际情况相符合。或者根据已确定的工程设计,在满足合同和规范要求前提下,根据项目策划、建造组织过程,有针对性地对节点构造、构建排布、精确定位、构建布局进行施工图化表达。主要包括专业工程与管线布置两个层面的设计。

专业工程深化设计指的是在确定供应商及产品之后对原本的方案重新进行设计,形成与施工要求相符的施工图。管线布置深化设计指的是将给水、排水、弱电等施工图的管线进行综合处理,明确其中的交叉点以及施工难度较大的区域,进而遵循避让原则合理布置管路,并且在调整过程中不改变设备及材料的功能,即根据碰撞结果调整管线位置,优化布局。这样就可以为建造过程中工艺顺序管理、计划管理、资源计划提供技术依据,实现建造过程的增值和缩减成本投资。

深化设计后的设计图会更加详细具体,管理人员进行交底会更加清晰,减少施工人员实际操作过程中的问题。传统模式下的深化设计工作缺乏协调性,各专业深化设计独自进行,仅解决专业内部问题,专业接口、工艺顺序管理还无法文件化,现场施工人员只能凭借以往经验解决。各专业通常利用CAD作出二维平面图,然后用Revit等软件进行三维建模,各专业之间缺乏空间协调性,因此,最后将各专业的三维模型整合时,通常会出现很多冲突和碰撞问题,使后续工作无法顺利进行,可能会导致成本增加和延误工期。

管线布置是整个深化设计工作的一个关键环节，也是一个难点任务。随着建筑项目的功能越来越多样，设计的管线也越来越复杂，这很容易发生碰撞的问题，需要对管线位置进行重新调整。以往在设计过程中主要是通过二维管线进行调整，此方式尽管采用的是深化设计的方式，但存在许多缺陷：

1) 对管线交叉部位未能进行整体分析，而是主要通过人员观察进行调整，使得一些复杂建筑的管线与梁柱的碰撞问题更加严重。

2) 不能对管线进行准确标高。

3) 二维图的特点在于直观性较差、无法详细解释交叉部位，这自然会影响最终的处理结果。因此这种处理方式显然无法有效应对复杂的建筑工程，这就需要合理应用 BIM 技术，通过三维管线进行合理布局。

4.6.2 基于 BIM 的深化设计

1. BIM 在深化设计中的优势

对于建筑工程来说，BIM 在深化设计技术中的作用十分明显。由于管线之间错综复杂，过去的专业校审很难看出问题，而运用 BIM 技术可以进行预演，及时发现设计中存在的问题。在深化设计过程中 BIM 技术的优势主要体现在以下几个方面：

基于 BIM 的深化设计

1) BIM 技术所构建出的三维模型能够直观呈现复杂的空间关系。二维平面设计图没有直观性，往往在施工过程中才能发现问题，但通过 BIM 技术所构建出的模型能准确呈现出综合管线的特点，并且在构建模型的过程中对各部分的尺度进行了严格测量，因此最终所建立起来的模型精确度较高，同时还可呈现各项细节，如管道保温层等。这样的处理方式最大的优势在于能够及时暴露一些隐藏较深的问题，在实际施工之前及时解决。

2) BIM 技术可针对管线进行全面碰撞检测。以往所运用的二维图容易引发管线碰撞的问题，而 BIM 技术可提前针对管线是否碰撞进行全面检测，设计人员在了解之后就可及时进行调整，这样能够减少返工现象。同时减少变更发生，缩短工期，保证工程在规定的时间内完成，也可有效控制施工成本。

3) BIM 技术能有效提高深化设计的效率。在安装机电系统时通常需要适当调整行进线路，这就使得管线的长度在原有基础上有所增加，进而导致系统参数产生变化，而以往在处理这一问题时主要运用的是二维平面图，其缺陷在于不够直观，并且与系统的实际情况差距较大，这就使得计算结果不够精确，导致用料过多或过少，增加返工次数，出现资源浪费现象，增加成本。另外，如果计算结果过小，还会导致安装系统的正常运行受到严重影响。而 BIM 技术能够构建机电模型，并可对模型中的数据进行全面分析，只要设定好计算程序，系统就可自动进行计算。另外，如果在施工过程中需要对模型进行调整，系统则会自动更正计算结果，进而使参数选型的准确性得到有效保障。

2. BIM 技术在深化设计中的具体应用

运用 BIM 技术建立施工 BIM 模型，结合施工操作规范与施工工艺，进行建筑、结构、机电设备等专业的综合碰撞检查和施工模拟，能够解决各专业碰撞问题，完成施工优化设计，完善施工模型，提升施工各专业的合理性、准确性和可校核性。由于建筑设计分很多专业，如建筑、结构、水电、暖通、电气、煤气安装等，每个专业的设计都是独立完成的，这就不可避免地造成各专业之间的相互矛盾冲突，甚至造成事故。而通过 BIM 技术可以在施工之前将各专业的设计图融合成一个整体，这样各专业相互矛盾的地方很容易被发现，在施工之前就可以进行设计修改，从而避免各专业设计之间的矛盾。深化设计与 BIM 应用工作流程如图 4-30 所示。

BIM 技术深化设计的主要应用如下：

（1）机电安装综合管线排布应用

BIM 技术于深化设计最重要的应用就是机电安装综合管线排布。随着我国经济不断发展，人们对建筑使用功能的要求越来越高，机电安装涉及的项目也越来越多，管线越来越复杂，因此，安装过程中容易混乱，影响正常施工，还会埋下一些安全隐患。基于 BIM 的管线深化设计，不仅能满足二维深化设计图的要求，还能以三维模型更直观形象地模拟安装过程中各类管线的碰撞问题，能够清晰地反映出二维平面图难以发现的问题。三维管线综合深化设计还可以精准检测专业间的冲突，提前发现各构件潜在的碰撞点，及时向设计方提出可能出现的问题和调整方案；此外还可以控制竖向净高，辅助设计图复核，对施工分包单位进行可视化技术交底，提高工作效率（乔长江和周子璐，2020）。

机电安装综合管线排布深化设计的流程为：第一，基础建模，需要以 CAD 图作为基本依据，并且需要配备经验较为丰富的工程师，进而在此基础上完成三维模型的构建。在建模时必须掌握工程的主要特点，确保模型的精度与各项标准能够达到施工要求。第二，碰撞检测，碰撞检测形成碰撞报告，之后需要结合项目工程实施的具体要求对报告进行修订。第三，召集项目各参与方参加会议，会议的主要内容是对碰撞情况进行汇总，并在各方沟通与交流的基础上明确管综调整的要点。第四，按照管综调整的原则优化碰撞点，并严格按照空间顺序进行管线安装，以免在后期需要频繁避让。第五，在将管综调整工作处理到位之后需要再次召开会议，会议内容主要是确认模型，需要与设计参数和预期标准进行对比，进而不断对模型进行调整。第六，在确保模型各部分完全不存在问题之后，需要绘制二维图，并明确标注节点与标高。另外，针对一些较为复杂的区域，如核心筒等，需要完成剖面图的绘制，用于指导施工。第七，分包方与总包方的职责分别是管线施工及监督，在施工过程中如果总包单位发现施工的实际情况与模型不符合，则需要进行调整，严格按照管综调整的要求进行处理，对工程质量进行全面控制，这样就能够使整个施工过程开展得更加顺利。

（2）钢筋节点深化设计应用

通常情况下，建筑工程均存在许多钢骨柱和钢板墙，同时还存在交叉问题。虽然研究人员已经开发出了许多功能较为完善的软件，使得钢筋的排布与连接更加方便，但在局部调整的过程中仍然具有较大难度。运用 BIM 技术结合项目具体情况，建立钢筋总体模型，包含解析钢筋相关图集、解读各构件内钢筋排布规则、创建钢筋模型，通过分阶段设置构件，掌握项目实际 BIM 应用钢筋建模的方法，统计分析钢筋用量，可在原有基础上明显缩短节点排布所用的时间，并且最终所生成的三维模型可随设计要素的变化进行调整，同时也无须投

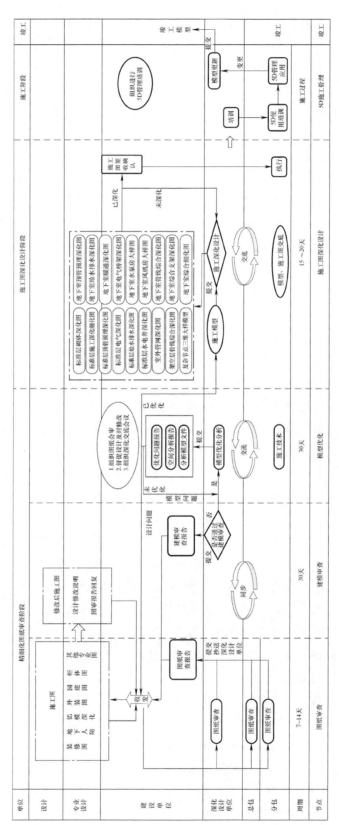

图 4-30 深化设计与 BIM 应用工作流程

入大量的人力资源。通过调整钢筋排布模型来解决钢筋节点处的碰撞问题，以此进行精细化建模和施工流程模拟，对复杂节点进行深化设计及优化，大大提高了工程质量，缩短建设周期（姚志刚，2018）。

(3) 砌筑排砖深化设计应用

BIM 技术具有可视化的特点在砌筑排砖深化设计中收到了很好的应用。传统的二维图需要人们去想象，与实际情况相比会有所欠缺，利用 BIM 技术实现砌体排砖下料，能够替代传统的 CAD 画排版图的形式。采用 BIM 软件自定义标准砖模型，砖尺寸可自主调整，精确材料用量，从方量精确到块数并实现对深化设计成果的设计图化、信息化、可视化的三化管理。

BIM 技术将砌筑排砖的各种情况以三维立体的形式进行展现。传统方式是使用二维图进行施工排砖，如果在前期没有对设计图吃透，人员机械的准备不够充分，就会影响到现场排砖施工的进度，BIM 技术在砌筑工程排砖中应用则可以避免这些问题的产生。BIM 构建的 3D 模型更加直观，施工的工艺流程、工期要求、材料用量都能具体地展现出来，既为技术部门确定排砖方式，计算成本提供便捷，又便于向施工人员进行准确直观地交底，还可用于后续的 BIM 全专业一体化设计。基于 BIM 的砌筑排砖深化设计配合其他专业的深化，能提早给出优化意见，降低二次拆改及后期返工，进一步降低了材料损耗，提高了经济效益。

(4) 施工图深化设计应用

在建筑施工管理中应用 BIM 技术，可将复杂的施工图设计进行优化，即构造 3D 建筑数据模型，将相关数据信息进行高度整合与集中，使所形成的施工图更具可行性与直观性，实现对复杂工程数据信息的精准提取与保存。在此过程中，必须强化施工图设计人员的质量意识与风险意识，通过 BIM 技术有效掌握施工图设计的各项关键要素与重要节点，树立信息化管理思维，在时间与空间上进行突破。同时，在 BIM 技术建立的 3D 建筑模型基础上，技术人员可对施工管理具体实际状况进行模拟，调整影响施工管理的细微要素，对可能出现的各类管理难题提前做好应对处理。

4.6.3 BIM 在深化设计应用中的障碍因素

目前，BIM 技术应用于深化设计方面的软件已相对成熟，主要应用障碍并不是 BIM 技术本身。结合多位设计方和施工方的专家人士的看法，总结出 BIM 在深化设计应用中的障碍因素如下：

1) 运用 BIM 技术进行深化设计对相关人员要求比较高。具有丰富的专业知识储备和施工经验，又懂得运用 BIM 技术的专业人员稀缺。比如从事深化设计的职员，其主要面临的就是自身知识储备能力、现场经验、来自设计本身的缺陷和不足、本专业和其他专业之间的冲突，以及实际工作中各部门之间的壁垒等。再比如钢结构、水电专业的人员即使会使用 BIM 软件也不见得能承担深化设计工作，水电专业的深化还需要考虑建筑装修装饰等。

2) 从施工角度来说，施工图本身的完善程度及相关人员的自身能力也是制约 BIM 技术深化设计的应用障碍之一。而且 BIM 技术的应用讲求时效，往往实际工作中会有暂估、暂列或者二次深化设计，或者就是施工图的更新速度、机械设备的选型确定等，这样在时间上就会有影响，大大增加了造成返工的可能性。

4.7 施工阶段 BIM 应用

4.7.1 智慧工地

建筑行业是安全生产五大重点行业之一，属于劳动密集型行业，具有诸多不安全因素。由于建筑行业露天作业、人员流动大、建筑物变化较大、预防难度大、施工中危险性大、不安全因素点多，因此工地现场情况错综复杂，安全隐患会随着工程的进展呈现出动态变化的特点。智慧工地通过远程高速无线数据传输，实现了实时动态的远程报警、远程监控及远程通知，这样一来，就会使设备监控变成开放的透明的实时动态监控。利用智慧工地对客观数据进行采集与分析，以此为依据，来判断设备是否出现故障或者存在安全隐患，如果设备发生故障将会及时发出警报，工作人员能立即对设备进行检修，将安全隐患扼杀在萌芽状态。

1. 智慧工地的概念

智慧工地是一种崭新的工程全寿命周期管理理念，立足于"互联网+大数据"的服务模式，采用云计算、大数据和物联网等技术，整合建筑项目和施工现场的核心资源，对项目管理进行全方位立体化的实时监管，并根据实际做出智能响应。这不仅对安全文明施工意义重大，同时也有助于推动建造方式变革、提升建筑业科技创新能力、促进建筑产业提质增效、推进建筑产业转型升级。

如何加强施工现场安全管理、降低事故发生频率、有效管理施工对环境的影响，需要建筑业与时俱进，抓住互联网时代的历史机遇期，利用现有的成熟技术资源以及研发新的智能系统来更好地为建筑业服务。智慧工地借助云计算、物联网等信息技术，将人员、机械、材料等核心系统结合起来，以一种更加智能的方式运行，实现工地现场的互联协同、危险感知、智能生产。它构建项目信息化生态圈，改变施工各方的交互方式、工作方式及管理模式，以此实现在建造过程中向"安全、绿色、智慧"的目标发展。智慧工地的实施，可以提升监管效率，预防安全事故，遇到紧急情况及时报警，远程联控监控强化过程管控，积累安全大数据，构建风险防控体系。

"智慧工地"是人工智能在建筑施工领域应用的具体体现，是建筑业信息化与工业化融合的有效载体，是建立在高度信息化基础上的一种支持对人和物全面感知、施工技术全面智能、工作互通互联、信息协同共享、决策科学分析、风险智慧预控的新型施工手段。它聚焦建筑项目施工现场，紧紧围绕人、机、料、法、环等关键要素，综合运用BIM、物联网、云计算、大数据、移动计算和智能设备等软硬件信息技术，与施工生产过程相融合，对工程质量、安全等生产过程加以控制和监督，对商务、技术等管理过程加以改造，提高工地现场的生产效率、管理效率和决策能力等，实现工地的数字化、精细化。

第 4 章 施工阶段 BIM 管理

2. 智慧工地主要功能及应用系统

（1）互联网+质量平台管理

互联网+质量平台管理系统通过移动端对现场质量进行管控，方便记录实施情况和汇报问题，快捷分派任务和监督整改，有效查询问题和追溯责任，使质量管理工作更快速有效地进行。互联网+质量平台管理系统可以实时、直观地提供现场信息，为提高管理质量提供了新的思路，标志着企业进入现代化管理阶段。互联网+质量平台管理系统做到了传输距离无界限，便于监控，极大地降低了综合成本。并且还可以让不在施工现场的管理层随时掌握施工现场的生产状况，实现对施工现场情况以及施工进度情况的远程监控。

互联网+质量平台管理如图 4-31 所示。

图 4-31　互联网+质量平台管理

（2）BIM+VR 体验管理系统节约人力成本

BIM 是从二维到多维、从信息分散到信息集成、从纯人工协作到计算机辅助协同的全新的模型展示方法和出图、成果交付方式。VR 技术则是将虚拟变为现实，让人有一种身临其境的体验，它是借助计算机及最新传感器技术创造的一种崭新的人机交互方式。工程施工建设初期，利用 BIM 技术生成可视化的三维设计模型，对二维的空间结构以及复杂节点进行综合设计，避免管线碰撞或遗漏而导致现场返工的问题，大大节约了人力成本，提高了工作效率。通过仿真的环境进行技术交底，避免不同人员由于思维差异造成的误差，并通过安全体验加强安全教育，加深了施工人员与管理人员对现场安全生产的认识。BIM+VR 体验管理系统的主要功能是在 BIM 技术实施全过程中与 VR 技术取长补短、相互融合，集成 BIM 模型成果。BIM+VR 体验管理系统不需要进行软件开发和模型管理，自然对接当前主流的虚拟现实设备，从而形成一套全新实用的技术解决方案。从开始的方案阶段到设计阶段再到施工阶段一直到后期的运行维护阶段，这个项目的参与各方都可以使用 BIM+VR 体验未建成的项目实际建成后的效果。BIM+VR 的效果就如同看 3D 电影一样，如图 4-32 所示。当体验者戴上 VR 眼镜之后，就仿佛身处施工现场，体验者可以在虚拟的建筑中随意漫游走动，观看工程项目的每一个构建，并且每一个构件都能查到其相应的参数。BIM 运用模式如图 4-33 所示。

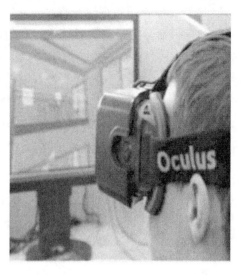

图 4-32　BIM+VR 体验管理系统

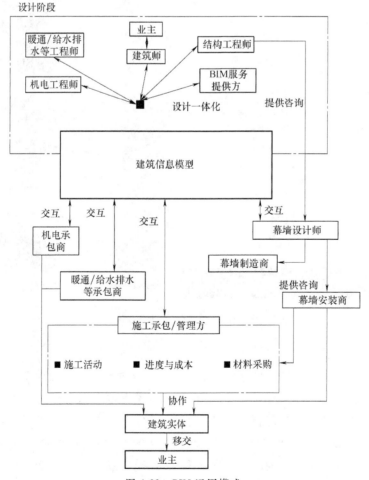

图 4-33　BIM 运用模式

(3) 特种设备监控系统（电梯、塔式起重机）安全保障

在施工现场，压力管道、塔式起重机、电梯、锅炉等特种设备都是不可缺少的，尤其是塔式起重机和电梯，几乎每个工地每天都会频繁使用。这些设备涉及生命安全，其重要性不言而喻，然而这些临时性的设备危险性较大，传统的监控手段落后，将造成潜在的安全威胁。如果把智慧工地的智能系统运用到项目的中后期，将使施工过程的安全性大大提升，施工人员的生命安全得到保障。特种设备监控系统是根据传感器技术、嵌入式技术、数据采集技术、数据融合处理、无线传感网络与远程数据通信技术和智能体技术，实现危险作业自动报警并进行控制、全天候24h实时动态的远程监管、远程报警和远程告知，使得特种设备监控成为开放的、多方参与的实时动态监控。特种设备监控系统主要是对一个工地所有塔式起重机进行监视控制，如图4-34所示。监视主要是指检测各塔式起重机是否在发送自身位置数据；控制主要是指对塔式起重机静态数据的添加、修改、发送、接收，对系统参数的修改、发送，对半径、起重量、高度、回转的标定。特种设备监控系统对塔式起重机仅起安全保护的作用，主要应用于塔式起重机远程的实时监测、远程传输塔式起重机工况数据，避免因操作者的疏忽或判断失误而造成安全事故，可极大地保证塔式起重机的安全使用。此系统能够实时显示多种数据，完成对重量、力矩、回转角度等塔式起重机工作状态的实时监测。区域内塔式起重机的运行状态的数据可以通过有线网络或无线网络传输到区域管理中心，而管理中心将会结合GIS技术实现塔式起重机运行状态的远程监控，实现智能塔式起重机的物联网、数字化工地管理。

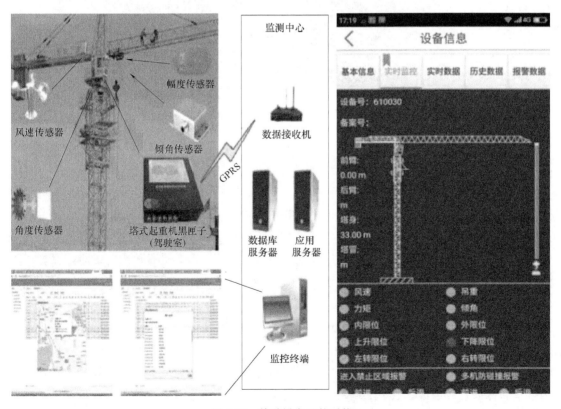

图 4-34 特种设备监控系统

(4) 雨水回收及屋面喷水降温控制系统

由于夏季高温，施工现场板房以及板房内的温度高，而工地板房采用岩棉夹心板进行隔热，但是效果一般，所以施工现场办公室的空调几乎 24 小时不停止运作。如果能够把雨水回收，当屋面温度高时对其进行喷洒，达到防暑降温的目的，则既能有效地降温又会减少空调的耗电，同时对雨水进行循环利用节约水资源，一举多得。雨水回收及屋面喷水降温控制系统包括给水、回水、补水与电气设备及控制共四部分，如图 4-35 所示。这四部分的互相协调配合，可以充分发挥该系统的作用，有效地降低屋内的温度。该系统可以收集每次降雨，利用非传统水资源，尽量节省每一滴自来水。该系统不但可以改善屋内温度，还会降低因长时间吹空调而生病的可能，可谓是两全其美。雨水回收还可以用来现场洗车、混凝土养护、现场喷淋防尘除霾，并可与屋面喷水降温控制系统联动，用于工人生活区板房降温，节约水电能源，给工人创造舒适环境。从工地现场的安全角度考虑，还能避免夏天因高温而引起的火灾事故，取得经济效益和社会效益双丰收，真正实现绿色施工。雨水回收及屋面喷水降温控制系统在现场实施取得了良好的效果，不仅保证了工人的正常的工作和休息，而且还达到了节约水资源的目的，极大地减少了水资源的消耗程度。

图 4-35　雨水回收及屋面喷水降温控制系统

4.7.2　数字工地

1. 数字工地的概念

"数字工地"可以看作是数字化的、虚拟的工地，就是将工地信息以及工地发生的事件、行为、活动转化为计算机可以进行计算和分析的数字编码，以 GIS 进行数据管理，可以浏览工地基本信息和动态信息，还可以表现工地二维景观，对其进行放大、缩小、漫游以及定位查询、分析和工地漫游。数字工地充分利用数字技术的优势，便捷、实时、有据可查，提高了工地管理和施工的效率。

在施工现场为每一位工作人员配置智能移动设备，在工程的施工过程中，施工管理人员可以利用移动设备中的各类施工相关的 App 应用，实时了解工程项目的进程，掌握施工现场的基本数据和工程资料，采集动态数据，再通过互联网云端服务器，将采集的信息在工程内共享和传播。通过这套数字工地系统，从现场施工人员到上级办公管理人员都能够了解和掌握施工场景、进度以及施工过程中出现的紧急情况。

2. 数字工地的类型

现有数字工地系统的类型主要可分为信息收集、质量监督、信息管理三大类。信息收集类主要是利用现代化技术手段收集施工现场的图片、视频以及文字等资料。比如，某市通过在建筑工地装置高清摄像头将施工过程以实时直播的形式投射在监管人员的显示终端上，管理人员可以通过视频信息有效管理施工现场。质量监督类是指政府相关的工程质量监管部门通过联网监控系统对辖区内的建设工程进行远程监控。信息管理类是指政府相关管理机构对施工过程中涉及的法律法规、相关政策以及突发情况进行宏观管理的系统。

3. 数字化工地架构

数字化工地架构一般包括数字化监控系统、数字化管片管理系统以及数字化物资管理系统。其中监控系统又包括门禁管理、视频管理和人员定位等子系统。

4. 数字化工地系统运行原理及运行过程

（1）数字化工地系统运行原理

数字化监控系统在传统的门禁、摄像监控系统中融入 RFID 射频识别技术，形成数字化人员定位考勤系统的数字化工地管理平台。利用 RFID 人员定位系统可以实时掌握施工人员动态和位置，了解施工项目的安全情况，同时为施工安全提供了追溯可能，有利于施工安全预警和危险控制。

（2）数字化工地系统运行过程

通过数字化监控系统，在施工现场人员达到场地时，首先要进行原始数据的收集，对进场的人员进行基本数据记录，包括姓名、户籍、身份证号码、联系方式、保险情况、身体健康情况以及从业资格证等。在记录和整理好人员基本信息后，对施工人员发放 IC 信息卡，并将记录个人信息的芯片植入施工人员的安全头盔上。通过安全头盔，管理人员可以实时定位施工人员的位置，并实时调取现场数据及视频，进行工地进度管理和风险管理。此外，还能借助头盔设备实现实时通信，指挥调度施工人员的工作，实现对工地的数字化管理。

本 章 小 结

本章内容比较全面系统地阐述和总结了基于 BIM 技术进行工程项目现场施工管理的应用要点和应用内容。对传统模式和 BIM 技术应用模式从进度管理、预算管理、成本管理、质量管理、安全管理、合同管理、物料管理、深化设计方面进行了全面综合的对比，深度调研 BIM 技术应用方面从事设计和施工的专家意见，对 BIM 技术应用障碍因素进行了提炼和总结。最后对智慧工地和数字工地的应用情况进行了介绍。

思考与练习题

你认为作为一个施工方面 BIM 技术的从业人员，除自身专业能力、对 BIM 技术掌握的熟练能力以外，还应具备哪些能力？

第 5 章 运营维护阶段BIM管理

【学习目的与要求】

(1) 全面了解和熟悉业主单位 BIM 应用,并对其应用进行探讨。

(2) 掌握建设项目运营维护阶段中 BIM 工具的运用。

(3) 要求熟悉 BIM 在建设项目运营维护阶段中的应用范围,明确 BIM 技术在该阶段的应用价值,了解当前阻碍 BIM 技术在该阶段推广的主要因素以及实践应用中的常见误区。

5.1 BIM 与设施运营维护管理

5.1.1 传统模式下的设施管理

20 世纪 80 年代末,西方出现了一种全新的产业管理增值概念——设施管理(Facility Management,FM),将传统的物业管理领域延伸拓展,并赋予其更为显著的资产管理创新理念(祝玉存,2011)。如果把物业管理定位成四保(保修、保洁、保安、保绿)之类的服务,那么设施管理就是包括了物业管理在内的十几类专业服务内容,其超出一般服务内容的地方是:设施管理发展到了今天,已经是非核心业务管理的代名词。

传统模式下的设施管理

不同的协会对于设施管理的理解是存在差异的。国际设施管理协会(IFMA)和美国国会图书馆定义设施管理是"以保持业务空间高品质的生活和提高投资效益为目的,以最新的技术对人类有效的生活环境进行规划、整备和维护管理的工作"。英国设施管理协会(BIFM)将设施管理定义为"组织内部流程的整合,以维护和开发支持和提高其主要活动有效性的商定服务"。德国设施管理协会(GEFMA)认为设施管理是一项管理型学科,它可满足人们工作所需的基本要求,支持公司工作流程,它通过对资产和设备设施系统的规划、管理和控制设施流程,实现对设备设施的有效利用,提高资本回报率。澳大利亚设施管理协会

(FMAA) 认为设施管理是一种协调人员、流程、资产和工作环境,帮助实现企业目标的活动。综上分析,本节内容概括为设施管理是通过整合人员、资产、过程及技术,以保持业务空间高品质的生活和提高投资效益为目的,而进行的一系列非企业核心业务的管理活动。

设施管理涉及的范围很广,总体上包括城市公用设施、工业设施和商业设施三大类,其具体内容见表 5-1。

表 5-1 资产设施类型分布

设施类型	内容
城市公用设施	医院、学校、体育场馆、博物馆、会展中心、机场、火车站、公园等
工业设施	工厂、工业园区、科技园区、保税区、物流港等
商业设施	写字楼、商场、超市、酒店等

1. 不同组织下设施管理的特点

(1) 公共部门设施管理

公共部门的层级结构复杂,因而公共部门的设施管理也受其影响,几乎每一个行动都受到监管。公共部门间的合作缺乏动力,这就对公共部门设施经理提出了很高的要求:他必须是一个特别好的问题处理者,可能需要不断选择是否牺牲自身激进的计划来消除协作危机。公共部门设施经理同时须具有成本意识:公共部门的资金流动往往有严格的指定途径,这意味着资产设施经理必须深刻了解资金运作系统,从而可以在合规的时间内实现资金在不同账户之间的转移。此外,要确保所有资金都用于有意义的工作项目,即使有些可能不是部门优先事项,而如何对此进行评估分配这也是一个挑战。此外,设施经理必须具有可以在财政年度审计的最后 30 天内从其他部门的超额资金中吸收资金的工作能力。

(2) 教育机构设施管理

教育机构的设施规模及多样性决定其设施管理往往遵循公共部门模式。大学或独立学院的设施经理不但要技术上有能力,而且要考虑到高等学院的信誉,所以大学工作人员通常希望以合议的方式做出决定,但这并不总是有助于有效地分配和利用资源。即使是决定开灯时间的能源管理、空调可调温度的管理等也可以成为扩大讨论的主题。在美学和历史保护工作中的决定更是如此,并且由于在教育机构中有如此多的共识决定,所以设施经理具有一点公共意识也是至关重要的。

(3) 私营部门设施管理

私营部门与公共部门之间存在一定的差异。例如,私营部门组织比公共部门更灵活、更平坦,可以相对容易地改变。所有的行政职能和人员往往与其支持的产品或服务密切相关。由于设施成本占行政费用的比例非常高,设施经理倾向于缩减人员和降低成本。另外,由于大部分设施部门的管理人员往往是中层管理人员,所以容易受到精简或外包的困扰。因此,虽然私营部门提供更大的灵活性,但是经理人员配置不稳定。即使两家私营公司性质不同,企业文化差异很大,但仍有可能在私营部门得出类似的结论。

(4) 国际组织设施管理

国际组织大都已经在新兴经济体开设了分支机构，因此越来越多的设施经理正在被真正国际化的公司雇用，而管理国际或多元文化组织的设施是极具特色的工作。由于缺乏供应链或小供应商和承包商，物流问题被越来越多更发达的国家关注。例如，在某些地区必须支付额外费用以获得足够的服务；关键部件可能需要空运，找到同时具有技术或监督技能的合格员工可能非常困难。在其他文化，特别是处于北欧文化背景下的公司对资产设施有更高的期望。争议的四个常见领域是光照时间、地下办公区域、锁定窗口和工作站尺寸。因此，设施经理必须对多元文化有深入的了解，同时遵守法律和相关政策。

(5) 非营利组织设施管理

设施管理行业的发展和专业精神包括将设施经理扩展到非营利组织和机构。非营利组织的有限且经常未知的预算状况需要负责这些设施的设施经理具备额外的技能——"出售"设施的能力。这需要增强其演示和筹资以及创新融资技能，以使设施的运行和维护保持良好状态。非营利性设施管理的优点包括与当地支持者进行互动，并有机会利用专业和贸易协会的知识、服务、产品和劳动的捐赠，这是其他组织设施经理不曾经历过的。

2. 传统模式下设施管理的问题

建设项目全寿命周期的信息增长模式如图 5-1 所示，可以看出如今传统模式的资产设施管理愈发不适应当前的发展需求。项目内部的信息量由决策阶段到运营阶段随着时间推移逐渐增大，并在运营阶段达到顶峰。因此必须采取信息化的手段，为运营阶段的有效管理提供强有力的保障。

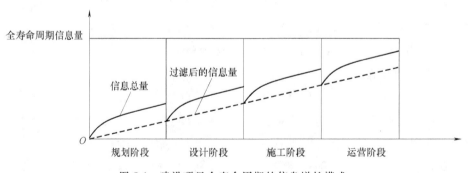

图 5-1 建设项目全寿命周期的信息增长模式

具体而言，传统模式下的设施管理面临着以下几个问题：

1) 成本高。传统模式下的设施管理是以人的管理为基础，以设备为主要内容。由于传统模式下资产设施管理技术落后，需要一只较为庞大的设施管理团队对设施进行维护，导致管理成本较高。

2) 信息集成度低下。传统项目运营阶段中的信息沟通大都采用点对点的形式，也就是项目参与方之间两两进行信息沟通，不能保证多个参与方同时进行沟通和协调。在实践中便会导致信息不能有效共享以及信息反馈不及时等现象，从而导致设施管理效率较低。

3）缺乏可预见性。传统模式下的设施管理主要依赖于设施管理团队的维护，这需要建立在及时发现设施问题的基础上。然而在设施维护的实践工作中，给水排水、暖通等系统构成复杂，仅仅依赖设施管理团队的人工巡视很难预先发现问题，容易造成难以估量的经济损失。

5.1.2 基于 BIM 的设施管理

现代化的建筑设施管理能够与云技术、大数据、物联网等创新技术紧密结合，实现现代化的建筑设施管理智能化、可视化、集约化的管理要求。凭借先进的技术支持，基于 BIM 的设施管理能够进行复杂的数据计算和实施动态模拟，从而为现代建筑设施管理的科学性和合理性提供了保障（余雯婷和李希胜，2016）。

BIM 通过其流程吸引更广泛的利益相关者，促进项目和设施管理服务的无形整合，从而实现服务设计和交付的创新。此外，将 BIM 用于设施管理可以被视为服务创新，因为它旨在创建服务系统的变化，服务系统由客户和提供商共同创造价值而构成，并反过来影响服务系统（Brunet et al., 2018）。在更广泛的层面上，BIM 正在发展成为一个服务生态系统，它被定义为"通过共享的制度逻辑和通过服务交换创造共同价值的相互独立，自我调整的资源整合参与者系统（Vargo et al., 2012）"。麦肯锡公司（2017 年）表示，BIM 参与度最高的公司报告的 BIM 投资回报率最高。此外，当 BIM 与协作形式的采购策略（如集成项目交付）一起使用时，提供适合资产设施管理的多维模型的可能性显著增加（Matthews et al., 2017）。因此，将 BIM 应用于设施管理具有十分重要的意义。

1. BIM 技术极大地提高了设施管理的劳动效率和流程效率

当探究用于资产设施管理的 BIM 的功能时，与管理空间相关联的过程（例如更新几何和非几何信息）的效率立即显现出来。二维图形表示的平面图，即 DWG 格式、XLS 格式的平面图，是两个在独立的环境中更新其图形和信息的数据库，两者都需要手动更新，从而导致重复工作。原始图上的照片和扫描的立面图和剖面图用于核实具体细节。随着建筑物利用率的逐年变化，这是一项需要全职 CAD 技术人员长期关注的漫长任务。使用 BIM 进行资产设施管理，创建几何信息和包含特定资产设施管理信息允许自动更新的时间表，包括即时剖面、立面图、三维视觉效果和渲染，以及从单一集成环境生成图，这可实现 FM 团队使用当前流程和技术无法实现的效率提升。据估计，这将减少对全职 CAD 技术人员的需求（年薪约 25000 美元），并通过提高未来工作订单的效率来逐年积累节省的资金（Kassem et al., 2015）。可轻松跟踪、更新和报告与未来工作状态相关的其他信息，如应急设备是否可用、逃生路线是否通达，以及基本维护信息。

此外，房地产部的工作人员发现，对于资产设施管理模型，随着可用的 BIM 功能的增强，可以增强关键的设施管理服务，如房间查找、故障报告以及建筑性能评估。这些设施管理服务会缩短响应时间，将详细的项目信息分配给特定的建筑、楼层、房间等。例如，每次要求更换灯泡时，维护人员可以在执行任务之前使用设施管理模型实时检查灯泡制造商；墙面饰面受损时，维护人员可以检查房间的油漆颜色代码，从而节省员工时间和材料资源。这些功能在未来的设施管理期权评估中提高了时间和成本效率,并从管理角度为更准确的战略决策提供了一个平台。

2. BIM 技术的可视化特点能让设施管理前期介入更加精准

就目前而言,二维图仍然是建筑项目技术表达的最基本方法。但是工程项目是由一系列复杂的系统组成,用传统的二维视图和相应的技术文件来传达工程项目的全部信息时,需要有具备大量实践经验和扎实专业知识、技术能力强的工程师来把握工程项目的主要信息。实践中,常常会因体系的复杂性而无法用口头表述和二维平面图的表现形式向工人全面介绍该分部工程的技术管理要求、难点。BIM 技术整个流程都是可视化的,而可视化的 3D 模式则能够直接模拟建设项目的真实情况,项目的设计、施工、运维各个重要阶段之间的协调、讨论、决定等均在可视化的 3D 模型下完成,使项目管理模式更为科学。设施经理多数为非工程专业人士,在项目规划设计方面往往因为知识的欠缺,无法完成对建设项目的精准介入,并提供切实可行的建议。有了可视化的模型,设施管理者就可以在 BIM 技术的支持下,进行项目管理信息的无障碍交流,从而更好地在项目早期介入。有了 BIM 技术之后,编制物业设备的工作台账将变得非常简便,只要直接将 BIM 模型的数据导出制作表单即可。与传统的机械设备台账表单制作任务相比,BIM 技术可以将这个工程量庞大的任务变得更加简便、精确、迅速(林霞和杨虹,2018)。

3. BIM 技术能实现紧急情况的模拟

对于人流集中的区域,事故的应急管理是十分重要的。传统的事故应急管理通常仅重视事故发生后的应对,而 BIM 技术对事故的管理工作还包括防范和预警。BIM 技术在事故管理中的突出作用主要体现在 BIM 技术在消防事件中的应用。事故发生后,BIM 系统能够三维地展示火灾情况;BIM 系统还可以让有关人员及时查看设备状况,为救灾提供即时资讯。BIM 系统还能够为救灾工作人员提供完整的灾情资讯,让救灾人员可以针对火灾情况迅速采取适当的救助对策。BIM 系统不但能够为救灾人员提供支持,还能够为处在事故中的人提供有效的支持。例如,当突发火灾时,给人指明逃跑途径,使其做出正确的抉择。同时,BIM 技术还能够调用已有信息系统以进行灾害恢复规划。

4. 以 BIM 为基础的大数据为设施管理提供空间管理和预防管理的信息化支持

BIM 技术能够破解传统经营管理流程中最严峻的两大问题:数据之间的"信息孤岛"和运维阶段与前期的"信息断流"问题。BIM 不仅是一个应用软件,更是一个庞大的数据库系统,它储存项目设计阶段、施工阶段到运维阶段的全部数据信息(林霞和杨虹,2018)。

5.1.3 BIM 在设施管理应用中的障碍因素

由于 BIM 的复杂性、模糊性和资源需求,BIM 的应用具有挑战性。

1. 理论及实践研究滞后

BIM 与设施管理均是近 30 年才开始发展起来的概念。目前,BIM 软件已在国际上广泛应用,而针对 BIM 技术在设施管理的应用,发达国家已具备比较多的探索实践经验。国内除了极个别标志性工程将 BIM 技术运用到了全寿命周期,针对设施管理阶段的探索相对较少（包胜等，2018）。

2. 对设施管理全寿命周期性特点认识不足

由于国内项目运营模式多为工程分包式，导致设计、施工、运维等环节的企业更关注如何在设施购置和管理维修上节约资金投入，而没有以建筑全寿命周期的观点提高设施管理效益（包胜等，2018）。

3. 信息化水平滞后

目前，二维图仍然是传达工程项目信息的主要表达方式，而二维的 CAD 图对于三维模型在直观性上具有天然的弱势。管理人员常需通过读取多个二维图形人工还原三维场景。纸质资料在设计、施工过程中传递给下一阶段时容易导致数据遗漏和丢失；频繁的施工图修改及不可实时更新性造成劳动力浪费，同时也增加设施管理成本（包胜等，2018）。

4. 法律法规尚不完善

当前国内已有的相关政策法规大多针对居民物业领域，在工业设施以及社会公共设施等领域仍然处于空白区域。法律法规保障的缺失制约了 BIM 技术在该领域中的应用。由于缺乏相关的法律保障，设施管理公司并不愿投入过多成本来推广 BIM 技术，因为在设施管理中应用 BIM 技术要花费很大的成本，而出现纠纷时又没有法律作保障，很容易出现问题。而在国外一些国家，政府强制要求资产设施管理中实施 BIM，国内没有这样的法规政策，这就阻碍了 BIM 技术在设施管理中的应用（边香翠，2016）。

5. 项目交付模式存在的缺陷

我国当前的项目交付模式有以下几种：设计-施工-运营（DBO），设计-施工-运营-维护（DBOM），建造-拥有-运营（BOT）以及其他类型。这些项目交付模式是将设计、施工阶段与设施管理阶段分离开了，造成了设计、施工阶段与设施管理阶段之间存在断层，设计单位、施工单位和设施管理公司往往不是一家企业，而设计单位和施工单位可能没有使用 BIM 技术，这也就使设施管理实施 BIM 有一定的难度。因为设施管理中的 BIM 模型是在设计阶段和施工阶段后的 BIM 竣工模型的基础上开发的，如果设计阶段和施工阶段没有使用 BIM 技术，就会阻碍 BIM 技术在设施管理中的应用。

6. BIM 的操作环境不尽完善

当前国内 BIM 的操作环境尚不完善，基于 BIM 的工作流程尚未完全建立。与此同时，由单独工作模式到协作工作模式的巨大转变在短时间内很难完成。

7. 从业人员素质有待提高

在运营维护阶段，设施管理团队面临着一系列挑战。然而如今 BIM 技术尚未在该领域得到广泛应用，有关技术及管理人才较为匮乏，并且普遍缺少专业训练，往往对于其重要性认识不足，这也是阻碍 BIM 技术在资产设施管理中应用的重要因素。

8. BIM 在 IFM 组织层面应用障碍

作为新兴的设施管理外包模式，综合设施管理（Integrated Facility Management，IFM）是将企业的现场运营、维护以及员工服务整合在单一的服务管理合同中，外包给唯一一家 IFM 服务供应商企业，由其为需求方提供"一站式"服务（邵志国等，2018）。

然而，在 BIM 实施过程中，IFM 组织中的各参与方维护自身利益，而很少考虑企业间合作会为 IFM 项目整体带来的 BIM 联合效益。由于 IFM 组织中各参与方面临着 BIM 收益与 BIM 成本之间的权衡，当 BIM 收益与目前的专有成本相比不确定时，支持 BIM 技术应用是不可能实现的（汤洪霞等，2020）。

5.2 BIM 与节能管理

随着我国经济发展进程的加快，能源需求的不断增长与能源储量减少的矛盾日益凸显，节能成为现阶段社会发展的现实选择之一（王牡丹等，2017），因此研究节能管理非常有意义。

5.2.1 传统模式下的节能管理

1. 建筑能耗模拟分析法

从建筑规划阶段一直到建筑运维阶段，建筑的耗能各不相同，建筑能耗的分析需要贯彻在建筑的整个寿命周期中。不同阶段的能耗分析需要的分析方法也有所不同。在建筑设计阶段的能耗分析主要包括设计方案是否符合节能设计标准以及建筑设备的选择是否满足项目的要求。在建筑建造过程中产生的能耗，由于受建筑施工人员和管理人员的人为主观因素影响较大，不具备能耗模拟分析的条件，一般只做工程量上的数据统计计算。在建筑运维阶段的能耗分析，主要是对建筑使用过程中各类用能设备的实际耗能数据的统计分析以及对未来建筑能耗的预测。

在建筑能耗的分析过程中，需要对建筑能耗的具体数值进行计算。根据建立的计算模型的不同，能耗计算方法主要分为两种：静态估算法和动态模拟法。

1) 静态估算法：以稳定传热理论为基础，忽略建筑外围护结构对热量的影响，仅计算建筑采暖期的耗热量。这种方法计算简便，有利于工作人员进行手动计算。但是它计算的精度较差，只适合进行初步的能耗计算。常用的静态估算法有 BIN 参数法、度日法、温湿度频率法等。

2) 动态模拟法：以计算机模拟为基础，全面考虑建筑能耗的各个影响因素，通过对建筑部分和整体的逐时能耗模拟，得到建筑的冷热负荷数值，实现建筑能耗的精确计算。由于参数的复杂性和多样性，操作过程较为繁杂，具有很强的专业性。

建筑能耗模拟在建筑的设计阶段和后期建筑运维阶段都具有很强的通用性。在建筑设计阶段进行能耗模拟分析，可以协助工作人员设计出符合节能规范和标准的设计方案。在建筑运维阶段对建筑能耗进行模拟分析，可以实现建筑节能改造方案的对比优化。

2. 传统的能耗模拟分析存在的问题

对于新建建筑，在项目的实施过程中越早开始能耗分析对整个项目越有利。从理论上说，建筑能耗的分析应该开始于建筑设计的初期阶段，在方案设计阶段对建筑方案进行计算机建模，然后进行能耗分析，确定设计方案的可行性。而目前我国传统的能耗分析大都是在施工图设计阶段进行，有些甚至发生在建筑施工与建筑建成使用后。如果此过程中出现问题，则需要重新返工，严重影响整个工程的施工进程。

对于既有建筑，为了降低总体的能耗，需要对建筑进行能节能改造。在进行节能改造时，由于对建筑整体的信息不够了解，节能改造更多的是加装隔热保温层，以及更换新的照明灯具和空调设备等，这些改造措施是相互分离的，只从各自单方面的因素进行考虑，同时，制订的节能改造措施，往往基于静态的未综合考虑建筑、整体性的能耗数值计算，缺乏动态的能耗模拟和客观评估，使得节能改造方案缺乏适用性和经济性。

同时传统的能耗分析软件也存在很多问题，主要包括以下几方面：

（1）能耗分析软件的选取困难

目前各类能耗模拟分析软件的种类繁多，针对不同项目的各类软件的适用性各不相同，只有全面熟悉目标软件的特性，才能选择出合适的软件。同时由于各个项目所在的地理环境的不同以及各个地方的标准规范的差异，各类软件在项目中的使用也各不相同。

（2）模拟分析的结果不够准确

在传统的能耗模拟软件中，往往出现用户能耗模拟的结果与实际的能耗差距较大的情况，同一项目运用不同软件得到的结果也不相同。产生这些差异的原因复杂，从客观方面来说，各类软件的研发目标不同，因此软件的核心引擎对能耗的分析算法存在差异。同时由于项目地区的气象条件和建筑自身材质的复杂性，软件在进行能耗模拟时，需要进行一定的简化。从主观方面来说，软件使用者对软件的特点不够了解，使用的软件不适合工程项目。同时由于各个软件的建模方法不同，使用者在不同软件中建立的模型的准确性往往较差，因此各个软件模拟的结果出现差异。

（3）缺乏与规范相结合的能耗分析软件

由于各类能耗模拟软件的研发大都基于本国的规范和标准，因此在针对特定地区的地方规范进行能耗模拟分析时，分析结果不够准确。我国能耗模拟软件与建筑规范结合得很少，只有PKPM系列软件有一定的结合性，但是PKPM对于复杂建筑的模拟缺乏准确性。

5.2.2 基于BIM的节能管理

1. 基于BIM及价值工程的施工流程优化

鉴于BIM技术强大的建模、数字智能和专业协同性能以及国际上10余年工程建设实践中低投入高回报的优势（杨秀仁，2016），将BIM技术作为节能施工中的一项新技术应用于绿色建筑的全寿命周期中，对传统施工流程进行优化，有望解决节能管理问题。

BIM技术的价值主要体现在BIM的3D展现能力、BIM的精确计算能力以及BIM的协同沟通能力上。据普华永道对BIM技术在国内外的工程应用分析可以看出，BIM技术可使建设周期缩短5%（其中，沟通时间减少30%~60%，信息搜寻节约50%），成本降低5%（艾永飞等，2019）。

基于BIM的价值可以在传统建筑施工上产生新的变化：

(1) 新理念的产生

BIM 协同的能力可使得建筑设计、施工、运营维护的过程全集于 BIM 平台上，可形成建筑全寿命周期理念，类似还可以形成建筑知识管理理念、新的建筑认知体系等。

(2) 资源的重新整合和配置

BIM 技术是以数字为基础，可以结合大数据、云计算等技术做好资源的动态管控，实现资源的重新整合和配置。

(3) 新的思维及工作方式

BIM 技术"所见即所得"的思维理念会对建筑施工带来新的改变，如 3D 虚拟模型及衍生的 nD 功能（4D 动画、5D 造价）等，思维改变也必将带动工作方式的变化。

2. BIM 技术在绿色建筑全寿命周期内的应用

鉴于 BIM 的 3D 展现能力、精确计算能力以及协同沟通能力，将其应用到节能建筑中可以很好地体现出节能建筑的特点。借鉴国内外 BIM 技术在节能建筑施工管理中取得的经验，可将 BIM 技术应用于节能建筑的全寿命周期中（Wu et al., 2010），见表 5-2。

表 5-2 BIM 技术在节能建筑全寿命周期内的应用

项目阶段	BIM 技术应用	体现节能施工特点
决策阶段	1) 场地建模、漫游。在技术方案中，按照客户对建筑节能的需求，建立建筑的 3D 模型，使得各参与方对建筑从一开始就有直观便捷的认识 2) 规划定位，用地检查	以客户为中心，考虑建筑的环境属性 新技术应用
开发阶段	1) 实现多系统协同合作，提高设计质量。对建设项目的各个系统进行空间协调、消除碰撞冲突，大大缩短了设计时间且减少了设计错误与漏洞，进而提高设计的质量 2) 模拟施工过程，提高可施工性 3) 保证工程文件和设计图的准确性 4) 用能模拟，改进设计方案，提高用能效率	注重全局优化 全寿命周期最大限度利用被动式节能设计与可再生能源 新技术应用
实施阶段	1) 利用 4D 模拟动态配置资源。三维建筑模型与进度编排相结合，可以实现一个 4D 动态模拟模型，及时发现施工过程资源配置风险，指导一线员工熟悉施工流程 2) 利用工程算量，实现精益化施工。精确地掌握施工进度、成本、质量等方面的信息，对施工中资源配置可以起到动态化的管理，使精益化施工成为可能 3) 指导构件的施工。对于一些结构特殊的构件，可以利用 BIM 建立 3D 模型，以一定比例制作实体模型，便于熟悉特殊构件的定位放线，模板制作和搭建	新技术应用 保证施工目标均衡
结束阶段	1) 提供建筑的使用情况和性能。提供入住人员和容量、建筑已使用时间和建筑财务方面的信息，以及建筑的所有物理信息，以便于业主掌握，做出合理的决定 2) 故障影响分析。便于管理人员后续的维修保养，实现建筑的升值、保值	全寿命期节能管理 新技术应用 以客户为中心

3. 基于 BIM 的温室气体量化和减排建设与拆除废物信息管理系统

过量的温室气体排放导致严重的全球变暖和气候变化。由于建筑和拆除废物（CDW）报废处理过程是温室气体排放的来源，因此精确估算与减少建筑与拆除废物寿命对于减少温室气体排放至关重要。

当前的建筑和拆除废物信息和相关的温室气体估计方法往往不准确，而构建基于 BIM 的可以提供精确的 CDW 信息与详细的信息估计过程的建筑和拆除废物信息管理系统（IMS）恰恰可以解决这一问题。为了促进对建筑和拆除废物处置温室气体排放的准确量化，提出了包括若干温室气体排放因子的数学公式。

Xu、Shi、Xie 和 Zhao（2019）进行了一个实际案例研究，以证明所提出的方法在量化与减少建筑和拆除废物处置温室气体排放方面的效率及有效性。案例中确定了 15 种建筑和拆除废物处置类型的准确温室气体的排放估算，并进行了比较，发现混凝土在运输过程中二氧化碳、甲烷和氧化亚氮的排放量最高，处理过程中二氧化碳排放量最高，有机物的甲烷排放分解最多。根据不同的排放特征，对建筑和拆除废物处置温室气体减排给出了有针对性的建议。发现基于 BIM 的建筑和拆除废物信息管理系统与所开发的数学公式的组合可以有效和准确地确定建筑和拆除废物信息及相关的温室气体排放，因此提供了减少建筑和拆除废物处理产生的严重环境损害的实用指南。

4. 基于 BIM 的建设项目能源性能优化

建筑行业消耗大量的能源和自然资源，通常被称为"40%的行业"，因为建筑物产生了近 40%的二氧化碳排放总量和 40%的总废物，并消耗了 40%的总体自然资源，特别是由于建筑物运营阶段（供暖、制冷、热水和热水设备）消耗建筑业的大部分能源，因此优化能源性能是执行和管理建筑物能效的关键问题。当前已经评估了若干工具和方法，以支持在建筑环境中实施可持续战略。特别是 BIM 已被提议作为一种创新方法，其中包含许多有用的工具，可以通过协调建筑材料的信息和促进其环境影响的计算来有效评估建筑物的能源性能（Najjar et al., 2019）。

一些因素在确定建筑物的能源使用模式中起着重要作用，例如建筑类型、气候区和经济发展水平。BIM 提供了节省设计师、工程师和建筑师消耗时间的机会，以便其考虑所有建筑几何和完成能量分析所需的信息。在此分析水平上收集的结果包括与能源使用和消耗、负荷分解相关的统计数据。此外，BIM 在建筑自动化中发挥着重要作用；BIM（nD）的各个方面，包括成本和时间控制，设计和仿真，可以在建筑项目的整个寿命周期阶段实现有效的建筑控制。

基于 BIM 的建设项目能源性能优化是提出一个集成不同的性能参数，例如建筑设计、气候数据、包括建筑构件，能源使用和消耗的设计因素的框架，利用 3D 建模和可持续性作为 BIM（nD）尺寸，以提高建筑物的能源性能。目的是使用标准程序和软件使建筑部门的从业人员和专家随时可以获得工作。该方法将赋予决策过程和设计建筑项目的可持续性，可以评估能源使用强度，同时考虑构成建筑物围护结构的建筑构件、相关措施，包括窗户与墙壁的比率以及加热、冷却、照明和设备用途所消耗的能源，从而实现建设项目能源性能的优化。

5.2.3 BIM在节能管理应用中的障碍因素

将BIM技术用于节能管理和方案优化过程中优点颇多,但仍有些不足之处。

1)至今尚未建立广泛运用、操作性强的能耗标准,也没有能够有效限制能耗的节能管理举措。通过合理地计量较容易获得实际建筑的实际能耗,但评测模型耗能检测总量的合理性就必须给定标准来作为参照,然而这一标准又因为建筑的个性条件不同而很难设定。设计时这些个性因素通常都可先行假定,而实际中必须依据建筑真实状况设置,这是由于真实的建筑耗能,与运行状况和使用人的真实行动有较大影响,实际状况和前期假设必有出入。建筑能耗涉及方方面面,基于BIM技术竣工模型的能耗监测与实际能耗结果有较大的差异,能耗数据的全面性和精确性有待遇进一步提高。基于BIM技术的能耗管理方法的实际经济效益有待研究。

2)既有建筑通常并未构建BIM模型,必须新建模型。

3)没有覆盖全面所有的建筑类型,比如有特殊要求的工业建筑,所以,进行节能管理时,需依据现实状况,根据实际需要合理规划,制定相应的节能运营管理模型,达到相应的节能目的。

4)用户缺乏足够的节能积极性。大部分业主对于工程项目在运维阶段的节能管理没有科学的认识,从而造成了很大的能源浪费。另外,部分业主对于建筑的节能潜力认识不足,也没能获得专业的节能咨询机构的帮助,在实践中应用BIM开展节能管理积极性较低。

5.3 BIM与消防管理

5.3.1 传统模式下的消防管理

消防工程是工程领域中极为重要的组成部分,它关乎项目以及群众的安全。切实有效的消防管理能够将安全隐患及时扼杀在萌芽状态。

传统模式下的消防管理以CAD二维图操作技术为主导,各参与方独立工作,管理者大多为消防部队退役人员,其专业技术及管理水平均有所欠缺。传统模式下的消防管理大多集中在设计与施工阶段,并未贯穿于项目整个全寿命周期。因此在项目后期往往导致不必要的资源浪费,效率低下,甚至产生安全隐患。传统消防项目管理模式已经无法满足现今工程领域的发展需求,面临着以下问题:

1)消防设备信息缺失。传统的施工图交付方式导致消防设施的信息难以有效传递,信息脱节问题严重,制约了消防设施的运行及维护,同时增加了管理人员的工作难度。

2)消防救援弊端明显。二维模式下的消防疏散图是平面图,其中的空间信息、设备信息、人员信息之间的相互关系得不到有效的展示(林天扬等,2015)。这就导致在紧急情况下救援人员难以快速熟悉环境,从而影响救援效率,同时也给被困人员的逃生自救带来了不利的影响。

5.3.2 基于BIM的消防管理

由于消防管理涉及人员的人身安全,因此在项目运维阶段消防安全至关重要。建筑信息数据全面整合的三维BIM模型是业主后期运维的法宝,也是消防部门承接后期维保工程的有力保证(王丹净,2014)。

维护管理人员在进行维护工作之后可以将整个维护过程的情况记录下来,并将维护工作信息记录在BIM模型中,自动更新BIM模型中设施的维护状况,便于设施经理时刻掌握维护工作进行状况,并且做到了设施信息系统的可连续自动更新。BIM模型还具备了很好的仿真度。由于采用BIM平台设计的3D实时漫游模式,人们能够以第一视角看到建筑设计模型内部和外部环境中的任何地方,从而能够很直观地看到灭火装置和其他设备之间的位置和功能关联,以及其周边复杂的管网路线和设备环境等,这是消防设施管理领域内的全新飞跃(程乃伟等,2017)。

三维可视化的消防管理系统是将先进的VR技术与BIM模型有机关联,并在模型中导入准确的消防设施信息,实现了消防设备信息在建筑环境中的可视化管理(吴荣文和黄丰伟,2017)。建立以建筑信息模型为基础的消防设备管理系统,通过友好的图形用户界面实现积极的人机交流,能够支持消防管理者在该系统中查看到消防设备的全部信息,其构成如图5-2所示。

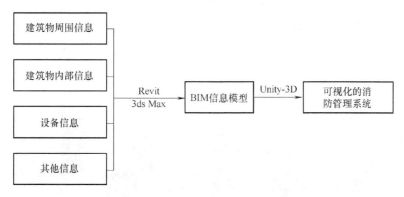

图 5-2 可视化消防管理系统构成

基于BIM的可视化消防管理系统可提供建筑寿命周期内的全部信息,且BIM模型是建筑物三维真实显示。基于BIM的消防设施管理系统包括各种类型的消防设施的空间模型和与其关联的数据库,管理人员通过查看BIM模型数据库,就能了解消防设施的运行状况,将其与实际状况相比较,即可判断是否出现问题(程乃伟等,2017)。维修人员维修结束后,将维修信息通过移动端录入到BIM模型中,同时更新BIM模型中的维修状态,以便管理人员及时了解设备的运行状态。再者,通过BIM与VR技术的有效融合,相关人员可以通过BIM平台进行3D漫游,直接观察设施之间的功能关系和相对位置。

同时基于BIM技术建立建筑模型,可清晰明了地显示疏散通道的状态等,为消防应急救援提供准确信息，大大提高救援效率；在制定预案时也可扩充预案包含的信息量和准确度。基于 BIM 技术建立的建筑模型不再是由点、线、圆等简单元素组合的几何图形，而是包含墙体、门、窗、梁、柱等构件图元的实体信息化模型。同时 BIM 还提供了丰富的族库，可实时载入灭火器、消防栓和喷淋头等消防设备，其每个设备都有自身的信息库，可提供构件的型号、位置、状态等详尽可靠的原始信息和必要深度的建筑模型细节，如建筑的材料、防火分区、疏散通道和消防设施等，这些都为消防应急救援提供了指导依据，是消防救援中最具指导意义的信息。模拟状态下通过可视化平台对建筑物内部信息进行查看的结果如图 5-3 所示。

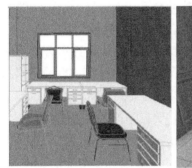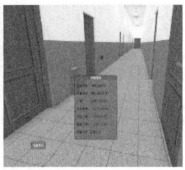

图 5-3　建筑物内部信息查看

BIM 提供与建筑实体一致的三维可视化的模型，模型支持旋转、缩放、分层、剖面、立体以及漫游等，直观清楚。在紧急情况下，通过 BIM 的可视化技术可以在信息交互平台上清楚地看到建筑内任何一层的所有图像，包括建筑物各层火灾蔓延情况以及人员疏散情况，如图 5-4、图 5-5 所示。

图 5-4　火灾蔓延情况

图 5-5　人员疏散情况

基于BIM的消防管理具备下列几项特点：

1）便于维护消防设施。消防工程中包含设备众多，采用BIM系统可将各类设备的型号、生产商以及说明书等信息批量导入信息系统中，便于今后维护。与此同时还可以借助该系统定时查看消防设施运行状况，从而有效保障相关设施的可靠性。

2）具备紧急情况疏散能力。在发生火灾等紧急情况时，系统可以自动计算逃生时间，并为不同位置的被困人员确定最佳逃生路线，从而将生命财产损失降到最低。

3）降低消防系统运营成本。由于其保留了完整寿命周期资信，包括建筑物外部结构、周边地形以及消防设备的详细信息，可节省传统设施管理系统中资料必须重制的人力成本与时间，并减少人为错误（王佳和黄俊杰，2015）。与此同时，BIM系统的应用能够大大提升消防管理工作的效率，降低管理团队的工作量，节省人力成本，并能够及时发现设备故障，节约运营成本。

为了更加清晰地表现两种模式下消防管理工程的差异，将传统模式下的消防管理与基于BIM的消防管理模式进行对比，见表5-3。

表5-3 传统消防管理模式与基于BIM的消防管理模式对比

对比项目	传统消防管理模式	基于BIM的消防管理模式
管理者	消防部队退役人员	专业消防管理团队
技术手段	二维图模式	三维数字信息系统
技术平台	CAD软件	集设计、施工和运维为一体的三维数字化信息平台
实施范围	设计阶段	项目全寿命周期阶段
管理效率	经验式的粗放式管理	基于海量数据的精细化管理

通过上述对比可以发现，与传统的消防管理模式相比，基于BIM的消防管理模式具有管理者更加专业、技术手段更加先进、实施范围更广以及管理效率更具有优势的特点。

5.3.3 智慧消防

随着近年来物联网、大数据、人工智能以及地理信息系统等先进技术的不断发展，越来越多的企业将这些新技术运用于消防领域，构建智慧消防。其中，BIM技术在智慧消防中能够提供非常大的帮助。首先，BIM技术拥有非常好的三维可视功能，通过与GIS技术的融合运用，可以更好地实现三维空间定位；其次，BIM技术在信息的整合上具有非常强的能力，例如通过BIM技术可以对空间位置、时间、材料等信息进行详细统计。

智慧消防管理系统的目的是提高消防管理人员对整个建筑物消防安全的把控，因此需要有足够的信息量和准确的信息来帮助消防管理人员进行决策。为此，智慧消防管理系统可以分为以下五大功能模块：

1）信息采集模块。本模块主要完成信息采集的功能。利用RFID、传感器、监控器等物联网设备组成系统的信息采集网，对建筑物内消防设施设备的状态进行实时监控，包括消防用水、消防器材、消防电气、安全出口及通道等。此模块还具备信息接收功能，可以在接收到管理中心指令后运作，发布消防消息。

2）模型模块。本模块是消防管理系统的核心模块。通过 BIM 模型，可以查阅建筑物内部结构、电气以及消防设施设备等信息。

3）信息处理模块。在通常情况下，物联网终端所收集的信息被传送至与 BIM 模块相应的 ID 地址中予以保存，信息处理模块则通过与所设定的标准相比，完成了信息系统的日常检测和录入工作。当发生设施设备故障、起火等异常情况时，信息处理模块的紧急功能响应，同时信息也将传送到信息系统管理中心。信息处理模块首先经过对数据的对比分析，找出了异常点，而后再经过管理中心的判断，由管理中心下发工作命令。如出现设施设备故障，则下达命令到装备部，再由装备部实施检查维护；如出现火灾，则调集在异常点附近的物联网装置人员实施对数据再核实。

4）管理中心模块。管理中心既是信息系统的决策中枢，同时也是信息系统的日常管理者。系统的日常维护工作均由管理中心承担并由其做好记录、监测。一旦出现火灾情况，管理中心就转化为决策中枢与紧急指挥中枢，通过对信号的读取和分析做出决定，并发出应急疏散指令，全程指挥救灾工作。

5）终端 App 模块。该模块是接受命令模块，直接面对救援人员和居民。救援人员可以使用终端 App 直接接受由决策中心传来的命令，同时，也可以通过终端掌握即时的火灾现场资信，并能够对突发状况随机应变。对于长期居住的用户，可以通过在手机安装移动 App 平时也能够使用 App 掌握小区的每日消防工作状况，并积极参与小区的消防管理；当遇到火灾突发情况时，管理中心可以借助移动 App 对其进行疏散指导和救援指导（黄林青等，2018）。

智慧消防系统架构如图 5-6 所示。

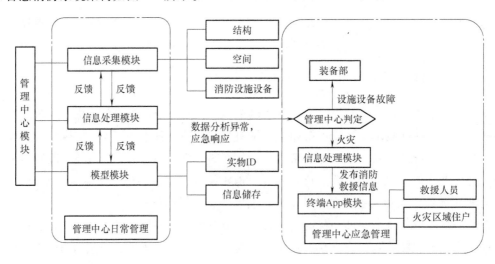

图 5-6　智慧消防系统架构

智慧消防系统的作用十分广泛，可以应用于消防设施维护、消防信息管理、消防预案的编制、火灾模拟以及疏散模拟等方面。业主单位应把握时代以及技术的发展，运用新技术构建智慧消防管理平台，提升自身的消防管理水平。

5.3.4 BIM 在消防管理应用中的障碍因素

出于现实原因，消防日常监督检查、消防训练以及火灾救援工作中对于建筑数字化信息的信任度和使用习惯还需要逐步地培养，即使实现了数字化消防管理平台，其中模型的维护、更新和有效使用还需要从制度上、训练培训上、观念上等多方面继续努力，才能使其真正发挥作用。

BIM 技术在建筑消防领域有很大的应用前景，相关厂商不仅需要提供一个基于 BIM 的消防设备信息模型，还要将多种数字技术相互融合，提供一个智慧消防的整体解决方案，但是目前并未存在这样的方案，这在很大程度上制约了智慧消防的发展，这也是将来急需解决的一个问题。

5.4 运维阶段业主 BIM 应用

5.4.1 业主应用 BIM 范围

与建设成本相比，项目全寿命周期的运维成本显得更为突出，这都促使业主逐渐重视 BIM 技术的运用。在本小节中，将概括性地对促使不同类型的业主采用 BIM 技术的因素进行整理，并对 BIM 的不同应用范围进行描述。

业主在运维阶段可以应用 BIM 技术在空间管理、模拟运维、信息管理、设备监管、安全管理、能耗管理、引导管理、协助管理等方面的功能。其中空间管理是对空间中的人和物进行的管理，包括空间规划分配以及设备位置管理；信息管理是对建筑所有信息以及运维产生的所有新信息的管理，包括资产管理和设备信息管理；安全管理是对建筑中设备运行的检测和运行状态的控制调整，包括设备信息监管和设备的实时控制；能耗管理是对建筑的能耗进行显示、分析、远程控制，以达到节能目的的管理。业主在这一阶段应用 BIM 技术的驱动因素包括早期及经常性的设计评估、设施的复杂性、成本可靠性及成本管理、项目质量、项目可持续性以及资产管理（丁梦莉等，2017），见表5-4。

表 5-4 业主应用 BIM 范围及益处

服务对象	BIM 应用的具体领域	市场驱动因素	效益
业主	空间管理 模拟运维 信息管理	成本管理 项目可持续性 资产管理	提高成本可靠性、建筑项目性能及可维护性 设施及资产管理

5.4.2 业主应用工具

1. BIM 评估工具

业主运用 BIM 评估工具对项目的成本及财务执行情况进行预测。通常情况下，这种评估在设计团队建立起完整的建筑信息模型时就已进行。评估多采用单位成本的估算方法,由业主代表或者咨询顾问进行评估。

有一些其他的软件可以用于评估,如美国的 Aspen Capital Cost Estimator(ACCE)软件,就是专为业主设计的一款估算软件。此外美国的 Excel 也有广泛的应用。另一个针对业主开发的软件是 Autodesk Revit,该软件可以导入建筑信息模型并且允许业主自动或者手动操作。

2. 资产设施管理工具

大多数现存的设施管理工具依赖于采用电子数据表格中的 2D 信息来表示空格或者数值。从最初设施管理机构的视角来看,空间管理以及相关的设备和资产设施并不需要 3D 信息。但是基于 3D 信息的模型组件可以为设施管理工作增添价值。

BIM 可以为初始阶段的设施信息输入及信息交互提供极大的便利。通过 BIM 工具,业主可以有效利用其空间组件来定义项目的 3D 边界,从而大大缩短创建数据库所耗费的时间,因为传统的方法需要等到项目完工时才能手动创建。根据美国海岸警卫队的某个设施规划案例,业主在通过 BIM 来创建和更新设施管理数据库时可节省大约 98% 的时间和精力。

业主在利用建筑模型工具时应考虑以下问题:

1)空间对象的支持。

2)合并功能。来自多个数据源的数据能够更新及合并吗?例如,不同源的某系统及空间能够有效合并吗?

3)更新。如果对设备进行改造或重新配置,系统可以轻松地更新设备模型吗?可以改变对其的追踪吗?

4)传感器和控制监测。传感器和控制系统是设施管理系统的一部分吗?该系统能够对其进行有效监控和管理吗?

业主在利用设施管理的建筑信息模型时可能需要某些特定的 BIM 设施工具或第三方 BIM 附加工具,业主的维护团队以及施工团队在进行建筑模型交接时需要用其来调试和整合 BIM 工具。在由 BIM 系统向 CMMS 系统交接时面临的一个挑战是 CMMS 可能难以接受 BIM 工具中常见的标准及文件格式。

利用 BIM 来进行设施管理仍然处于起步阶段,目前市场上仅有少数可用的工具。业主应当与设施管理机构合作以确认当前的设施管理工具能否支持 BIM 数据,与此同时,制订相应的过渡计划也是业主的必要工作。

3. 空间管理工具

对当今的建筑物构造主体来说,其结构内外部建筑面积、功能性空间的用途安排、运维占用是具体管理环节中非常关键的一个环节。在当今社会,虽然人类对于发展现代化的大型、复杂类建筑物主体的多功能空间设计应用这一技术还存在着一定的局限性,但是 BIM 的直观式空间立体数据模式特点却可以不受此条件的制约。可以通过将整个建筑物主体直观全面地表现在参数模式中,在建筑物空间式仿真架构中对建筑物主体先期进行空间设计模拟化利用安排，可顺利规避目前建筑设计实际中因为进行一次建筑空间整体规划而产生的资源型过度浪费（无效空间的设置）现状（张帆和杜王苗，2017）。

进行空间管理的主要思想是创建一个能够管理房间占用的 Web 工具，以便了解空间是否被使用、过度拥挤或者使用不足。这个工具的计算过程非常简单（可在网页中自动完成）。对于每个房间，唯一的操作是房间中的实际人数与计划数量之间的比率，将这个比率称为占用率，其取值可以是 1（按计划使用），0（未使用），$0<x<1$（未充分使用）或 >1（过度使用）（Cecconi et al.，2017）。在这个工具中首先要创建一个 BIM 模型，这个模型以竣工交付时的模型为宜。然后需要在模型中创建相应的变量，保存所必需的数据，最后需要连接到 BIM，通过 Revit 插件和 Microsoft Access 完成连接。在这个工具中，允许用户在 BIM 模型和数据库之间执行和查询数据。

虽然 BIM 技术在我国发展非常迅速，广联达、鲁班等数字建造企业也都推出了基于 BIM 技术的运维阶段的解决方案，但是涉及空间管理的依然为少数，未来需要科研人员不断推进技术的发展，提供一个运维阶段完整的解决方案。

4. 项目运维模拟工具

对于运用建筑信息数据的业主来说，项目模拟运维工具是另一种新兴的门类或者说软件工具。这些工具包括紧急情况疏散模拟、响应模拟等。这些工具通常由公司提供并服务于执行运维模拟以及必要的信息添加工作。在所有的情况下，这些工具均需要额外的信息输入以执行模拟程序。而在特定情况下，也可以仅仅从建筑信息模型中提取建设项目的地理信息。

关于运维模拟工具还有更加典型的例子，有时并不涉及专业的仿真模拟，而是利用实时的可视化或渲染工具。通过专门的工具及服务，同样的模型也可以被用来模拟紧急情况，例如莱特曼卢卡斯数字艺术中心团队也曾使用他们的模型来评估疏散和应急场景。

5.4.3 基于 BIM 的智慧运维

运维阶段是项目管理整个寿命周期中时间最长、花费最大的一个阶段，因此在运维阶段，就需要 BIM 技术能够给建筑物本身提供一种基本信息框架，能够精确地对建筑各个组成部分做出说明，主要涉及建筑物的几何信息和非几何信息。其中几何信息主要涉及建筑物信息中的建筑构件、结构构件等；空间信息中的建筑物高度、楼层、房间大小和区域信息等。非几何信息则包含建筑构件的编号、命名、分类、材料信息，以及设备设施的基本属性等（陈贵涛，2018）。

基于 BIM 的智慧运维

针对运维阶段对于建筑整个寿命周期的重要意义，根据产业发展要求和当前 BIM 技术在智能建筑发展的现状分析，需要构建基于 BIM 技术的智能运维管理体系（国萃和刘全，2017）。本节将基于 BIM 的建筑运维管理核心技术归纳为三个方面：①面向运维管理的 BIM 模型；②信息物理系统融合集成技术；③平台开发方法。

1. 面向运维管理的 BIM 模型

BIM 模型是搭建智慧运维体系的重要基石,可采用竣工交付的模型,但同时还必须思考模型需要达到哪些条件、以及怎样自定义扩展模型。在搭建体系时,对缺少的模型也必须加以自定义和扩充。而目前对 BIM 模型的扩充大致有三个方法:基于 IFC Proxy 实体的扩充、基于增加实体类的扩充,以及基于属性集的扩充。

2. 信息物理系统融合集成技术

信息物理融合控制系统 CPS 是一种综合计算、网络系统与物理环境的多维复杂体系,借助 3C(Computation、Communication、Control)与信息的有机融合和深入协同,可以完成对大型工程控制系统的信息感知、动态监控。它把数字图像视为联系物理学与几何属性的介质,做到了"数据信息附属于图像,图像蕴含数据信息",从而可以将在原来建筑物中单独操作或现场控制的各种设施,结合 RFID 等现代信息技术汇集在统一的管控平台上,在监控设施的真实工作状况的同时,还能够实现远程监控。

3. 平台开发方法

搭建运维平台的过程中,必须处理建模数据双向传输、三维建模的展示和数据绑定等问题。其中,平台的三维建模可视化功能需要将信息完美地转化为三维建模,同时还要对各构件的定位和相互关联信息进行可视化展示。目前,建模展示功能主要采用了 Revit、OpenGL、Direct3D 等软件,而使用移动或手持终端则是平台信息交互的有效方法,目前移动或手持终端已经在 BIM 建设阶段中进行了运用。例如广州城市轨道交通建设中所采用的"派工单",即将工地消息通过手机 App 等设备下传给员工,同时也将实际施工进度及时反映到信息系统中。运维阶段主要是运用于在设备日常巡检管理中的漫游,通过对设备数字化扫描显示设备的基本信息,以及设备报修管理等方面(丁梦莉等,2018)。

在构建过程中,还应该考虑一些技术以及行政因素。从技术角度讲,基于 BIM 技术的智慧建筑运维管理系统分为三个层面:第一个层面是开展智慧建筑运维管理系统顶层设计;第二个层面是加强建筑运维管理阶段与设计施工阶段的接口标准建设;第三个层面是建构基于 BIM 的数据交互平台。从行政体系建构角度讲,基于 BIM 技术的智慧建筑运维管理系统既是服务于建筑设计、物业管理、政府部门的专业管理系统,又是服务于所有使用者的智能化服务系统。因此,行政体系建构一方面不仅需要从行业角度出发,明确物业管理与业主、设计方、施工方之间的责任范围,还应需要从民众角度出发,尊重并积极响应民众需求,拓展民众参与渠道,增强智慧建筑设计全过程的民众参与度(国萃和刘全,2017)。

5.4.4 业主应用 BIM 的关键

这里的"业主"泛指行使建设项目甲方权利的实体,包括政府、企业、开发商、代建方等,区别于建设项目的设计、施工、咨询、供货商等,也就是英语文献中使用"Owner"来表示的这部分群体。

首先,业主具备与 BIM 应用有关的知识和技能是其应用 BIM 的前提,业主团队的知识和技能构成要随着BIM的应用而改变。

其次,业主团队完成岗位职责时使用的软件工具也需要改变(增加),从应用BIM前的CAD软件到应用BIM后的BIM及其相关软件。

再次,由于应用了BIM这样一种新的技术、方法、工具,业主完成工作任务实现工作目标的工作方法和工作流程也需要随之而改变,使之更有效地发挥BIM的价值,实现工作效率和质量的提高。

最后,由于BIM的应用,同样岗位职责可以交付的成果形式、内容、质量也会跟着改变,例如应用BIM以前的主要交付内容是设计图(电子或纸质),应用BIM以后的主要交付内容除了设计图,还有BIM模型。

根据相关学者的研究,由于现阶段拥有完整BIM团队的应用方仍在少数,所以大多数的BIM应用方尚需要专业的BIM咨询单位提供服务,以支撑其BIM实施。因此,业主驱动的BIM应用模式可进一步分为咨询辅助型和业主自主型这两种模式(赵彬和袁斯煌,2015)。

1. 咨询辅助型

咨询辅助型模式是业主聘请独立的BIM咨询单位为项目的BIM应用提供专业化的咨询服务,BIM咨询单位在BIM实施过程中充当"代理业主"的角色。如采用该模式,业主应该在全面分析项目特点和内容的基础上,制订合理的总体目标,然后咨询单位依据应用总体目标进一步WBS(工作分解结构),设定阶段性的具体目标,编制翔实的BIM实施规划,确定组织流程、规范标准、平台和协作机制等。严格按照合同的约定,完成对业主驱动的BIM应用的技术咨询服务。对于那些不具备相关能力的业主方来说,BIM应用的关键则是聘请的咨询单位为其提供专业化的咨询服务,并适时代替业主对BIM工具在项目运维阶段的应用发挥管理作用。

2. 业主自主型

业主自主型模式是由业主方主导,协调每个阶段的参建方,组建专门的BIM团队,负责各阶段(某阶段)的BIM实施与应用。此模式下,业主不但要根据项目特点制定BIM应用总体目标,还要确立基于BIM的项目阶段性目标、组织流程、规范标准、平台和协作机制,并针对项目进展情况随时调整BIM规划和信息内容。对于具备自主能力的业主方来说,在项目运维阶段应用BIM工具的关键是结合项目具体特征制订BIM应用总体目标,同时还要协调各团队之间的信息交流沟通,从而管控整体目标的实现。因此,业主必须以合同的形式对各参建方的BIM技术应用能力进行规定,以便于项目各参建方都能站在业主的立场全面推动BIM的应用。该情况对业主的BIM团队综合要求较高,同时也面临着前期成本高等困难,对业主方的经济及技术实力是一个挑战。

除此之外,业主在项目运维阶段中利用BIM工具的另一个关键点是BIM模型的校对能力。由于项目运维阶段处于项目全寿命周期的最后一个阶段,因此前期BIM模型积累了大量的数据和信息。面对海量的数据,业主应当注意模型的校对,仔细审核有关信息,这是业主成功应用BIM的关键。

5.5 运维阶段 BIM 实施风险和常见误区

5.5.1 实施过程中的风险

在实践中，与设计施工阶段相比，BIM 在运营维护阶段中的应用仍然处于较低水平，其在国内的进一步推广受制于下列若干障碍因素：

1. 技术风险

缺乏适用于具体项目的 BIM 运营维护平台。虽然现阶段 BIM 在运营维护方面的应用有了较大的发展，广联达、鲁班等企业也都发布了运维阶段的 BIM 技术的解决方案，但其功能依然很有限，而且其拓展功能大多不属于运营维护管理中的必备需求，因此在实际中的应用十分有限。

（1）BIM 运营维护基础技术架构欠缺

项目的运营维护阶段往往长达数十年，在这期间将会产生海量的数据信息。处理这些数据需要具备高效可靠的平台，与此同时，对相应技术有着很高的要求。这些技术架构涉及已有的成熟的自动监控系统（如建筑自动化系统 BAS 等）、新兴的云计算平台、物联网技术、数据挖掘和大数据技术等，目前还没有完备的经过验证的整体架构，需要进一步研究和探索（胡振中等，2015）。

（2）数据标准不尽完善

在运营维护阶段收集数据时，由于数据监测方面尚无与其对应的有关技术标准，并且在进行信息交换时，遵循的开放标准对于实体存储模式并不直观，这就导致难以理解这些数据所代表的含义，从而无法达到相应的要求。除此之外，技术标准的不完善还容易导致实施过程中产生较大的信息冲突，一些模型无法传递，下一模型利用者只能重新建立模型，从而造成浪费。

（3）数据不统一

BIM 模型数据的跨平台应用已成为普遍趋势，例如在计算机端，可用多种软件进行模型的浏览和漫游，这些模型数据也可通过接口在手持终端上加以呈现。整个模式容易让人产生跨平台的数据无缝连接的错觉，但实际上数据传递的过程往往是分割开来通过人工来实现的，这个过程人为造成了很多"信息孤岛"，而且传递过程存在着数据丢失的风险。

（4）整合不全面

BIM 建模软件有多种选择，每种建模软件的优势和侧重各有不同，一个项目中很可能用到多种建模软件，此时模型整合就变得尤为重要。模型的整合不仅是几何形体的整合，更重要的是材质、体积等数据信息的整合。事实上，整合导致的信息丢失的案例比比皆是，而运维阶段最重要的一点便是运维信息的完整性。

2. 管理风险

（1）目标不明确

国内很多 BIM 项目，在实施之前普遍没有确立好 BIM 应用的目标。业内目前尚无统一的 BIM 建模规范,因此 BIM 建模的精度要求应以满足未来 BIM 应用的深度和广度为依据,如果模型精度达不到应用要求,势必对未来 BIM 应用造成障碍,这也是目前国内很多 BIM 项目中途停滞的主要原因;相反,如果超出精度范围,则会出现建模资源浪费的情况,同时更高精度的模型意味着对硬件资源的占用。以当前硬件配置水平,适当的模型精度是 BIM 应用的关键(李智和王静,2016)。

(2)业主管理能力不足

业主理想的 BIM 能力包括五个方面:选择具有 BIM 实力的项目合作方、提出 BIM 参与要求、校核提交的 BIM 模型、充分利用 BIM 模型开展相关业务工作、研发所需的 BIM 应用。如果项目管理方管理能力缺乏,势必会导致模型版本混乱、模型利用效率降低、返工数量提升、建设效率下降等问题。因此,面对 BIM 技术的复杂性,项目管理方比设计单位、施工单位更需要精于 BIM 技术的人才,这样才能建立 BIM 规则、标准和协同平台,引导各参与方共同采用 BIM 技术建设项目,并解决应用过程中的 BIM 技术难题。

(3)BIM 人才匮乏

BIM 人才的匮乏是影响 BIM 技术推广的重要阻碍因素。当前设置 BIM 相关专业的高校数量很少,该领域的人员主要采取企业内部培养方式,来源渠道较少。而绝大多数企业应用 BIM 时,需要采取聘请 BIM 咨询顾问的方式。例如我国香港便主要依赖 BIM 第三方,但内地实践中少有此类成功案例。

(4)成本高昂

根据现有资料统计,采用 BIM 技术的项目比常规多花 3%以上的费用,其中项目管理或 BIM 咨询需多花 $10\sim25$ 元/m^2。业主关心的是,多产生的费用是否能够得到回报;项目管理方则考虑的是,BIM 项目管理中哪些应由业主承担,如协同平台建立(服务器购置、软件开发)的费用由谁承担。因此,项目管理方需对 BIM 成本做进一步分析,并对项目产生的回报率做初步测算,以合理价格及有效的成果赢取业主的信任。

(5)理念不正确

从 2013 年开始,国内一些传统工具软件厂商开始往 BIM 软件开发的方向转型。由于缺乏 BIM 整体平台级架构的思路,仅仅是将原有软件产品三维化,未能体现 BIM 全寿命周期管理的理念,反而把模型数据变成了一个个的信息孤岛。国外很多 BIM 管理软件也纷纷登陆中国市场,但是普遍遇到了本土化的问题,无论是算量和计价的规则还是管理模式的区别,都给外来的 BIM 应用软件设置了天然的门槛。同时,欧美的管理模式趋向精细化、标准化,而目前国内企业尚未达到相应的管理水平,因此应用落地十分困难,理念不正确是目前 BIM 项目存在的最大风险。

3. 市场因素

(1)缺乏完善的 BIM 运维市场环境

BIM 在我国的起步是从建筑设计行业开始的,后来才逐步延伸至建筑施工阶段。究其原因,无非是建筑设计等应用领域距离 BIM 的源头 BIM 建模技术最近。BIM 建模软件相对易于上手,建模过程(最开始只是翻模)也就比较简单;到后面施工阶段时,应用 BIM 涵盖的范畴就更广，协调结合难度也更大；进而扩展到运维阶段的时候，BIM 应用表现也就更加突出，实现难度也更大。运维工作阶段往往寿命周期更长，所涉及的参与方比较复杂，因此即便是在国外，能够总结的经验也不多。

(2) 整个市场不够完善

缺乏具体的指导性标准，缺乏形成系统的匹配型实施人才，缺乏具体的责权利划分规定，缺乏市场主体角色定位，更缺乏相应的市场运作制度，这就在所难免地造成了该市场的紊乱。主要体现在市场角色的混淆、责权利的混淆等，整个市场鱼龙混杂，有意干扰市场者比比皆是。从短期而言这使得很多真正有志于从事 BIM 领域的小公司受到重创，但长远而言这也是整个 BIM 的发展所必须经过的阶段。

(3) 缺乏清晰的商业模式

BIM 在运维阶段的运用，究竟是由专业公司运维还是物业公司自己运维？BIM 运维服务与传统物业的利益关联链条怎样搭接？怎么确定 BIM 运维服务的投入产出模式和期限？类似于这样的问题不少，主要都是和 BIM 在运维阶段使用的运维模型有关。而这些问题也本该是人们在 BIM 运用之前思考明白的，不过这些通常被许多正在探讨 BIM 运维的公司所忽略，结果却在重要的时刻影响着 BIM 的实践。

4. 法律风险

(1) 合同风险

BIM 技术应用的法律风险主要体现在项目合同条款内容是否完整合理；在合同变更管理中，项目执行过程中是否发生合同变更，变更是否规范合法；双方合同是否能按规定履行条款，合同信誉是否能够保证。现在的合同没有涵盖 BIM 合作中的模型事故问题，如数据的遗失、误用等。现阶段 BIM 应用中，经常缺乏 BIM 标准合同文件，法律条款中没有明确规定模型的不准确传输带来经济损失的责任问题，同时，BIM 平台的软件问题造成的损失也没有明确的法律条款来进行责任分配。

(2) 责任界定知识产权风险

BIM 应用项目中需要项目各参与方提供数据和信息，创建一个共享平台，以便各参与方享用。然而，每个参与方都在担心如果模型信息泄露，会承担法律责任，自身的权益受损，或者担心自己信息泄露，却得不到相应准确的平等信息，或者信息被窃取用做他用。缺少知识产权和许可证保护，导致相关方承担的责任和风险不匹配，使得人们很多时候不愿意分享一些模型数据库。这种数据知识产权问题也没有在相关的合同法律中被规定，数据掌握者对合作者普遍缺乏信心。因此，在 BIM 技术使用过程中，这种知识产权问题给各参与方造成了一种可能的风险，不利于技术的深度应用，BIM 技术平台因此成了一个形式上的东西，而缺少了相应的实质性作用。

5.5.2 BIM 应用的常见误区

如今在实践 BIM 应用的过程中仍存在着许多误区，选取如下四种最常见的情况：

1)"BIM 型 BIM 队伍"——工程技术任务和 BIM 运用两张皮。建立与现有企业项目管理运行方法不符的单独的"BIM 型 BIM 队伍"是目前较为经典的中小企业 BIM 运用类型一种。BIM 型 BIM 队伍成为项目管理队伍的辅佐能力，其重要职能是"做 BIM"而并非"做项目管理"。该种形态极易导致如下的现实问题：项目管理队伍用传统方法共同完成各种类型的各项工程技术任务，"BIM 型 BIM 队伍"做的 BIM 运用，工作与工程各项任务不能紧密联系在一块。BIM 运用的价值取决于具有工程专业技术的项目管理成员怎样在其承担的各项任务中运用 BIM，也正是所说的专业技术和 BIM 构成"两张皮"的重要问题。与之类似的还有关于 BIM 团队成员的职业培养方向的问题，假如同意行业工作人员学习 BIM 技能并实现相关施工任务的终极 BIM 应用目标，那么，从一开始就必须要思考相关专业技术与 BIM 融合的问题。

2）非资深人员主导公司 BIM 使用。目前有很多公司的 BIM 使用都是由公司内部某一位或几位熟悉一些 BIM 软件的使用，但没有工作经历、施工经验、公司实际运作经验的基层人员主导；公司内部资深主管或者人员由于工作繁忙、没有 BIM 软件使用经验等因素而对 BIM 保持距离，让年轻人先去试用，但总体来说这样做的公司其效益并不会很好。会不会运用软件与会不会使用 BIM 并不完全是同一回事，就像公司内部从来都不会相信谁画图快谁的设计水准就高，谁力量大谁的施工水准就高那样，BIM 同理。企业应用 BIM 的主要目的是为了提高产品质量、工作效率、核心竞争力和赢利能力，当然最终也必须通过软件来完成，不过这项任务也并非光靠没有实际工作经历、施工经验或者企业管理工作经历的新从业者就能够实现的。

3）"拒绝二维，全员 BIM"。这种做法的企业 BIM 应用有顶层设计，但风险比较大，英语中把这种方法称为"boiling the ocean"即"煮沸海洋"。事实上，BIM 技术的应用的确对项目的运维有着巨大的积极作用。但是在可以预见的将来，鉴于技术以及相关政策的缺失，基于二维的设计图仍然无可替代。全员 BIM 所导致的高昂成本更是难以承受。所以企业应根据自己的实力，结合自身特点找寻合适的 BIM 推广路线。

4）忽视全寿命周期视角。业主应用 BIM 技术尝到的第一个利好源于碰撞检测，不管是从成本还是工期上都能获益，却局限于此，忽视全寿命周期的概念。实际上，BIM 技术的运用应从整个项目的全寿命周期出发，虽然项目不同阶段中运用 BIM 技术的阶段目标不尽相同，但是是服务于实现整个项目正常运行这个总体目标。因此仅仅局限于某个阶段的想法是片面的。

本 章 小 结

1. 本章以当前建筑业数字化转型为指引，详细介绍了 BIM 技术在运维阶段的资产设施运维管理、节能管理、消防管理三个方面的应用，并分析了 BIM 在这些应用中存在的障碍因素。

2. 从业者的角度概述了在运维阶段 BIM 技术的应用价值。

3. 概述了 BIM 技术在运维阶段实施存在的风险和误区。

思考与练习题

1. 概括 BIM 在项目运维阶段中的应用范围。
2. 简述 BIM 在项目运维阶段中面临的主要风险。
3. 谈谈你对建筑业数字化转型的理解。
4. 谈谈你对项目运维阶段中应用 BIM 工具价值的理解。

第6章 BIM大数据策略与应用管理

【学习目的与要求】
(1) 全面了解和熟悉 BIM 大数据策略与应用管理。
(2) 了解 BIM 大数据的发展过程、特点、作用及大数据的管理与应用。
(3) 了解 BIM 大数据策略的优势、作用及常用的应用模式。

6.1 BIM 大数据简介

6.1.1 BIM 大数据的发展过程

BIM 的智能开发和分析能力已经成为从业人员和研究人员关注的重要领域。在建筑工程领域中，BIM 的智能开发和分析能力的应用程度，体现了当前各个行业组织需要解决的问题，特别是与数据相关的问题的规模和影响。BIM 的智能开发和分析能力，与大数据分析领域紧密相关。BIM 作为一个建筑数据集成的方法，其功能的发挥在很大程度上依赖于各种数据的采集、提取和分析，可以非常自然地和数据库管理系统相结合。其中，不同种类的数据库包括：

1）属于建筑师和工程师团队的建筑设计数据库和工程设计数据库。

2）属于建设单位的工期设计数据库、概预算数据库、各种建筑文件等。

3）属于业主组织的业主方与工程相关的文件，设施建成后用户的意见反馈，物业管理数据库等。

4）属于分包商团队的分包合同和分包工作范围，材料制作厂商的合同与工作范围，材料生产厂商的合同与工作范围。

5）属于外部组织的社区管理规则、大型资产保险条例、大型资产贷款条例，以及政府机构的有关法规和制度。这些外部组织一般不算入建筑设计、工程设计或施工团队，但是它们会影响工程的审批和运行。

以上这些数据库的集成产生了大量的信息。BIM 模型上的数据涵盖的内容极其广泛，包括二维几何形状、物体的类型和属性、三维形状和关系、装配顺序、三维对象和组件等。与此同时，BIM 在建筑、工程和施工方面的应用程序数量正在迅速增长、应用范围正在迅速扩大。图 6-1 以设计-建设（DB）类型的工程合同方式为例，显示了各种不同的 BIM 数据在设计-建设（DB）工程项目管理过程中的流动。设计-建设（DB）合同的应用是为了明确和巩固设计与构造中的责任，并形成一个单一的签约实体，从而简化业主的监管任务。设计-建造的合同队伍通常由具有设计能力的承包商，或者是承包商与建筑师共同构成。在图 6-1 所示的 BIM 数据流模型中，业主直接与设计-建造的队伍签订合同，设计-建造的队伍根据业主的需要，制定准确的建设方案和原理设计图。然后，承包商估算出项目的总成本，以及设计和建造需要的时间。随后业主尽可能地提出所有要求修改的地方，并由合同队伍实施设计修改。所有的设计修改得到批准后，项目的最终预算也就此达成。需要注意的是，因为设计-建造的合同方式允许在设计过程的早期对项目进行修改，因此这些设计变更所需的时间和引起的成本变动也得以降低。DB 承包商根据需要，建立与专业的设计师和分包商的合同关系。这些通常是基于一个固定的合同价格，一般最低报价的分包公司会赢得合同。如果在预先定义的合同范围内，对于工程内容又有了任何进一步的更改设计，那么这种变更就成为 DB 承包商的责任。同样，如果工程建设中发现之前的设计有错误和遗漏，那么这也算是 DB 承包

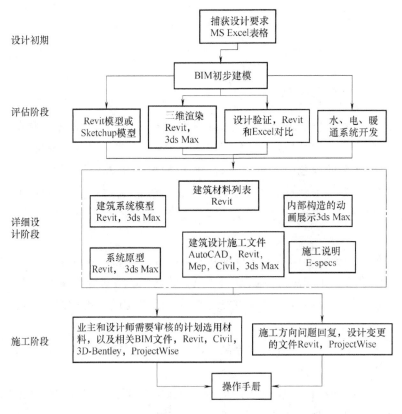

图 6-1 不同的 BIM 数据在设计-建设（DB）工程项目管理过程中的流动

商的责任。使用设计-建设的工程合同时，基础部分和早期的建筑构件的设计图，需要在施工开始前完成。除此之外，没有必要完成全部建筑的所有部分的详细施工图。团队可以一边进行详细设计，一边施工。由于这些简化工作的原因，建设过程通常完成得更快，产生的法律纠纷更少，并在一定程度上降低了总成本。

在瑞士的日内瓦举行国际标准化组织（ISO）年会时，发起了一个技术委员会，代号为TC184，专门负责制定一个称为标准产品型号的交流数据（STEP）的标准，其编号为ISO-10303，以解决 BIM 的数据标准的问题。他们开发出一种新的技术方法，目的是为了应对在进行数据交换的过程中产生的问题。在以下的章节中，会专门提到标准化对于数据交换和管理的重大意义。

6.1.2 BIM 大数据的三个发展阶段

BIM 大数据的发展过程大体上来说，经历了三个发展阶段。如图 6-2 所示显示了 BIM 大数据的三个发展阶段的详细情况。在第一个发展阶段，BIM 的智能开发和分析能力主要依靠传统的数据管理系统。而传统的数据管理系统大多要求数据具有一定的结构。通常由公司通过各种传统方法收集数据，并且将数据存储在商业用的关系型数据库管理系统（RDBMS）中。

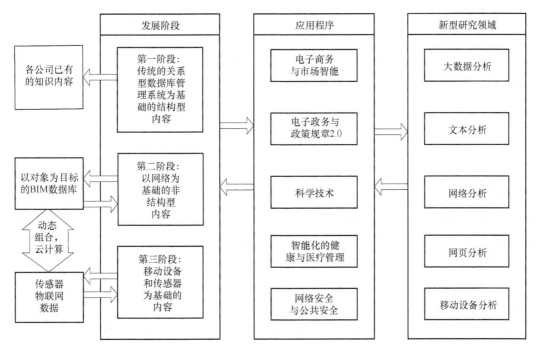

图 6-2　BIM 大数据的三个发展阶段

在 20 世纪 90 年代，这些关系型数据库管理系统十分普及，其中常用的分析技术主要植根于统计学方法和数据挖掘技术。数据管理和数据仓库被认为是早期商业 BIM 的智能开发和分析能力的基础。数据集的设计，以及提取、转换和加载数据的工具是转换和整合企业特定数据时必不可少的。在传统的数据管理系统中，数据库查询、联机分析处理（OLAP）和报告等工具简洁直观。在信息系统（IS）和计算机科学（CS）的高等教育课程中，常常包括与这些基本功能相关的课程，例如数据库管理系统、数据挖掘和多元统计等。第一阶段的特征是智能管理，以传统的关系型数据库管理系统为基础，数据库主要是结构型的内容。在这个阶段，BIM的概念还处于雏形时期，并没有出现成熟的BIM系统。

BIM大数据的第二阶段开始于21世纪初，这一时期互联网和网络开始提供独特的、有关数据收集和分析的研究和开发的机会。BIM大数据的第二阶段的主要代表是基于HTTP的Web 1.0的系统，其特点是数据收集通过网络搜索引擎来进行，主要的网络搜索引擎的企业如雅虎等。与此同时，电子商务企业，如亚马逊和易趣，开始越来越深入地影响着商务决策。Web 1.0使企业能够在网上展示自己的业务，并与客户直接交互。此外，企业也可以把它们传统的、关系型数据库管理系统（RDBMS）内的产品信息和业务内容移植到网上，使这些信息成为在线内容。企业需要了解客户的需求，并确定新的商业机会，因此它们通过cookies和服务器日志，来收集详细的用户信息。例如用户上网搜索的内容，用户特定的IP地址和用户在网络上的互动记录等。这些做法往往不会引起用户注意，是无缝的收集方式，并且已经为很多企业发掘出新的业务增长点，是价值巨大的金矿。Web 1.0的数据收集往往不具备智能分析的能力。在网络2.0（Web 2.0）时代，网络智能化、网络分析和通过Web 2.0为基础的社交媒体系统所收集到的、用户生成的内容是这个时代的标志之一。在这个阶段，数据管理的特征集中在文本和网页分析，以及非结构化的网页内容。

在2000—2010年，建筑信息模型（BIM）的开发和应用得到了迅猛发展。BIM系统在这个时期的开发和应用主要集中在捕捉用户需求，观察用户的工作习惯，并与用户分享成功案例等。Web 2.0的应用可以及时有效地收集大量的反馈，以及不同顾客群体的意见，从而帮助企业开发不同类型的业务。例如欧特克公司在更新Revit系统时，注意到用户在建筑、结构、水电暖通等建模时的不同需求，并为用户设计了不同的目标物体和参数变量。图6-3所示显示了Revit中一些有代表性的目标物体和参数变量。

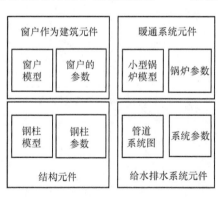

图6-3 Revit中一些有代表性的目标物体和参数变量

在BIM大数据的第二阶段，用户往往在需要了解有关系统功能或者功能的用法时，会使用基本的查询和搜索功能。有些BIM系统也提供了简单的针对建筑物体的查询和搜索。例如在Tekla系统中，用户可以对钢结构的元配件进行查询和搜索。目前在BIM系统中还没有实用和有效的相关功能，能够对BIM系统中的物体特性和限制关系进行查询和搜索。但是，人们正在逐步地把BIM系统与商业智能系统进行集成。这种集成的广泛前景已经吸引了来自学术界和工业界的积极参与。新的研究机会正在形成。另一个例子是在Revit系统中，它专门有一个Autodesk Seek功能，可以开启在线搜索引擎。当用户查询与关键词有关的Revit模型文件时，它可以将相应的搜索结果显示出来。

第 6 章　BIM 大数据策略与应用管理

自 2010 年开始，BIM 大数据进入了第三阶段。在这个阶段，Web 3.0 开始登上时代舞台，尽管其还未得到广泛的认同，但其传达的理念思想是符合时代的发展的。Web 3.0 要解决的一个最重要的问题就是要使计算机能理解到人们能理解的内容——"语义网"希望做到并正在做的事情。在 Web 3.0 时代，Web 技术会更加彻底地站在用户角度，包括多渠道阅读、本地化内容；用户间应用体验的分享；移动互联网和各个终端实现有效对接，不光对接内容，还有用户体验和分享层面。同时，垂直网站将与 B2C 实现对接，从而实现产品数据库查询、体验、购买、分享等整个过程的一体化操作等。与此相对应的 BIM 也进入了 3.0 时代，在 BIM 3.0 时代下，BIM 技术将会得到更深入的应用，体现出更高的价值。在此阶段下，BIM 技术应用呈现出从施工技术管理应用向施工全面管理应用拓展、从项目现场管理向施工企业经营管理延伸、从施工阶段应用向建筑全寿命期辐射的三大典型特征。当前，BIM 应用是促进建筑业转型升级的核心引擎，必将为整个建筑业的变革与发展注入新的活力。BIM 技术是"数字建筑""数字企业""数字城市"乃至"数字中国"的数字化基础设施，必然驱动产业技术水平提升，促进项目全寿命期升级，推动商业模式变革，驱动管理模式革新，更好地引领建筑业的转型升级与可持续健康发展。

在这一阶段，移动设备和传感器可以毫不间断地收集海量的数据。这种由传感器、读取器和路由器形成的物联网可以提供大数据分析所需要的海量内容。BIM 模型把有关建筑的所有信息组织成一个完整的系统。它不仅仅是把那些看似不相干的部件收集起来，它还可以进行冲突检测等多种工作。例如在给水排水系统中，给水排水系统设计会受到电力系统的影响，如果没有仔细地安排这些系统的话，往往会在新建或改建工作中产生很多问题。要实现工程建设的效益，项目团队需要仔细安排施工建设的各个方面。从基础设施的地基开挖开始，然后进行分级和布局，到安装建筑系统、设备，以及建筑物饰面的装修等，事无巨细都要保证正确性。这种精确性是每一位专业技术人员和各个行业的现场技术工人（从学徒到熟练的高级技术工人等）经过多年积累的经验。建设行业需要有一个系统化的体系，将这些宝贵的经验和知识予以传承，来给入门级的新增人员展示如何使用"行业的工具"。建筑业知识管理的必要性也体现在从业人员的波动性上。建筑行业有时会有发展的高峰期，有时又会遇到发展的低潮期，因而会造成建筑业就业的起伏。这会对招募、培训和维护那些有经验与技能的雇员的工作造成一定的困难。拥有良好的技术人员和技术工人团队，承包商才能保证好的工程质量。建筑业知识管理也可以帮助降低工程返工的可能性，并提高安全生产能力。物联网将对建筑业知识管理提供帮助。例如，物联网对于非结构型的知识管理具有明显的优势。建设人员所需的知识、技能，以及提高生产力和质量的一些功能等都可以通过物联网把它们联系和组织起来。可以从员工里面挑选专家，提高生产率，并保持在该领域内最优秀的技能。对建筑设计方面的知识管理来说，物联网有两个方面的优点：一个是它可以直接用于建筑设计；另一个是它可以直接用于建筑的布局。未来的建筑可能会由物联网来连接所有设备，而且不需要人为干预。那么这些物联网的设想，又如何影响未来的设计呢？换句话说，"智能建筑"的设计与现有的"非智能"建筑的设计到底有哪些不同呢？就当前的科技发展来说，提供一个明确的答案为时过早，要准确地预期将来的变化可能是什么，更是非常困难的。但是，可以确定的是，物联网的应用会更加的普及和常见。在物联网时代的建筑将会有不同的设计理念，设计软件应用程序也将发生变化。关于 BIM 创作工具，一定会有更多的市场领军企业来利用由物联网创造的有关建筑元素的新特性，特别是那些新的"智能"特性。BIM 应用程序还必须考虑到这些智能元件之间是如何彼此相互作用的。BIM 应用程序要能够用数字的方式模拟这些相互作用，并将它们表现在建筑用户的实际生活中，实现建筑的智能化。举例来说，当前的在建项目中，如果一个智能的结构梁和一个智能的构造柱彼此"知道"它们必须结合在一起，那么设计出的 BIM 模型就必须考虑到这一点。而且，该建筑的物联网要确保这个梁和构造柱以某种方式，正确地连接到了一起；这个连接还要完全符合这两个构件在 BIM 模型中所显现的方式。

另外一些物联网的应用，主要集中在智能恒温器，物联网与冰箱的通信装置，物联网和动态感应灯光装置等。这些都是物联网应用在智能建筑物中所涉及的一些新设备。对于非智能建筑的智能化改造，可以从以下几个方面考虑。例如，感应器网络和软件的专业化设置，能够监测居住者在建筑物内的运动位置；根据人群的集合密度，调整大楼里的取暖或空调的水平。另外还可以根据太阳的位置变化，计算进入大楼的自然光，从而计算人工照明所需的光照量，以及能源消耗水平。这些物联网的功能为物业的管理和维护人员创造了很多的数据。物联网和 BIM 系统的结合是由专业人士开发的，适合建筑需求，是与时俱进的数据代表形式。设计人员、建设人员和物业经营管理人员都可以使用这些建筑模型。他们可以尝试建立效率最优的物联网，还可以在 BIM 物联网上添加不同的工艺和技术，促进建筑的可持续性发展。这样将有助于大型资产的日常运维和管理。

在 BIM 大数据的第三个阶段，移动设备和物联网完美地融合在一起。这个移动物联网的特征有以下几点：

1）支持 BIM 大数据的高移动性。
2）具有位置感知功能。
3）以人为本。
4）与应用环境相关的操作功能。
5）与环境交互的功能。

这些将为建筑设计、工程计算和施工管理等行业提供独特的挑战和机遇。在当前的各个与建筑有关的行业中，移动界面、可视化和人机交互的应用也是被大家所看好的研究领域。在 BIM 大数据的第三个阶段，几乎可以肯定，这个时代的特征是移动设备和基于传感器的物联网。与此同时，以下几个方面是 BIM 大数据所面临的挑战：

1）潜在移动设备的移动、分析和定位技术。
2）环境感知技术。
3）大规模和流动性强的传感器数据的收集、处理和分析。
4）数据可视化。

如果没有数据集成，商业智能将无法实现。大多数针对移动类型的大数据，提取商业智能的学术研究，目前尚处于萌芽阶段。

表 6-1 总结了 BIM 大数据三个阶段的主要特点。BIM 大数据在最近的十年注定会是一个令人振奋和具有高影响力的热点。工业界和学术界已经做出了一些研究和开发尝试，也已经有一些具有创新精神的企业采用了 BIM 大数据作为知识管理和商业智能的尝试。这些企业力图在不断变化的市场竞争中，取得优势地位。从社会功能的角度来说，工程教育也面临着独特的挑战和机遇。从学科长期发展的角度出发，与 BIM 和大数据相关的一些学科，也需要做出相应的调整。从事高等教育的人员，需要仔细评估未来学科的发展方向，调整课程设置和行动计划。

表 6-1 BIM 大数据三个阶段的主要特点

发展阶段	主要特征	功能	商业智能
BIM 大数据的第一阶段	以数据库管理信息系统为基础，数据内容是结构化的 关系型数据库管理信息系统 数据仓库 数据的提取、转换和加载 联机分析处理 记分卡和仪表板 数据挖掘 统计分析	即席查询和基于搜索的商业智能 报告，仪表板和记分卡 联机分析处理 交互式可视化 预测建模和数据挖掘	基于数据列的数据库管理信息系统 内存式数据库管理信息系统 实时决策数据挖掘工作指标
BIM 大数据的第二阶段	基于网络的，非结构化内容 信息检索和提取意见挖掘答疑 网页内容分析和网页情报社交媒体分析 社交网络分析 时空分析		信息语义服务 自然语言问题应答 内容和文本分析
BIM 大数据的第三阶段	移动式的和基于传感器的内容位置感知分析 个人为中心的分析 使用环境相关的分析 移动可视化与人机互动 移动型的商务智能		移动型的商务智能

6.1.3 BIM 大数据的特点

BIM 大数据的结构是不固定的，且取值范围时刻在发生变化。BIM 大数据的每一个元组可以有不一样的字段，每个元组可以根据需要增加一些自己的取值范围，这样就不会局限于固定的结构，可以减少一些时间和空间的开销。使用这种方式，用户可以根据需要去添加自己需要的字段，这

BIM 大数据的特点

样，为了获取用户的不同信息，不需要像关系型数据库那样，要对多个表格进行关联查询。在非关系型数据库中，仅需要根据序号取出相应的值就可以完成查询。例如由传感器网络或移动式智能设备汇集的 BIM 大数据，一般就由非关系型数据库来管理。非关系型数据库由

于约束很少，它也不能够提供像 SQL 所提供的那种对于字段属性值的情况进行的查询。

大数据与传统数据最本质的区别体现在数据的采集来源以及应用方向上。传统数据的整理方式更能够凸显群体水平，例如施工企业整体的技术水平，建筑市场发展状况，新材料和新技术的应用情况，房地产市场的社会性情绪，以及企业适应市场变化的情况，对政府服务的满意度等。这些数据不可能，也没有必要进行无休止地、实时实地的连续采集。一般情况下，在对传统数据周期性或者阶段性的评估中，可以获得样本整体水平的概念。传统数据反映的是行业的因变量水平，即各个企业的经营状况如何，企业在技术、人力资源、设备、资产管理方面的发展状态如何，对市场的主观感受如何等问题。这些数据完全是在企业知情的情况下获得的，带有很强的刻意性和压迫性。例如在整理建筑企业资质情况汇总时，主要会通过量表调查等形式进行，因此也会给企业带来很大的压力。

对于 BIM 大数据来说，其特点主要体现在以下三个方面：BIM 大数据可能由网络生成，具有非结构化的特征，即网格化和非结构化；云计算与移动设备拓展了 BIM 大数据的应用空间；人工智能（AI）助力 BIM 大数据的处理。以下内容会对这三个方面详细进行论述。

1. 网络化和非结构化

非结构化数据的每一个字段的长度可以是不相等的，并且每个字段的记录又可以由可重复或不可重复的子字段构成。非结构化数据包括文本、图像、声音、影视、超媒体等信息。BIM 的网络数据库主要是针对非结构化数据而产生的，与以往流行的关系数据库相比，BIM 网络数据库不需要受到关系数据库的结构定义和数据定长的限制。BIM 大数据中会存在重复字段、子字段和变长字段，也会出现连续信息（包括全文信息）和非结构化信息（包括各种多媒体信息）。收集 BIM 大数据，可以帮助管理人员去关注每一个用户个体的微观表现。例如在使用物联网的 BIM 大数据系统中，系统可以收集各种高度个性化的数据，包括用户在什么时候进入一栋建筑；在感受到什么样的室内温度和湿度时，面部表情和身体语言最为放松；在某一个商店逗留了多久；在不同的工作上休息的次数分别为多少，会向多少同事发起主动交流。这些数据对其他个体都没有意义，是高度个性化表现特征的体现。同时，这些数据的产生完全是过程性的。它们在工作过程、休息过程、购物过程或员工互动的过程之中，以及在每时每刻发生的动作与现象中产生。这些数据的整合能够帮助建筑设计人员、物业管理人员、物产开发人员、材料制造厂商等细微地观察用户的需求，从而帮助各行各业的从业人员找到问题的答案，例如：设计应该如何变革才符合用户的使用习惯，建筑设计是否是可持续发展的，怎样的物业管理方式和服务最受欢迎等。这些数据完全是在用户最自然的状况下观察与收集的，它不会影响到用户的日常工作和生活。数据收集的时候，只需要具备一定的观测技术与辅助设备，就能够采集到非常真实的、自然的数据。

2. 云计算与移动设备拓展了 BIM 大数据的应用空间

在云计算出现之前，传统的计算机无法处理大量的非结构化数据。以 Revit 系统为例，如果没有云计算，Revit 系统就是一个驻内存系统。在使用 Revit 系统建模时，计算机的操作系统、Revit 系统、模型需要的族、所有相关的二维和三维的信息、物体的参数和参数规则等，都需要载入计算机的内存。有时模型文件的内容过于庞大，使得建模操作变得极端缓慢。甚至仅仅是将模型转换一下视角的操作，用户都需要等待几分钟。更不用说利用模型生成渲染图。因为根据渲染图的精度要求，渲染的过程可能会持续几天，在这段时间里，渲染所用的计算机基本上被这一项操作锁死了。

BIM 云计算使得海量数据的存储、快速分析和操作成为可能。通过项目团队的每个成员都拥有的智能终端（例如手机、计算机、智能设备等）以及带宽不断增加的移动通信网络，BIM 团队可以收集和使用海量的数据。项目团队的每个成员，都可以在任何地方、在任何时间访问建筑信息模型或者使用建模技术。项目团队的每个成员通过鼠标的点击，几乎没有延迟、没有断点地挖掘无限的计算资源，即使是最复杂的建筑分析任务，也可以通过 BIM 云计算完成。例如对于建筑耗能的模拟分析，工程技术人员可以使用 iPad 作为移动终端，对云端服务器上的 BIM 模型进行调整，产生新的建筑耗能的分析和模拟。项目团队的工程合作是无阻碍的、无缝的集成。通过对于移动装置和物联网的管理，从业人员可以获得有关建筑、工程和施工的无限的专业知识。随着 BIM 云计算技术的不断成熟，工程团队的组建也变得非常容易，商业伙伴可以友好地融入项目团队中，不同的操作系统和应用软件可以快速集成。

BIM 已经显著地提高了项目团队的计划、建设和管理的建筑环境。与此相反，云计算提供计算服务，而不是提供物理产品，从本质上讲，它使设计、工程、施工公司通过互联网联系起来。在工程需要的基础上，各个公司租用相应的计算基础设施、软件和系统。这样一来，设计和建设团队的各个成员公司就不需要头痛信息系统的各种整合问题。云计算将这些公司从很多传统的成本和信息技术需要基础设施的麻烦工作中解放出来。

（1）云计算的设置和能力

对于设计和建筑领域，云计算的设置和能力有以下几个独特的性质：

1）无处不在的设备接入。使用云计算，人们可以访问任何设备上的项目信息和软件功能。这种信息或设备的访问，不受连接的位置或访问的时间限制。因此，对于无论是人流集中的地区还是偏远地区的建设项目，工程团队的工作人员都可以通过无线设备，接入云端服务器，来实现建模、模型或信息的更新、访问、交流、计算、模拟、分析等。

2）无限计算的能力。云是无限可扩展的，至少在计算能力方面，可以定向在任何用户需要的处理角度。传统的计算方法，受限于单一的台式计算机创建的计算瓶颈。这是指用户的计算机能力有多强，用户就能够处理多少工作。云计算就不受这个限制，它释放出无限计算的能力，开启了超级计算的全新时代。例如，使用云计算，大型建设工程的信息可以加载到一个综合模型上，从而完成多个单元的碰撞检测等。

3）不断增长的云服务市场。云是一个民主的环境。任何人都可以把知识打包，作为一种服务，云成为知识服务的提供商。近期大规模出现的智能手机应用就是一个例子。现在想象一下，从整个设计、工程、施工行业的所有地方获取最新知识的能力，这为行业知识的管理和应用提出了新的思路。

（2）BIM 云计算的前景

BIM 云计算的前景是什么样的呢？有些设计、工程、施工公司在实施 BIM 时遇到的传统挑战，可以在 BIM 云计算的帮助下迎刃而解。这些频繁发生的传统挑战，经常是与模型协作有关，或者与当地计算机的计算能力有关。例如，在处理大型模型数据时，受到计算能力的限制，当地计算机的处理速度可能会非常迟缓，时间也非常长。有时，因为处理器和硬盘的限制，某些模型的文件大小超出了计算机能够处理的范围。但是，要在工程施工现场架设大型服务器的话，又需要专业的信息技术人员进行安装维护。对于许多中小型建设公司来说，这往往加重了项目负担。BIM 云计算突破了这些限制，建设公司不需要在施工现场安装计算机系统和服务器，通过移动设备、无线网络和云计算，现场施工人员可以随时随地地接入云服务器。更为显著的是，BIM 云计算有助于重塑整个设计、工程、施工行业的竞争格局。使任何企业在供应链中，都可以提供基于 BIM 的服务。

（3）BIM 云服务的特点

1）信息协作。通过位于云服务器的 BIM 模型，BIM 云服务支持对于所有项目信息的同时地、有序地访问和管理。由于信息协作，建设项目团队可以进行模型信息交换，团队可以管理并保证信息的完整性。这影响到整个项目的开销成本。通过 BIM 云服务，信息协作方面的附加成本可以完全消除。所有建设团队的成员都持有一个模型，一个版本，那么他们就不会因为文件版本的不一致而引起争端。

作为项目集成的专家，美国的 SHoP 建设公司正在实施基于云服务的 BIM 管理系统。该公司将 BIM 管理工具应用在位于纽约布鲁克林区大西洋码头的一个单元式住宅项目中。该公司的代表说："我们设想，BIM 模型成为有关项目信息的数据库，在网络上可以搜索这个数据库，得到的结果是可视化的。这就像一个互联网的搜索引擎。但是如果在互联网上只有一个人的话，互联网的作用是有限的。如果有越多的利益相关者对于模型提出意见，那么它就变得更有价值。"

2）业务协作。通过 BIM 云服务的各种功能，项目团队可以访问有关项目的完整信息，同时能够更容易与新的商业伙伴合作。这无疑更加有效和显著地改善了建筑团队成员之间和企业之间的传统关系，为项目团队的发展提供了巨大潜力。

另外，通过一个或多个的 BIM 云服务，每一个成员都有可能成为 BIM 服务器的知识提供者。比如说，如果某个成员开发了能够确定整个建筑的能源使用情况的应用软件，或者某个成员开发了能够进行碳分析的应用软件，这些将对总成本形成正面的影响。该成员可以通过 BIM 云服务享有这个软件的专利权，并且将这个应用软件作为 BIM 服务提供给其他相应的团队成员。

例如，美国的 SHoP 建设公司，在布鲁克林的巴克莱中心球馆项目中，开发出一个基于网络的门户应用软件。使用这个应用软件，项目的利益相关者们可以追踪所有的、约 12000 块的外壳钢板。这些钢板尺寸独特，并且安装在球场的建筑外壳上。这个应用软件能够追踪钢板的制作和安装进度。该公司的代表说："不断更新的 4D 模型演变为我们设计-建造团队的重要工具。4D 模型帮助大家理解我们在生产上的进度，以及工期调整变化会如何影响安装过程。这个工具最初是在内部使用，它后来发展成为一个全团队共同使用的服务，成为合作的基础。"

3）迭代。随着 BIM 技术的发展，BIM 的能力超越了三维建模和碰撞检测的范围。除这些三维空间和建设过程的物理协调之外，BIM 技术可以进行多个维度的、开放式的分析。例如，能源分析、碳排量分析、工程项目的全寿命周期成本分析、项目建成后的可维护性等。在使用 BIM 进行多维的分析时，用户需要不断进行大量的计算，就往往需要进行并行操作和详尽的模拟分析。海量的数据无法在单机的桌面环境中进行运算，但是，云服务可以提供无限的计算能力，使建筑团队能够突破所有的限制，从而优化设计。这种优化的过程是以迭代的方式进行的。

4）可扩展性。设计、工程、施工项目的环境是不断变化的，因此造成了工作负载的波动。工作所要求配置的软硬件功能也在不断变化，这种不断变化的软硬件配置要求使得恰到好处地配置所谓的"IT 资产"成为一项棘手的工作。虽然配置"IT 资产"总是需要一定的最低水平的软硬件，但是云计算是按需租赁的。这个性质可以帮助用户更好地按照自己的需求租赁云计算，以适应其工作量。用户的硬件、软件，甚至支持组件等各个"IT 资产"的显著部分，都可以与用户的工作负载进行合理布置。这就满足了"IT 资产"的可扩展性。

总而言之，BIM 云计算为设计、工程、施工等企业提供了新的机会。BIM 云计算可以提供整个资产的全寿命周期的服务，同时，这个服务具有高效率，能够创造高的生产力。它会显著加快改变各个行业规划、建造及管理建筑环境的方式。BIM 云计算也将催生一系列新的机会，帮助设计、工程、施工等企业的转型升级，从生产型企业转型成为服务提供商。

3. 人工智能（AI）助力 BIM 大数据的处理

随着科学技术的迅猛发展，人工智能（Artificial Intelligence，AI）作为计算机技术科学的一个分支，正在向人们的工作和生活领域渗透，如智能家居、智能医疗、智能出行等，促使各领域发生变革性发展。人工智能是研究、开发用于模拟、延伸和扩展人的智能的理论、方法、技术及应用系统的一门新的技术科学。它基于对数学、逻辑学、工程学、计算机科学以及心理学、仿生学等数门学科的研究，利用计算机系统编制程序代码，建立人类智慧模型，模拟人的行为、思考模式，使机器具有理性的感知、思维和行动，按照人的大脑做出相似的反应，代替人们完成复杂的工作。人工智能技术与建筑行业的结合，能够提高建筑生产效率，实现各专业领域高效化管理，完善管理制度，协调管理环节，降低管理成本，并保证工程项目的不同阶段始终处于可控状态中。

（1）人工智能技术的特点

1）模拟人类思维。现代人工智能技术在数据驱动的背景下，其决策结果反映了人的思维过程。因为人工智能技术是仿照人脑创造出来的智能体系，它通过对海量数据的学习，找出一定的规律，按照规则采集外部信息，并将这些信息自动整合，筛选出有用的信息，完成数据处理和输出工作，做出与人类相似的决策，在一定程度上代替人类完成复杂的脑力劳动。

2）高效率处理。人工智能技术具有速度快、效率高的特点，它采用计算机作为主要设备，拥有强大的测算和服务系统，能够按照设定的程序代码，实现数据的快速分析，并及时输出结果，反映问题并解决问题。同时人工智能对数据进行分析的时候，不会因为计算机程序的问题而漏掉某一环节或出现计算错误,排除主观性,准确度高,避免由于人的疏忽错漏而导致任务失败。

3)自主学习记忆。人工智能技术还具有学习、记忆的功能,可以将新内容与内部信息关联起来,进行筛选和提炼,并存储起来,完成数据的更新,且在每一次运行过程中,通过各种算法技术,如神经网络算法等,实现迭代学习。

(2) AI 技术在 BIM 中的应用

基于以上人工智能的特点,将 AI 技术与 BIM 技术融合,可显著提高数据分析的效率,甚至可在纷繁复杂无序的大数据中找出共性的、潜在的知识和规律,为各方人员提供更为准确的决策建议,解决 BIM 中数据深度应用困难的问题。同时,BIM 作为数据集成与共享的平台,可为 AI 提供可靠的数据支持与结果可视化手段。可见,BIM 与 AI 技术具有良好的可结合性。BIM 中应用的 AI 技术主要可归结为四类:推理、数据挖掘(Data Mining,DM)、神经网络、进化算法(Evolutionary Algorithms,EA)。

1)推理。推理是按某种标准,根据已有事实或知识推导出结论的过程。AI 系统中的推理技术是通过模拟人类的推理逻辑,根据预设的规则与控制策略求解问题。在 BIM 中,推理技术常应用于标准判断以及事件决策过程。

按知识的精确性,推理可划分为确定性推理和不确定性推理。确定性推理所用的知识均是精确的,即存在必然的因果关系,得到的结论也必定是准确的(冷烁和胡振中,2018)。通过分析建筑项目信息整合与交互的现象,提出基于本体的建筑信息组织与交互模型,并建立建筑信息对本体的映射机制和推理方式即属于确定性推理的典型应用。而不确定性推理中由于知识库的知识并不是完全精确的,推理结果也因此具有概率性,此时需要对不确定性进行衡量或采用相应的控制对策。例如,采用模糊推理的方法对公共建筑节能管理智能监控接口的可用性水平进行了评估,该接口是建筑能源管理系统(BEMS)的组成部分,BEMS 的智能是一个集成的将神经网络-遗传算法规则生成、模糊规则选择引擎和语义知识库结合在一起的智能生成算法组件。这种方法即属于不确定性推理方法。不确定性推理实现方式相对复杂,但由于人的经验积累和主观判断通常具有不精确性,所以与确定性推理相比,不确定性更贴合实际,应用范围也更为广泛(冷烁和胡振中,2018)。

在建设行业的大数据中应用推理技术,按照建设行业的标准,结合 BIM 技术,运用人工智能技术的推理技术,可以在进度、安全等方面做出适时必要的决策。

2)数据挖掘。数据挖掘技术出现在 20 世纪 80 年代后期,于 20 世纪 90 年代取得长足进展,进入 21 世纪后进一步发展。由于有大量数据被广泛使用以及将这类数据转化为有用的信息和知识的迫切需求,近年来数据挖掘已经在信息产业和社会组织中引起了巨大的关注。现阶段,大数据时代已经到来,计算机网络技术也得到了大范围的推广,并逐渐应用到社会的各个角落当中,特别在医疗、航空等领域,大数据时代的技术得到了广泛的应用并取得了一定成绩,此外,大数据时代也为建筑业的发展带来了更好的机遇(惠之瑶和孙绵,2019)。

关于数据挖掘有很多的应用。例如,张爱琳和梁爽(2018)通过介绍建筑业的发展状况，引入"互联网+"时代高新技术的应用现状，最终将重点提到 BIM 技术、物联网技术和云计算技术，从而探讨"建筑业+互联网"对建筑业数字化转型升级的重要意义。

3）神经网络。人工神经网络（Artificial Neural Network，ANN）是 20 世纪 80 年代以来人工智能领域兴起的研究热点。它从信息处理角度对人脑神经元网络进行抽象，建立某种简单模型，按不同的连接方式组成不同的网络。在工程与学术界也常直接简称为神经网络或类神经网络。

人工神经网络控制系统是当前智慧建筑应用的核心技术之一，对智慧建筑系统功能优化、安全技术优化、日常生活自动化方面有着决定性作用，其自身带有的模式识别功能、语音识别功能、资源合理计算、复杂控制系统、信息处理功能、图像识别功能等都将在现代智慧建筑领域有着广泛应用（李露，2018）。

4）进化算法。进化算法是一类模仿自然选择与生物进化策略的计算模型。与传统搜索寻优算法相比，EA 具有求解速度快、并行计算、易得到全局最优解、通用性强等优点，在 BIM 的目标优化领域有一些应用。

遗传算法（Genetic Algorithm，GA）是一类典型的 EA。GA 仿效生物遗传方式，利用选择、交叉与变异的过程优化问题的解，并在重复迭代后逼近最优值。目前，已有较多成果运用了基于 BIM 的 GA 方法，主要为多目标优化问题的相关研究。例如可以提出一种基于 GA 的自适应遗传算法（Improved Adaptive Genetic Algorithm，IAGA），建立多目标均衡优化数学模型，通过 IAGA 算法优化求解，综合运用 BIM 信息管理系统平台进行多目标信息管理，这种基于 GA 的自适应遗传算法为工程项目管理提供了新的管理方法（冷烁和胡振中，2018）。

除此之外，进化算法还可以应用于施工规划中成本与时间的优化、绿色建筑设计中成本与节能效果的优化等领域。随着建筑产业的数字化转型，未来进化算法将会有更多的应用场景。

除上述推理、数据挖掘、神经网络、进化算法这四种 AI 技术以外，AI 领域还有多种技术被研究者所使用，如模拟退火算法、禁忌搜索算法、层次分析法以及支持向量机算法等，本节不进行赘述，由读者自行扩展。

6.1.4 BIM 物联网所收集的数据的特征

BIM 现在已经扩展到涵盖整个建筑行业正在见证的许多技术进步，并且是物联网部署的自然接口（Dave et al.，2016）。和传统的互联网相比，物联网有着鲜明的特征。首先，物联网是各种感知技术的广泛应用的集合。BIM 物联网上连接并部署着海量的、类型繁多的传感器，每个传感器自己就是一个信息源，不同类别的传感器所捕获的信息内容和信息格式往往不同。当前的传感器数据的储存系统允许用户自定义一些数据的类型。传感器所获得的数据具有实时性。传感器按照一定的频率，周期性地采集环境信息，并且不间断地更新数据。

传感器根据其输入物理量的不同可以分为位移传感器、压力传感器、速度传感器、温度传感器和气敏传感器等。

传感器根据其工作原理的不同可分为电阻式、电感式、电容式及电势式等。

传感器根据其输出信号的性质不同可分为模拟式传感器和数字式传感器。模拟式传感器输出模拟信号，数字式传感器输出数字信号。

传感器与人们的日常生活紧密相关。例如，在家庭自动化的设计中，安全监视与报警、空调与照明控制、家务劳动自动化、住户健康管理等。如图6-4所示显示了物联网、传感器和大数据之间的关系。

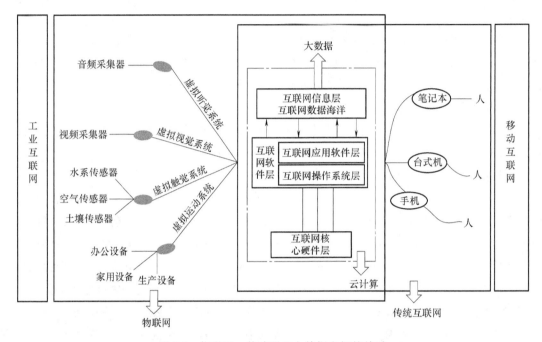

图 6-4　物联网、传感器和大数据之间的关系

由传感器构成的 BIM 物联网，其数据有三个特点：

1）各种信息量呈现几何级增长。由于 BIM 物联网是不间断地收集数据的，因此信息量会急剧增长。

2）数据有异构多样化结构。数据的来源广泛，表现方式也各不同，从而形成了数据结构形式的巨大差异。

3）数据有噪声。BIM 物联网数据的多样性造成了它本身无法直接用于具体的应用。针对数据噪声，需要在利用前进行数据的分类和清洗。

如图 6-5 所示显示了不同传感器的搭配使用。最终在利用大数据时，不同数据的混搭，才更能对商业智能起到作用。

对于信息量的快速增长问题，当前的一种解决方案是使用大规模存储系统。大规模存储系统的使用日益普遍，存储容量也由过去的 TB（Terabyte）级上升到 PB（Petabyte）级甚至 EB（Exabyte）级。随着存储系统规模不断扩大，在大规模的文件系统中，文件的数量高达几十亿个，在这种海量数据中查找和管理文件就显得异常艰难。物联网中存在的数据规模和数值范围是极其庞大的，所以数据必须通过本地响应的方式进行管理。这也就是之前提到的第三点，即数据噪声问题。本地数据管理者必须决定哪些数据和服务对全局网络运作有用，并对其进行分类。由此可见，物联网至少可以控制两个层面的数据：公有数据与私有数据（林信川，2011）。用户通过加入特定的权限组以访问某些特定的私有数据，同时也能够通过互联网访问公有数据。可扩展标记语言提供了一种相较于传统结构化数据更为松散的数据表现方式，并且还支持用户对数据进行自主的描述。在物联网领域中，数据处理过程的种类众多，云服务的开发商大多以服务方式开发或者提供数据的处理服务。在信息传输过程中，为了保障数据的正确性和及时性，必须适应各种异构网络和协议。BIM 物联网不仅仅提供了传感器的连接，其本身也具有智能处理的能力，能够对物体实施智能控制。例如，使用智能手机，通过 BIM 物联网，可以控制自己家里的空调温度。BIM 物联网将传感器与智能处理相结合，利用云计算、模式识别等各种智能技术，扩充其应用领域。从传感器获得的海量信息中分析、加工和处理出有意义的数据，以适应不同用户的不同需求。

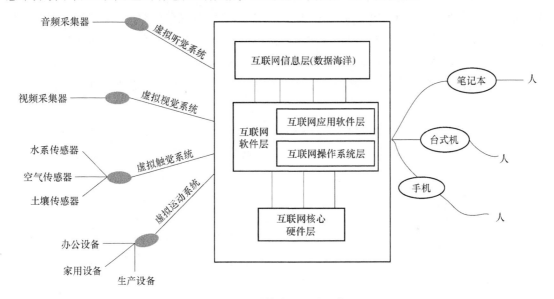

图 6-5 不同传感器的搭配使用

通常 BIM 物联网数据库都具有极高的并发读写性能，另有一些 BIM 数据库具有面向海量数据访问的功能。这一类数据库的优点是，能够在海量的数据中迅速地检索数据。还有一些数据库可以满足可扩展的、分布式数据的操作要求。而使用这类数据库的主要目的，是为了应对传统数据库所存在的问题，尤其是在可扩展性上的缺陷。这类 BIM 数据库可以适应数据量的增加以及数据结构的变化。

6.1.5 BIM 和 IOT 的集成方法

1. BIM 工具的 API+关系数据库

使用现有的 BIM 工具的 API+关系数据库是目前一种被广泛采用的方法，如图 6-6 所示。其结合的基本步骤可以归结为以下几点：

1) 传感器收集的时间序列数据在关系数据库（例如 SQL 服务器数据库，Microsoft Access）中存储和更新。

2）使用 API（例如 Revit DB Link、Dynamo、Grasshopper）将在 BIM 工具（例如 Revit）中构建的 BIM 模型导出为关系数据库格式。

3）定义数据库模式，阐明虚拟对象和物理传感器之间的关系。例如，虚拟对象可以使用唯一标识（全局唯一标识符 GUID 或 UUID）与物理传感器相关联。

4）可以使用 API 实现关系数据库和 BIM 模型的双向导入和导出。

5）通过定制的 API（例如基于 Revit 的图形用户界面 GUI），第三方处理引擎（例如 Unity 引擎）和基于 SQL 数据库的直接查询（作为对象属性）处理传感器数据的查询（Tang et al., 2019）。

这种方法有着一些明显的优点，因此得到了较多研究者的关注。第一，集成过程可以使用现有的 API 来完成，模型数据可以导出为与外部数据库软件（如 MS Access、MySQL）兼容的开放式数据库连接（ODBC）格式；第二，模型数据和传感器数据易于链接，因为它们都存储在关系数据库中；第三，使用这些 API，可以在 BIM 工具中自动更新时间序列数据。但是，也有一些缺点：由于只能导出项目和族之间的共享参数，因此对更新内容有限制；此外，尽管传感器数据可以在关系数据库中自动更新，但如果模型发生更改，则会重复手动导出模型文件。

这种方法因为需要构建虚拟对象来手动表示物理传感器，所以适用于传感器数量有限且较为简单的 BIM 模型。将现有的 BMS 与 BIM 结合起来格外有效。由于有可用的 API 将 BIM 数据导出到关系数据模型中，因此它在 IFC 和编程方面需要的专业知识更少，为更广泛地被采用提供了易用性。

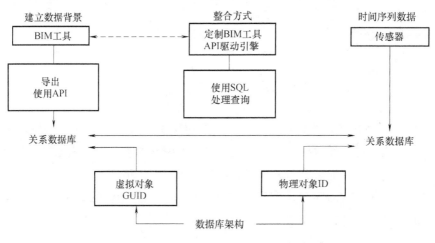

图 6-6　BIM 工具的 API+关系数据库

2. 语义网方法

基于上文提到的 Web 3.0-语义网技术，可以将 BIM 和 IOT 进行集成，充分利用数字化科技，满足项目参与方的需求。在现代 AEC 流程中，数据集（如建筑几何和拓扑数据、传感器数据、行为数据、地理空间信息数据）在建筑的整个寿命周期中生成和使用。BIM 和语义 Web 技术的集成有可能满足存储、共享和使用异构数据集的需求。关键概念是让这些数据集用资源描述格式（RDF）表示或标记。将智能设备参考本体（SAREF）、传感器设备领域的语义传感器网络（SSN）本体（如 ifcowl）与其他领域的本体（如 Smart Appliances Reference Ontology）连接起来，是实现 BIM 与物联网设备集成的有效途径。

这种方法要求构建上下文数据和时间序列传感器数据以同种格式表示。基本步骤如下：①表示上下文信息，包括使用语义 Web 方法将上下文数据、传感器信息和其他软构建的信息构建到名为 RDF 的 Web 交换标准中；②传感器收集的时间序列数据从关系数据库中提取，并使用语义 Web 方法表示为 RDF 格式；③通过唯一标识将跨不同域的数据仓库连接起来；④使用名为 SPARQL 的 RDF 查询语言执行上下文构建信息查询或实时传感器数据查询；⑤查询结果可以以不同的形式显示在应用程序上，如命令行界面（CLI）、仪表板、GUI、API 和其他工具。

这种方法在以同构格式连接跨域数据和易于互连筒仓方面显示了其优势。尽管有一些现有的数据仓库可以直接用于各种目的，但这种方法可能存在问题。这些问题是：①大多数时间序列传感器数据存储在结构良好且相对成熟的关系数据库中，关系数据库存储传感器数据的方式比以 RDF 格式存储传感器数据更有效；②将时间序列数据转换为 RDF 时可能会出现重复数据；③RDF 表示固定结构化数据的性能低效且占用存储空间（Hu et al., 2016）。

尽管这种方法需要对虚拟对象进行建模、了解语义 Web 技术和繁重的数据转换，但对于连接各种数据源的范围更广的项目来说，它是有用的。由于数据筒仓可以用 RDF 格式表示，这种方法扩展了实现物联网的真正概念的可能性，这需要通过一个统一的框架与互联网互联。然而，对于复杂的建筑和具有连续实时读数的 BMS 来说，数据转换很麻烦。

语义网方法如图 6-7 所示。

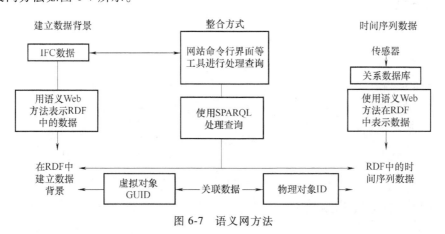

图 6-7 语义网方法

3. 混合方法：语义网+关系数据库

在这种方法中，语义 Web 和关系数据库都用于存储跨域数据。本节总结了实现该方法的关键步骤：①使用语义 Web 方法将上下文信息（包括建筑上下文数据、传感器信息和其他软建筑信息）表示为 RDF 格式；②在关系数据库中保留传感器收集的时间序列数据；③带有时间序列数据的地图上下文信息，特别是时间序列数据可以使用 RDF 中描述的传感器 ID 来引用。

这种方法将两种技术结合在一起，从而产生集成的查询方法。RDF 中表示的上下文信息由 SPARQL 查询，而存储在关系数据库中的时间序列数据则使用 SQL 查询。因为上下文信息和时间序列数据是映射的，所以可以使用对 RDF 数据的 SPARQL 查询来创建 SQL 查询。

这种方法的突出特点是，不同的数据源在实现互联的同时保留最合适的平台和格式。这种方法保留了在关系模型中存储时间序列数据的有效性，使用语义 Web 方法链接构建上下文数据的灵活性，以及使用标准化语言进行查询而不进行繁重的数据转换。这种方法的突出优点有几个：①节省时间，由于时间序列数据仍存储在关系数据库中，因此不需要将时间序列数据复制为 RDF 格式；②存储保存，RDF 数据的存储方式（三重存储）比关系数据库需要更多的存储空间；③更好的性能，关系数据库在数据查找方面比三重存储的性能要好（Hu et al.，2016）；④有效的查询语言，集成查询方法分别使用现有的 SPARQL 和 SQL 查询 RDF 数据和传感器数据。

这种方法是促进建筑业物联网部署最有希望的方法之一。它以最合适的平台和格式保留不同的数据源，同时实现与互联网的互联，以实现物联网的真正概念。它适用于不同类型的项目，不需要大量的数据转换。由于这种方法使用了标准化的数据格式和查询语言，因此它提供了一个集成其他域数据源以扩展项目范围的机会。

语义网+关系数据库的混合方法如图 6-8 所示。

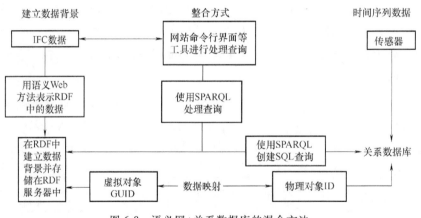

图 6-8 语义网+关系数据库的混合方法

6.2 基于 BIM 大数据的决策

6.2.1 BIM 在项目决策中的作用

1. 立项决策

项目的立项决策阶段是非常关键的，该阶段旨在研究项目的可行性和最佳融资方法。在 BIM 技术的支持下，立项决策阶段可以得出较为满意且可信的研究结果，也可以更加全面解决传统模式下所存在的弊端，并形成更加科学的分析结果，将风险系数降到最低。立项决策阶段为整个建设项目进度之首，其必要性与重要性不言而喻。运用BIM所搭载的完整精确的建筑信息，通过BIM的三维模型、可视化功能以及BIM与其他技术的结合，可以对拟建工程项目进行筛选与优化设计，这是在建设项目投资后迅速解决需求的重要方法之一。

2. 投资决策

投资决策直接影响到工程项目是不是能够顺利进行，同时投资者是否参与招标则取决于在这项工程中如何获取收益。在前期投资规划阶段使用BIM技术辅助分析，能够提高前期阶段的投资决策速度，从而节省时间，降低成本，并提高投资的使用率。决策阶段的重点工作是进行方案的比选和制定投资评价指标体系。（唐根丽和张恒，2019）。

1) 方案备选。在项目投资决策阶段会出现多种备选投资方案，可以运用BIM技术构建不同方案中相应的投资模块，将各个方案的工期、费用等经济指标自动计算出来，再利用BIM技术对比各个方案的实际造价，以便选取经济效果较优的投资方案，从而保证了投资的可靠性。

2) 投资预测。BIM系统不但可以将各种指标和数据进行存储和分析，同时还配备了大量的数据中心平台，从而可以有效地对成本费用做出更加准确的预估。在对项目做出预估的过程中，从数据分析平台中选择与之大致相同的历史项目模型以及各个指标，并根据项目的实际情况做相应调整，这样通过BIM系统就可以自动调整造价指标。此外，还能通过BIM技术解决项目过程中的细小问题，并对方案设计中在初始研究阶段所不足的地方加以完善，从而使得项目预估过程更为精确。

3. 全寿命周期管理决策

由于信息技术的先进发展，基于BIM的智能系统已经在设计、施工和维护阶段得以运用。将BIM丰富的建筑信息与支持人工智能工具的数据挖掘框架相结合，可以在智能自动化项目管理方面取得进步（Kang et al., 2017）。BIM涵盖了大部分的几何模型信息、功能要求与构件性能，将一个建设工程项目整个寿命周期内的所有信息综合到一个独立的建筑模型中。建筑信息模型有利于建设项目各参与方共享信息资源，减少沟通障碍。BIM模型各参与方信息共享如图6-9所示，BIM在工程项目全寿命周期管理应用上，将管理过程中的数字信息通过手工操作与建筑信息模型中相应部位连接，即将抽象的数字与具体的图形相结合。BIM数据模型的建立，再结合可视化技术、模拟建设等其他BIM软件功能，可为项目的模拟决策提供可靠基础。

图6-9 BIM模型各参与方信息共享

在建筑工程决策过程中应用BIM技术，能够大幅度提高建筑决策的质量，为接下来的施工奠定良好施工条件。BIM技术在项目决策运用的流程中，还可以利用对工程的周围环境信息、周边建筑的结构信息和外观信息等进行全方面地收集，从而对以上信息进行了分类集成。例如，如果建筑工程周围的建筑标高较高，会对建设工程施工过程中的风速产生一些影响，此外，周围建筑物的外形也会对风速产生一些影响。而运用 BIM 技术对其进行数据分析、整理和建立三维模型，就可以提出针对性的措施，减少了外界因素对建筑工程的影响，从而保证了管理人员可以做出合理抉择。BIM 技术既能够对建筑现场自然环境进行模拟计算，也能够全面解析和研究建筑本身的形态结构，合理确定它对风速的改变是否会产生负面影响，甚至是造成局部死区，以便进行合理改建。决策过程属于建筑管理中的一项环节。通过 BIM 技术可以采集大量、全面的工程建设数据，并通过数据可视化技术，以及模拟性、协调性、设计优化性等技术，对项目进行优化，从而有效保证了项目决策的整体性与精确性。

随着 BIM 技术在建筑行业的运用日益广泛，建筑行业自身的信息化建设也将会发展到更高水平。BIM 技术属于建筑领域内最具代表性的信息化技术方法，是传统行业与现代技术的完美结合，其应用可有效促进建筑企业得到工程项目更准确的第一手信息。整合了 BIM 技术的计算机系统可以有效地将这些分散的信息融合为一体，对工程进展情况进行概括，提高其在项目全寿命周期辅助决策方面的能力。通过在工程中应用 BIM 相关技术，能够从根本上解决传统项目管理方法的缺陷，在工程进度管理中展示了优越性，表现为直观、动态地施工过程模拟，对施工进度进行查询、调整和控制，达到预先设定的项目目标和理想的控制状态，及时发现和解决施工进度与成本控制出现的矛盾和冲突，减少施工预算，保证资源供给，提高施工项目的管理水平和成本控制能力（胡长明等，2014）。

6.2.2 数据调用

BIM 数据库中的数据具有可计量的特点，大量工程相关的信息可以为工程提供数据后台的巨大支撑。BIM 中的工程项目基本数据能够与各项目管理部门实现协作与数据共享，项目工程量数据信息也能够根据时间维度、结构类型等加以整理、拆分、对比分析等，以确保工程项目的基本数据及时、精确地提交，为管理者在制订工程造价管理、进度款管理等方面的计划提供了基础。

数据调用是指在计算机中以三维技术为基础，通过建立数字化三维模型仿真模拟采集并归集建筑工程项目中的各类信息，将其具体表现为一种工程数据的模型。它能应用于项目全寿命周期管理，连接建筑项目寿命期不同阶段的数据、过程和资源。在项目的规划、设计、施工和运维全过程中，通过搭建数据平台、采集所有信息、快速输出信息等过程，数据调用有针对性地为各环节、各岗位提供决策依据，实现工程信息充分共享、无损传递，其信息共享和协同过程使技术人员和管理人员能够及时地做出高效的应对。将 BIM 模型建立成为一个可以实现数字索引的模型，会大大提高项目管理的集成化、信息化程度，增强项目管理层对所有管理环节的把控力和决策人员的工作效率（魏紫萱，2018）。

传统项目管理中，受限于习惯思维、条件和手段，所获信息有限、准确度存疑，最终方案措施是否有效，取决于管理人员结合经验对当下信息资源的有效研判（刘强军，2017）。在基于 BIM 的平台中，数据调用将 BIM 模型、现场反馈的信息和数据进行整合、提炼，转为便于分析利用的结构化数据,对这些数据进行挖掘、归类、统计、趋势分析,生成相应数据曲线(黄恒振和周国华,2015)。从解决项目管理的问题需求出发,提取数据曲线进行研读、比较。

项目信息模型的形成分为两阶段:初始模型搭建、现场信息采集。在初始模型搭建阶段,由专职建模人员完成工程构件的 3D 模型搭建、轻量化处理后上传互联网项目管理 BIM 云平台。通过设计平台移交的全寿命周期 BIM 模型为施工应用提供基于统一编码的轻量化、全数据、可扩展、可追溯、可流转的信息源,将计划进度时间数据与对应构件挂接、造价数据与对应构件挂接。在现场信息采集阶段,由现场管理人员使用手机端进行相应数据、信息与对应构件的采集、挂接工作,所有数据集成于项目管理 BIM 云平台中(曾晖,2014)。

项目管理过程中涉及的数据类型多种多样,如工程量、物料量等量性数据,现场人机配置、安全质量问题等离散型数据,开累产值、完工百分比等持续性数据,可编组和分类的范围性数据。在日常工作中,某些岗位可能仅需提取特定的某项数据,相较而言,决策管理层面对的数据类型与个数更为庞杂。通过数据调用,将在 BIM 云平台中提取的数据进行可视化处理形成图表,如柱状图、饼图、折线图等(刘强军,2017),有助于决策者比较、分析各部分之间的关系,提高决策和管理工作的效率。

BIM 5D 平台为建筑及地产企业在工业 4.0 时代开创新型数字化管理的平台。以 BIM 5D 技术为基础,结合云计算、大数据、智能预制件生产、虚拟建造、供应链管理等技术,形成一个云端大数据企业级信息管理系统,将以 BIM 5D 模型为基础,使全人员、全流程、所有项目、全资金流形成有机整体统一管理。企业数字化与项目信息化并行,将会提升企业运维效率及项目管理水平,实现业务效益最大化。

6.2.3 精确计划

1. 工程施工精细化管理概述

建筑施工企业精细化管理很难实现的根本原因在于海量的工程数据无法快速准确获取以支持资源计划,致使经验主义盛行。从目前的建筑业产业组织流程来看,从建筑设计到施工安装,再到运营管理都是相互分离的,这种不连续的过程,使得建筑产业上下游之间的信息得不到有效的传递,阻碍了新型建筑工业化的发展。将每个阶段进行集成化管理,必将大大促进新型建筑工业化的发展。BIM 作为集成了工程建设项目所有相关信息的工程数据模型,可以同步提供关于新型建筑工业化建设项目技术、质量、进度、成本、工程量等施工过程中所需要的各种信息,并能在设计、制造、施工三个阶段进行模数和技术标准整合(纪颖波,2013)。基于 BIM 的相关管理条线能够快速准确地获得工程基础数据,为施工企业制订精确的人材机计划提供了有效支撑。应用基于 BIM 的建筑施工模型管理,首先要在平面设计的基础上进行模型的建立。此阶段可由设计院直接进行建模,但就我国目前 BIM 应用水平而言,建筑工程 BIM 3D 模型主要由施工方根据设计方给定的设计图进行建立。应用范围较为广泛的软件有天正、Revit、ArchiCAD、犀牛等,这些软件可对整个项目建筑、结构、水暖设备等各个专业进行模型的建立。模型建立后,基于 BIM 的施工项目管理便可围绕模型进行有效施工管理，相应构件与配件信息会在模型中集成，构件自生产到后期运维所有信息包含在BIM模型中，可供需要者随时查看及维护，大大减少了因信息不对称和不完整出现的施工错误以及后期维护阶段因信息不全而产生的障碍等。

BIM技术在施工的全部阶段都可能产生巨大影响。BIM最常用于早期，后期逐渐减少使用，从92个BIM用户的样本来看，BIM再协作方面产生的积极影响最大，过程方面比软件技术更重要。施工企业实施基于BIM的工程施工项目管理如图6-10所示，主要是进行信息模型的建立与管理，包括三维建模、模块化设计、创建构件、对构件统计与管理、对施工过程进行模拟、虚拟施工、可视化交底工作、进行成本等工作，专业间进行管线综合、碰撞检查等操作，精确计划，实现工程施工过程的精细化管理。

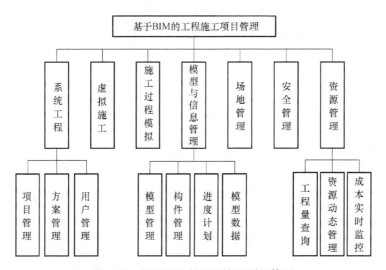

图6-10 基于BIM的工程施工项目管理

除对模型管理外，BIM模型还可集成项目工期建立4D模型，进行施工进度管理，在此基础上加入成本控制，形成5D施工管理，这些都可在BIM系统里完成。图6-11所示为BIM 5D施工项目管理模式。

在基于BIM的工程施工项目管理中，所有项目信息均需进行整合，尤其是专业间信息传递与协同工作。在BIM模型中，相应的施工图、文档以及相关数据传输到ERP系统，将会实现工程数据与管理决策的综合管理效果。

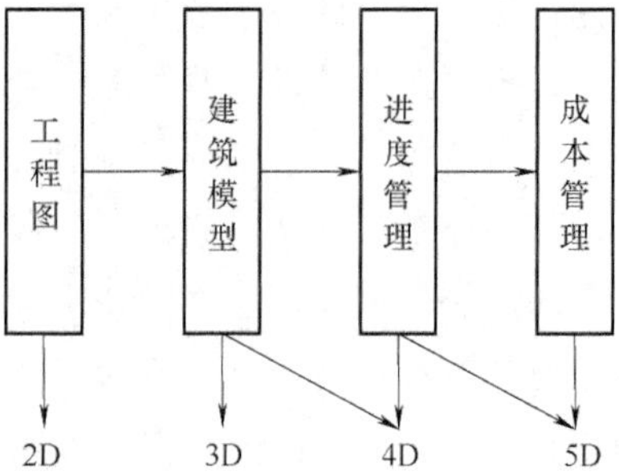

2. 基于BIM 5D平台的工程施工管理

BIM 5D的信息库提供施工模拟、流水视图、合约规划、工程计量、物资提量、质量安全、典型工况等核

图6-11 BIM 5D施工项目管理模式

心应用，帮助相关管理人员进行有效决策和实现施工阶段精细管理。

（1）施工过程的模拟，实现精确计划，事先控制

BIM模型协调了建筑设计和施工过程中的信息。集成的BIM模型可以作为建筑设计和

建筑施工之间的信息枢纽,甚至贯穿整个项目寿命周期。基于 BIM 的项目管理消除了冗余程序和协调,为持续改进提供了机会(Eadie et al.,2013)。BIM 5D 平台能够真正打破传统华而不实的虚拟建造过程展现方式,对 BIM 应用中的施工模拟进行了重新定义,可以让项目管理人员在施工之前提前预测项目建造过程中每个关键节点的施工现场布置、大型机械及措施布置方案;还可以预测月与周的周期内资金与资源的使用和变化趋势情况,能够预先通过资金和资源使用计划发现问题并进行事前优化。BIM 5D 应用于施工阶段的虚拟化施工模拟,实现事前管理和控制。

(2) 全专业模型集成,实现全专业模型浏览和管理

BIM 5D 平台集成结构、机电、钢构、幕墙等模型,实现全专业模型浏览。便捷的三维模型浏览功能,可按楼层和专业多角度进行全面检查,可以在模型中任意点击构件查看其类型、材质、体积等属性信息;将模型构件与二维码关联,使用拍照二维码,能快速定位所需构件;BIM 浏览器提供批注与视点保存功能随时记录关键信息,方便查询与沟通;支持手机与平板计算机,随时随地查看模型,便于沟通、指导施工。

(3) 流水段系统管理,提前规避工程面冲突

在生产管理中,合理安排规避工作面冲突是其重要内容。BIM 5D 平台事先通过流水段、施工层等划分方式将 BMD 5D 模型划分成具有足够施工空间的工作面。同时将施工进度计划、总—分包合同、招标工程量清单、施工图等施工重要信息关联到划分后的工作面。通过一键操作可以清晰地浏览与查看各个流水段的进度开始和结束时间、钢筋和构件工程量、施工图、清单工程量、质量安全问题等重要信息,通过技术交底,帮助现场技术人员合理组织施工。

(4) 物资量的管理和控制,实现现场零库存管理

由于 BIM 5D 模型上关联了与施工成本有关的清单和定额资源,用户可以通过一键操作,及时有效地从多维度精确统计所需的物资量。物资量的精确统计作为物资采购计划、节点限额领料的重要依据,通过对库存理论和 BIM 5D 技术相结合,可以精确实现每一种物资的采购计划和库存计划。

(5) 工程量精确快速统计,提升成本控制的能力

在项目施工过程中,向业主方的报量、审核分包工程量是合同管理过程中频繁发生的处理过程,期间涉及大量的现场完成情况的确认、工程量的统计及计算。用 BIM 5D 模型中记录的完成情况、现场签证情况,商务人员可以快速统计已完成部分的清单工程量,快速完成向业主的进度款申请及分包工程量的审核。在 BIM 5D 平台中,可实现构件与预算文件、分包合同、施工图、进度计划等相关联,支持按专业、楼层、进度、流水段等多维度筛选统计清单工程量、分包工程量。施工单位的各个部门的有关人员均可以在 BIM 5D 平台中及时有效地获取需要的信息,如工程部,工程师可以迅速提供准确的分流水段、分楼层的材料需求计划;物资部,材料员可以迅速审核工程部工程师的材料计划的准确性,使审核流程有效可靠,真正做到限额领料;商务部,预算员可以根据模型数据的提取,实现成本分析、成本控制、成本核算,迅速完成对业主月度工程量审报,对分包的实际完成工程量审核;项目经

理，可以随时查看项目成本控制情况，对宏观决策提供支持。真实、准确、共享的实际工程量和自动更新的预算工程量，为材料员采购、造价人员成本分析、项目经理宏观掌控提供数据信息支撑。

(6) 施工场地布置，高效地完成三维临时建造活动

在招标投标阶段，基于 BIM 5D 模型的场地布置，可以更加形象直观地展示建筑准备阶段中施工现场的物资材料和施工机械的布置位置及不同阶段投入机械情况；在施工准备阶段，三维的场地布置，内置了道路、板房、加工场、料场、围栏、水电设施等 80 多种施工现场构件，并可以导入施工场地布置平面图进行定位建模，帮助施工单位快速地建立施工现场的三维模型。在施工阶段可以通过在建筑主体内部进行三维漫游的配合，判定专项方案的合理性。在施工模拟过程中，可以和建筑的不同施工阶段共同模拟，展示不同阶段施工现场的物资材料和施工机械的布置位置，以及不同阶段投入机械情况。

(7) 质量安全问题系统管理，提高质量安全问题处理效率

由于项目施工周期长，现场条件复杂难测，施工技术和现场管理限制，质量安全一直是施工现场管理中难点和重点，BIM 5D 平台提供基于 BIM 技术的质量安全管理方案。当问题发生时，通过手机对质量安全内容进行拍照、录音和文字记录，并关联模型。软件基于云自动实现手机与计算机数据同步，以文档图钉的形式在模型中展现，协助生产人员对质量安全问题进行管理。

6.2.4 多算对比

1. 基于 BIM 的成本管理模式

BIM 的发展对施工企业管理模式产生了革命性的改变，并在商业管理领域中也产生了重要的影响。由于 BIM 技术的发展，BIM 中的数据信息包括了更多的商务信息，将大大提高商业信息管理的效率。而目前，很多公司对于项目的成本管控，都采取的是"三算对比"或"四算对比"的方法，即：合同成本、责任成本、计划成本、实际成本。其中：计划成本为由工程项目经理部自行制订的施工成本计划。有的公司并无计划成本，此即为"三算对比"。"四算对比"工作中最困难、最重要的是责任成本计算。在建筑物体积越来越大、建筑物构造日益复杂的情形下，传统的计算方式根本无法适应现代公司商务管理工作的需要。主要表现有：测算的工程量庞大，造成实际完成日期严重落后；测算项目多、数据不精确；由于设计变更工作量大导致合同成本、责任成本、计划成本等具体数据项和数据量的变动，有时需要重复的计算，使成本费用监控滞后。BIM 技术工程量计算结果精确且自动汇总、工程量能够细化到各个项目、与成本信息和建筑模型密切相关的特性，使基于 BIM 的"四算对比"工作更具备了处理上述问题的能力。基于 BIM 的"四算对比"方案考核项目也更加精细，对设计变更管理更是具备了传统管理模式所无法比拟的优越性。任何设计变更都会在建筑模型中反映，直接引起 BIM 的工程量变化，而依据工程量而计算的合同成本、责任成本、计划成本数量，按照预先设定的成本计算规则，只需重新计算一遍，就可以得到新的"四算对比"方案，避免因为设计变更过多，造成"四算对比"重复计算工作量大，使

"四算对比"方案落后于施工进度,失去了对施工成本控制的意义。而且,基于BIM的多算对比可以满足精细化管理的需求。现在施工企业管理对责任成本的考核项越细致,考核数据越多,测算的工作量也越大,使传统的商务管理方法无法及时完成。而BIM的工作量可以自动得到相应的数量,可分解到每个柱子、每道梁以及门窗、踢脚等,使得测算责任成本越来越科学且清晰可控。

2. 基于BIM 5D平台的多算对比

BIM 5D信息库中,由于将进度计划、合同预算文件和计划成本文件导入平台,并且BIM 5D平台实现成本信息自动核算,因此可以实现进度-成本的资金流曲线和资源曲线模拟,并且实现以周和以月为单位对施工的资金流与资源流进行模拟,对施工前的成本进行准确预测分析。通过对资金流和资源曲线模拟不仅能够实现资金与资源的施工前预测,而且还能通过曲线的波动程度看出劳动力和物资投入是否均衡、收入是否平衡,帮助施工单位分析投资的可能性和施工过程的合理性。通过BIM 5D平台,可以将资源曲线和资金曲线导出用于项目的采购人员制订采购计划和财务人员进行项目资金流的分析。

随着工程的进展和实际资源资金的投入,以及在实际施工过程中,施工变更和市场预算价格的变化,形成了完整的实际进度-成本曲线。BIM 5D模型通过设计变更、现场签证和工程洽商的变更信息进行实时监控、记录和成本的分析,能够及时更新BIM 5D模型的成本信息,对变更模型和实际工程量自动更新,变更信息和市场单价也能够及时录入,并且能够实现对动态的成本实时控制。此外平台还能即时录入合同外的支出和收入,便于维护工程成本信息的完整以及及时解决工程结算和决算问题。工程实际进度-资金当前值曲线如图6-12所示,工程资金进度实际-计划曲线如图6-13所示。

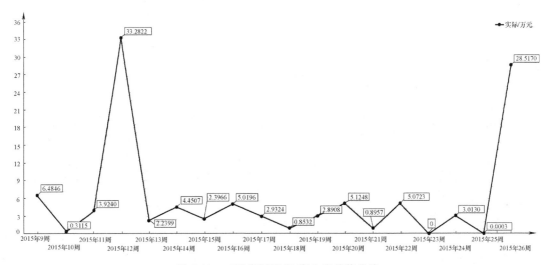

图6-12 工程实际进度-资金当前值曲线

实际成本信息的及时录入并和计划预算成本对比,能够预测计划成本的发展趋势并反映成本控制的效果。模型更新后会自动关联到最新模型进行成本分析,同时变更的金额数值也会在对应的变更施工流水段统计出来,并且参与成本的控制分析过程中。

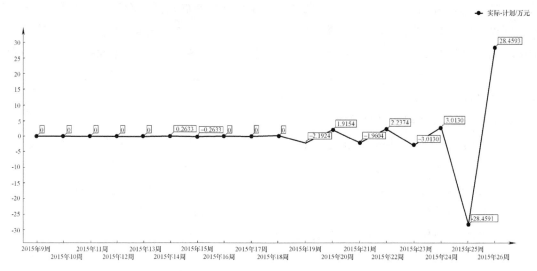

图 6-13 工程资金进度实际-计划曲线

通过对已发生的实际成本的及时统计，模型平台前期关联了合同预算成本和计划预算成本，根据这些基础的成本信息，然后按照施工进度以周为单位，能够自动核算出该时间段的每周的合同价、计划成本和实际成本。

根据合同价、计划成本和实际成本信息中的每周对应工程量和单价信息，能够核算出已完工程合同预算成本 BCWS-C、完成工作的合同预算成本 BCWP-C、已完工作预算费用 BCWP、已完工作实际费用 ACWP、计划工作预算费用 BCWS 等重要信息。并且利用 Excel 自动形成和导出计划-成本曲线、实际成本曲线，以及计划成本和实际成本曲线的对比统计，最终得出各阶段累计数值及累计曲线。图 6-14 所示为进度计划-实际成本对比曲线，图 6-15 所示为进度合同-实际成本对比曲线。

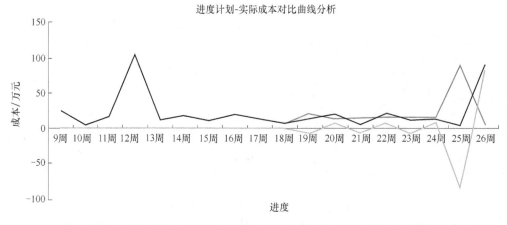

图 6-14 进度计划-实际成本对比曲线

第 6 章 BIM 大数据策略与应用管理

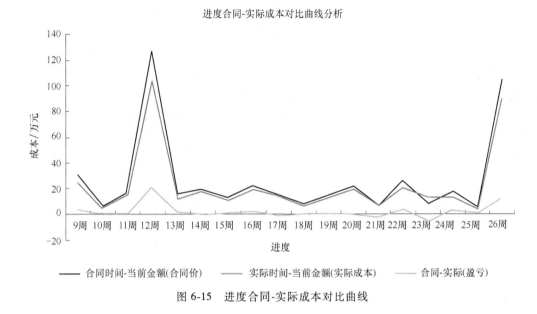

图 6-15 进度合同-实际成本对比曲线

BIM 5D 信息平台可以展示工程的合同价格、计划预算成本和实际结算价格的三算对比分析，并做好偏差计算和分析。图 6-16 所示为进度合同-计划-实际成本三算对比柱状图，图 6-17 所示为进度合同-计划-实际成本三算对比曲线。

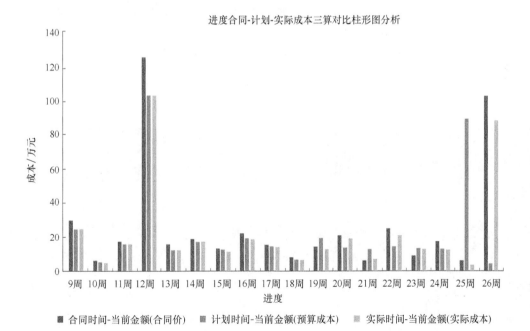

图 6-16 进度合同-计划-实际成本三算对比柱状图

利用 BIM 5D 平台集成 Excel 清单数据，并基于模型查看清单工程量，可实现量价一体化、资源曲线分析、成本多算对比，及时分析各流水段资源消耗情况，并且为现场合理的物资采购计划提供强有力的数据支撑。图 6-18 所示为广联达 BIM 5D 平台多算对比。对于某些较难统计的工程量如脚手架，其工程量的统计往往随着不同的施工方案也会发生变化。通过 BIM 的计算可以实现工程量的多算对比，不仅效率高而且工程量精确，为施工方案的选择以及工程造价成本的管理提供了很好的数据支撑。同时基于 BIM 5D 平台可以实现动态计算任意时间段内计划的工程量，通过计划用量与实际用量之间的对比和分析，进行实时动态成本管理，同时计划用量也是施工人员调配、工程材料采购等材料管理的依据。

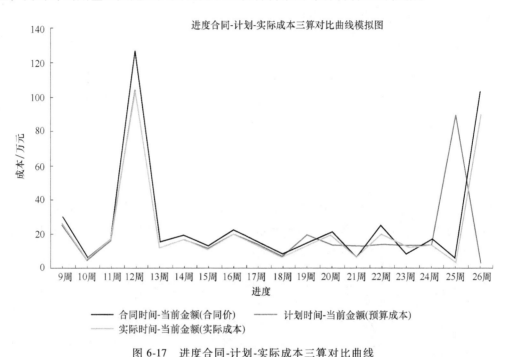

图 6-17　进度合同-计划-实际成本三算对比曲线

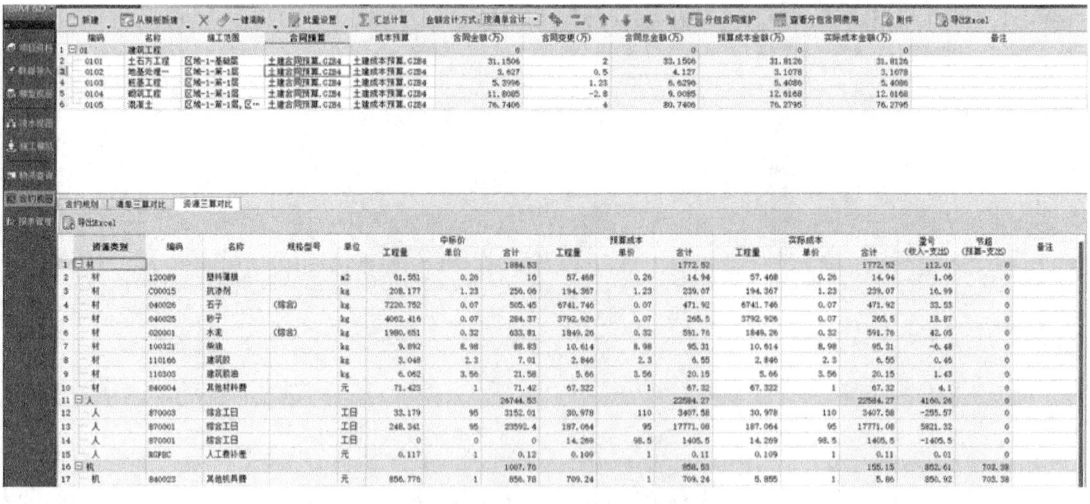

图 6-18　广联达 BIM 5D 平台多算对比

6.3 BIM 大数据的层级

6.3.1 项目大数据

管理的支撑是数据，项目管理的基础就是工程基础数据的管理，及时、准确地获取相关工程数据就是项目管理的核心竞争力。项目大数据包括项目信息、项目工作分解结构 WBS、项目财报分数 CBS、单位工程、业务数据。BIM 数据库可以实现任一时点上工程基础信息的快速获取，通过合同、计划与实际施工的消耗量、分项单价、分项合价等数据的多算对比，可以有效了解项目运维是盈是亏，消耗量有无超标，进货分包单价有无失控等问题，实现对项目成本风险的有效管控。

BIM 和大数据，二者可以互为应用，互相融合。首先，BIM 模型并非通常意义上的单纯的一个模型，数据信息是 BIM 模型的基础，BIM 模型实质是由各种各样的数据信息堆砌而成的仿真模拟建筑物。BIM 模型的最底层最明晰的一个优点就是直观，所见即所得。以前的工程施工图设计出来后，由于各方面因素，不论是甲方、设计、施工以及后期运维，都或多或少的牵涉到变更，而变更单即使存档，也不能立即反映到施工图上面。利用 BIM 技术，对工程项目进行设计和施工模拟，建立了相关的一系列族库，提高了模型的重复利用率。项目的研究具有一定的通用性，实现了设计阶段采用 BIM 技术的可行性以及实用性，为今后类似项目的设计和施工模拟积累了经验。设计的建模标准，族库定义原则，出图模板，施工模拟做法等，都可以形成一套程式化的做法，通过不断积累完善，为企业信息化以及提升设计实力和竞争力起到积极的作用（刘智敏等，2015）。如果以后有类似需要参考的项目，也许会在同样的地方做出同样的修改。而在 BIM 模型中，当无论哪一方有修改的变更等，都能第一时间反映到模型中。那么当工程结束，这个模型就是一个经过了实践检验的模型，是一个真正的仿真模拟建筑。而这个模型里面的各种参数，都将作为一堆经过检验的数据上传，成为大数据的共享资源，最后作为基础数据为后续的工程服务。以 3D 建模、3D 计算为核心的数字建造技术是指通过 BIM 的建立，实行从招标投标开始至工程建成全过程的工程数据管理（Building Data Management，BDM），为项目管理各条线提供实时准确的基础数据，使项目管理事先控制能力和共享协同能力得到提高。基于 BIM 5D 的工程项目信息集成如图 6-19 所示。

6.3.2 企业大数据

1. 数字变革对建筑企业的影响

建筑企业过去积累工程数据的方法往往是施工图介质，并基于施工图抽取一些关键指标，用 Excel 保存已是一个进步，但历史数据的结构化程度不够高，可计算能力不强，积累工作麻烦，导致能积累的数据量也很小。建立企业级甚至行业级的 BIM 数据库将为投资方案比选和确定带来巨大的价值。企业级数据包括分部分项工程量清单库、定额库、资源库、计划成本类型等。BIM 模型具有丰富的构件信息、技术参数、工程量信息、成本信息、进度信息、材料信息等,在投资方案比选时,这些信息完全可以复原,并通过三维的方式展现。根据新项目方案特点,对相似历史项目模型进行抽取、修改、更新,快速形成不同方案的模型;软件根据修改,自动计算不同方案的工程量、造价等指标数据,直观方便地进行方案比选。

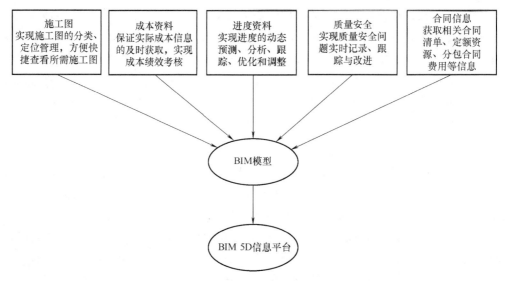

图 6-19　基于 BIM 5D 的工程项目信息集成

数字变革对施工企业来说,可以更好地促进施工过程和管理模式的革新,使施工企业管理的广度、深度、精度、效率不断得到提升,重塑企业的组织,打破企业边界和区域边界的限制,提升企业资源配置能力,加大管理跨度,缩短管理半径。通过数字建筑对"人、机、料、法、环"等各关键要素的实时、全面、智能的监控和管理,形成项目的统一协同交互和大数据中心,能够有效支持现场作业人员、项目管理者、企业管理者各层的协同和管理工作,更好实现以项目为核心的多方协同、多级联动、管理预控。整合高效的创新管理体系,对企业各个项目的生产情况全部纳入实时动态管控范围,实现对包括人力资源、财务资源、供应链资源和上下游的供应商、合作伙伴资源等各种生产要素的资源优化配置和组合,保证工程质量安全、进度、成本建设目标的顺利实现,提升企业的集约化经营能力。企业的经营决策将更加依赖基于数据驱动的科学决策,即通过数字建筑、数据建筑,驱动企业决策智能化。基于项目数据的有效集成,通过数字建筑利用大数据、人工智能等技术,能够在企业层实现基于数据驱动的经营管理和科学决策,保证多项目管理全过程可控与目标达成,提升企业的集约化管理与服务能力。

基于 BIM 的建筑 ERP 管理系统能够将集团各分公司不同项目的 BIM 模型数据集中到一个服务器上,从而建立统一的基础数据库,通过支撑 ERP 系统对多个项目实施集中管控和决策。其次,它实现了工程项目的可视化,增强了企业竞争力。运用了 BIM 技术,新型的 ERP 管理系统拥有了可视化的功能,能够将施工方案进行三维的立体化呈现,生动形象,说服力更强，提高了建筑企业的中标率。再次，它提升了企业的精细化管理能力和利润率。基于 BIM 的 ERP 管理系统将 BIM 数据模型中的海量数据内嵌到 ERP 的各个环节中，在不改变 ERP 系统基本工作流程的前提下，为系统决策提供实时的工程基础数据和有效的协同作业方法，提升了建筑企业的精细化管理能力，大幅度地减轻了项目的工作强度，也有效地避免了各种人为的错误，进而降低了企业运营成本，提高了利润率（李啸林，2018）。

2. iTWO：建筑地产企业数字化先驱

正如麦肯锡在研究报告《大数据：下一个创新、竞争和生产力的前沿》中说的，对于企业来说，海量数据的运用将成为未来竞争和增长的基础。哈佛大学社会学教授加里·金说："这是一场革命，庞大的数据资源使得各个领域开始了量化进程，无论学术界、商界还是政府，所有领域都将开始这种进程。"

从 3D 到 5D，从设计到施工，从桌面到云端，从互联网到物联网，iTWO 软件平台为建筑及地产企业实现全方位数字化管理。其旗舰产品 iTWO 4.0 首创 BIM 5D 全流程企业级云平台，将 BIM 3D 模型整合进度（4D）和成本（5D），应用于项目从虚拟规划到实体建造的全流程，实现精益建造及企业效益最大化。iTWO 4.0 为建筑及地产企业在工业 4.0 时代开创新型数字化管理模式，它以 BIM 5D 技术为基础，结合云计算、大数据、智能预制件生产、虚拟建造、供应链管理等技术，提供一个云端大数据企业级信息管理系统；以 BIM 5D 模型为基础，将全人员、全流程、所有项目、全资金流形成有机整体统一管理。企业数字化与项目信息化并行，提升企业运营效率及项目管理水平，实现业务效益最大化。iTWO 4.0 是一个企业级云平台，项目所有参与方在统一平台实时协作，管理企业内跨地区所有项目的全寿命周期。平台整合建筑全流程，实现在唯一真实数据平台中实时高效管理从设计、算量计价、进度管理、合同管理、智能供应链管理到财务管控的项目全流程。财务管控功能与企业 ERP 无缝对接，真正实现一个平台管控全局，使得企业及项目运维更智能、更高效、更精益。

6.3.3 产业大数据

1. 大数据产业发展的趋势

随着信息科技的持续快速发展，各行各业都越来越关注大数据分析的价值。而机器学习将作为大数据智能分析的核心，将人工智能与脑科学融合成为大数据分析技术领域中的热门话题。目前全世界每日大约生成 2EB 数据信息，当大数据分析规模快速发展到一定水平时，大数据的连接也将越来越重要。这就要求运营商主动寻找和发掘。以交通产业为例，过去的大数据挖掘重点在于使用者的数据信息，比如位置、住址、上班地点等，还有卫星地图上移动的人的实际工作属性、文娱属性、通信属性等。而未来若能把所有属性信息综合在一起考量，把各个层面的属性信息加以关联，就够发现数据的更大价值（程琳琳，2018）。改革开放以来，中国建设不断保持着高速的发展势头，体量与规模持续扩大，产业关注点也由建设一幢大楼快速发展到建设一个城市。而与此同时，各种建筑物的用途也在日益多样，人类对建筑物的使用需要也日益提高，逐渐涵盖整个寿命周期，甚至产生了个性化、订制化的需求。而当前,中国建筑行业未来发展要求也已变化,主要反映在以下两个方面:一是质量需求,二是产业需求。在质量方面,对办公区域、生产基地等设施的质量需求正在日益增加,而且建筑内容也不断变化;产业方面,中国建筑行业的融资主体也已发生了变化——除传统的地产开发商以外,还涉及政府平台和新型融资公司。但是,相比于体量与规模的高速增长,中国整个建设工程的资金链条在过去四十多年中却发展得十分迟缓,且管理方法也较为粗放。正是在此背景下,精益制造与大数据分析等理念在建筑行业的广泛运用才显得重要(杨玮,2018)。

2. 数字建筑激发产业大数据新动能

建筑产业化是以建筑全寿命周期为导向,运用工业化设计思维,将房屋建造的开发、设计、生产、施工、管理等全过程形成完整的一体化产业链,从而全面提高建筑工程的质量、效率和效益,实现建筑业节能减排和可持续发展。建筑产业化体现在建筑设计标准化、建筑部品通用化、构件生产工厂化、现场施工装配化、土建装修一体化、建造过程信息化、维护管理智能化。大数据可用于改善下一代建筑的发展和服务。在这方面,BIM 将是这一发展的主要因素。BIM 系统能够更容易地通过更全面的信息检索来捕捉和搜索新问题的解决方案。建筑物的寿命可以持续几十年的时间,并且可以使用各种可用的数据收集工具,如移动设备、社交媒体、智能仪表、传感器、卫星、摄像头、交通流量报告等,因此可以获取各种数据来捕捉操作的性能和行为,这可以更好地为建筑产业发展提供巨大的反馈(Motawa,2017)。

BIM 技术在建筑行业中既是数据平台也是管理平台。BIM 技术将会给建筑业带来以下重大影响:

1)将建筑业带入大数据时代,是智慧城市的基础。
2)给建筑业带来透明化、可视化建造技术(从 2D 到 3D、4D、5D……)。
3)精细化、低碳化,成本节约、质量提升。
4)加快建筑工业化进程,加快产业整合进化,改变产业生态。

在产业数字化变革的浪潮中,产业链的各方主体和生态服务伙伴,通过数字建筑,一方面可以借助数字化创新,加快其内部流程、业务模式、管理模式、商业模式等方面的变革,焕发存量机会与市场活力;另一方面,通过变革,传统产业与企业逐渐转变为数据驱动型组织,决策和发展更具洞察力,不断开拓新的增量机会。在未来的某一天,当一个大型的设计公司内部存有足够多的数据,或者是建立了行业间的数据库,那么所有构件都可以在设计施工中精确预制,这将使建筑在成本与工期上都达到完美。

BIM 是以三维数字技术为基础,集成建筑设计、建造、运维等项目全过程各种相关信息的工程数据模型,它将成为建筑行业从二维向三维和协同工作方式变革的又一次技术革命。我国建筑业正处在向产业现代化、信息化、工业化不断转型升级的关键时期,BIM 技术成为我国建筑业发展的必然选择。要推动我国建筑业的转型升级,可行的办法就是大力推广 BIM 技术。BIM 的应用不仅仅涉及技术变革,还涉及管理的变革。BIM 可以实现建筑全寿命周期的信息共享,支持设计、施工及管理的一体化,这对项目的建造及后期运维管理都具有重大意义，有利于促进建筑业生产方式的变革。

数字建筑作为建筑产业转型升级的核心引擎，其对建筑业的影响必然是全价值链的渗透与融合。通过"数字建筑"的科技手段，构建了全过程、全要素和全参与方的数字虚体，充分对接意识人体和物理实体，能够将人们意识思想中对美好生活和工作空间环境的愿景，通过数字建筑平台进行充分的协同设计、虚拟生产、虚拟施工和虚拟运维，再通过工业化的建造方式在物理世界中建造出实体建筑，最终可交付一个实体建筑，一个虚体建筑。如图6-20所示，通过数字建筑实现了"三体化一"，驱动建筑产品升级，达到工业级品质产品，引领产业变革与创新发展，使建造过程达到工业级精细化水平，让每个工程项目成功，让人们生活和工作的环境更美好。数字建筑不仅是结果，更是建筑全寿命周期管理与服务的过程。通过数字建筑打造的全新产业链数字化生产线，让项目全寿命周期的每个阶段发生新的改变并赋予新的内涵。未来的建筑建造全过程中，将在实体建筑建造之前，衍生纯数字化的虚拟建造过程，实体建造阶段和运维的阶段将会是虚实融合的过程。新设计、新建造、新运维使得建筑业未来的发展将更加充满想象，建筑行业未来发展模式如图6-21所示。

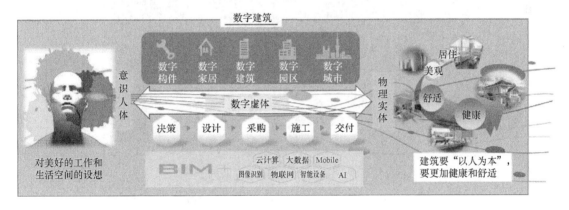

图6-20　意识人体、数字虚体与物理实体"三体化一"

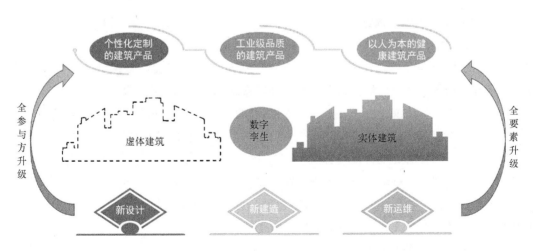

图6-21　建筑行业未来发展模式

6.4 BIM 大数据的管理与应用模式

6.4.1 概述

越来越多的企业发现，企业的核心价值依赖于挖掘数据的能力，这种能力在高科技行业的竞争中体现得十分明显。如 Google、Meta（原名 Facebook）等公司已经从了解其用户所产生的数据方面获利近数十亿美元。图 6-22 所示是俄克拉荷马州 Google 分公司的数据中心内部机架。数据的丰度几乎影响到每一个行业。在建筑领域中，数据具有类似的影响。数据在以下三个方面正在改变建筑、工程、施工的工作架构。

图 6-22　俄克拉荷马州 Google 分公司的数据中心内部机架

1. 客户向建筑师索取数据

工程项目的客户开始要求建筑师不仅仅是交付工程图，他们也将目光投向了数据丰富的 BIM 模型。项目的客户在工程完工之后，会索取记载了所有工程项目信息的 BIM 文档，并以此为基础来给下游的应用提供信息，例如基础设施或设备的管理数据等。

在建筑、工程、施工等行业，随着 BIM 技术的成熟，业主对于工程应该交付的文档有了越来越多的期望。例如建筑师需要将产生的数据集，如建筑-营运建设信息交流（COBIE）的电子表格作为项目需要交付的一部分。建筑-营运建设信息交流电子表格本质上是项目资产的清单，业主可以通过清单数据来管理这些设施，因此英国政府要求设计师在任何公共资金资助的项目上，要制作并交付建筑-营运建设信息交流电子表格。对于建筑师来说，这意味着他们在数据方面要像在设计图方面一样需要严格把关。

2. 客户从建筑内收集数据

业主对由建筑物所产生的数据非常感兴趣。如前文提到的，一切有关数据，从温度调节到门禁记录都被连接到互联网,由此可以创造其他用途。在 2014 年的威尼斯双年展上,美国建筑师协会会员、展览总策划雷姆·库哈斯提出了这样的预测:"每一个建筑元素都将它自己与数据驱动的技术相关联。"

数据能够帮助业主衡量和定量改善其资产设备的性能。具有创新精神的业主看到的商机,是利用数据来对资产的表现进行全面的评估。以沃尔特·迪士尼公司为例,结合销售数据和其他用户体验的指标,可以定位、跟踪、优化公园的性能。随着越来越多的业主开始依靠建筑数据以改善其资产的表现,建筑设计师们需要确保其建筑物能够提供关键数据。

建筑师也需要认识到,客户将使用这些数据来衡量自己的表现。可持续建筑的认证组织,如美国绿色建筑委员会(USGBC),已经在逐步使用实际数据来验证建筑的性能。这种认证就是 LEED 的动态认证。可持续评级系统的最新版本并不是美国绿色建筑委员会(US-GBC)推进其标准的唯一途径。随着绿色建筑认证计划的更新,在 2013 年,美国绿色建筑委员会推出了 LEED 动态认证的工作原型。对于建筑设计师来说,好消息是他们不必为再认证做准备,取而代之的 LEED 动态认证是关于基准的确认,并在全球范围内对投入使用的建筑的性能进行比较。认证的主要目标是"将可持续设计的策略与结果分离开来。然后在比较具有相同规模的建筑设施的基础上衡量建筑的性能。"虽然 LEED 参考指南提供的策略是很重要的,但是美国绿色建筑委员会希望能够真正衡量建筑物是否真的符合这些策略。

LEED 动态认证是 BIM 大数据和可持续建筑的交叉合作领域的生动案例。什么是 LEED 动态认证呢?从实物的角度来说,LEED 认证牌匾是显示现有建设项目的一个独立的数字记分牌,其简洁的界面显示建筑物的五种类别的性能:能源、水、废物、运输和人员经验。LEED 动态认证是一种让人们重新认证他们的项目的办法。认证时不必跟踪 LEED 既有建筑的所有的信息和所有的已经认证的信用点,而是将 LEED 动态认证安装在任何现有的 LEED 认证的建筑上,无论牌匾遵循的是哪个等级系统,资产经理可以使用手动或自动的方式,通过美国绿色建筑委员会的在线仪表盘来构建建筑资产的性能数据。这种更新不受次数限制,美国绿色建筑委员会将要求业主每年提交并核查建筑数据至少一次。

另一种使用建筑物联网的方式是基于绩效的合同。比如在合同中规定,通过收集住户入住后的数据,验证了该建筑达到了其规定的设计性能后,业主才会支付设计费用的尾款。这种延迟支付对于保证建筑设计和施工质量是功不可没的。要想在设计建造合同脱颖而出,获得项目的全额价款,不仅仅依靠设计图中动人心魄的视觉效果,更需要公司以实际数据来证明他们能够将他们的承诺付诸行动。

3. BIM 大数据正在改变工作的过程和结果

数据的丰度推动了数据仓库和建筑-营运建设信息交流电子表格等的应用。但是对于建筑师来说,更深刻的变化是在工作程序方面。例如使用 BIM 设计和文档的建筑物已经要求一套全新的业务流程。该建筑可能在视觉上与在过去设计的建筑相似,但幕后的一切,如合同措辞和员工培训等都需要重新思考。

如果建筑师计划从建筑环境中利用数据,那么就会需要更显著的、程序上的变化。比如说,公司将如何验证它们产生的数据?他们将如何与项目伙伴交流项目的数据?在法律上,谁负责这个数据？围绕这些数据，可以提供哪些服务？企业如何从数据学到经验？企业需要雇佣数据分析师吗？对于那些愿意解决这些问题的公司，数据将给它们提供机会，深刻量化它们带给客户的价值。毕竟，客户都需要数据。

6.4.2 BIM 大数据的管理与协调

很多建筑企业的高管都对 BIM 大数据能够带来更高的商业回报非常期待，他们也希望提高客户对于工程和服务的理解。这些建筑企业需要将其业务适应 IT 模式，以充分利用这种海量数据，从而能够通过衍生收入来获得盈利增长的回报，提高基于事实决策的能力，并增加具有创新性的客户互动活动。然而，任何大数据项目的成功在根本上，取决于一个企业的捕捉、存储并管理其数据的能力。好的企业能提供快速、可信和安全的数据业务，决策者在成功挖掘大数据方面可以获得更高的成功的机会，获得计划中的投资回报，并计划更进一步的投资。大数据整合与协调是这些活动成功的关键。以下是企业采取大数据整合时前五名最常见的错误：

1）没有选择一个企业级的数据集成技术。
2）保留过时的数据仓库模型，而不是专注于现代大数据架构模式。
3）不优先采用高效的数据整合原则。
4）低估治理的优先顺序。
5）处理复杂的工作负载时，忽略的 Hadoop/NoSQL 的大数据操作语言的处理能力。

BIM 大数据的项目集成原则有五项，了解和应用这五个原则将有助于 BIM 大数据的项目集成。

第一个原则是应用企业级的数据集成技术，旨在填补数据处理时的空缺。不过，在企业选择数据集成技术时，它肯定会面临数据安全、管理和监控方面的巨大压力。此外企业还应该有专门的用以继续开发和支持资源、不断提高选择能力的数据集成技术。Hadoop 是一种分析和处理大数据的软件平台，是 Apache 的一个用 Java 语言所实现的开源软件的框架，在大量计算机组成的集群中实现了对海量的数据的分布式计算和存储。因此企业所选择的数据集成技术本身应该适应 Hadoop 技术的规模。如果建筑企业将 BIM 大数据作为战略计划，那么用户的适应性和开发人员的工作效率都要提高。该数据集成技术应该提供适当的工具来简化开发，加强质量，缩短实行时间，以降低编码增生的风险，从而减少了强制性的自定义编码维护，增加了数据透明度。对于任何企业技术标准来说，BIM 大数据的集成工具应该能与具有多种异构的大数据语言和源一同正常工作，而且能够从复杂的实施情况中抽取用户数据。数据集成技术应该允许企业适应不断更新的 Hadoop 的标准，且在多个不同工作的大数据标准之间转换时，没有潜在的经营风险和营业中断。

第二个原则是注重现代大数据架构模式。许多建筑企业认为，在现有数据库的基础上进行扩展，就可以作为其 BIM 大数据的架构。BIM 大数据的架构（包括数据储存、数据积蓄等）经常与传统的数据仓库共同存在，但是按照经济节约的原则所建立的大数据的存储，将限制大数据存储中的数据的价值。专业的存储方式和严谨的平台性能设计，将用于数据查询。经过适当设计，大数据存储可以为经常使用的数据建立子集，并将其移交给设计平台以提高查询的速度和性能。现代大数据架构强调将实时数据摄取到大数据平台的数据流，使用本机的大数据查询语言充实和改造数据流（本机的大数据查询语言有 Pig Latin、HiveQL 和 MapReduce 等），并充分协调和治理数据流，以减少风险。

　　第三个原则是优先高效的数据融入和数据转换。选择正确的数据集成技术依赖于关键标准，它始于摄取实时数据到数据储存器的能力。这种模式保证了用于支持决策的数据的先进性，也保证了业务分析的结论是根据最新数据所得。精确到毫秒的数据实时性的差异，区分了是普通的用户体验还是优秀的客户体验，并为他们及时提供见解和经验。当这些数据摄入的工具捕获数据时，应该是无创性能的且不影响源技术。一旦数据摄入到储存器内，所用转化技术应该是透明的而且不需要注入专有代码到 Hadoop 的节点。它应该提供模块化的、基于团队的开发设施。这应该是跨平台移植，换句话说就是恪守"设计一次，到处运行"的规则。

　　第四个原则是纳入普及型数据治理。大数据库一般被认为是数据科学家的黑箱围栏，但是现在已不再是这种情况。事实上适当的重点应在确保 BIM 大数据集群的透明度的敷设。如果大数据储存充满了原始数据，它有利的一面是能够得到利润和提高客户体验，而缺点在于当数据泄漏时，大量数据泄漏可能会造成的高昂的诉讼费用和无法挽回的声誉损失。在整个数据管理的全局视野中，通过各项技术来管理元数据是治理数据的关键。它支持完整的内容源，从而针对那些通过系统传递和业务决策的数据，形成了业务问责和 IT 问责制。良好的治理不仅仅取决于技术，也取决于该组织的文化和业务流程。但是选择正确的治理技术是实现企业管理数据的关键。一个好的治理技术可以带来数据的透明度，推行问责制并且帮助识别 BIM 管理过程和企业性能需要改进的领域。在集成大数据的平台上，重要的是使用一个治理工具切入多个技术手段（例如数据库、数据仓库、数据质量和浓缩技术、数据融合技术、商业 BIM 的智能开发和分析能力技术等），以有效地完成治理要求。该治理技术应该为商务用户和技术用户服务。

　　第五个原则是充分利用 Hadoop 集群。如果认为 Hadoop 和 NoSQL 只是用于商品数据的存储的话，那就错过了它们的巨大优势。Hadoop 和 NoSQL 的计算能力可以提供很多功能，如果没有有效地利用大数据平台来处理数据，通过数据存储可以实现的收益都将丢失。想要做到这一点，就要脱离原有的通过计算密集的方式查询底层的大数据。通过生成符合大数据存储标准的代码来进入大数据，就可以使用、存储、处理这个大数据。当数据量和存储能力要求扩展时，不必投资于额外的大数据处理硬件。要做到这一点，数据集成技术不应该使用中间件或处理平台，并且大数据不应该存在于目标或源数据库之外。传统的提取、转换和加载（ETL）技术专为关系型数据库设计，通常有一个基于中间件架构，它们会抵消任何大数据的优势。

6.4.3　BIM 全寿命周期管理（BLM）

　　由于建筑物传感器网络的持续、迅猛地增长及其异质性，使用者可以很好地控制自己的舒适环境并将能量消耗减少到最小化。由于建筑物是主要的能源消耗主体，并且是占主导地位的温室气体排放的原因，应用 BIM 全寿命周期管理（BLM）能够帮助业主和住户理解和控制其与建筑物的相互作用。然而，大量的原始数据集的收集和利用必须是综合计算的，可视化是其中数据处理的一个显著手段。信息可视化和与用户的互动也是 BIM 全寿命周期管理（BLM）的挑战。下面的内容讨论了 BIM 全寿命周期管理（BLM）经验教训和挑战，以及制订可持续发展的计划所需要的支持。

1. BIM 大数据与建筑全寿命周期的室内外环境

现代的建筑环境都有某些必要仪器作为其正常功能的一部分。例如，泵和电动机在电梯或给水排水系统监测中起到了安全限制的作用，以防止用户损坏他们自己的设备。除此之外，其他的功能包括该住宅的电、水、燃气等的消费显示器，以确保房主的公平计费。如今新的传感器网络被添加到建筑结构，超越了以往那些基本的功能和监控，与基础设施服务一起提高系统层面的效率（Shirowzhan et al., 2020）。在建筑领域中，当建筑物的设计完成后，建筑师通常将设计图移交给工程团队，工程团队负责计算分析建筑内不同区域的热需求。例如，一个布局为一层的建筑物，将包含一个中央区域和一个以各建筑物的四边为一起的边缘区域。在经历一天的外部环境变化过程中，建筑物不同的立面所处的风、热环境不同，这些区域将有不同的热需求，这些不同的热需求被作为输入提供给建筑控制系统。每个区域将有一个恒温器与温度和湿度传感器一起，对所需的温度设定进行控制。从输出方面来说，在楼宇的一个特定的区域，楼宇控制系统通常决定风门位置，风门的打开或关闭，以及变风量（VAV）的终端单元，它也可以具有一个空气压力传感器。因此，每区域可以安装 3 或 4 个传感器来对供热或空调进行调节。

一个典型的办公楼（图 6-23）可以有 250 个传感器传输信号进入楼宇控制系统。不幸的是，由于这种方法的简单性，其应用在非常大的区域时不可能为所有成员提供舒适的工作温度。此外也不能对居住者的存在进行明确的感测或响应，因此只能根据简单的时间表来控制加热和冷却设备的运行。虽然这些问题看上去似乎不是太重要，但是建筑物的过冷、过热和过度照明，是导致建筑物成为人为温室气体（GHG）排放的罪魁祸首（48%）的首要原因。基本上一半的空气污染，来自于供给建筑物运行时所需的能量。智能建筑可持续性社区（NET-ZERO），在建筑与工程领域，几十年来一直致力于为这个问题出谋划策。如今技术已经得到了发展，无论是在研究方面还是在工业应用方面，BIM 物联网控制的智能建筑已经可以显著地降低住宅和商业建筑的耗能。作为针对极端问题的极端的反应，这社区设立他们的终极目标是净零建筑，因为这类建筑在使用中能产生尽可能多的能量。一般而言，净零建设战略中，通过设计和技术的革新，在开始时就会有 75% 的效率的大幅度提升，剩余的 25% 的电力需求就来自于当地能源，例如太阳能和风能。其中技术效率的提高依赖于数字化楼宇控制系统及其设备和传感器网络。这种所谓的"智能建筑"的模式，转变了建设系统，形成了一个可靠的平台，为可持续性发展的设计和计算，提供随时随地的帮助（Zheng et al., 2019）。

图 6-23 办公楼模型

净零建设战略是以用户为中心进行设计的一个高度解析用户需求并响应的方法。也就是说净零建设将超越大控热区的概念,建筑系统应主要服务于被占用区域的供热和制冷的需要。为了更好地决定人们是否存在于特定的空间中,大量的位移、光敏、用电量和二氧化碳传感器已经被集成到照明灯具和办公家具上。位移检测和对于二氧化碳的含量是否增加的检测,可用于指示空间占用的程度。为了满足保持空气清新的要求,一般来说,通风设计都可以满足高峰期间使用人员的空气质量需求,它和实际入住人口不相关。在建筑物被部分占用时,用于加热、制冷、湿润或除湿等处理外部空气时所需的能量,相对必需耗能量而言是浪费的。使用人员呼出的二氧化碳是一个可以预测的量值,因此二氧化碳水平可以用来指示实际在房间内部的人数,这是该房间的通风需求量的一个有用的根据,尤其是在封闭的房间,如办公楼的会议室。

一些办公家具制造商已经将使用人员个体层面的传感器集成到他们的商业产品中。例如江森自控生产了个人环境模块(PEM),其包括一个办公柜系统,安装有个人控制面板,可以调节风量、温度、照明和声学等特性,以保持个人办公环境的舒适度水平。赫曼米勒公司开发了康维亚家具系统,其包括一个技术平台,允许对插头负载、照明以及温控器设定点等,进行集成控制和监测。通过加入以使用人员为中心的传感器网络,和以使用人员为中心的加热/冷却系统,就创建了提高建筑能效的机会。然而 BIM 大数据与建筑全寿命周期的室内外环境集成的时候,要注意以下几个问题:

(1) BIM 大数据的收集

建筑物的传感器网络可以是无处不在,并与现有的互联网协议网络进行 IP 集成。BIM 大数据的计算解决方案可以更容易地开发出来,帮助更多的人分析数据、改进思路并提供新的商机。但是现代化的办公大楼可能是由 10000~40000 个传感器,几百个感应设备和几十个集成的系统。例如温度传感器产生缓慢变化的值,因此温度数据就可以很容易地压缩,以大大减少数据存储的要求。但是电气插座上安装的电源使用传感器可能需要经常采样并且取值范围不规则。每个建筑的数据存储每年都可能超过 TB 级,这导致实时采集分析数据和与数据的交互成为重大挑战。

(2) BIM 大数据分析和可视化

虽然这些系统的可行性仍有待观察,但这些大规模数据集的可用性是一个开放的研究问题。对于大数据集的可视化，特别是环境数据的可视化是全球的研究热点。可视化的目的是深入了解数据，因此对于可视化技术的评估，必须要考虑它们对于决策的支持。

(3) 建筑环境可视化

传感器数据收集、分析、可视化和决策的一个重要组成部分，是当前的数据流或历史数据的可用性。环境扫描的用途之一是帮助传感器的数据流和它们的物理环境相关联（Ma and Wu, 2020）。这个过程结果是形成空间和建筑的点云数据（也就是简单的、无序的三维几何坐标）。在对一个大楼的扫描中，从内部和外部的位置分别单独扫描，之后将数据合并，创建的整栋大楼的详细扫描含13亿个点。在地球表面上正确的位置准确放置激光雷达，通过在空中收集城市与周围的点云，可以集成一个20GB的数据集，用于处理和提取某种程度的特征。

人们在寻求将点云数据处理成有用的几何图元（如多边形和固体）方面做了大量的工作。为了使建筑物和环境产生联系，需要启用多种智能分析软件、工具来标记几何形状的语义数据，对其进行可视化和仿真。在建筑领域，行业标准的数据模型已采用几何和语义来描述建筑物的所有组件。但是还没有一个自动化的方式来全自动地根据一个点云创建BIM模型。

(4) 增强现实

许多软件应用程序可以将BIM数据和传感器位置与价值结合起来，例如GoBIM就是iPhone的一款应用程序，可以用来观看特定的工地的BIM数据。该应用程序扩展到包括增强现实功能的BIM功能。未来工作将包括相关传感器数值的可视化，帮助用户理解自己的用电量，例如找到一个电源插座，看到它当时的功率量并抽取其历史数据（Cheng et al., 2020）。

2. BIM大数据与实时建筑效能检测

使用BIM大数据进行实时建筑效能检测，其目的是要理解和利用BIM最佳能量值性能，超越设计/施工技术局限，在整个建筑物的寿命周期的活动中扩展它的价值。另外这种监测可以帮助人们了解建筑仪器和BIM之间的协同作用，提高知识管理的能力，获得竞争优势。图6-24所示显示了一个办公场所在有人和无人时产热的不同。建筑仪器和BIM之间的协同作用很大程度上依赖于语义网络。图6-25所示显示了BIM和语义网络。

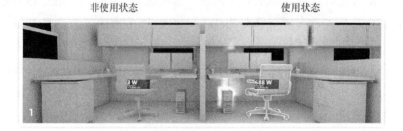

图6-24 一个办公场所在有人和无人时产热的不同

图 6-25　BIM 和语义网络

6.4.4　BIM 360™

BIM 360™现场管理是基于云的协作和报告，融合了移动技术、2D 和 3D 环境的施工现场管理软件。BIM 360 现场管理把关键信息送到这些现场工作人员的手中，帮助提高施工质量和施工安全，以及为各类建筑及基建项目进行调试。BIM 360 软件现场管理流程如图 6-26 所示。

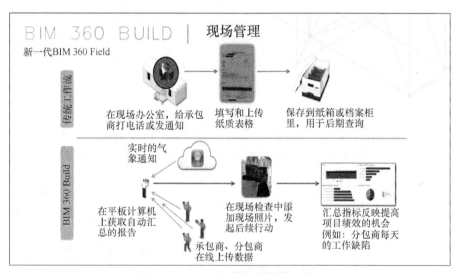

图 6-26　BIM 360 软件现场管理流程

藤森建设是一家基于美国的家族企业，也是北美领先的建设者。藤森建设的服务包括设计、建造、房地产开发、施工管理、工程总承包、EPC/BOP 和项目开发等。效率是驱动藤森建设发展的关键因素。藤森建设使用 Autodesk® BIM 360 软件来管理其大型建设项目。通过使用 Autodesk® BIM 360 软件，藤森建设能够优化其内部流程，并且现场工程师也在显著程度上消除了数据冗余。

在更新网络文件系统的内容时，藤森团队成员面临的挑战是如何保持 BIM 360 现场管理项目库的最新内容。按照要求需要通过几个步骤将这些来自多个网络驱动器的文件导入到 BIM 360 现场管理的项目库。这使得整体的处理流程非常缓慢。"我们没有办法用一个简单的或自动的方式，同步我们的 BIM 360 现场管理的项目库和我们的数据中心的内容。"藤森计划经理尼尔卡特罗斯说。

藤森团队的解决方案是采用 BIM 360 现场项目的 SkySync 连接器。通过不断努力提高自己的业务流程，藤森建设借助 BIM 360 现场项目的 SkySync 连接器，成功解决了这一问题。通过利用 SkySync 上传项目到 BIM 360 现场管理的项目库，导入过程从原来的几个步骤，变得完全自动化。藤森工程师可以通过 BIM 360 现场管理的驱动，同步他们的本地网络共享，同时省去漫长的导入时间，而且可以更轻松地管理每个项目。工程师可以轻松地配置 SkySync，在预定的时间间隔来同步自己的项目，或者他们也可以选择手动启动同步作业。更重要的是用户可以通过他们的网络驱动器，以具有相同的名称的新文件替换旧文件，同时 SkySync 自动更新 BIM 360 现场管理的项目库。

通过使用 SkySync 的面向 Autodesk® BIM 360 现场连接器，藤森建设能够从工作流程中删除几个步骤，并且优化他们的项目管理过程。藤森建设已经利用 SkySync 的连接器与流行的云平台建立了连接。藤森的工程师们在使用 SkySync 与 BIM 360 现场管理时几乎毫不费力。

6.4.5 BIM 2030

目前，BIM 的广泛和深入的使用，已经成为建筑、工程和施工等行业的共识。随着信息和计算技术的不断发展，BIM 的开发和利用也呈现出令人惊叹的趋势。在环境监测、供应链、行业转型、建筑产业工业化、预制与预配、移动设备、物联网、商业智能等方面，都可以看到 BIM 的应用。特别是 BIM 大数据，在用户的个性化体验和发掘新的商业机会方面必将发挥出无可替代的作用。在不久的将来，像好莱坞电影中展现的场景也许会成为现实。比如穿戴式设备和嵌入式设备的研发可能会改变人们的生活习惯。根据人们个人的工作、生活、娱乐和健康的要求和习惯，智能型的系统可以自动将环境条件调节到最舒适和最环保的程度（Tang et al.，2019）。

从当前的世界发展趋势来说，BIM 的应用会越来越广泛，而且 BIM 的应用会远远地超出建筑、工程和施工等行业的范畴。以下内容描述了当前的一些顶级的高科技工具研发和应用的前景，和它们与 BIM 技术的融合。在今后的 5~10 年，BIM 技术必将为工程设计和施工的专业人士以及广大建筑用户带来不同凡响的体验。

1. BIM 与先进的机器人

对于世界各地从事建筑设计与施工的专业人士来说，每一天都可以看到新的科技应用在不同的工程项目中。但是很多中小型的建筑施工企业，特别是中国的一些企业，还在使用较为传统的设计和施工方法。对于他们来说，砌砖机器人和能够自动组装的建筑物似乎是"纸上谈兵"，难以变为现实。但是科技的进步是驱动社会生产力的重要因素，今天对于我们来说是最先进的技术，例如机器人技术、无人驾驶技术和印刷式建筑等，在不久的将来，可能在建设自动化的过程中大面积使用。这些在当前正在发展中的最新的设计和施工技术，可能会引导我们在设施的建造和运维方面迎来大的变革。一些以前只在科幻小说和电影中出现的技术，现在都已经进入商业用途并且使用在了新的建设项目中。这些技术包括 3D 打印、无人驾驶飞机和机器人建设系统等。图 6-27 所示是哈斯卡瓦纳斯 DXR140 拆除机器人正在进行工作的照片。这里显示出的机器人是由工程人员遥感控制的。采用先进的机器人技术，可以简化复杂、混乱或是危险的建设过程。

建筑围护结构是自动化和机器人技术在建筑领域上应用最成功的地方。一些具有探索精神的、有远见的建筑围护设计，模仿现实生活中的动物的皮肤来进行设计，建筑围护设计可以调整自己的遮阳装置和通风口，从而改变室内环境的湿度、温度和光线。仿生学是这些活性或动态外墙的理论基础。利用仿生学原理，可以在建筑围护设计中纳入运动部件、传感器和致动器，这些运动部件、传感器和致动器通常与中央建筑物自动化系统共同起作用。

图 6-27　哈斯卡瓦纳斯 DXR140 拆除机器人正在进行工作

（照片来源：2014《建筑、设计与建造》杂志）

设计得当的动态外墙能够更好地调节室内环境，减少照明和空调的能源负荷。这种动态外墙在真实世界中，已经应用在少数的建筑上。但专家认为，动态外墙在建筑中广泛采用的可能性并不大，主要是因为它的成本太高，投资回报率周期太长。以下是一个动态玻璃幕墙的例子。

皇家墨尔本理工大学的设计中心坐落在澳大利亚的墨尔本市，该建筑是由建筑师尚·歌德赛设计的。建筑的外墙结合了双层玻璃幕墙与第二层建筑外皮。外墙包括数以千计的小圆盘形太阳能集热器，超过半数以上的太阳能集热盘由自动枢驱动，旋转到总是面对太阳的方向，从而优化太阳能收集的能力并提供室内的遮阳功能。同时建筑的内层皮肤，通过进气口调节空气，并通过水雾喷头使用屋顶收集的雨水形成细水雾。两种方式相互结合减轻建筑的制冷负荷。

另外一个先进的自动化外墙应用在商业建筑的最显著的例子，是在匹兹堡的 PNC 大厦。该大厦由金斯勒设计，设计的目的是提供一个"透气建筑"。根据设计团队提供的资料，外墙体内安装有由传感器控制的空气阀门。空气阀门和太阳能烟囱以及散热片相结合，通过空气阀门将冷空气输送进建筑内部，同时将暖空气从上面抽出。建筑的利益相关者们期望空气阀门的开放时间能够达到 42%。比照 ASHRAE 90.1—2007 的基准，这个措施能够将电力负荷降低到 50%。

生物学本身可能最终取代仿生学。在德国汉堡一座 5 层的多户住宅楼，在建筑的两个外墙面上有"生物反应器"。这个设计是由奥雅纳工程顾问公司、柯尔特国际公司和德国顾问公司共同合作开发。柯尔特国际公司负责建筑外墙的安装，这个外墙设计被称为"太阳能叶子"，其外观包含平面玻璃面板，面板内有微藻，通过微藻的太阳能光合作用，可以收集产生的生物量和热量。微藻生物质通常被收集起来转换成沼气，作为燃料使用。在这个建筑里，微藻成为生物反应器板，减轻了光传输，并提供了独特的遮光策略。

奥雅纳工程顾问公司的建筑师扬·物姆介绍说,"在建筑物的外墙使用生化过程,可以创造遮阳功能,也能提供能源,很可能成为市区建筑的一个可持续的解决方案"。

工程设计和建设人员也在许多其他的建筑上运用了动态外墙的概念,例如2012年韩国的世博场馆就使用了玻璃纤维增强的塑料片。目前动态外墙仍然是只针对具体建筑项目而设计的,甚至只是实验型技术,只有当它的技术很容易被复制的时候,动态外墙的市场化才将真正到来。

2. BIM 与 3D 打印机技术

3D打印技术方兴未艾,建筑施工团队可能会看到能够打印整个建筑的大型3D打印机,这是毫不夸张的。从投资者的角度来看,3D打印已进入了淘金热阶段,但是面对使用大规模的3D打印,直接打印出整个结构等问题,对于建筑行业来说还有很长的路要走。但是大型3D打印能够创造任何形状的建筑构件这一概念引起了许多公司的兴趣。

目前,世界上最大的3D打印机是由CAD软件控制的D型打印机。它是由恩里科·迪尼开发,这个打印机已被用于制造大型雕塑,吸引了荷兰建筑师让亚·瑞森那的注意。他看到了这项技术的潜力,可以用来建立他的高度概念化的景观楼。这个楼是受莫比乌斯带的启发而设计,迪尼和瑞森那目前正在解决莫比乌斯带的循环结构,而这个结构的50%将由3D打印机来完成。

同时,在麻省理工学院的MIT媒体实验室,最近的研究侧重于解决解析度的问题。大型3D打印经常产生粗糙或畸形的外观效果,但在MIT媒体实验室制作的打印部件,其外部可以被打磨到令人满意的成品外观。为了质量的要求和稳定性,建筑物的大型3D打印是由混凝土填充的。

总部位于伦敦的建筑设计工作室Softkill Design运用部分打印的方法来建设房屋,他们的目标是将一个单层结构100%由3D打印的组件构成。他们的设计是在网络状结构上包裹覆盖轻质塑料从而得到良好稳定的结构,成品住宅酷似蜘蛛的卵袋。但该公司特别引以为傲的技术特点是他们的速度。该公司可以在三周内,打印一个26ft×13ft(1ft=0.3048m)的房子的所有部分,并在一天内将它们扣合在一起。

这项技术也有许多需要权衡的地方。例如打印速度快,就会损失解析度;打印物体过大就会影响速度。荷兰DUS公司可以使用3D打印技术一次打印整个房间。DUS公司使用这项技术构建了一个坐落在阿姆斯特丹运河沿岸的房子,但是如果使用传统外观结构的话,这个建筑可能需要三年的时间才能完成。建筑队希望在未来可以凭借一己之力打造他们梦想中的、工期快、价格便宜、结构合理的建筑,这个愿望吸引了大笔的资金投入。

事实上,一些投资者正在使用这个技术在月亮上建房子。这个概念是在月球上的建筑工地使用3D打印机进行施工建设。迪尼已经与英国建筑师福斯特事务所联手,打算在月球一个站点使用D型3D打印机。而美国航空航天局已经揭示了南加州大学的维特比工程学院,开发利用了等高工艺技术,对月球住房建设进行模拟。现在来说这些尝试还只是在概念设计和模拟阶段,还没有能够在月球建成或出售任何公寓,但是到了2030年,也许可以看到3D打印机建成的月球公寓。

3. BIM 与无人驾驶飞机技术

正如 3D 打印技术一样，无人驾驶飞机对于建设任务而言也是非常有用的。例如管道检查和手机信号塔的检查；在视觉上隐蔽的领域进行搜救，比如矿山地区。无人驾驶飞机甚至可以作为牧牛的工具或用来递送包裹的工具。随着无人驾驶飞机和技术的价格快速地降低，承担设计、工程和施工任务的公司正在越来越频繁地把无人机用于各种工作。

由空中靶机对建筑工地进行快速目视检查十分便利快捷，结合专用的摄像技术，如红外线过滤器或传感器，无人机还能够探测到煤气泄漏，因此无人机的价值变得非常宝贵。无人机能够返回丰富的数据，数据的层次多样。针对那些难以到达的地区，人工检查有很大的相关成本和风险，无人机可以帮助我们节约成本并避免风险。

一些类型的无人机能够提供令人惊讶的数据精度，特别是那些利用多个螺旋桨来增加稳定性的无人机。建设相关部门已经开始采用无人机并配有高清晰度摄像机、激光扫描机和陀螺稳定仪器（QCS），结合这些技术可以返回精确的公制微米的准确数据。西门子作为制造商，设想在未来，四轴螺旋桨飞行器飞过现有的高楼大厦，可以获得全面的建筑信息并创建三维数字模型（BIM）。这种类型的 BIM 模型，可以帮助确定建筑的维护需求，甚至还可以通过三维数字模型仿真并计划整修工作。

瑞士的格拉麻左与科勒公司最近在实验飞行装配建筑。这是一个大型的艺术装置，需要安装在法国奥尔良市的 FRAC 中心。在建设过程中有多达 50 个飞行机器人队伍合作，安装了稳定的、6ft 高的塔楼的内置结构。多个运动捕捉传感器，以每秒 370ft 的速度检测无人驾驶飞机。传感器将信息提供给动态管理程序。关于安装的过程，令人印象深刻的不是成品塔本身而是编程。该算法需要确定如何有效地派遣无人驾驶飞机，避免碰撞，并在选择了最佳路径的情况下快速有效提起和释放载荷。

那么这个过程怎么样才能扩大规模？无人驾驶飞机到底可不可以被设计为携带砖块和分配砂浆的自动化砌筑施工工具？这个想法现在来看似乎比较牵强，但可以看看格拉麻左与科勒公司的那些脚踏实地的项目，例如在建设过程中使用机器人。该公司开发改造了货运集装箱，使得它可以执行多种任务，形成一个移动的建设制造单元。巨大的机械臂依靠算法来自动执行指令并且尤其擅长瓦工。该公司的算法软件能够创建动态的 3D 墙和形状。外形的起伏增加了稳定性并提供非常有趣的视觉效果。例如酒厂建筑物的墙壁，从远处看，像一串葡萄的三维外形。

所有这一切想要进入广泛的市场供应还有很长的路要走。在美国，建筑机器人已经经过了长达数年的研发，很快就可以看到半自动砌块系统在行业中的应用。

4. 未来的技术发展趋势

一些未来的技术是针对土木工程这样的相关领域，例如使用 GPS 和全球卫星导航系统（GNSS），可以对大型施工设备进行卫星控制。其他的技术可归为 IT 类，如大数据和预测分析模型。建筑和规划公司已经开始运用这些技术，例如预测哪些项目是可以开工或应该避免的。自组装块的概念也是一个新兴事物。麻省理工学院的研究想法是，产生 m 个块，每一个块都可以组装，但是没有外部移动部件，是独立的立方体。掰开这个系统后，它能够重新组装成一个新的形状。微芯片和无线信号控制着立方块的内部运动部件和磁铁，使得它们能够紧密地扣起来。智慧城市建设也是未来城市发展的趋势。智慧城市是基于数字城市、物联网和云计算建立的现实世界与数字世界的融合，以实现对人和物的感知、控制和智能服务。智慧城市对经济转型发展、城市智能管理和对大众的智能服务具有广泛的前景，从而使得人与自然更加协调地发展。智慧城市建设是一个系统工程，需要根据每个城市自身的特点，在做好顶层设计后统一规划，分步实施。需要建设更加完善的信息基础设施和包括智慧城市运营为主的技术支撑，才能保证各种智慧城市的应用能够用得好、用得起。智慧城市建设中产生的大数据问题既是下一代的科学前沿问题，也是推进智慧城市发展的源动力，它必将带来新的机遇和挑战。需要有针对性地加快有关大数据的技术创新和重点攻关研究，推动和加速智慧服务产业的发展，以更好、更多的智慧应用服务大众的同时，让城市更加科学、高效、低碳和安全地运行。

这些技术现在看来似乎并不实用，但它代表了前驱的方式，为建筑物的设计、建造和操作的根本性转变提供了思路。试想一下，在未来，业主可以使用这项技术使建筑改变结构。这些新技术是人们创造力的体现，我们以前认为是天方夜谭的奇思怪论，也许会为建筑相关行业带来变革和商机。

6.5 BIM 与 ERP 的集成

6.5.1 ERP 概述

企业资源计划（Enterprise Resource Planning，ERP）是指以信息技术为基础，建立系统管理平台，为企业管理层及员工提供决策运营手段的系统。ERP 是在 NIRP（物料需求计划）上发展创新而来，ERP 相较于 NIRP 更加侧重于供应链管理，将企业的管理视角拓展，优化配置企业各项资源，以达到成本、质量及工期最优化配置的目的。ERP 系统融合企业物资资源、人力资源、财务资源以及信息资源等方面信息，将这些资源系统化管理。集成化 ERP 软件为整个企业各方面管理提供统一平台，满足信息共享、管理决策全面分析的目的，具有集成、先进、统一、完整以及开放性，是企业未来发展壮大必须可少的辅助管理系统。

ERP 系统可根据企业需要模块化设置。如图 6-28 所示为企业 ERP 系统组成与内部联系。现有 ERP 系统模块主要有会计核算、财务管理、生产控制管理、物流管理、采购管理、分销管理、库存控制和人力资源管理等（宋晓霖和田甜甜，2016），模块与模块之间并不产生冲突，企业可根据自身境况和管理需求自由选择创建模块，模块与模块之间可快速关联、任意组合。

1. ERP 系统支持供应链管理

企业 ERP 系统强大的控制及分析能力为企业决策带来先进思想，尤其核心价值更是企业追求目标。ERP 系统可对整个供应链资源进行管理。供应链上任何一个环节都会或多或少影响企业生存与发展，若企业管理仅仅从自身出发，忽视影响企业的多项因素，那么企业很难立足。ERP 系统将企业放置于整个供应链中，根据供应链中各个角色的变化，合理配置企业资源，并高效利用全社会资源进行高效生产经营活动，以获得更多竞争优势，使企业能够在知识经济时代立足。

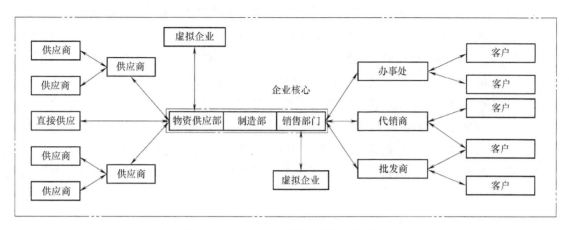

图 6-28　企业 ERP 系统组成与内部联系

2. ERP 系统支持混合型生产方式

"精益建造（Lean Production，LP）"与"敏捷制造（Agile Manufacturing，AM）"已经成为较为普遍的企业经营战略体系，ERP 系统可以将其恰当融合。其中，LP 思想将企业供应链中各方纳入管理体系，形成企业供应链，及时应对市场变化，对企业生产进行调整，实现利益共享。而 AM 管理思想更强调应变性，根据特定市场和产品需求，整合企业供应链要素，建立"虚拟工厂"，快速应对市场需求。总之，ERP 系统为企业提供全面的生产管理方式，使企业适应市场变化。

3. ERP 的计划与控制系统

计划与控制历来是管理学研究的重点，企业管理中离不开计划与控制。计划强调企业具有一定的预测及事前控制能力，企业的主生产计划、物料需求计划、采购计划和人力资源计划等都是在对市场进行预测的基础上进行编制。ERP 系统将这些计划相结合，建立关联，可随时根据市场变化进行有效管理，提高企业不同专业员工的合作作用，信息的及时反馈，提高企业对市场动态变化的反应速度。

6.5.2　BIM 与 ERP 的互补性

当前工程项目精细化管理的两个难题在于：一是难以实时提供项目管理各条线所需的基础数据；二是各条线工作协同困难。随着数字建造核心技术——3D 建模和 3D 计算技术的成熟和实用化，以建筑信息模型（BIM）为交互对象的数字建造技术越来越得到广泛的应用，ERP 与 BIM 结合应用将为提高工程项目管理水平创造巨大价值。建造阶段承包商进行精细化项目管理，困难在于：一是缺乏有效的工具和方法为各条线提供实时工程基础数据，如项目经理经营决策、人机物资源计划、仓库限额领料和物料采购的各个环节往往因预算部门不能及时提供基础数据，很难做到事前控制；二是缺乏有效的工具和方法为各条线提供最有效率的协同作业方法,工程变更和现场技术文件发布相当频繁,数据和信息的传递不能实时同步,沟通协调成本高,因此发生差错、延误工期现象非常严重。以 3D 建模、3D 计算为核心的数字建造技术是通过建筑信息模型的建立,实行从招标投标开始至工程建成全过程的工程数据管理(Building Data Management,BDM),为项目管理各条线提供实时准确的基础数据,使项目管理事先控制能力和共享协同能力得到提高(杨宝明,2008)。

BIM 技术平台是一个极佳的工程基础数据承载平台,其优势在于工程基础数据的创建、计算、共享和应用,主要解决"项目该花多少钱"的问题。ERP 优势在于过程数据的采集、管理、共享和应用,突出体现在"项目花了多少钱"。二者是完全的互补关系,即 BIM 技术系统为 PM、ERP 系统提供工程项目的基础数据,完成海量基础数据的计算、分析和提供,解决建筑企业信息化中基础数据的及时性、对应性、准确性和可追溯性的问题。两个系统的完美结合,将取得多赢的结果,两个系统的价值将大幅增加,客户价值更是大幅度提高。图 6-29 所示为 ERP-BIM 系统。

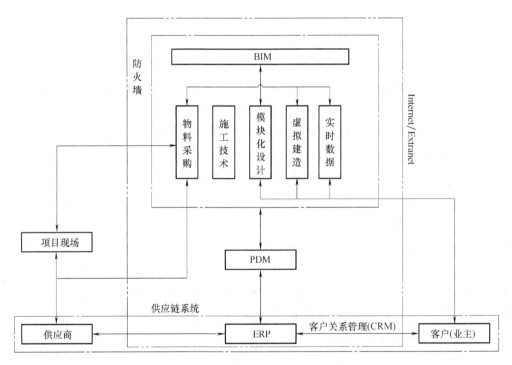

图 6-29 ERP-BIM 系统

ERP-BIM 系统的成立集合了 ERP 系统与 BIM 模型的优点,将 ERP 系统的集成性、先进性、统一性、完整性和开放性,与 BIM 模型的可视化、协调性、模拟性、优化性和可出图性等的特点相结合,打造适合施工企业的企业项目管理新模式。建立良好的企业管理信息系统势必会促进企业发展(罗永峰,2009)。ERP-BIM 系统的优势有:

1. 数据集成度高

数据集成度高是 ERP-BIM 系统的首要特点及优点。首先 BIM 模型具有强大的工程数据管理及分析能力。BIM 模型数据存在于建筑模型中,与工程有关的时间维、空间维等数据可充分融入模型，使用者根据需要随时调用及查找。现代项目管理企业的在建项目大部分已经接入 Internet 网络，更是为数据共享提供可能，提高信息共同效率，也为数据共享带来更大便捷。使用者从客户端接入 BIM 模型数据库，可随时调用及查找相关数据，打破原有二维图及纸质文档的局限性，并且此类数据管理准确率更高。

ERP 系统本身就是对数据信息的整集成管理，它集合工程建设的合同管理、流程管理、客户信息管理、采购管理、库存管理以及财务管理等，包含整个项目管理的方方面面，各方面的数据汇集在一个系统内，保证数据信息的内在联系，为管理者决策提供重要的参考，使管理决策更加准确。此外 ERP 系统还集合了与项目建设有关的客户及材料供应商等信息，为企业建立基本且全面的供应链系统，这些信息是项目顺利进行的保证。ERP 系统通过公司既有的上下游客户及供应商数据信息，帮助项目管理人员以最快及最准确的方式进行决策与选择，大大提高整个管理系统的工作效率。

ERP 与 BIM 的结合，使得工程数据更加集成，它将工程项目本身数据信息融入于企业管理中，使管理决策者结合企业本身，以工程项目建设实际情况为决策对象，帮助项目管理人员站在更加全面及宏观的角度进行决策，提高项目管理的现代性以及决策的准确性，适应行业发展的需要。

2. 协调管理能力强

协调管理能力是项目管理人员需要注重的管理素质及技能之一。现代项目管理中，管理者仅仅依靠项目管理经验远远不够，需要严格遵循项目管理程序及施工程序，任何一个环节出现差错都会对工期、质量和成本等有所影响。

ERP-BIM 系统为项目管理者带来理论参考。该系统可为项目管理者建立专业协调方案，该方案是建立在整个项目数据及与项目有关各方信息的基础之上，具有一定的科学意义。如 ERP 系统可根据 BIM 模型中模块化设计所统计的数据信息进行整合，结合构件供应商以及客户需求，建立物料供应计划，还可结合项目建设实际，对构件物流供应系统做出调整，以使构件供应能够达到最优化的目的。同时项目管理者还可根据项目实际建设情况，基于 BIM 模型查看项目未来发展趋势，制定专业施工方案，使得项目现场能够合理安排各专业施工，避免冲突。

工程施工过程中工程变更已经成为常态。传统施工过程面对变更，往往响应速度慢，甚至出现返工的情况，企业应用 ERP-BIM 系统，大大提高协调管理能力。变更产生时，ERP 系统可快速对工程合同文件等涉及工程变更部分资料进行管理；涉及变更部分的工程量，BIM 可根据数据变化随时调整模型数据。整个系统响应及时，保证工程管理的顺利进行。

3. 管理标准化

传统项目管理中，经验论占有主要地位，并且项目管理模式不一，同一企业不同项目中的项目管理也会有所差异，这直接与项目经理管理习惯有关。项目中途更换项目经理势必对项目上下的运行影响很大，并且新上任的项目经理接手新项目时需要调看大量资料，而未形成项目信息化管理方式的项目资料很难能够找齐，使得项目经理对项目整体发展把握困难。

应用 ERP-BIM 系统，项目管理趋于标准化管理、标准化流程以及标准化施工。各项标准的建立与项目信息相关,项目管理人员为项目进行辅助管理。ERP 系统结合 BIM 模型建立施工资料,如构件采购清单、物流运输方案,结合人力资源管理模块确定分包与分供商,这些都是完全的标准化管理及线上操作。基于数据管理,ERP 系统还可根据各分销商总结的客户对项目需求及时做出调整,并把需求转化为 BIM 模型认可数据,使得项目从设计、施工到运行能够最大限度贴合客户需求,提高业主满意度。在此系统里,项目管理者不仅需要项目施工方面的技术技能及经验,还需要具备计算机及数据管理能力。ERP-BIM 系统建立项目标准化管理,不同项目管理标准大同小异,并不完全依赖于同一项目管理,因此 ERP-BIM 系统项目独立性更强,更适应现代项目管理方式,尤其是在日益增多的大型项目管理中。

6.5.3 BIM 与 ERP 的无缝对接

建筑企业项目管理面对的数据分为两大类,即基础数据和过程数据。基础数据是在管理中和流程关系不大的数据,不因施工方案和管理模式变化而变化,如工程实物量、各生产要素(人材机)价格、企业消耗量(企业定额)等项。工程实物量决定于施工图;各生产要素价格由市场客观行情确定。BIM 的优势在于基础数据的创建、计算和共享,具有及时性、准确性和可追溯性,能够提供一个极好的工程基础数据载体。企业消耗量指标相对固定不变,而费用收支、物资采购、出入库等数据都会在生产过程中因施工方案、管理流程和合作单位的变化而变化,因此是过程数据。ERP 是针对物流、人流、财流和信息流集成一体化的企业管理技术,它的优势在于过程数据的记录、管理和共享。在实际过程中,基础数据是由 BIM 技术来提供和实现,而过程数据是由 ERP 来记录,BIM 与 ERP 系统的无缝连接,解决建筑企业信息化中基础数据的及时性、对应性、准确性和可追溯性的问题。两个系统的完美结合,将取得多赢的结果,客户价值将大幅增加。不仅可大幅减轻项目的工作强度,减少工作量,避免人为导致的不准确、不及时、不对应、无法追溯的错误,实现真正的项目管控。

BIM 技术工程基础数据系统和同样有 BIM 支撑的 ERP 系统的无缝连接,完全可以实现计划预算数据和过程数据的自动化、智能化生成,自动完成拆分和归集任务。这不仅可大幅减轻项目的工作强度,减少工作量,还可避免人为的错误,实现真正的成本风险管控,让项目部和总部都能实现第一时间发现问题,第一时间提出问题解决方案和措施,做到明察秋毫,精细化管理程度就可向制造业水准靠拢。根据目前市场 BIM 与 ERP 对接情况来看,需要对接的具体数据分为企业级数据和项目级数据。企业级数据:分部分项工程量清单库、定额库、资源库、计划成本类型等数据。项目级数据:项目信息、项目 WBS、项目 CBS、单位工程、业务数据。具体数据对接如图 6-30 所示。

在基础数据分析系统服务器的数据库上有两套 Web Service,一套是自己的客户端使用的,可以获取和操作基础数据分析系统服务器数据库中的数据,另外一套给 ERP 系统调用,只能用于获取该服务器数据库中的 ERP 数据。对 ERP 接口主要以 Web Service 的形式提供,具有平台无关性和语言无关性,可以比较方便地和其他系统集成。由于接口主要是在企业内部系统之间调用，所以采用比较简单的信任 IP 控制。部分接口返回的数据量可能比较大，针对这些接口，采用分页获取数据的方式。目前采用分页获取数据的接口能获取资源信息、安装实物量信息、安装配件信息和安装超高信息。

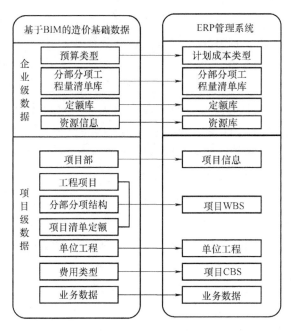

图 6-30　基于 BIM 的基础数据与 ERP 系统对接

ERP 的特点是统一标准、流程管理和过程控制，它就像一个纽带把不同职责、不同角色、不同层级的人串联起来，达到高效运转的目的。然而 ERP 应用最大的弱点就是数据采集，如果输入错误，输出也必然错误，如何避免输入错误、输入不及时，已经成为影响建筑企业经营提升、项目精益管理进步的鸿沟。建筑行业已经提出了解决方案：通过 ERP 与 BIM 技术集成，实现 5D 项目管理，一切的数据采集都通过"部件模型"驱动，即通过完成实体部件来驱动所有项目业务发生，同时接口到 ERP 系统，形成及时、准确的初始数据。

在基于 BIM 的工程施工项目管理中，所有项目信息均需进行整合，尤其是专业间信息传递与协同工作。BIM 模型中相应的设计图、文档以及相关数据被传输到 ERP 系统，实现了工程数据与管理决策的综合管理效果。

成本控制方面，BIM 模型可结合时间维度以及成本参数，通过 BIM 技术的施工模拟，预先发现施工过程中成本变化，并可进行及时修改及优化，做到成本变动的预先控制。在进行成本控制时，出现的成本变动原始数据可传输到 ERP 管理系统，进而给管理人员管理决策做出参考。此外成本控制还体现在工程变更上。工程建设过程中变更的发生对工程量及造价有一定影响，而 BIM 模型实时根据变更而进行调整，大大减少工作人员工作量。

本 章 小 结

本章主要是对 BIM 大数据的发展过程、特点、管理及应用进行分析研究。首先阐述了 BIM 大数据的发展过程，罗列了 BIM 大数据的三个发展阶段：第一阶段为传统的关系型数据库管理系统为基础的结构型内容；第二阶段为以网络为基础的非结构型内容；第三阶段为以移动设备和传感器为基础的内容。接着介绍了 BIM 大数据的特点：网络化和非结构化，重点介绍了基于云计算和移动设备的 BIM 大数据应用空间的拓展，得出 BIM 云计算可以为设计、工程、施工等企业提供了新的机会，可以为项目整个寿命周期提供高效率的服务。BIM 物联网所收集的数据特征有：各种信息量呈现几何级增长；数据有异构多样化结构；数据有噪声。提出了在面对信息量的快速增长的问题时，当前的一种解决方案：使用大规模存储系统。

其次阐述了基于 BIM 大数据的决策，罗列了 BIM 在项目决策中的作用，包括立项决策、投资决策和全寿命周期管理决策，介绍了 BIM 数据库的特点及数据调用，基于 BIM 5D 平台的精确计划和多算对比，促进施工企业走上精细化管理道路。接着介绍了 BIM 大数据的层级：项目大数据、企业大数据和产业大数据。数字建筑作为建筑产业转型升级的核心引擎，也是激发产业大数据的新动能。

最后阐述了 BIM 大数据的管理和应用模式，列出 BIM 的新发展、新趋势，着重介绍了 BIM 和 ERP 的集成。集合了 BIM 模型的可视化、协调性、模拟性、优化性和可出图性等特点与 ERP 系统的集成性、先进性、统一性、完整性和开放性优点的 ERP-BIM 系统，打造出了适合施工企业的企业项目管理新模式。建立良好的企业管理信息系统势必促进企业发展。

思考与练习题

1. BIM 在项目决策中的作用有哪些？
2. 简述基于 BIM 5D 平台的多算对比。
3. 数字变革对建筑企业和建筑产业有什么影响？
4. 项目数据包括什么？
5. BIM 数据库在项目管理过程中有什么作用？
6. 谈谈你对 BIM 大数据特点的理解。
7. 谈谈你对 BIM 大数据作用的理解。
8. 简述企业资源计划（ERP）。
9. ERP-BIM 系统的优势有哪些？

第 7 章 BIM应用案例

【学习目的与要求】

(1) 全面了解上海西岸传媒港项目、前海交易广场项目、中国北京世界园艺博览会中国馆项目及安徽合肥金融港项目。

(2) 熟练掌握基于BIM技术的总承包管理应用和基于BIM技术的施工应用,了解BIM应用目标、组织体系、综合应用、其他应用与创新点。

(3) 了解项目基于BIM技术的原理、优势及创新点,学以致用,培养自身将现代先进技术与项目全寿命周期紧密结合的意识与能力。

7.1 基于BIM技术的全寿命周期项目管理应用

7.1.1 上海西岸传媒港基于BIM技术的全寿命周期项目管理应用

1. 项目荣誉

本项目曾获以下荣誉:

2018年上海智能建筑建设协会"智能建筑示范工程(设计阶段)奖"

2019年上海市重大工程正式项目

2019年上海市科技进步一等奖

2019年正式入围上海市经信委"第二批人工智能试点应用场景"名单

2. 项目背景

上海西岸传媒港是上海西岸开发的核心先导项目,以"东方梦工厂"为旗舰,将其打造成文化传媒聚集区,功能复合商务社区,环境优美滨水活动区。上海西岸传媒港项目(以下简称"传媒港项目")建设基地位于徐汇区黄浦江南延段WS5单元,东至龙腾大道,南至黄石路,西至云锦路,北至规划七路,前期包括九个地块。项目建设用地总面积约19万 m^2 ,总建筑面积约100万 m^2 ,其中,地上约53.4万 m^2 ,地下约46.5万 m^2 。效果图如图7-1所示。

图 7-1　上海西岸传媒港效果图

传媒港项目以集约化的资源整合为理念，采取整体统筹规划，在各个小地块出让，各地块权属独立的条件下，地下室及地上公共区域整体统一开发，实行统一规划、统一建设、统一管理的"四个统一"的创新开发模式。由于传媒港项目地上地下土地分别出让，项目业态复杂、参与方众多、项目管理难度较大，因此具有深度应用 BIM 技术的必要性和适应性。项目在设计、施工、运维过程中均广泛应用了 BIM 技术。在设计阶段，通过 BIM 进行了碰撞检查、优化检验、管线综合和可视化交流等；在施工阶段，通过 BIM 完成了碰撞检查、现场管理、进度模拟和复杂施工方案的实施等；在运维阶段，通过 BIM 探索了运维截面可视化、商业分析、车库信息基础、安全管理、资产管理、空间管理及设备管理等内容。传媒港项目全寿命周期 BIM 技术的应用，保证了该项目的成功实施，提高了其工程建设质量和项目综合管理水平，为相关企业后续学习和进行 BIM 技术应用提供了理论案例参考。

3. BIM 应用目标与应用点策划

推动实现项目建设全寿命周期 BIM 技术应用，提高设计质量，辅助施工过程管理，实现智能化运维管理，总结形成一套复杂区域开发项目中应用 BIM 的经验。

（1）设计阶段应用点

利用 BIM 技术优化传统设计方式，改善传统的工作方式，提高工作效率和效果，辅助解决复杂设计问题，消除专业间的冲突，提升设计品质。

1）在方案设计阶段，对方案进行三维可视化设计比选，辅助汇报和决策。

2）在施工图设计阶段，利用仿真模拟技术进行模型协同，控制设计质量，并辅助施工图审查工作。

（2）施工阶段应用点

借助 BIM 三维化、可视化、模拟化的优势，加强对施工进度的形象控制，实时收集施工过程信息，辅助管理决策。

1）施工准备阶段。施工组织方案 4D 模拟，确保各阶段场地布置合理，交通组织有序；利用施工进度管理模型，开展项目现场施工方案模拟及优化、建筑虚拟建造及优化、进度模拟和资源管理及优化，有利于提高建筑工程的施工效率，提高施工工序安排的合理性。进度计划 4D 模拟，确保主要施工节点及工序安排合理有序。

2) 施工阶段。实现现场实时可视化监控，各种监测数据及预警实时反馈，确保安全文明施工；实现主要材料、设备的全部信息跟踪，确保实时数据的完整性、准确性和及时性；实现设计变更、现场签证的实时跟踪，确保决策及时准确。

3) 竣工阶段。确保模型数据完整性、稳定性，满足招商阶段和运营阶段的相关数据要求。

(3) 运维阶段应用点

结合智慧西岸的开发理念，结合本项目分阶段竣工，地下空间和项目公共区域、公共设备设施统一运维，地上独立运维的特点，综合运用 GIS、物联网、移动互联网等先进技术，打造以 BIM 技术和全寿命周期大数据为基础的上海西岸传媒港区域整体统一运维管理平台，从而实现政府对区域内产业运维数据、区域社会安全运行数据及区域内企业经营状况数据的实时可视化监控。此外，也能实现业主对区域内综合管理、空间管理、设备设施管理数据的实时可视化监控。

4. BIM 组织体系

为进一步贯彻和落实西岸传媒港项目"四统一"开发原则，项目实施过程中以《西岸传媒港 BIM 应用实施指南》和《西岸传媒港 BIM 应用技术标准》为指导，明确了传媒港项目 BIM 应用要点、管控措施、职责范围及建模标准（王冬等，2018）。为保证地块 BIM 实施的统一性，各地块业主在组织 BIM 实施时，宜采用第三方 BIM 顾问模式，并成立实施小组。此模式如图 7-2 所示。

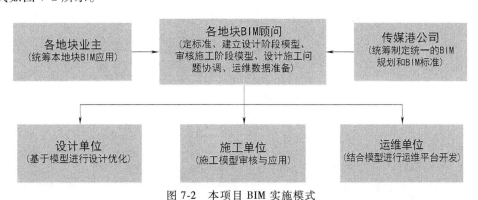

图 7-2 本项目 BIM 实施模式

BIM 的全貌应用需要各方的全面参与，项目各地块实施小组可参照表 7-1 的要求配备人员。

表 7-1 人员配置要求

部门	角色	职责
业主方	BIM 分管领导	1) 负责 BIM 应用范围的决策 2) 负责各参建方 BIM 应用的总体协调 3) 负责最终审核并验收应用成果
	BIM 项目经理	1) 负责制订 BIM 应用规划 2) 负责制定 BIM 工作流程 3) 负责协调 BIM 日常应用工作
	BIM 协调员	1) 负责协调各参与方的工作界面 2) 组织 BIM 相关的会议

(续)

部门	角色	职责
设计单位	BIM 协调人	负责协调设计团队与 BIM 团队，保证工作衔接顺利
	BIM 设计图审核员	1) 负责配合 BIM 团队在建模前的图纸审查工作 2) 负责审核各专项设计单位的成果，确保其符合建模要求
BIM 顾问	BIM 项目经理	1) 负责制订 BIM 工作计划 2) 负责与业主商定 BIM 应用场景并组织执行 3) 负责向业主汇报 BIM 应用工作进展
	BIM 专业负责人	1) 负责制定 BIM 建模工作计划和工作标准 2) 负责解决 BIM 技术问题 3) 负责提交 BIM 应用成果报告
各专业顾问	BIM 协调员	1) 负责单位内部 BIM 模型的查看 2) 协助以 BIM 模型为参照的专业技术问题解决
	BIM 工程师	1) 负责单位内部针对专项设计的 BIM 模型查看，协助设计师更好地理解三维空间，完善专项设计 2) 协调专项设计与 BIM 顾问间的工作界面
施工总包	BIM 分管领导	1) 负责整体协调总包单位的 BIM 应用工作 2) 负责向业主汇报 BIM 工作应用进展和应用成果
	BIM 项目经理	1) 负责制订 BIM 应用工作计划 2) 负责向业主 BIM 项目经理进行汇报和日常工作调度 3) 负责提交施工阶段各项 BIM 应用成果
	BIM 专业负责人	1) 负责总包方 BIM 技术工作 2) 负责安排各项 BIM 应用技术工作
	BIM 工程师	1) 负责各自专业 BIM 模型更新工作 2) 负责建立各类 BIM 应用模拟并制作报告
监理单位	BIM 协调人	负责按业主要求利用 BIM 方式监督审核施工单位的工作成果
物业单位	BIM 协调人	1) 负责按开发商要求制定详细的运维管理平台需求 2) 负责收集商业管理单位、地下停车运维单位等专项管理方的需求 3) 负责监督运维平台的开发成果

5. 基于 BIM 技术的项目整体统筹

（1）BIM 技术的项目整体统筹

BIM 技术的项目整体统筹如图 7-3 所示。

（2）协同平台

协同平台系统架构包含六个技术基础层，即标准层、感知层、数据层、系统层、应用层和用户层，如图 7-4 所示。基于 BIM 信息协同管理平台能够推动项目的精细化、集约化管理，关联施工管理的各项管理流程和数据，实现各方的信息传递，实现协同管理。

传媒港项目设计工作参与方较多，设计图、模型、各类报告等文件版本升级较为频繁，为确保相关设计问题及时录入、有效跟踪和设计图模型等信息的及时更新、共享协同，创建了西岸传媒港项目协同平台。传媒港公司、BIM顾问、主设计单位以及相关设计顾问单位通过数据平台上传和交换资料，形成了与设计院的合同机制，建筑平台对设计问题进行跟踪解决，记录各方反馈，确保问题闭合。

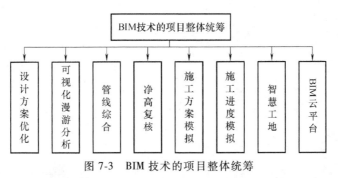

图 7-3　BIM 技术的项目整体统筹

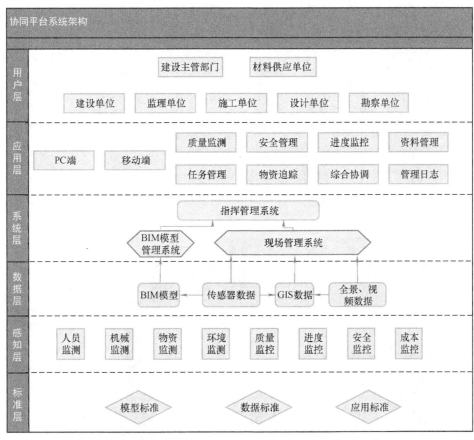

图 7-4　协同平台系统架构

6. 全过程项目管理的 BIM 应用

（1）设计阶段 BIM 应用

设计阶段总体流程如图 7-5 所示。

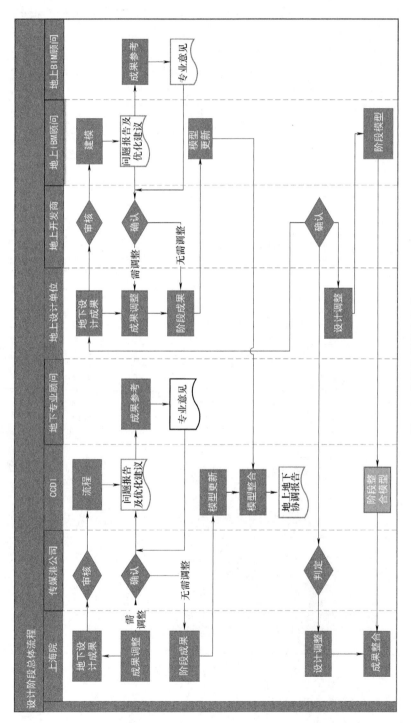

图 7-5 设计阶段总体流程

1) 地上地下关键部位净高控制。自 2015 年 4 月中旬到 2015 年 12 月，在四个版本的 K、O 地块 BIM 模型中共发现大大小小 156 处设计问题（图 7-6、图 7-7），其中报审版 K 地块施工图发现 6 处较严重的净高不足问题，O 地块施工图发现 2 处较严重净高不足问题。从问题的分布来看，图面信息错误约占全部错误的 40%，各专业的冲突问题约占全部错误的 40%，留洞和管井不一致约占全部错误的 20%。

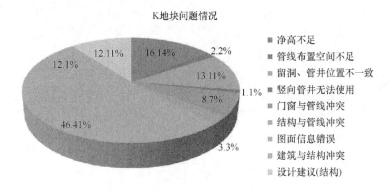

图 7-6　K 地块问题情况饼图

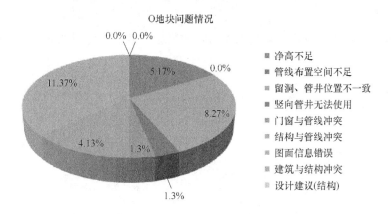

图 7-7　O 地块问题情况饼图

K、O 地块主要净高问题均通过 BIM 三维模型净高分析中体现，通过调整梁顶标高、优化梁截面高度，甚至改变结构布置体现，最终实现建筑各功能区所需的净高要求（吴斌杰，2017）。对于局部区域无法满足净高要求，相关专业开展对接协调，尽可能地增大结构净高，开展管线综合，优化管道走向。

2) 虚拟仿真漫游。虚拟仿真漫游的主要目的是利用 BIM 软件模拟建筑物的三维空间，通过漫游、动画的形式提供身临其境的视觉、空间感受，及时发现不易察觉的设计缺陷或问题，减少由于事先规划不周全而造成的损失，有利于设计与管理人员对设计方案进行辅助设计与方案评审，促进工程项目的规划、设计、投标、报批与管理。

图 7-8 所示为地下空间几个管线密集点的漫游视频截图。

3）工程量统计。利用 BIM 模型进行工程量统计，辅助编制项目概预算，利于开发商进度造价控制。针对地下空间项目的 E、G、J、N、K、O 这六个地块，工程量清单基本从土建工程量和机电工程量两方面统计。以 J 地块的 B 版施工图为例，其工程量统计见表 7-2。

图 7-8 彩图

图 7-8　地下空间三层 K1 区情况

表 7-2　J 地块 B 版施工图工程量统计表

位置	土建工程量统计	机电工程量统计
地下一层 B1	建筑墙、楼板、门明细表、结构柱明细表、梁明细表、剪力墙明细表	电缆桥架明细表、电缆桥架配件明细表、风道末端明细表、风管附件明细表、风管管件明细表、风管明细表、管道明细表、管件明细表、管路附件明细表、机电设备明细表
地下二层 B2	建筑墙、楼板、门明细表、结构柱明细表、梁明细表、楼板明细表、剪力墙明细表	电缆桥架明细表、电缆桥架配件明细表、风道末端明细表、风管附件明细表、风管管件明细表、风管明细表、管道明细表、管件明细表、管路附件明细表、机电设备明细表
地下三层 B3	建筑墙、楼板、门明细表、结构柱明细表、梁明细表、楼板明细表、剪力墙明细表	电缆桥架明细表、电缆桥架配件明细表、风道末端明细表、风管附件明细表、风管管件明细表、风管明细表、管道明细表、管件明细表、管路附件明细表、机电设备明细表

（2）施工阶段 BIM 应用

施工阶段总体流程如图 7-9 所示。

借助 BIM 技术实现可视化施工现场管理，立体展示项目施工进度，模拟复杂施工方案，有效地提高施工技术水平，消除施工隐患，防止施工事故，减少施工成本与时间，增强施工过程中决策、控制与优化的能力。

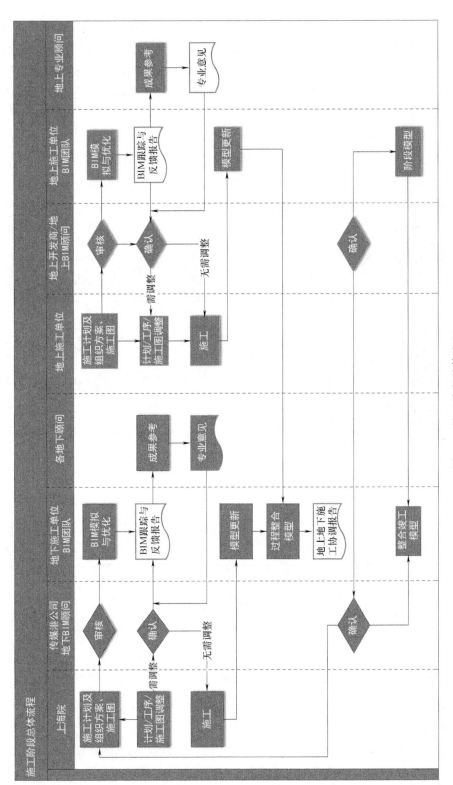

图 7-9 施工阶段总体流程

1）施工准备。

① 机电深化设计。各地块利用三维模型完成机电管线综合以指导机电安装,包括各地块内地下室、管线密集区域、能源中心出口跨界管线路由等,跨界设计界面和施工界面的深化模型需经过 BIM 总控单位审核确认。用 Navisworks 功能解决机电专业内部之间与建筑、结构之间的碰撞问题,在进行碰撞检查的同时将碰撞点进行整理,以联络单的形式交予业主、监理、设计院。

② 施工方案模拟。在施工前期准备阶段通过模拟现场布局,统筹规划施工现场中可能出现的各项事务,实现资源合理化配置(李吉锋等,2022)。本项目将穿越后浇带区域无法施工的各专业管线进行模拟及整理汇总(图 7-10、表 7-3),为之后整理影响范围进行准备。

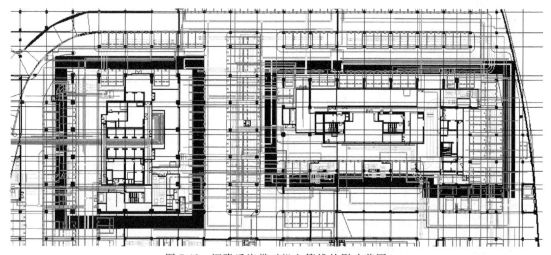

图 7-10　沉降后浇带对机电管线的影响范围

表 7-3　后浇带范围内受影响管线整理

专业	FB1	FB2	FB3	合计
暖通风管	30	20	23	73
暖通水管	4	19	0	23
强电桥架	22	21	22	65
弱电桥架	5	8	64	77
给水排水管	35	20	20	75
喷淋管道	49	33	30	112
消火栓管道	40	21	30	91

2）施工阶段。

① 4D 进度模拟。在建筑工程施工过程中,必须严格把握整个工程项目的施工进度,这是施工单位最重视的问题之一,也是衡量施工单位能力的一项重要指标。将软件 Navisworks 中的三维模型导入软件 Microsoft Project 中可得施工进度计划表,现场施工管理人员可以依据该计划表和 4D 模型制订周计划甚至日计划,这样可以更好地细化计划,以便于更好地在计划工期内完成施工工作。4D 模型可以对复杂的施工工艺进行模拟,以指导施工,避免不必要的返工,提高工作效率(张迎春,2018)。另外,项目负责人可以对比现场实际完成的情况与 4D 模型

第 7 章　BIM 应用案例

模拟的情况，及时发现不一致的地方并采取措施，避免由于错误延误工期。借助于 BIM，现场负责人可以明确施工所需要的材料清单以及各种材料的规格指标，从而可以制订精准细致的采购或者加工计划，有效地提高工作效率，避免材料的浪费，降低成本。

② 设备与材料管理，如图 7-11 所示。

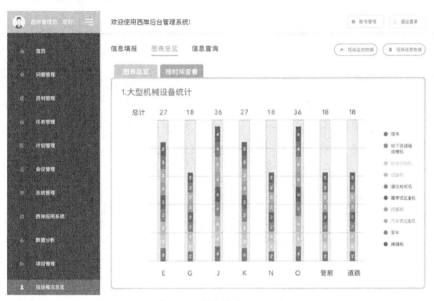

图 7-11　设备与材料管理　　　　　　　　　　　图 7-11 彩图

③ 质量与安全管理。云平台质量与安全问题管理如图 7-12 所示。

图 7-12　云平台质量与安全问题管理　　　　　　图 7-12 彩图

255

3）验收交付阶段。

① 竣工模型复核。各地块 BIM 团队对施工总承包单位完成的竣工模型进行审核，并由总控单位进行复核，保证模型的同一性、规范性以及与现场的一致性。

② 模型整合。BIM 总控单位负责整合各地块的模型，使传媒港整个地块模型成为有机的整体。

（3）运维阶段 BIM 应用

运维阶段总体流程如图 7-13 所示。

BIM 技术运用到工程运维阶段，可以在发生故障时做出快速响应，也可以依据前期的工程信息制定工程后期的维修策略，为建筑后期的设备和物业管理提供一定保障，有利于安全、高效、合理地进行建筑工程管理（关海涛等，2021）。智慧化运维管理是本项目的建设预期之一。本项目通过引进先进 IT 技术，将 BIM 模型与运维管理系统集成一体化，实现统一智慧化运维。传媒港项目运维阶段的 BIM 应用主要包括运维系统建设、建筑设备运行管理、运维界面可视化、空间管理、资产管理、工程改造管理、安全管理、停车库管理等方面一些探索性应用和筹划。

1）竣工模型统一整合。BIM 竣工模型一般包括建筑、结构和机电设备等各专业内容，在三维几何信息的基础上，还包含材料、荷载、技术参数和指标等设计信息，质量、安全、耗材、成本等施工信息，以及构件与设备信息等（赵宏俊等，2016）。各地块负责单位确保竣工模型与现场的一致性和信息的完备性。各地块竣工模型需经各地块 BIM 实施小组审批通过，并由 BIM 总控单位复核通过后备案。

2）运维界面可视化。在智慧园区综合运维管理平台中，BIM 可视化运维系统可对整个园区的商业、办公、酒店、住宅等智能化系统设备的位置、状态、数据，以及当有报警信息时各系统的联动配合情况进行展示。最终信息将在指挥中心的大屏幕上呈现（唐国宏，2021）。BIM 还会根据运维阶段出现的构件老化、环境等问题，对建筑结构使用的安全性和耐久性进行预测。

3）空间管理。为了有效管理建筑空间，保证空间的利用率，在结合 BIM 技术的智能化运维管理中，可以查看到从 BIM 发布出来的各个楼层的空间布置图，在图中可以查看到建筑平面上各个空间功能和精确尺寸面积信息，并用不同色彩填充表示，通过这些直观的方式显示平面空间布置等信息，从而让企业从空间规划、空间分配等方面对空间进行管理。

4）安全管理。实现运维阶段 BIM 模型与视频监控、消防报警、门禁报警、电子巡更、应急灯安全信息之间的实时交互集成和整合，实现各种级别的综合安保管理策略制定及演练、突发事态模拟演练、印记处置预案制定及演练的应用。

5）资产管理。基于 BIM 的资产全寿命周期管理，运维阶段可以建立各专业设备分类树，实现对设备的分类、搜索、查阅和定位等功能。通过对 BIM 模型中的设备按类别（停车场设施、家具等）、系统（通风、机电等）进行分类管理，实现点击 BIM 分类模型中的设备，可以查阅所有设备信息，并进行实时更新。通过将备件进行入库管理，实现备件的精细化管理。

第 7 章 BIM 应用案例

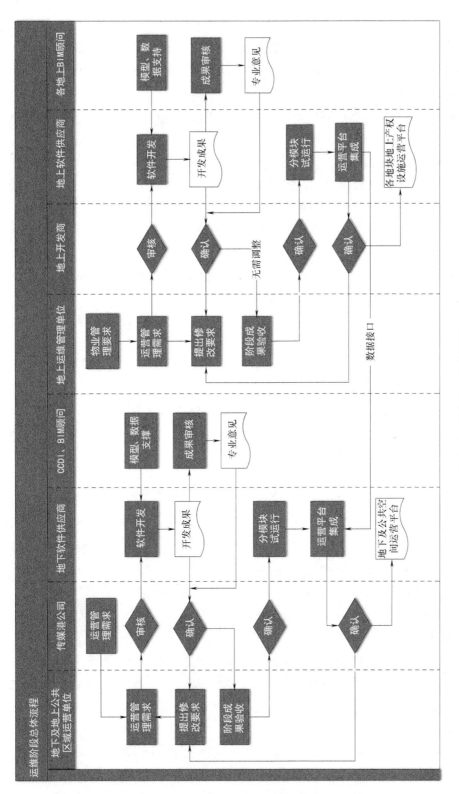

图 7-13 运维阶段总体流程

6）停车库管理。通过结合 BIM 技术的智能化运维管理平台将停车库管理系统与 BIM 模型进行信息结合，对车库的空间位置、车位分布、行车路线进行充分模拟，在对应模块的 BIM 平面上可以看到地下车库所有车位位置及使用情况，以便供停车管理系统及相关工作人员做出准确的判断，研究制定出最佳的停车引导方案并结合手机 App 实时反馈。

7. BIM 技术应用总结

西岸传媒港项目采取整体统筹规划，通过 BIM 技术的全寿命周期应用，打造各地块设计、施工直至运维阶段的统一信息平台，将区域内各地块间、地上地下之间有机连接，形成统一的整体，提升整个项目的品质，为后期智能化运维奠定坚实的基础。

1）基于 BIM 信息协同管理平台，实现业主、施工单位、建设单位、分包单位等随时随地查看工程模型和工程进度等，同时推动项目的精细化、集约化管理。

2）利用 BIM 三维模型进行净高分析，通过设计优化甚至改变结构布局，满足建筑各功能区的净高要求。

3）用 Navisworks 功能解决机电专业内部之间与建筑、结构各衔接区域的碰撞问题，发现各专业的错漏碰缺，消除专业间的相互冲突。

4）通过可视化 BIM 模型进行虚拟仿真漫游，及时发现设计的缺陷问题，减少前期由于规划不全造成的损失。

5）在施工过程中运用 4D 进度模拟，细化计划并根据施工进度的变化进行施工工序的动态模拟，以做出科学的优化措施，提高工作效率和施工质量。

6）本项目运维阶段的 BIM 应用主要包括竣工模型统一整合、运维界面可视化、空间管理、安全管理、资产管理、停车库管理等方面的一些探索性应用和筹划，实现建筑的数字化、智能化等智慧运维能力。

7.1.2 前海交易广场项目基于 BIM 技术的全寿命周期项目管理应用

1. 项目荣誉

本项目曾获以下荣誉：

第十届"创新杯"BIM 大赛第二名

第八届"龙图杯"BIM 大赛三等奖

第二届"优路杯"全国 BIM 技术大赛银奖

2. 项目背景

近年来，以建设用地红线为界的传统割裂式单地块开发模式暴露出土地利用性质单一、土地利用效率低、地块开发缺乏弹性、资源不能共享且增加项目投资、区域开放性和互联性差、区域整体性差、政府与开发主体利益分化、制约城市高质量发展的劣势，已不能适应新时代发展的需求。同时，随着我国城市规划、城市建设和城市更新领域面向高质量发展目标、应用新发展理念的理论研究不断深入，城市开发建设相关的新思想、新理论、新理念和新方法不断涌现，街坊整体开发模式应运而生。街坊整体开发将土地高效集约利用、功能多样性、建筑风格多元性，以及片区形象统一、公共设施功能系统化、物业间良好接驳联系起来,既有利于形成功能协调、整体性强而又兼具多样性的街区特色,又利于形成具有特色内涵、高品质的公共空间,同时这种开发以市场化企业为投资主体,以政府规划指导为必要控制,实现了市场资本投资、政府规划落地、公众人性化体验的多方共赢。

为推动前海合作区全面深化改革开放,在粤港澳大湾区建设中更好发挥示范引领作用,国家提出把握新发展阶段,贯彻新发展理念,构建新发展格局以推动高质量发展的战略定位作为全面深化前海合作区改革的指导思想。而前海合作区采用以都市综合体为主的单元开发模式,鼓励集中成片开发、促进产业集聚、营造都市生活。整个合作区划分为22个开发单元,每个开发单元由若干个街坊组成,以城市次干路、城市主干路为街坊界限,共划定102个街坊。开发单元鼓励采用功能混合的土地使用方式,并合理安排办公、商业、居住、政府社团等多种城市功能,提升城市公共生活品质和综合服务能力。

2021年9月6日,中共中央、国务院印发的《全面深化前海深港现代服务业合作区改革开放方案》发布,前海合作区将打造粤港澳大湾区全面深化改革创新试验平台,建设高水平对外开放门户枢纽。方案明确,进一步扩展前海合作区发展空间,前海合作区总面积由14.92km²扩展至120.56km²。

3. 项目概况

前海交易广场项目是一项复杂综合体建筑群开发项目(图7-14),用地由一单元5街坊A-01-05(A-01-05-01、A-01-05-02、A-01-05-03);四单元7街坊A-04-07(A-04-07-01、A-04-07-02、A-04-07-03),共六个基本地块组成。该项目用地面积78792m²,总建筑面积约800621m²。主要功能为办公、公寓、酒店、商业等;地下建筑面积约172454m²,设置地下车库、商业和人防。项目总投资约85亿元。

图7-14 前海交易广场项目效果图

项目分为南区、中区及北区。建筑限高220m,地块建筑应达到国家二星级或以上级别绿色建筑标准,其中达到三星级绿色建筑标准的建筑面积不低于50%。一期建设为整个地下室范围,南侧地块地上建筑部分及中部中央公园部分。涉及的建筑部分包括一栋高220m办公塔楼及100m办公楼,商务公寓及商业裙房,文化活动中心,公交站及市民广场。二期建设由北侧地块的地上建筑组成,包括超高层及高层办公楼及商业裙房。

4. 实施 BIM 的必要性

（1）性能化分析

地下室 VIP 区域车位复核如图 7-15 所示。

通过在地下室停车区域，添加实际尺寸车辆模型（5.3m×2.03m×1.99m），从模型中实际测量车辆之间间隙为 438mm（规范要求 0.5m）。通过模型实施测量，复核人员下车的舒适度，为车位尺寸的合理设置提供实际体验数据。同时还通过管线模型的加载，分析车顶距离管底的净空高度（停车位净高不低于 2200mm），为管线的排布提供参考数据，通过对车位排布情况的复核，提出车位优化建议。

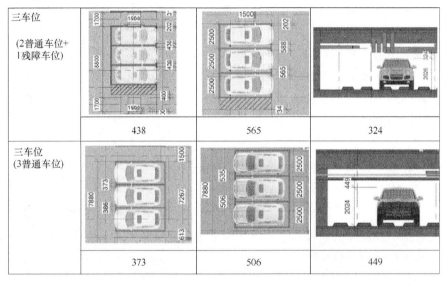

图 7-15　地下室 VIP 区域车位复核

（2）3D 协调

实施 3D 协调后承包方及时发现并减少了设计错误与漏洞，见表 7-4。运用 3D 协调可使读图时间缩短 20% 左右，提高了设计管控质量，避免施工阶段的反复变更。设计变更占工程总成本的 3%~5%，据统计，土建成本按 12 亿计算，BIM 技术可消除 0.5% 的工程成本，可节约 600 万元。如在满足净空要求的前提下，进行综合排布和分析优化，排布最优路径将塔楼区域净高平均提高 400mm（图 7-16），确保 5A 级写字楼的净空品质。前海项目运用 BIM 模型进行可视化交流，提高沟通效率，同时也较少了设计优化时间，为设计图按计划提交起到了推动作用。

表 7-4　3D 协调设计错误与漏洞

类型	数量
设计图问题	730 处
碰撞问题	410 处
净高问题	48 处
BIM 分析报告	120 余份

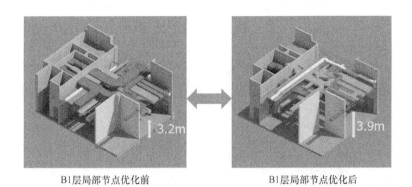

图 7-16 3D 协调局部节点优化

(3) 工艺方案模拟

桩基施工精细化：通过模拟桩机工艺流程、场地分配和行进路线，对桩机施工作业交叉面和工效进行提前预判，提高施工方案的准确性与科学性。每周将实际施工信息记录于工程桩施工模型中，科学分析进度，提供优化依据，辅助项目管理进行进度管控。最终于 2017 年 9 月 21 日完成 A 区工程桩，较原计划完成时间 9 月 30 日提前了 9 天。

(4) 深化设计

1) 优化综合管线排布。以设计净高要求及排布美观、减少返工为目标，在结构施工前对机电专业进行建模，提早发现管线碰撞位置，按照相关排布原则在模型中进行优化并反馈设计修改，减少施工过程中因管线碰撞问题引起的结构返工或管线工期滞后。

2) 管道预留预埋深化出图。在管线综合优化模型的基础上，可在结构模型上自动预留孔洞或形成套管，通过对比校核各专业管道预留孔洞，并输出机电全专业预留预埋图，指导现场施工，减少施工过程中由于预留孔洞位置不准确引起的变更。

5. 应用 BIM 的关键环节和部位

本项目 BIM 服务范围广，主要包括酒店、公寓、办公、商业、公交场站、文化活动中心等。在设计阶段实施目标，本项目需运用 BIM 技术，通过模型得到所需的设计图、报表、视图、数据等，在设计过程中探索 BIM 技术的相关应用，最终能通过 BIM 技术提高设计质量、提高沟通效率、减少设计变更。

本项目 BIM 应用存在以下特点：

(1) 机电系统复杂

本项目 BIM 服务范围主要包括酒店、公寓、办公、商业、公交场站、文化活动中心等，地下室共 3 层，主要为地下车库、设备用房和 B1 地下商业。在用地范围有限的前提下，其机电系统体量庞大且复杂，不同功能区域的交界面较多。利用 BIM 可视化的优势可以在设计阶段为错综复杂的机电系统进行分析，提前规避未来可能影响施工进度的问题。

(2) 项目品质要求高

本项目地块位于前海中的桂湾片区中心店，而桂湾片区的定位以金融、信息、贸易、会计等产业为主，其项目品质要求高，利用 BIM 信息化科技手段可以为本项目高品质设计保驾护航。

（3）地块局部位于地铁区间

南区 2 栋 A 座、2 栋 B 座区域处于地铁 1 号线区间，部分塔楼位于地铁正上方（图 7-17），地铁保护实现难度较大。利用 BIM 管线综合优势，可以提高地铁保护考虑并降低施工碰撞风险。

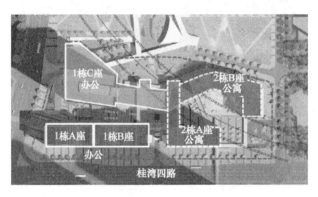

图 7-17　地铁上方塔楼示意

6. BIM 任务的布置

（1）BIM 工作任务书

1）目标。通过全过程 BIM 管理提高项目 BIM 应用水平，通过 BIM 技术提高设计质量、施工质量，减少项目建设成本，并最终提交符合运维需求的竣工 BIM 数据。

2）服务范围及周期。本技术要求是作为前海公共配套建筑（一期）项目监理咨询及全过程 BIM 服务招标技术文件的一部分，招标文件技术要求中所有 BIM 的有关要求均以此要求为准，服务期与前海公共配套建筑（一期）项目监理咨询及全过程 BIM 服务招标技术文件相一致。本项目采用业主主导，各主要参与单位开展 BIM 应用，引入专业 BIM 顾问进行全过程 BIM 管理的模式。BIM 顾问团队服务范围包括制定项目 BIM 整体规划、标准；编制并审核 BIM 参与方提供业主招标工作中有关 BIM 内容；组织管理项目 BIM 整体工作和协同配合；建立设计阶段 BIM 模型，同时提供侦错及设计过程中优化服务；制定施工阶段的 BIM 技术标准和实施导则，协助业主方审核施工单位及各专业分包提交的 BIM 成果；协助业主验收最终竣工模型，并对模型进行整合，为运维提供可能；提供 1 年运维阶段的 BIM 服务；在项目全程提供 BIM 技术支持和管理培训；公司 ProjectWise 平台管理等。

3）工作内容及职责。

① BIM 实施准备：

A. 编制全过程 BIM 实施规划。

B. 编制各阶段 BIM 技术规范和标准。

C. 组织编制设计阶段 BIM 任务书、划分工作界面和技术管理要求。

D. 组织召开 BIM 专题会。

E. 编制 BIM 平台实施方案、ProjectWise 实施方案。

② 设计阶段：

A. 组织各方单位召开项目初步阶段启动会。

B. 编制设计阶段的 BIM 实施规划与细则。

C. 跟随出图进度协调建模进度。

D. 审查建模质量并出具报告。

E. BIM 碰撞检查并提交碰撞报告。

F. 初步设计 BIM 成果的落实。

G. 协调各参建单位 BIM 模型的管理与运用。

H. 组织、参与 BIM 专题会、协调会。

I. 设计阶段 BIM 数据整理与维护。

③ 施工准备阶段：

A. 施工阶段 BIM 任务书及合同制定。

B. BIM 标书审核。

C. 对施工单位 BIM 澄清。

④ 施工阶段：

A. 组织各方单位召开项目施工图阶段启动会。

B. 组织编制各参建单位的 BIM 实施规划及细则。

C. 设计模型的移交与检查，并提交检查报告。

D. 跟踪、审查参建单位 BIM 成果，并形成记录。

E. 协调、敦促承包商应用 BIM 完成深化设计、管线综合。

F. 协同各参建单位利用 BIM 做好项目质量、安全、进度的管理。

G. 审承包单位的施工建模、变更建模。

H. 施工阶段 BIM 数据整理与维护。

⑤ 竣工阶段：

A. 审查承包商竣工模型，提交模型审查报告。

B. 组织 BIM 专题会、协调会。

C. 对本项目 BIM 实施情况进行总结。

D. 项目 BIM 信息整理与移交。

⑥ 运维阶段：

A. 接收运维单位的 BIM 需求，整理并录入运维模型所需信息。

B. 编制基于 BIM 的运维系统选型分析报告。

C. 在项目竣工及 BIM 竣工模型审查业主通过验收后 1 年，协助甲方实现利用 BIM 进行维保管理。

⑦ 基于 BIM 的协同管理平台服务：

A. 调研甲方实际需求，提出协同平台软件方案。

B. 基于 BIM 协同平台，实现分布式数据共享、检索、浏览和分析。

C. 对项目相关数据和文件进行有效的组织，形成合理的文件结构，实现不同阶段数据的存储、管理和具有良好的数据交互性。

D. 根据项目管理需求，建立相应流程，实现协同工作。

E. 协调管理平台的培训。

F. 公司 ProjectWise 平台数据管理与维护。

⑧ 组织并提供 BIM 技术培训：

A. 组织业主相关人员进行 BIM 培训，通过培训，相关管理人员能够明确在项目建设的各阶段 BIM 的应用范围、需配合的工作内容。

B. 组织并向各参建单位提供 BIM 技术培训，通过培训，管理人员能够操作应用 BIM 相关功能，技术人员能够掌握 BIM 模型的创建与应用工作。

C. 在运维阶段为业主提供 BIM 应用培训。

4）成果交付，见表 7-5。

表 7-5 成果交付表

序号	实施阶段	交付成果	详细描述	交付时间
1	BIM 实施准备阶段	建设全过程 BIM 实施规划	根据项目的工程特点和合同架构制订建设全过程 BIM 实施规划文件，包括但不限于： 确定 BIM 实施目标 确定 BIM 应用点 确定 BIM 组织方式 制定 BIM 实施大纲 各阶段 BIM 实施方案	合同签订后 30 日历天
2		BIM 技术规范文件	根据本项目的工程特点制定 BIM 实施技术规范，统一、协调各参与单位 BIM 应用方法，技术规范包含但不限于： 项目 BIM 模型标准 项目各 BIM 应用模板，如碰撞检查等 项目 BIM 模型审核标准 项目 BIM 模型管理标准 项目 BIM 信息管理标准 项目 BIM 协同工作流程	各阶段 BIM 建模工作开始前 15 日历天
3		设计阶段 BIM 任务书	根据项目特点，编制设计各阶段 BIM 任务书，任务书中明确 BIM 工作内容和范围，保证各阶段 BIM 工作连贯统一，以便项目全寿命周期 BIM 应用	跟随设计招标进度要求
4		BIM 平台实施方案、ProjectWise 实施方案	根据业主要求编制 BIM 平台实施方案；依据公司 ProjectWise 平台，结合业主实际需求编制 ProjectWise 实施方案	合同签订后 45 日历天

(续)

序号	实施阶段	交付成果	详细描述	交付时间
5	设计阶段	BIM 实施细则	制定设计阶段实施细则，详细实施流程等	设计合同签订后 30 日历天
6		BIM 模型检查与验收报告	依据项目 BIM 实施规划、公司房建类 BIM 标准要求、设计图对模型进行审查	BIM 咨询服务过程中
7		碰撞报告及管综优化建议书	对模型进行碰撞检查，整理形成报告；指导机电管综工作并提交管综优化建议书	BIM 咨询服务过程中
8		设计相关表单	BIM 过程管理中相关表单的设计，包括但不限于：模型审核表、碰撞报告、模型验收报告等	BIM 咨询服务过程中
9		BIM 会议纪要及报告	参与、组织设计各阶段的 BIM 专题会，协调会中进行会议记录，形成 BIM 会议纪要及报告	BIM 咨询服务过程中
10		BIM 文件目录，BIM 文件	将设计阶段形成的 BIM 数据进行整理归档，并移交业主	阶段性成果完成后一周
11	施工准备阶段	施工阶段 BIM 任务书	根据项目特点及业主要求，编制施工阶段 BIM 任务书	跟随施工招标进度
12		评审表	协助业主对标书进行审核，并出具审核报告	跟随招标进度
13		澄清和答疑文件	对招标文件中 BIM 相关要求向投标单位进行澄清和答疑	跟随招标进度
14	施工阶段	施工阶段 BIM 实施规划与细则	制定各参建单位 BIM 实施规划与实施细则	施工合同签订后 30 日历天
15		设计模型审查报告、移交记录表	设计模型传递给施工单位，并提交设计模型审查报告与移交记录表	跟随 BIM 实施进度
16		BIM 深化设计模型检查与验收报告	依据项目 BIM 实施规划、公司房建类 BIM 标准要求、设计图及相关规范标准对模型进行审查	BIM 咨询服务过程中
17		BIM 成果审核报告	针对施工阶段 BIM 成果进行审核，并出具审核报告	BIM 咨询服务过程中
18		BIM 会议纪要及报告	参与、组织施工各阶段的 BIM 专题会，协调会中进行会议记录，形成 BIM 会议纪要及报告	BIM 咨询服务过程中
19		BIM 文件目录，BIM 文件	将施工阶段形成的 BIM 数据进行整理归档，并移交业主	阶段性成果完成后一周

(续)

序号	实施阶段	交付成果	详细描述	交付时间
20	竣工阶段	竣工模型审核报告	结合现场竣工状况、运维模型需求对竣工模型进行审查，提交审核报告	竣工模型提交后一周
21		BIM实施情况总结报告	对全过程BIM实施情况进行总结，并提交总结报告	竣工模型审核通过后一周
22		BIM文件目录，BIM文件	将项目建设阶段形成的BIM数据进行整理归档，并移交业主	竣工模型审核通过后一周
23	运维阶段	运维系统选型分析报告	编制基于BIM的运维选型分析报告	根据业主实际需求
24		运维BIM模型	结合运维实际需求，在竣工模型中录入相关信息，并提交运维模型	根据业主实际需求

5）实施团队：

① 指派专业的BIM总监负责BIM工作的沟通及协调，定期参与BIM工作会议。BIM总监需建筑类本科毕业，有十年以上项目管理经验，五年以上BIM管理经验。

② 建立完整的可以胜任服务期内所有BIM工作的专业团队，并在投标文件中提交BIM组织架构表。

③ 全服务周期内BIM总监不能更换，其他BIM工程师更换前需提前15个日历天书面通知招标方，经同意后方可执行更换。

(2) BIM工作管理计划

1) 概述。以2015年住建部《关于推进建筑信息模型应用的指导意见》《深圳市建筑工务署BIM实施管理标准》为指导，为贯彻前海开发投资控股公司有关文件精神，落实置业开发事业部和交易广场项目组指示，为成功在本项目中应用BIM技术，BIM组制订此BIM计划。

2) 应用目标。前海交易广场项目在设计、施工、运维阶段使用BIM全过程管理，具有全专业全过程BIM应用、大规模整体综合BIM应用、地下空间复杂问题BIM应用等特点，为达到运用BIM技术对交易广场精细化管理的目标，所提出的BIM目标和应用见表7-6。

表7-6 BIM目标和应用

序号	BIM目标	BIM应用
1	提高设计效率	设计建模、设计审查、3D协调
2	提高施工效率	设计审查、3D协调
3	提高项目绿色节能指标	工程分析、LEED评估
4	跟踪优化项目进度	4D建模，模拟建造
5	设计变更快速核算成本	成本估算
6	消除现场冲突	3D协调

3）管理制度。管理制度以会议制度为核心展开对 BIM 工作的管理，BIM 工作包含 BIM 应用过程中的团队建设、软硬件配备、工作流程、协同工作等相关内容。

BIM 工作在例会会议上的议程包括：

① 对上一次例会中关于 BIM 工作要求落实情况的检视。

② 本例会中出现的 BIM 问题及落实解决情况。

③ 对下一阶段 BIM 工作的要求。

④ 其他关于 BIM 的工作。

⑤ 项目里程碑节点时，召开专项 BIM 工作会议，对 BIM 工作进行相关内容的讨论和决议。

具体 BIM 工作管理制度见表 7-7。

表 7-7 BIM 工作管理制度

序号	制度名称	制度内容
1	会议制度	业主、监理、设计、施工及相关方技术代表每周定期召开例会，介绍 BIM 工作进展及 BIM 工作在设计、施工及竣工各个阶段遇到的问题，结合实际情况商讨解决措施
2	周报/月报制度	BIM 总协调每周向业主汇报周设计进度进展情况，提出存在影响设计进度的问题，拟采取解决办法和方案，下周设计工作安排，推进和有效控制 BIM 工作按照时间节点开展
3	月刊制度	月刊内容包括设计、施工 BIM 工作安排与进度，以及 BIM 相关文章推荐，供控股公司领导、同事查阅，便于了解相关 BIM 工作进展情况
4	专家会审制度	为了能够保证本工程 BIM 工作达到要求，拟在关键时间节点对 BIM 工作进行会审指导，提出 BIM 设计团队和项目深化设计团队在工作中不足之处，并提出改进意见，促进 BIM 工作有序开展

4）BIM 模型和文件管理。BIM 模型和 BIM 应用成果文件是项目文件的一部分，各方 BIM 团队的全部 BIM 模型文件（包括过程和成果模型）和 BIM 应用成果文件的最终版本，应根据要求按时提交给业主或总包 BIM 团队。

总协调方对各方模型的交付标准进行控制和管理，各级模型的交付标准按照 BIM 实施标准和合约要求，并结合业主方和监理方在实施过程中的相关要求而定。

项目 BIM 团队按照总体施工计划，分层、分区、分专业对 BIM 模型进行有计划、有目的的集成与应用。在合约有要求的情况下，总包单位可负责汇总、整理最终的竣工模型，向业主提交真实准确的竣工模型、BIM 应用资料和设备信息等，为业主和运维管理单位在运维阶段提供必要的信息。

5）BIM 实施总体计划，见表 7-8。

表 7-8 项目 BIM 实施总体计划

序号		任务描述	时间计划
1		BIM 施工准备	
	1.1	制定项目 BIM 实施目标	协商确定时间节点

(续)

序号		任务描述	时间计划
	1.2	制订项目 BIM 实施详细分工计划	协商确定时间节点
	1.3	组建 BIM 团队	协商确定时间节点
	1.4	建立 BIM IT 环境	协商确定时间节点
2		深化设计	
	2.1	机电深化设计	协商确定时间节点
	2.2	土建深化设计	协商确定时间节点
	2.3	其他深化设计	协商确定时间节点
3		施工组织设计	
	3.1	接收（创建）模型	协商确定时间节点
	3.2	施工进度模拟与优化	协商确定时间节点
	3.3	施工平面布置模拟与优化	协商确定时间节点
	3.4	重点施工方案模拟与优化	协商确定时间节点
4		施工过程管理	
	4.1	模型信息集成	随工程进度不断进行集成
	4.2	进度管理	按照各专业管理计划进行
	4.3	成本管理	按照各专业管理计划进行
	4.4	技术管理	按照各专业管理计划进行
	4.5	现场管理	按照各专业管理计划进行
	4.6	多方协同	按照各专业管理计划进行
5		竣工验收	

（3）BIM 工作自评报告

1）项目重难点。前海交易广场项目 BIM 服务范围主要包括酒店、公寓、办公、商业、公交场站、文化活动中心等，地上建筑包含 1 栋 A、B 座低塔办公楼，1 栋 C 座高塔办公楼，2 栋 A 座商务公寓，2 栋 B 座商务公寓，5 栋酒店＆办公，6 栋 A、B 座低办公楼，6 栋 C 座高办公楼。地下室共 3 层，主要为地下车库、设备用房和 B1 地下商业。其中 1 栋 C 座、6 栋 C 座高度为 220m，其他塔楼高度均在 100m 以下。

前海交易广场项目基坑超大超深，存在软弱土层，地下水位高。周边环境复杂，道路下方管线密集，无放坡空间。基坑下卧深圳地铁 1 号线盾构区间（隧道盾构已变形），施工安全风险高，地铁保护要求较高。结合项目情况，项目重难点主要可以概括为以下三项：

① 在前海复杂地质条件下，深基坑施工防坍防涌，确保基坑安全稳定是本工程施工重点和难点。

② 深基坑施工如何保证运营地铁 1 号线的区间隧道变形受控、结构安全是本工程施工重点和难点。

③ 地下室工程防水施工是本工程施工重点。

2) 合同 BIM 服务内容。

① BIM 协作环境切入、编制 BIM 方案、制定建模流程、相关人员培训。

② 建立工作范围内 BIM 模型（不包括钢筋模型），如图 7-18 所示。

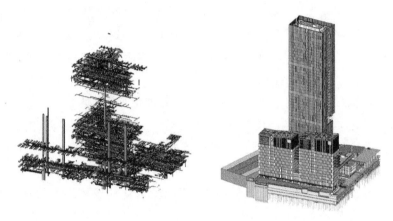

图 7-18　办公塔楼 BIM 全专业模型

③ 深化整合 BIM 模型。

④ 应用广联达或斯维尔建立主体结构钢筋模型。

⑤ BIM 模式的图纸审查。

⑥ 场地布置 BIM 辅助设计。

⑦ 施工区域划分 BIM 辅助设计。

⑧ 总体施工流程 BIM 辅助设计、方案比选、碰撞检查。

⑨ 施工工艺过程 BIM 辅助设计、方案比选、碰撞检查，如图 7-19 所示。

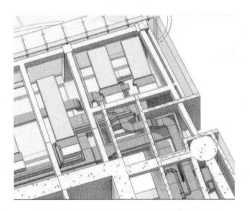

图 7-19　管线密集交汇处碰撞检查

图 7-19 彩图

⑩ 4D 进度计划管理。

⑪ 质量施工协同管理 BIM 支持。

3) BIM 实施价值评价。前海交易广场项目以前海建设投资控制集团有限公司（简称

"前海控股")各项指引、文件为基础,结合项目目标,合理构建了 BIM 管理和应用组织架构,明确了项目 BIM 实施人员的职责,规范了 BIM 实施流程,解决了传统现场施工工作模式中不可避免的问题,提高了现场施工阶段的工作效率。利用 BIM 技术,为项目高质量发展提供有力保障,实现了 BIM 技术在施工阶段中的集成综合应用。前海交易广场项目初期不断去加强项目全员 BIM 思想,从项目管理层到技术层实现全员 BIM 的工作模式,将 BIM 技术融合到日常项目管理和生产工作中。项目高度融合的 BIM 应用管理机制,为项目 BIM 技术提供了非常好的应用平台,促使 BIM 技术应用为本项目营造良好的经济效益。BIM 技术应用对经济成本和时间成本的节约体现在每一项应用和管理中,主要包括了进度模拟优化、工艺模拟比对、方案论证、风亭等专项应用、精细化管理等方面。

BIM 技术应用对项目管理和品质有显著提升,但在实施过程中可能会遭遇很多问题,不确定的因素可能会导致项目 BIM 工作推进出现困难。前海交易广场项目在 BIM 实施过程中也存在一些问题,主要问题是设计图进度相对滞后,设计 BIM 建模不及时等。设计 BIM 模型问题一定程度上对现场 BIM 实施造成影响,不能最大化地发挥 BIM 在施工阶段的应用。前海交易广场项目施工 BIM 应用总体上很好地和现场工作进行了结合,提高了项目现场管理的效率和精细化管理程度;合理地规划和组织现场施工,在施工过程中做到了预防预控。在后续工作中,交易广场项目仍然不断加强项目全员 BIM 思想和全员 BIM 工作模式,持续保持与项目管理高度融合的 BIM 应用机制,确保项目 BIM 应用切实解决施工过程实际问题,为交易广场项目建设创造更多效益。

7. BIM 工作管理成效

(1) BIM 三维可视化应用

1)基于 BIM 的形象进度展示。使用 BIM 模型根据现场实际施工情况,更新交易广场地铁保护区竖井开挖进度,每周更新,可直观查看竖井开挖每周施工进度。提供工程例会等各类汇报使用,提高项目参建各方的沟通效率。

2)BIM 辅助工程量申报。应用 BIM 模型三维可视化的特性,对应施工工程量申报表施工构件编号,配合施工工程款申报。相比使用二维图表达,通过此 BIM 应用业主可直观了解本次申报工程款的施工部位。

3)基于 BIM 的场地总平面布置。根据交易广场项目场地平面布置图创建 BIM 三维场地布置模型,施工期间根据现场实测数据不定期更新场地总平面布置 BIM 模型。通过 BIM 模型输出高清晰度场地布置图(图 7-20),提供广告厂家制作围挡图案。

4)基于 BIM 的质量管理。依据以往施工项目中容易出现的质量通病进行汇总,编写交易广场逆作结构防水、衡重台连接板施工三维可视化质量技术交底方案并制作施工交底动画视频。组织施工班组进行技术交底会议,将重要工序、质量检查重要部位通过 BIM 施工模拟动画对基础作业工人交底。实现了施工技术方案交底内容的无缝传递,让工人预先熟悉施工的工艺流程,从而提高施工效率及施工质量。

5)基于 BIM 的复杂机电模拟。通过 BIM 技术对交易广场项目复杂钢筋节点进行虚拟建造,过程中与钢筋班组密切沟通,确定钢筋绑扎施工顺序,如图 7-21 所示。后期大规模施工前对各施工班组工人进行可视化交底,从而达到减少返工,节约工期,节约成本的目的。

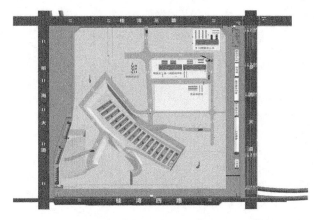

图 7-20 场地布置图

图 7-20 彩图

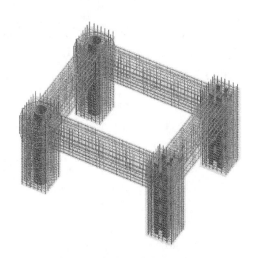

图 7-21 复杂钢筋节点虚拟图

(2) 基于 BIM 的地质岩层专项应用

交易广场项目基坑超大超深,位于前海填土区域,地质复杂且分布大量软弱土层。使用传统二维勘察资料这种单一方式来获取地质岩层数据信息,将会制约项目参建各方对地质岩层数据的有效应用。应用 BIM 技术将抽象烦琐的地质勘察数据转化为赋予地质信息的三维模型,在交易广场地质岩层 BIM 应用的基础上进行沟通决策,将会提升桩基施工、土方开挖等施工方案及作业管理的科学性。

1) 交易广场地质岩层 BIM 模型创建。传统二维柱状图是在相邻钻孔点以直线连接的形式,采用 BIM 技术创建的地质剖面或柱状图是根据钻孔点高度拟合的曲线,如图 7-22 所示。地质岩层 BIM 模型相比传统二维柱状图及地质剖面图更接近岩层分布状态,且通过 BIM 参数化的技术手段可以自动导出地质剖面图及柱状图。使用地质岩层 BIM 模型提高了效率,降低了成本。

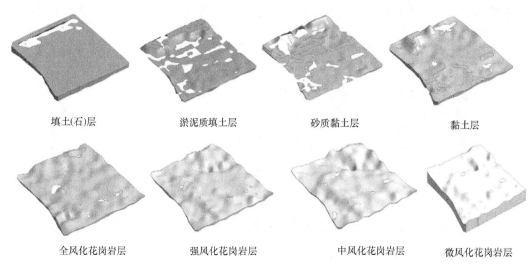

图 7-22 地质岩层 BIM 模型

2) 基于 BIM 的设计桩长计算分析应用。将桩基模型与持力层岩层模型结合，按照桩基入岩深度要求，参数化调整桩基长度，建立桩基入岩 BIM 模型，如图 7-23 所示。通过 Revit 明细表功能可得出设计桩基长度。基于 BIM 桩基入岩模型及设计桩长数据信息，项目管理决策层对交易广场各区桩基分布对应的桩长有最直观的了解，如图 7-24 所示。

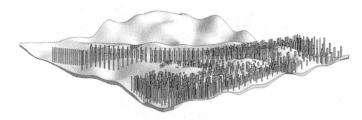

图 7-23 桩基入岩 BIM 模型

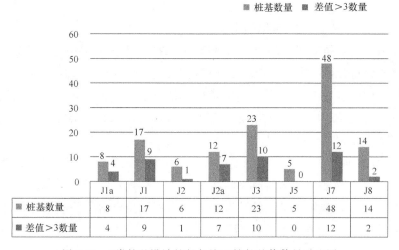

	J1a	J1	J2	J2a	J3	J5	J7	J8
■ 桩基数量	8	17	6	12	23	5	48	14
■ 差值>3数量	4	9	1	7	10	0	12	2

图 7-24 J 类桩基设计桩长与施工桩长差值数量对比图

3）基于BIM的岩层、土方工程量应用。应用前海交易广场岩层BIM模型，以基坑底为界，通过不同颜色展示各岩层分布情况。按照南区顺逆作、地铁保护区、北区顺逆作区域划分统计各土、岩层工程量，便于基坑施工计划安排，如图7-25所示。

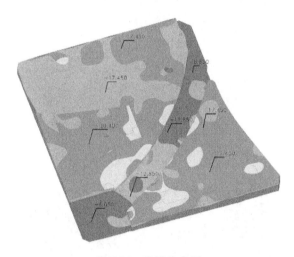

图 7-25　岩层分布图　　　　　　　　　　图 7-25　彩图

（3）塔式起重机方案BIM应用

通过BIM技术整合塔式起重机、地下结构、地铁盾构、地上主体结构BIM模型（图7-26），进行塔式起重机方案空间分析，包括对塔式起重机地铁盾构、地上、地下主体构件碰撞分析，对塔式起重机与塔楼之间附着分析，对各塔楼共同施工时的各塔式起重机运作影响分析，协助业主、监理、塔式起重机分包单位共同讨论塔式起重机方案。

（4）交易广场2#风亭BIM专项应用

2018年4月，交易广场项目组收到深圳市地铁集团及前海管理局指示，需在2018年年底完成交易广场西南区域桂湾站2#风亭结构工程，以满足深圳地铁5号线延长线桂湾站的运营需求。此区域基坑支护方案为环板逆作区域，而此时交易广场南侧基坑尚未开挖。项目组收到施工指示之初,即利用 BIM 建筑结构模型结合交易广场现状场地布置 BIM 模型综合分析,初步讨论 2#风亭的施工条件。

图 7-26 彩图　　　　　　　　　图 7-26　各部位主体结构 BIM 模型

1) 风亭坑中坑支护方案 BIM 应用。根据 2#风亭基坑支护图创建施工方案 BIM 模型,将 2#风亭基坑 BIM 模型与场地 BIM 模型及桩基、逆作结构 BIM 模型结合(图 7-27),进行施工环境分析,项目组最终选择较为安全的坑中坑支护方式施工。

图 7-27 彩图　　　　　　　　　图 7-27　BIM 模型结合

2) 风亭坑中坑土方开挖工程量计算。运用交易广场 2#风亭坑中基坑支护 BIM 模型(图 7-28),快速计算不规则基坑土方工程量,提供施工计划安排编制使用。

3) 风亭结构施工范围确定。完成 2#风亭基坑支护广场后,即需施工风亭区域 B3~1F 结构部分。风亭结构施工前,预先整合 2#风亭基坑场地及 2#风亭结构 BIM 模型(图 7-29),分析 2#风亭结构主体与基坑的空间关系。通过 BIM 应用分析得到 2#风亭施工范围方案。在交易广场项目例会中讨论,结论为同意 2#风亭施工范围方案。

基坑标高为-9.75m，基坑顶标高为-2.5m，总深度为7.25m，体积为8527.9m³

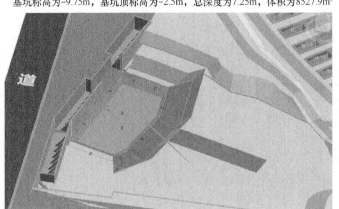

图 7-28 基坑支护 BIM 模型

图 7-28 彩图

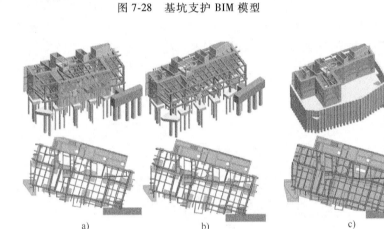

图 7-29 2#风亭结构 BIM 模型

图 7-29 彩图

4）风亭结构高支模及外架方案深化。应用 BIM 技术深化完善交易广场 2#风亭高支模及外架方案（图 7-30），严格按照支架搭设规范，对钢管搭接、步距、立杆间距等要求进行三维可视化交底。

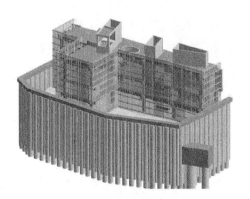

图 7-30 2#风亭高支模及外架方案

图 7-30 2#风亭高支模及外架方案（续）

5）风亭专项施工 4D 进度计划。根据 2#风亭 Project 进度计划及 BIM 模型，创建 2#风亭专项施工 4D 进度计划（图 7-31），形象具体地展示风亭施工工序及对应计划日期，可用于施工前工序交底、各类汇报及讨论、施工工期形象对比把控。

图 7-31 彩图

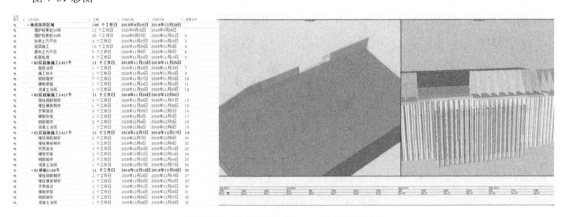

图 7-31 2#风亭专项施工 4D 进度计划

6）风亭结构工程量统计。根据 2#风亭施工 BIM 模型，快速统计 2#风亭 B3~1F 层，柱、梁、墙、板、承台等各类构件的混凝土量（图 7-32），供物机部编制钢筋、混凝土主材计划使用。

(5) BIM 4D 施工进度计划模拟应用

1）交易广场整体施工进度计划 4D 模拟 BIM 应用。通过对前海交易广场进行总进度 BIM 4D 模拟（图 7-33），展示整个交易广场基坑开挖及主体结构施工的过程，并借此讨论来验证施工进度计划的科学性。

2）交易广场专项施工 4D 模拟 BIM 应用。对交易广场项目围护结构衡重台施工、地铁保护区整体竖井试验段开挖施工、地保区竖井单仓开挖施工、北区工序施工等专项施工方案进行 4D 模拟 BIM 应用（图 7-34），用于施工方案分析及施工方案交底。

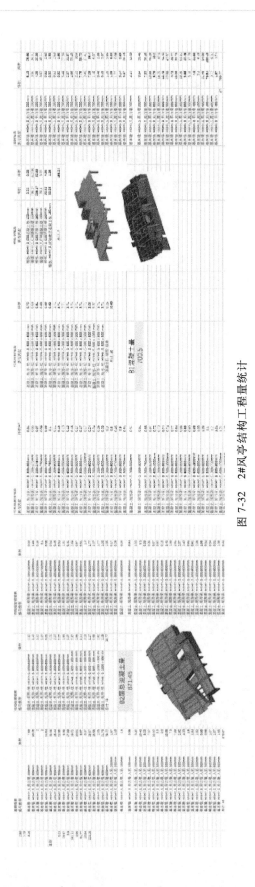

图 7-32 2#风亭结构工程量统计

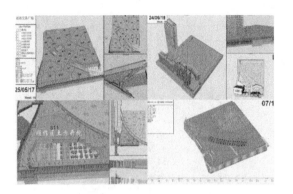

图 7-33 彩图

图 7-33 前海交易广场总进度 BIM 4D 模拟

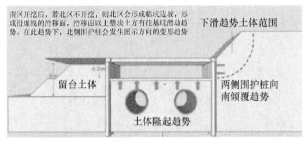

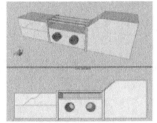 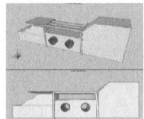

土方开挖方案

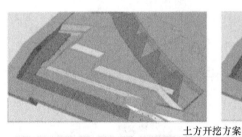 

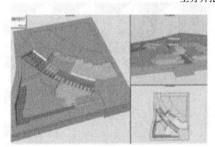 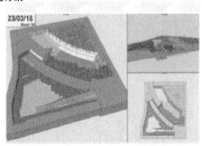

图 7-34 彩图

图 7-34 交易广场专项施工 4D 模拟 BIM 应用

(6) 施工专项方案 BIM 应用

1) 交易广场东南、西北角地铁保护区加固施工方案。根据交易广场东南角地铁加固方案创建施工方案 BIM 模型（图 7-35），编制交易广场东南、西北角地铁加固 BIM 施工方案，配合三维可视化施工交底。

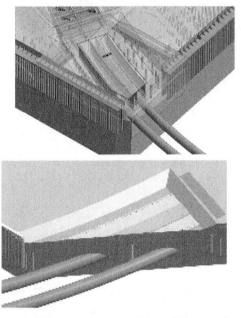

图 7-35 交易广场东南角地铁加固方案 BIM 模型

图 7-35 彩图

2) 交易广场衡重台施工方案。根据交易广场衡重台施工方案创建施工方案 BIM 模型，完成交易广场衡重台 BIM 施工方案，配合三维可视化施工交底。

3) 交易广场土方开挖施工方案。结合交易广场项目场地情况，与项目经理、总工等技术人员讨论基坑土方开挖方案思路，创建项目基坑土方开挖方案 BIM 模型（图 7-36），综合考虑出土坡道放坡条件、车辆运输条件、逆作环板结构及地铁保护区结构施工条件，比对土方开挖出土坡道方案，演算基坑开挖资源配置过程。

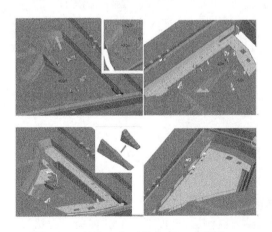

图 7-36 基坑土方开挖方案 BIM 模型

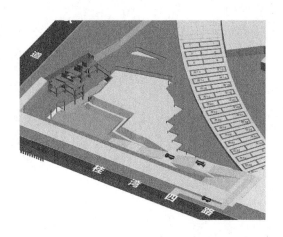

图 7-36 基坑土方开挖方案 BIM 模型（续）

图 7-37 彩图

4）交易广场基坑工程量统计。应用土方开挖施工方案 BIM 模型，统计各区域土方工程量，如图 7-37 所示。各区域各类开挖形式土方工程量，用于辅助土方分包工程款支付。

图 7-37 土方开挖施工方案 BIM 模型

使用交易广场桩基承台 BIM 模型初步统计承台砖台模工程量（图 7-38），辅助项目物机部进行工程材料招标。

通过交易广场地质 BIM 模型统计地铁保护区桩基设计桩长工程量（图 7-39），配合地铁保护区施工图预算工作。

根据前海交易广场项目 BIM 初设模型，按南北顺作逆作区域、地铁保护区域及楼层划分统计交易广场地下室结构混凝土、模板工程量，辅助工程招标，如图 7-40 所示。

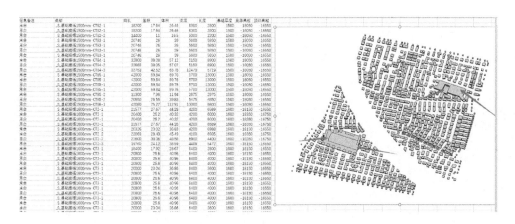

图 7-38　统计承台砖台模工程量

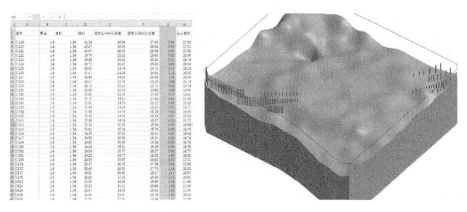

图 7-39　统计地铁保护区桩基设计桩长工程量

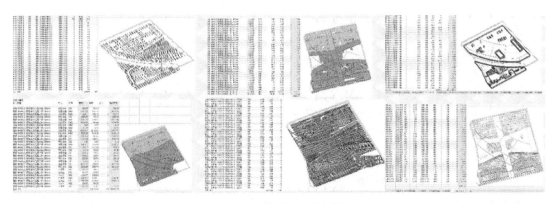

图 7-40　统计各部位招标

5）广联达 BIM 5D 算量软件应用。根据广联达 BIM 5D 与 Revit 土建的算量建模交互规范，为交易广场项目 BIM 模型修改构件名称，再使用广联达 BIM 5D 转化插件，导入 BIM 5D 算量软件中，进行交易广场土建工程量计算。

图 7-40 彩图

(7) BIM 模型接收及更新维护

1) 交易广场设计 BIM 模型接收及审查。接收设计单位提供的施工图 BIM 模型，检查模型施工符合项目 BIM 模型创建标准，是否与施工图一致，并为不满足要求的 BIM 模型构件编制 BIM 模型问题报告。

图 7-41 彩图

2) 基于 BIM 的竣工档案应用。将传统单一的施工台账与 BIM 施工模型结合，实时录入工程过程数据，如桩基 BIM 施工数据包含开孔日期、成孔日期、灌注值班技术员、作业队伍及负责人、钢筋笼长度、终孔深度等。最终形成 BIM 竣工档案（图 7-41），后期提交业主及前海管理局存档。通过数据的累积和存留，可为工程审计提供依据。

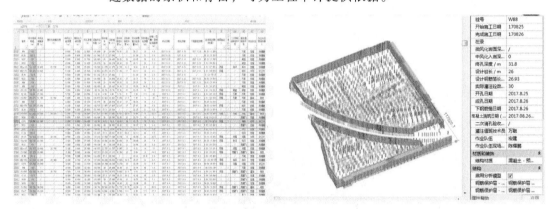

图 7-41 BIM 竣工档案（桩基施工数据）

(8) 交易广场项目 BIM 应用培训

对交易广场项目部技术人员进行 BIM 技术应用培训。通过 BIM 政策文件解读、BIM 技术说明视频、BIM 建模操作及课后 BIM 练习题、建模案例等教学方式，使交易广场项目部技术管理人员了解 BIM，运用 BIM 技术。逐渐树立项目部全员 BIM 思想，逐渐形成 BIM 先行的习惯，变被动接受为主动学习、主动配合参与。探索 BIM 技术与传统项目管理相融合的 BIM 工作模式。

(9) 交易广场 BIM 信息化平台应用

交易广场 BIM 建设管理平台以标准为基础，模型为载体，平台为手段，集成工程建设信息，传递工程数据资产，能够为实现建筑全寿命周期精细化管理提供帮助。BIM 建设管理平台功能如图 7-42 所示。

参建各方可通过交易广场 BIM 建设管理平台共享项目资料，如工程图、BIM 模型、质量验收单等；也可将交易广场项目施工方案模拟视频共享至 BIM 平台，技术管理人员即可通过平台观看 BIM 模型中对应施工区域的施工方案交底视频；通过构件编码将竣工档案 BIM 模型数据信息导入 BIM 平台中，实现在 BIM 平台中查询构件信息，将质量安全问题单对应 BIM 模型，指派处理信息并发送负责人整改。通过 BIM 建设管理平台的应用，可全面提升项目管理水平。BIM 建设管理平台的应用如图 7-43 所示。

第 7 章 BIM 应用案例

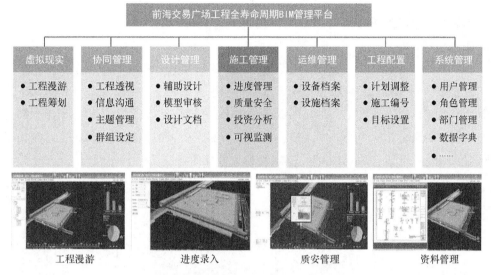

图 7-42 BIM 建设管理平台功能

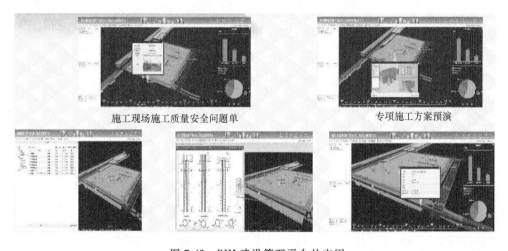

图 7-43 BIM 建设管理平台的应用

7.2 基于 BIM 技术的项目施工管理应用

7.2.1 中国北京世界园艺博览会中国馆项目施工管理的 BIM 应用

1. 项目荣誉

本项目曾获以下荣誉：

2018 年"龙图杯"全国 BIM 大赛施工组一等奖

2018 年北京市工程建设 BIM 综合应用成果一类

中国馆 BIM 技术深度应用下形成的"提高复杂异形结构模板体系一次验收合格率"课题，荣获全国行业比赛桂冠和 2018 年全国优秀质量小组荣誉称号。

2. 工程概况

作为 2019 年中国北京世界园艺博览会的标志性建筑——中国馆，其外观灵感来自于中国传统的吉祥物——如意。该项目采用建筑覆土的手法，将主要展厅覆盖于梯田之下，梯田上的金色屋顶笼罩着锦绣繁花，尽显一派盛世恢宏，传递大国气象。场馆位于山水园艺轴中部，紧邻中华展园，北侧为妫汭湖及演艺中心，西侧为山水园艺轴及植物馆，东侧为千翠池和国际馆，南侧为世园区主入口。图 7-44 为建筑效果图。

图 7-44 彩图　　　　　　　　　　图 7-44　中国馆建筑效果图

中国馆总用地面积 48000m²，总建筑面积 23000m²，地上 14902m²，地下 8098m²，建筑占地面积 7912m²，地上 2 层（局部夹层），地下 1 层，建筑高度 23.8m。结构形式为框架-剪力墙+钢结构屋盖，基础形式为桩基+防水板，设计使用年限 50 年，建筑结构安全等级为二级，抗震设防烈度为 8 度。建筑由序厅、展厅、多功能厅、办公、贵宾接待、观景平台、地下人防库房、室外梯田等构成。图 7-45 为建筑剖面结构图。

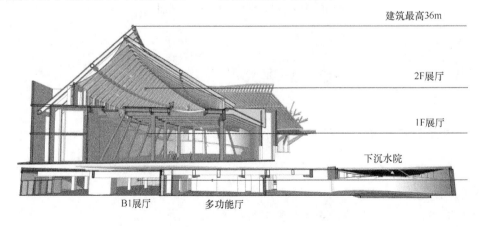

图 7-45　中国馆建筑剖面结构图

工程特点难点：

1）首层层高 9.8m，面积约 6000m²，框梁分布密集，板型均不规则，结构标高变化多，其复杂高大模架施工是本工程的难点。

2）结构设计有 50m 大跨度双曲面拱梁（图 7-46）、六角核心筒等异形结构，其异形模板的设计及安装是本工程的难点。

图 7-46 50m 大跨度双曲面拱梁模型示意图

3）结构轴线呈放射状，其 90%为弧形剪力墙，40%为弧形框梁，70%独立柱为圆柱，弧形结构的弧度控制是本工程的难点。

4）中国馆环山抱水，需回填近 16 万 m³ 土方堆筑梯田，其石笼挡墙、土工格栅、生态袋、室外管线等各项工序错综复查，回填施工难度大。

5）中国馆呈半环状，钢结构屋盖为人字形，建筑屋面为玻璃幕墙，其玻璃尺寸各不相同，材料加工与安装是本工程的难点。

6）中国馆呈半环状，主要功能为展厅，对室内空间要求较高，机电各系统排布密集，其深化设计与安装是本工程的难点。

主要参建单位：北京世界园艺博览会事务协调局（建设单位）、中国建筑设计院有限公司（设计单位）、北京市勘察设计研究院有限公司（勘察单位）、北京方恒基业工程咨询有限公司（监理单位）、北京城建集团有限责任公司（施工单位）。

主要 BIM 应用施工单位：北京城建集团有限责任公司（结构、景观）、浙江精工钢结构集团有限公司（钢结构）、北京城建北方有限公司（机电安装）、北京江河幕墙系统工程有限公司（幕墙系统）。

3. BIM 应用目标

1）2019 年中国北京世界园艺博览会是由中国政府主办、北京市承办的国际级别最高的世界园艺博览会。中国馆作为核心景观区的标志性建筑，承载着彰显大国形象的重要使命，具有重要的政治意义。将 BIM 技术深度应用工程建设，是响应《"十三五"国家信息化规划》的具体表现，是推动新型建筑工业化的责任担当。

2）中国馆造型新颖独特，结构复杂异形，设有双曲面拱梁、六角核心筒等异形结构和比例较多的弧形结构，同时肩负 16 万 m³ 土方堆筑的施工重任，需引入 BIM 技术解决复杂异形模板体系的设计难题及大方量梯田堆筑的施工组织难题。同时，要提高项目整体管理水平，提高各系统各部门沟通效率，增强安全质量管控手段。

3) 为再现中国古典建筑神韵，将中国馆营造为"北京花展"的永久会址，需引入 BIM 技术贯穿整个施工周期的全方位管控，助力项目以"鲁班奖"的工程质量标准，向世界呈现独具特色的"如意"展馆。

4. BIM 应用框架

本项目 BIM 应用主要分为三个框架，分别对应不同阶段、不同专业的应用需求，具体如图 7-47 所示。

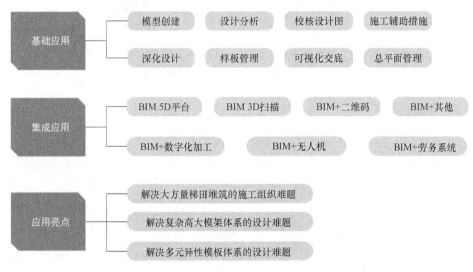

图 7-47 中国馆 BIM 应用框架图

5. BIM 实施管理流程

中国馆项目 BIM 实施管理流程如图 7-48 所示。

6. BIM 应用过程

（1）基础应用

中国馆项目 BIM 基础应用包括模型创建、设计分析、校核设计图、深化设计、施工辅助措施、可视化交底、总平面管理、样板管理几方面。

1) 模型创建。中国馆项目包含建筑、结构、给水排水、采暖、通风、空调、强电、弱电及室外道路、管网等多个专业，专业全面，结构复杂，对建模和深化将是一个巨大挑战。因此需选择适合本项目、建模专业高效的建模软件组合方案，然后组织本项目建模小组依据建模流程及建模规范完成模型建立。同时，建模过程利用协同设计，最大限度提高效率、规避模型问题。

中国馆项目累计建立完善有关结构、钢结构、幕墙、建筑、景观、机电六个专业三维模型，其中结构、机电专业三维模型能够集成使用，其余专业三维模型分别使用不同的建模软件，具体如图 7-49 所示。

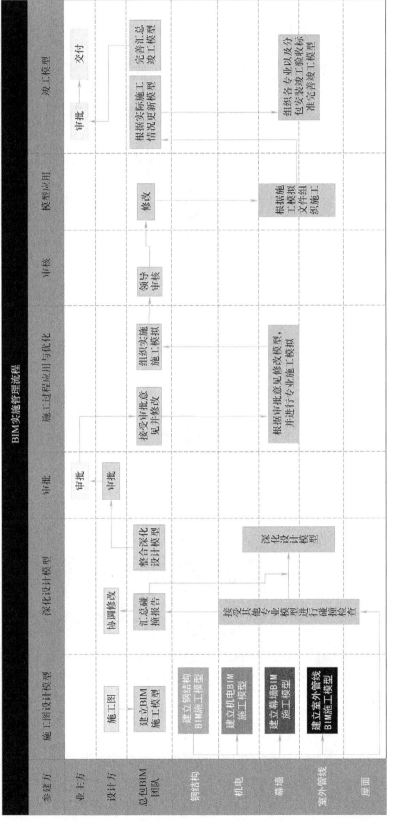

图 7-48 中国馆项目 BIM 实施管理流程

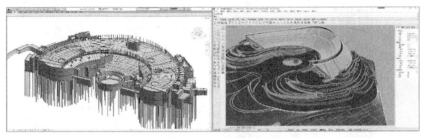

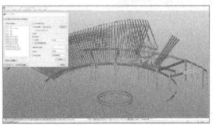

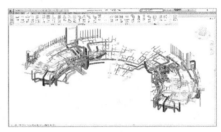

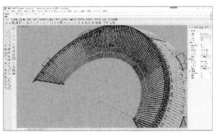

图 7-49 彩图　　图 7-49　中国馆项目结构、钢结构、幕墙、建筑、景观、机电六个专业三维模型

2）设计分析。基于结构 BIM 模型，利用 ABAQUS 软件对整体结构进行大震弹塑性分析（图 7-50），使其满足大震不倒的性能化要求，为劲性结构深化设计奠定了基础。

基于结构 BIM 模型，利用 ANSYS 软件采用 100 年基本风压进行数值风洞模拟分析（图 7-51），确保屋盖在百年一遇最大风荷载下的结构安全，为后续钢结构屋盖深化设计提供了数据支撑。

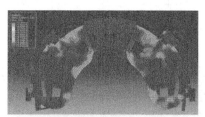
二层楼板混凝土受压损伤

二层短柱混凝土受压损伤

屋盖钢结构历史最大应力

钢骨柱、钢骨梁历史最大应力

图 7-50　中国馆项目大震弹塑性分析

图 7-50 彩图

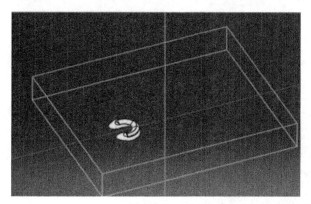
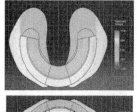
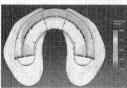

图 7-51　中国馆项目数值风洞模拟分析

基于结构 BIM 模型，利用 PHOENICS 模型进行室内通风及热湿环境分析（图 7-52），用以辅助机电通风系统的合理深化。

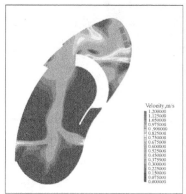
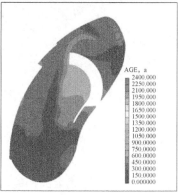

图 7-52　中国馆项目室内通风及热湿环境分析

3）校核设计图。基于结构 BIM 模型，累计发现结构实体未封闭 11 处、不同构件碰撞 400 余处，将问题汇总后提交业主单位及设计院，于施工前全部调整完毕，使其合理布设（图 7-53）。

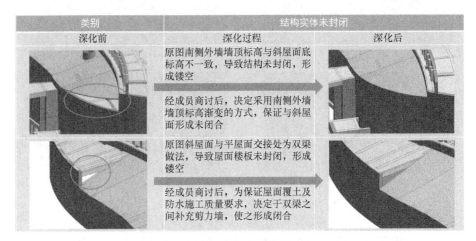

图 7-53 彩图　　　　　　　　图 7-53　中国馆项目校核设计图示例

基于机电 BIM 模型，利用 Navisworks Manage 软件自动生成冲突报告 200 余份（图 7-54），为后续优化管综排布提供了依据。

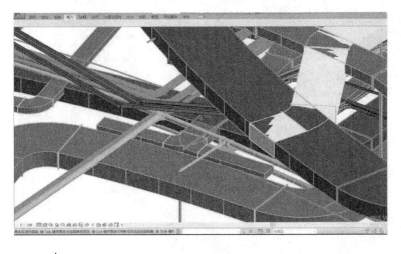

图 7-54　中国馆项目碰撞检查示例

图 7-54 彩图

4）深化设计。基于结构 BIM 模型持续深化，提出问题 800 余项，提出优化建议 200 余项，形成的正式设计图文件累计 336 份（图 7-55），有效解决了原图底板防水施工困难、框梁碰撞、墙体缺失等设计深度不足的问题。

利用钢结构模型于施工前完成全部杆件连接节点深化工作（图 7-56）；屋盖整体方案深化后总用钢量减少 4.39t。

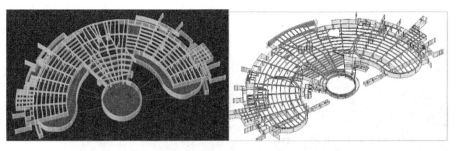

图 7-55　中国馆项目设计图深化设计示例　　　　图 7-55 彩图

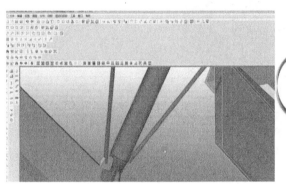
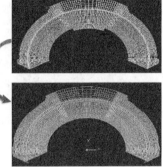

图 7-56　中国馆钢结构模型深化设计示例　　　　图 7-56 彩图

基于钢结构模型，完成全部劲性结构钢筋连接的深化工作（图 7-57）。因中国馆框梁端部均为多排纵筋，节点深化特别注明了每排纵筋采用套筒、搭接板还是直锚的连接方式，避免了钢筋下料不准，后期切割、补筋等质量隐患。

图 7-57　中国馆劲性结构钢筋连接深化设计示例　　　　图 7-57 彩图

本工程的设计理念为回归自然和节能环保，一方面要实现幕墙外观效果，另一方面要采用光伏玻璃进行日光采集。原设计无法达到最优的外观效果，且光伏采光效果不佳，需要在考虑外观效果的前提下，进行精密的幕墙玻璃排布设计。经过反复排布和模拟，精确考虑日光投射角度和光伏采集效果，进行了精密的排布和设计，精确设计出光伏玻璃、普通玻璃和开启扇组合出的最佳排布效果（图 7-58），并指导现场施工。

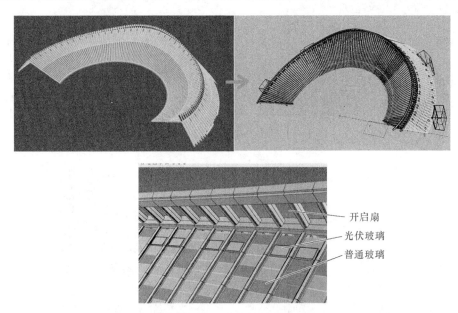

图 7-58　中国馆幕墙玻璃排布深化设计示例

完成幕墙百叶窗的深化内容，明确其百叶规格、密封做法等具体内容，并形成深化图。完成幕墙铝板规格的深化内容，明确其材质、厚度、尺寸等具体参数，并形成深化图。完成幕墙开启扇组角码、合页等具体规格的深化内容，并形成深化图。幕墙设计图深化设计示例如图 7-59 所示。

图 7-59　中国馆幕墙设计图深化设计示例

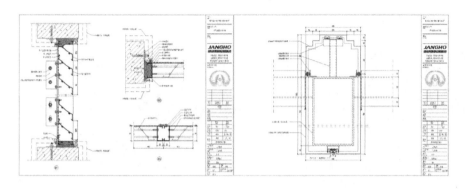

图 7-59　中国馆幕墙设计图深化设计示例（续）

利用机电各专业集成 BIM 模型，结合设计意见，将所有管线碰撞节点全部调整完毕，使其合理布设（图 7-60）。

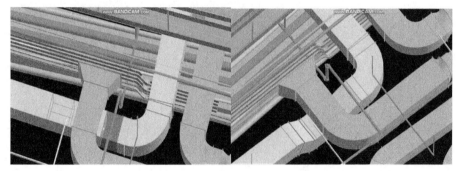

图 7-60　中国馆管线布设深化设计示例　　　　　　

图 7-60 彩图

中国馆地下室后勤走廊，主管出入密集且多数市政管线从该走廊经过进入各泵房，净高要求为 2.4m，通过深化通风管与消防、强弱电线槽的排布，满足了净高要求（图 7-61）。

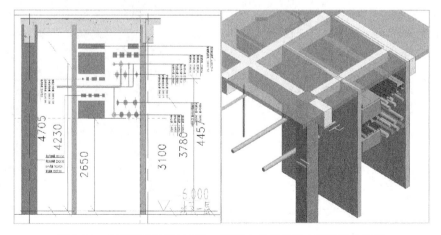

图 7-61　中国馆通风管与消防、强弱电线槽的排布深化设计示例

5）施工辅助措施。利用钢结构三维模型，详细计算钢结构吊装次数，根据工期要求，合理安排施工组织（图7-62）。

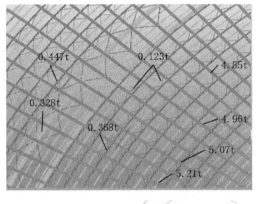

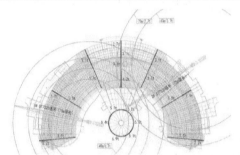

图 7-62　中国馆施工组织设计示例

采用 midas Gen 对屋盖钢结构临时支撑架进行力学模拟分析，确定其立杆、腹杆、钢梁等规格，保证支撑架安全稳定，如图 7-63 所示。

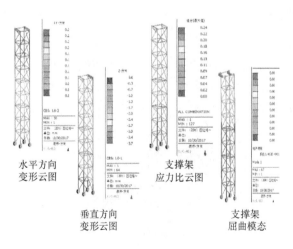

图 7-63　中国馆屋盖钢结构临时支撑架分析示例

中国馆地下室序厅处管线并排较多，运用 Revit MEP 软件对支吊架其进行优化，最大程度使其管道共用支吊架，并完成深化出图（图7-64），节约了此区域14%的支吊架用钢量。

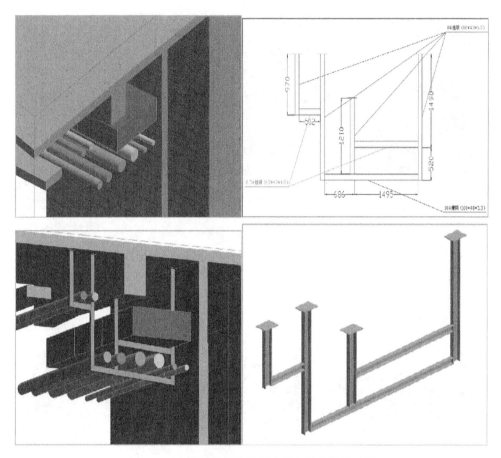

图7-64　中国馆地下室序厅支吊架深化设计示例

6）可视化交底。项目累计组织召开可视化专题会议20余次，对幕墙节点等复杂节点进行了动画模拟和可视化交底，有效解决了搁置横梁搭设要求、墙距较小时的防水及回填做法等施工内容，并形成了文档交底（图7-65）。

图7-65　中国馆项目可视化交底情况

7）总平面管理。为平衡肥槽及梯田土方，利用场布软件，创新布设阶梯式存土区，提前规划施工环场道路、样板展示区、钢筋加工区、现场办公区、观礼台等布设内容，体现城建 VIS 标准化（图 7-66）。

图 7-66 基于 BIM 的总平面管理示意图

8）样板管理。通过 BIM 策划样板，现场设立实体样板展示区，充分展示本工程弧形墙体、幕墙节点等工艺要点，明确各项质量标准，积极落实"样板先行"制度，贯彻"百年质量"方针。

模型应用节点样板：基于各专业 BIM 样板节点模型，现场 1∶1 完成了实体样板制作。基于 BIM 的样板管理如图 7-67 所示。

图 7-67 基于 BIM 的样板管理

（2）重点应用

1）解决复杂高大模架体系的设计难题。相对于常规高大模架工程，中国馆工程因结构呈半环状且框架梁密集，板跨约4m，板型均为不规则四边形或三角形，需对每处框梁、楼板进行合理排布架体立杆，满足构造要求的前提下最大限度优化立杆纵横距。

中国馆结构整体呈半环状，高大模架区域支撑体系选用能灵活布设的扣件式脚手架还是选用承载力较好的盘扣式脚手架是一难题，从经济效益出发，需计算两者的成本投入。项目引入结构BIM模型，利用3D广联达模型软件，快速提取两种支撑体系的架体工程量，较传统方式节约算量时间15天，并根据计算结果确定选用盘扣支撑体系。

因结构复杂，软件自动生成的施工图仅满足整体布设原则，仍需进一步调整细节节点；因结构弧度影响，沿梁底搭设的各板块盘扣架体间均需合理补充立杆，并以短横杆将其连接为整体节点全部优化完成，形成专项方案并组织专家论证，如图7-68所示。

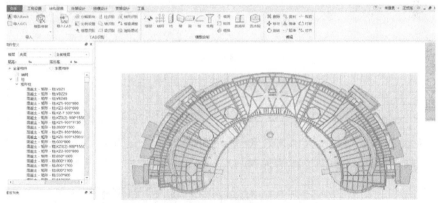

图 7-68　中国馆复杂高大模架体系的设计深化示例

2）解决多元异形模板的设计难题。对于沿高度方向起拱，沿水平方向前倾的地下室北侧拱梁，为保证其成型质量及架体安全，结合厂家意见，否定了原方案按双曲线加工定制龙骨，改为搭设只沿高度起拱的扩大平台，将水平方向起拱的弧度囊括进去，降低了弧形龙骨的加工偏差，并在荷载最大的起拱处增设定型方钢三角架（左伦源等，2018），有效保证了架体受力荷载在安全界限内。中国馆地下室北侧拱梁设计深化示例如图7-69所示。

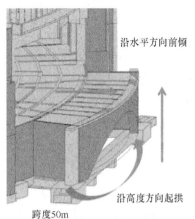

从两侧向中部同时浇筑混凝土

图 7-69 中国馆地下室北侧拱梁设计深化示例

为保证弧形槽钢与立杆可调拖撑有效接触，避免使其形成点状受力，需在弧形背楞上于可调拖撑接触处加焊方钢契形块，契形块同双槽钢宽度，底部为水平面，且契形块与可调拖撑接触面不得少于75%。中国馆弧形槽钢与立杆可调拖撑设计深化示例如图7-70所示。

图 7-70 中国馆弧形槽钢与立杆可调拖撑设计深化示例

图 7-70 中国馆弧形槽钢与立杆可调拖撑设计深化示例（续）

对于展厅中部的六角核心筒，经对比分析，项目选用大钢模进行拼装，利用 BIM 技术虚拟大钢模安装工序，降低了施工风险，保证了清水墙面的设计要求。六角核心筒大钢模深化示例如图 7-71 所示。

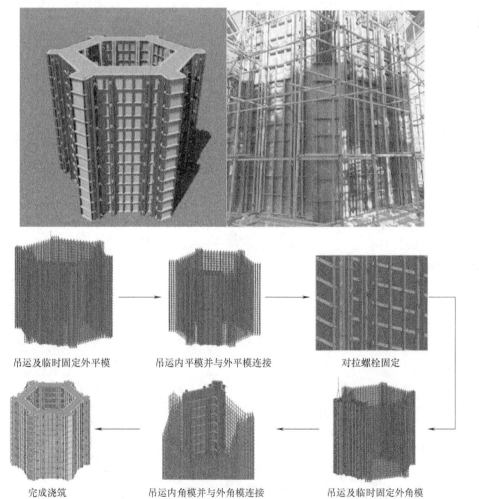

图 7-71 六角核心筒大钢模深化示例

图 7-71 彩图

利用 BIM 模型进行三维交底，使工人充分了解其工艺流程，保证施工安全，如图 7-72 所示。

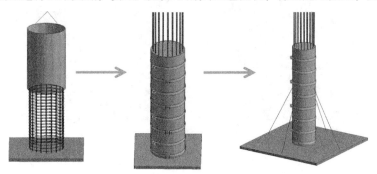

图 7-72　利用 BIM 模型进行三维交底示例

图 7-73 彩图

3）解决大方量梯田堆筑的施工组织难题。为解决本工程大方量梯田堆筑的施工组织难题，项目集成各专业 BIM 模型，充分考虑土方堆筑制约因素，提前策划施工方案，利用三维动画演示材料运输、场地管理、堆筑顺序等重要施工部署，提供景观、机电、防水、市政等专业平行施工指导意见，使得各项施工工艺衔接顺畅，确保工程如期推进。利用 BIM 模型进行大方量梯田堆筑施工模拟如图 7-73 所示。

图 7-73　利用 BIM 模型进行大方量梯田堆筑施工模拟

图 7-74 彩图

大方量梯田堆筑动画效果模拟，五彩梯田由石笼挡土墙及种植农作物塑造出开合交替的空间节奏，步移景异，实现了设计主旨，即回归自然，和谐的建筑与景观风格。大方量梯田堆筑施工设计示例如图 7-74 所示。

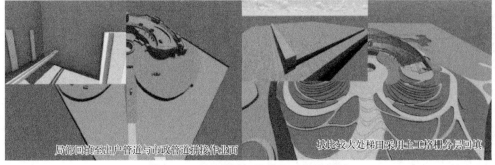

图 7-74　大方量梯田堆筑施工设计示例

(3) 集成应用

1) BIM+5D。中国馆施工管理应用 BIM 5D 平台（图 7-75），通过各专业 BIM 模型集成进度、预算、资源、施工组织等关键信息，对施工过程进行模拟，及时为施工过程物资、商务、进度、生产等重要环节提供准确资源消耗、技术要求等核心数据，提升沟通和决策效率，从而达到了节约时间和成本、提升项目管理质量的目的。其中，终端设备 VR 模式可帮助管理人员快速、深入地了解 BIM 模型及方案演示，提高管理效率。

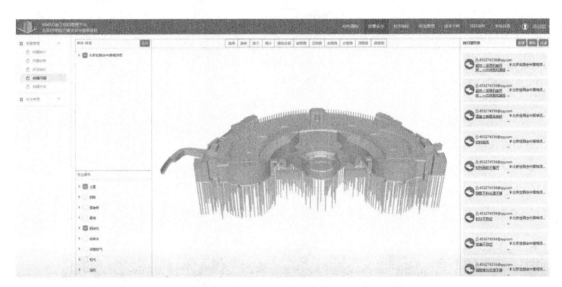

图 7-75 中国馆施工管理应用 BIM 5D 平台示例

实时反馈手机端采集的现场质量、安全问题，经平台汇总梳理，协助管理人员全过程管控各类隐患整改过程（图 7-76）。

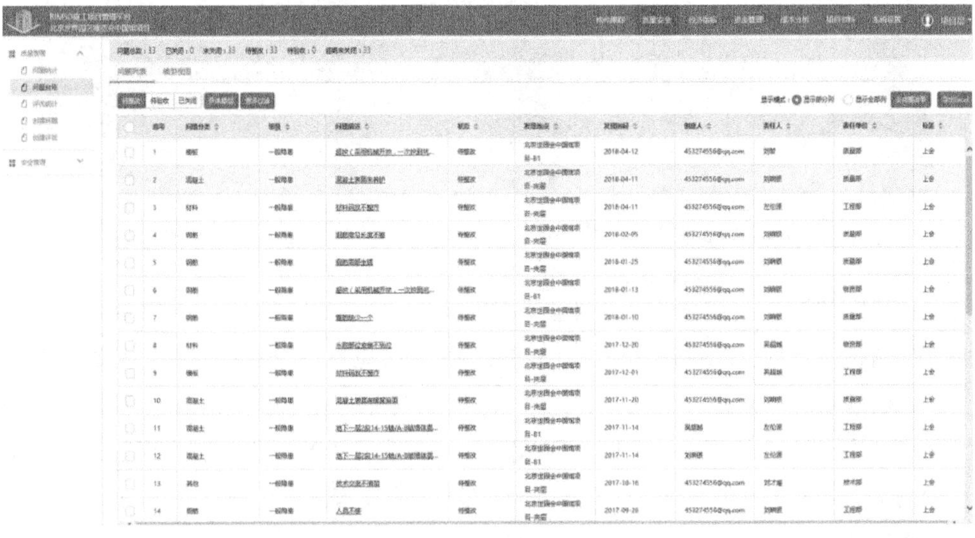

图 7-76 基于 BIM+5D 的计算机与手机交互示例

图 7-76　基于 BIM+5D 的计算机与手机交互示例（续）

中国馆整体呈半环状，各专业工程计量较为不便，基于 BIM 模型，利用 5D 平台自动生成工程量，快速完成业主报量及分包报量审核工作，不仅提高了工作效率，同时也保证了计算的准确性（图 7-77）。

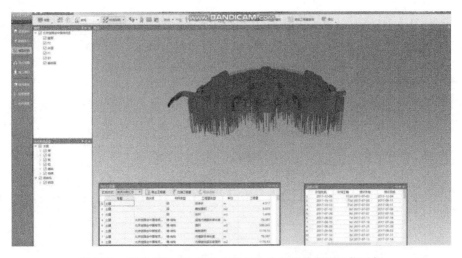

图 7-77　基于 BIM+5D 的业主报量及分包报量审核工作示例

通过每日实体工作在系统进度中的录入以及系统中进度计划与模型的关联挂接，实现任意时间点现场实时进度的三维动态展示，管理人员可以通过三维模型视图实时展示现场实际进度，可以获取任意时间点、时间段工作范围的 BIM 模型直观显示。有利于施工管理人员进行针对性工作安排，尤其有交叉作业及新分包单位进场情况，真正做到工程进度的动态管理（赵治超等，2018）。基于 BIM+5D 的进度计划实时对比示例如图 7-78 所示。

通过施工日报反馈进度计划，在施工全过程进行检查、分析、时时跟踪计划，进度计划与实际进度的实时对比，相关人员可以通过偏差分析功能查看实际进度与计划进度的偏差情况，并可追踪到具体偏差原因，实时掌握实体工作及配套工作之后情况，便于在计划出现异常时及时对计划或现场工作进行调整（唐双林，2018），保证施工进度和工期节点按时或提前完成。建筑实体模型和信息技术结合应用到施工进度管理中，会更形象、直接地指导实操人员的操作，也能让管理者时时、清晰地了解项目的进展情况，更好地进行决策。

图 7-78 彩图

图 7-78 基于 BIM+5D 的进度计划实时对比示例

通过 BIM 5D 平台可以快速分析工程建设各个阶段成本现状，通过"三算对比""指标曲线"等形式辅助经营人员进行资金管理，如图 7-79 所示。

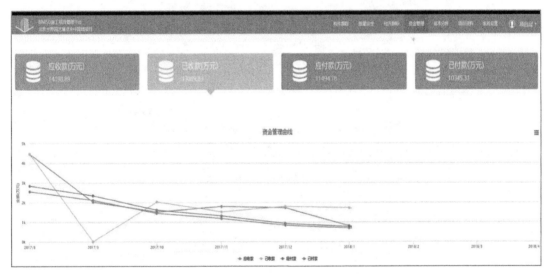

图 7-79 基于 BIM+5D 的成本分析示例

2）BIM+3D 扫描。中国馆弧形结构较多，通过 3D 激光扫描仪分析实体构件，将收集的数据构建成三维模型与 BIM 模型进行对比、转化，提高了弧形、异形结构工程质量检查的效率（图 7-80）。

3）BIM+二维码。材料进场时，通过移动端采用二维码信息，对预制构件进行动态管理，提高物资管理效率（图 7-81）。

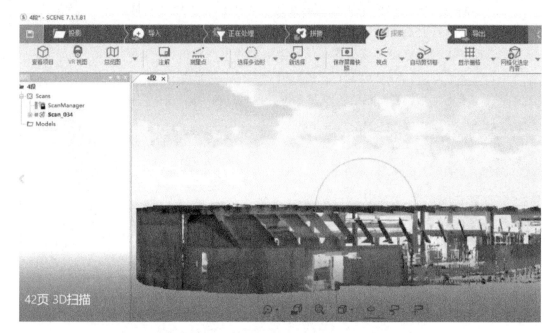

图 7-80 中国馆 BIM+3D 扫描应用示例

图 7-81 中国馆基于二维码的材料管理应用示例

将可视化交底、BIM 模型轴侧图等生成二维码，还可扫描二维码进入手机端 VR 模式，快捷感受三维动态，如图 7-82 所示。

4）BIM+数字化加工。钢结构专业通过使用 Tekla 软件进行钢结构深化设计模型创建，将钢结构构件加工尺寸信息输出为 Excel 提供给生产厂家。钢结构构件安装完毕后，使用自动全站仪对施工现场钢结构构件进行测量，将实际安装位置、尺寸信息反馈到钢结构模型中，对模型中钢结构构件进行微调，如图 7-83 所示。

图 7-82 中国馆 BIM+二维码扫描应用示例

图 7-83 中国馆 BIM+数字化加工应用示例

5) BIM+无人机。中国馆平行施工面积大,无人机在航拍过程中最大程度上做到安全排查无死角,通过多角度视频录制,实现全过程、全方位、全覆盖的安全及质量监管,如图 7-84 所示。

图 7-84 中国馆 BIM+无人机应用示例

6）BIM+劳务系统。中国馆配备的现场劳务管理系统，校核对比 BIM 5D 平台的劳动力分析，为项目管理人员对近期工作部署提高更准确的基础数据，如图 7-85 所示。

图 7-85　中国馆现场劳务管理系统示例

中国馆配备了雨水监测系统、扬尘监测系统、颗粒物监测系统，协同 BIM 5D 平台，落实现场安全文明施工的各项标准，如图 7-86 所示。

图 7-86　中国馆协同 BIM 5D 平台的监测系统示例

7. BIM 技术应用总结

北京世界园艺博览会中国馆项目通过 BIM 技术的综合应用，很好地将项目施工可视化、数据化、信息化，是项目建设转成高效、精细、协同的一种全新模式（肖彤等，2020）。在该项目中，创新点主要体现在以下几点：

1）基于结构 BIM 模型，进行大震弹塑性分析、数值风洞模拟分析、室内通风及湿热环境分析，为结构深化设计奠定基础。

2）利用 BIM 三维模型解决设计难题。中国馆因结构成半环状且框架密集，模架体系复杂高大，通过引入结构 BIM 模型，利用 3D 广联达模型软件，便于快速提取两种支撑体系的架体工程量。

3）集成各专业 BIM 模型解决施工组织难题。通过利用三维动画模拟大方量梯田堆筑动画效果，使得各施工工艺衔接顺畅，确保工程如期推进。

4）实现项目无纸化交底。电子化保存交底资料，不仅满足了项目的建设需求，还为后期运营维护和追踪管理提供了数据支持。

7.2.2 安徽合肥金融港项目施工管理的BIM应用

1. 项目背景

合肥金融港项目位于安徽省合肥市滨湖新区，用地规划面积11.4万 m^2，总规划建筑面积64万 m^2，是由多层独栋办公楼、会议中心以及沿街商业等组成的大型多功能智慧商务综合体（图7-87）。该项目是合肥首座金融主题产业园，在满足企业总部、研发等办公空间需求的同时，还提供了高质量的运维服务，属于合肥国际金融后台服务基地的重要组成部分。在建造过程中，建设企业以合肥金融港项目为试点，打造了一个基于BIM全寿命周期应用的智慧产业园区。

图7-87 合肥金融港项目效果图　　　　　　　　图7-87 彩图

2018年10月15日，中电光谷建筑设计院有限公司申报的参赛作品合肥金融港项目（全寿命周期BIM应用）在香港举办的第四届国际BIM大奖赛中成功入围并荣获"最佳运维BIM应用大奖"。

2. BIM的应用

（1）设计阶段

1）设计协同。在施工过程中，不同企事业单位之间发生的沟通交流问题最为常见。目前我国大部分工程项目尚未使用工程总承包（Engineering Procurement Construction，EPC），而是传统的项目管理（Design-Bid-Build，DBB）。这种管理方式在工程建设中开发、设计、施工、后期维护等团队往往不属于同一单位，给工程的设计和施工协调带来困难。例如，由于CAD图的设计局限，施工单位很难完全正确地理解设计单位的意图，而在设计图出现问题时，设计单位也很难及时采集现场有效信息去改正。开发、设计、施工、运维等各个单位的相关方综合诉求更是很难得出共同意见。

针对这个问题,合肥金融港项目利用 BIM 技术的设计协同功能,在项目设计阶段多次邀请各单位参与项目设计论证会。因为 BIM 实际上是一个基于项目信息而随其生成的虚拟模型,它的 3D 协同设计功能能够让施工者直观地体会到设计者的意图,使二维的平面图和 BIM 模型对应起来,并且其具备不断积累、更新信息的功能。因此,在建筑项目具体的执行施工前,各单位都可借助于 BIM 设计协同技术来针对其施工过程以及施工内容、方法、施工过程中的有关应急措施来展开模拟处理,提前解决会出现的问题。同时,BIM 能够使不同的专业,如建筑、结构、机电设计等在同一个模型上面共享,实现了从单专业的设计模式向协同设计模式的转变,提高了协商合作的效率(姚刚,2016)。

2)BIM 组织架构。一个 BIM 项目的顺利实施,离不开组织和人员配置的支持。建设企业为了更好地应用 BIM 技术,提高企业核心竞争力,成立了专门的 BIM 工作室,并制订了 BIM 项目管理实施规划。如图 7-88 所示,该规划将工作室分为建筑、结构、机电三个专业小组,让不同小组直接和不同部门的相关工程师联合,以便提高指定项目的完成效率。比如建筑室的设计师在遇到问题时就可以直接和 BIM 室的相关工程师联系,共同解决问题。

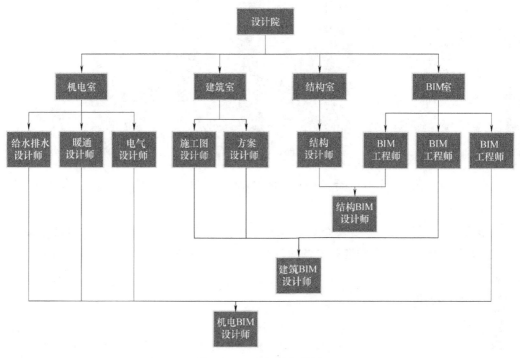

图 7-88 BIM 组织架构图

除此之外,BIM 室还负责 BIM 软件的运维管理,制定合理的工程建设 BIM 使用标准、使用要求。针对项目的进程对其信息进行维护和技术支持,以及数据存档、质量控制等。一个清晰的 BIM 管理实施规划能够使业主和项目团队更加清楚地了解项目实施的战略目标,理解他们在模型创建、运营和维护阶段所扮演的角色和职责(陈桂香,2019),使 BIM 工程师可以很高效地处理自己的工作,出现问题也能很快地解决,从而在整个项目运行过程能够最大化利用人力资源。

3)管线综合排布。在大型建筑工程项目设计中,设备管线的布置往往会出现管线之间或管线与结构构件之间发生碰撞的情况,给施工带来阻碍。这不仅会影响建筑室内净高,造成返工或浪费,甚至还可能存在安全隐患。但是这些问题往往不涉及规范,只是与专业配合紧密相关,在传统的单专业校审过程中很难被发现,这也是采用BIM技术进行三维管线综合设计的优势及意义所在。而BIM的管线模拟是对整个建筑管线设计的一次"预演",建模的过程同时也是一次全面的"三维校审",从而在真正施工前发现大量隐藏在设计中的问题(马跃,2019)。

在合肥金融港项目的BIM管线模拟中,工程师把碰撞检测、管线综合、净空分析等应用前置,利用BIM模型的可视化特点,对设计方案进行了8次优化,提前解决了施工过程中有可能会出现的错、漏、碰、缺等常规问题1227次。通过BIM模型模拟整体项目的空间、场景、设备功能等运行及维护工作,提前解决了在运维阶段有可能出现的由于人口密度大、功能运行多、维修空间狭小、管线排布复杂所导致的安全隐患等诸多问题。如图7-89所示,依据管线的设计原则,设计师提前发现问题,去除不必要的和错误的设计,优化了净空和管线的排布方案,不仅使结构更加简洁美观,还节约了材料和空间。

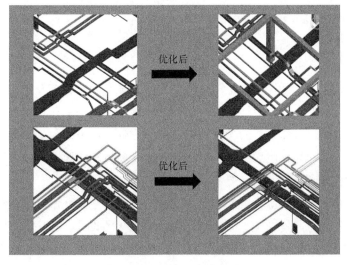

图 7-89　管线碰撞检测图　　　　　　　图 7-89 彩图

4)净高分析。传统设计由于CAD二维制图的局限,很容易在设计空间狭小,管线密集或者净高要求高的区域时出现问题,不仅设计起来十分困难,而且在实际运用时还可能出现错误,增加时间成本和材料成本。而净高分析作为BIM基础的应用点之一,对于这种情况有着很优越的处理能力。它可以提前发现不满足警告要求和美观需求的部位,避免后期设计变更,从而缩短工期、节约成本。在完成项目模型的搭建工作后,BIM工程师可以应用BIM的净高分析功能选择检测范围,并输入对净高的要求,便可以直接将可能存在的高度问题预测出来，从而有效提高工程师的设计复核效率。

如图 7-90 所示，在进行管线高度分析时，设计人员在 BIM 复核模拟时发现 27~29 沿线无梁楼盖处结构梁与楼板的搭接不合理，结构设计理论是"梁底平板底"，但是实际施工图中大部分此处的梁均低于板底 100~200mm。经复核后对其结构进行了优化处理，而 CAD 很难预判此类问题。设计师利用 BIM 提前发现问题，避免了材料浪费和遇到问题时对工期的延误，仅此一次优化便节约了十万元，同时增加了 0.2m 的净高度。

图 7-90 彩图　　　　　　　　　　图 7-90　管线高度分析图

5）场地分析。在 BIM 的协同阶段中，场地分析的准确程度很大程度影响着施工的效率和效果。而传统的分析工具选取困难，模拟结果的准确性有待提高，这是由于模拟软件以满足国家或地方制定的建筑节能设计指标为目的，而对设计的合理性分析有所欠缺，这就是所谓的"重指标，轻实际"，从而导致在正式施工过程中会出现很多突发问题，使施工现场经常出现拆改现象，降低施工效率，增加了不必要的浪费。

BIM 中的场地分析功能可以有效解决此类问题，因为基于 BIM 的场地分析可进行更全面更直观的性能分析，并且可以通过其三维制图的功能完成可视化的设计，方便与业主的交流沟通，从而提高场地分析数据的准确度和施工的效率。BIM 的场地分析功能从概念阶段就及早地发现存在的问题，从而解决问题，避免不必要成本的增加。

(2) 施工阶段

合肥金融港项目施工阶段应用 BIM 主要是通过 BIM 的参数化设计与动态模拟，在建立了建筑物与施工现场的 3D 模型基础上，先将 3D 模型与现场施工进度、场地上的资源利用、场地的布置信息相结合，再建立 4D 施工信息模型，使得项目各参与方协同工作，在施工阶段中实现动态、集成、可视化和精细化的 4D 施工管理。该阶段应用 BIM 的主要内容有：

1) 进度管理。通过对优化好的 BIM 设计模型附加时间维度，利用 WBS 关联施工进度计划。使得施工期间的每一个工作，都能够使用可视化的建筑构件，模拟建造过程，从而使得施工进度管理工作能够更加有效地实施,为整个项目节约了110天的工期(图7-91、图7-92)。

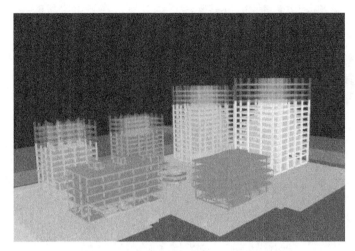

图 7-91　合肥金融港项目 B-1 标段进度模拟

图 7-91 彩图

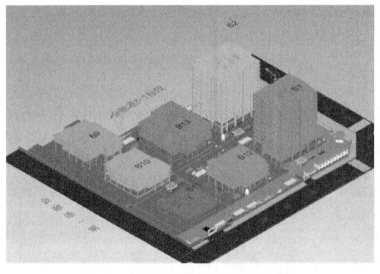

图 7-92　合肥金融港项目 B-2 标段进度模拟

图 7-92 彩图

2) 二次砌体排布。BIM 技术在砌筑深化设计上的应用步骤为:先建立结构模型及相应的族文件→二次结构模型及族文件→建立机电各专业模型及族文件→各系统内碰撞检测及合模检测→各专业调整、深化、确定预留洞及墙体开槽位置→优化圈梁构造柱、过梁等位置和个数→砌体排砖优化→量化统计分析→生成节点的平立剖图。

通过 BIM 二次结构优化应用使得施工单位更加切实有效地落实现场管理,对后期的二次机电深化、精装提供了较好的施工条件,有力地保障工程的优质建设。金融港项目二次砌体排布如图 7-93 所示。

3) 方案模拟。用 BIM 技术对复杂节点三维可视化交底,结合地形、地质能够减少项目管理的难度，从而解决项目施工前构筑物与自然环境或其他建筑的关系问题。在方案设计阶段就从分析需求出发，确定实现产品功能和性能所需要的总体对象，在施工阶段的各个方面对方案进行模拟，在创新的思维上面智慧建造。

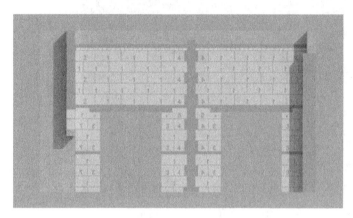

图 7-93　合肥金融港项目二次砌体排布

4）智慧工地。智慧工地综合管理平台是基于 BIM 系统，以现场实际施工及管理经验为依托，通过物联网的方式实现工地的智慧化。落实全局监控、人员管理、环境监测、起重机械、车辆管理等建筑业信息化的要求，以模块化架构创建智慧工地并接入总部园区通信系统，进行科学、有效、集中式的管理（图 7-94）。

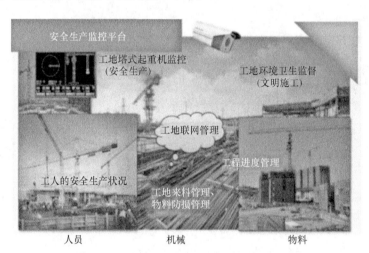

图 7-94　合肥金融港项目智慧工地综合管理

（3）项目运维阶段

合肥金融港项目将 BIM 竣工模型导入智慧园区运维平台中，以 BIM 数据和模型为平台底层信息，与空间数据、产业数据、设备数据、运维数据关联，实现了产业园区的 BIM 化。本阶段应用 BIM 的主要工作内容有：

1）运维管理。利用 BIM 模型加注分类编码的运维系统，能够生成符合资产管理要求的资产清单，同时运用运维系统对 BIM 模型的不同功能区域与运维状态进行颜色标注，达到了 BIM 信息与运维管理的融合。通过产业园的 BIM 化，与运维设备的数据联动，实现了园区数据一体化。运用 BIM 的可视化特性，结合 GIS 技术，融合人脸识别系统，运维中心实现了对园区人与车辆的实时定位，达到了对园区的实时监控，从而可对园区的安全问题提前预警、处置，对高峰时期的空间资源合理分配，真正实现了产业园的智慧化运维管理。

2) 调度指挥中心。调度指挥中心模块将全过程跟踪调查工单任务、传感器异常、设备运行情况等，集成多任务为一体的指挥中心，将更加高效、全面地监控和调度园区运维异常情况，实现可视化运行。

3) 运维指标体系。运维指标体系细分为五大指标：招商指标为办公总指标和配套商业指标服务；产业指标包括产业聚集度变化、就业人数变化、行业企业数占比、行业分类面积占比等，为产业的数据分类和整理提供有效支撑；双创指标涵盖双创空间、双创企业、双创价值、双创配套设施等数据信息；能耗指标包括耗电、用水、能源指标概况等；设施设备指标包括工单数、设备监测参数等。

4) 设备维护。通过园区 BIM 化与"一机一码一芯片"体系的结合，可对园区运维中的暖通、给水排水、变电配电、公共照明、水电表等设备的运行状态和能耗指标实时监控，解决了运维过程中检测盲区的问题，形成了完整的预警提示功能，可提前排除安全隐患。园区通过运维过程中的实时监控以及生成的一系列数据，可以及时调整运维方案，实现了能源和人力成本的最优配置。

园区的 BIM 化与"三端一云"的结合使得业主与运维方能够同时信息共享与追踪，业主在客户端可轻松预定公共资源，精准对接维修人员，从而降低了沟通成本，达到了及时反馈、及时解决、及时优化的效果。

5) 设施运维中心。设施设备系统的监控是设备运维管理十分重要的一个部分，通过 BIM 建立模型与所有运行的数据建立联系，从而实现可视化。工程师可以在移动终端上远程检查设备的运行状态，并且可以实现部分程度上的远程控制，通过设定定时调节各种参数，节约了大量的人力资源。设备监控包括对暖通空调、通风系统、给水排水、变电配电、公共照明、泛光照明、水电表的实时监控，并对所有设备使用的能源进行横向和纵向的分析，提前规避可能出现的问题，并通过分析寻找出更优化的方案实现节能减排，节约企业的管理成本。金融港项目设施运营维护中心如图 7-95 所示。

6) 项目安全中心。园区安全中心可实现在平台上实时监测防盗报警的突发情况，摄像头的分布情况以及调取录像，加上门禁管理和门禁监控等内容，为园区的安全管控提供有力支撑。

3. BIM 技术应用总结

通过 BIM 全寿命周期在合肥金融港项目上的全面运用，已为工程避免或节约了达 173 万的成本，已为设计节约达 30 天的设计周期，实现地下室最不利净空提高 5~10cm，实现运维管理从 0 到 1 的突破式进展。

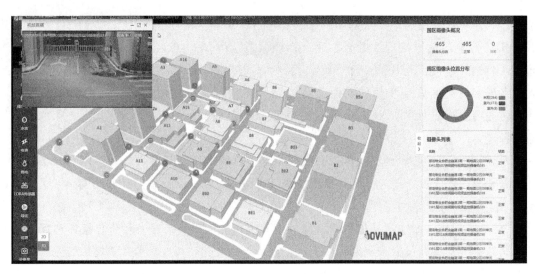

图 7-95 金融港项目设施运营维护中心

（1）BIM 所起到的作用

1）优化了管道碰撞的问题，使管线布局更合理。在合肥金融港项目中，建筑内部的用电系统、燃气管道系统、排水系统等相互穿插，运用 BIM 技术的可视化功能，直接进行各项管道的排列设计，在设计过程中，发现管道建模后碰撞优化 73 处。同时，运用穿插应用平面视图与三维视图，使管道系统设计的速度与质量不断提升，并对新风管尺寸进行合理优化。

2）对冷凝水处理提出合理方案。在设计方案优化前，地下室 A 区排水管 A18-ZPL-1 立管与梁发生碰撞，而管线穿梁会影响梁的承载力，故将 A18-ZPL-1 向上偏移 100mm，在与梁错开的同时，使得管线的布局更加合理（图 7-96）。

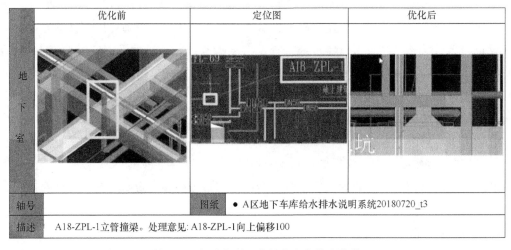

图 7-96 金融港项目冷凝水方案处理优化

3）提出桥架穿梁的建设性方案。合肥金融港项目所用到的桥架主要是电缆桥架，一般由支架、托臂和安装附件等组成。在桥架穿梁的设计过程中，应该考虑框架梁本身的受力情况和内部各部位受力钢筋的分布位置以及电缆桥架的尺寸，计算出合适的钻孔位置。在 BIM 的 3D 模拟环境下，根据框架梁的配筋情况及分布，将管线高度调整到在框架梁跨中 1/3 范围内，于受压区与受拉区的临界中线位置，避免了对建筑结构产生较大的影响（图 7-97）。

图 7-97　金融港项目地下室管道优化　　　　　图 7-97 彩图

（2）BIM 解决的问题

1）提供 300mm 检修距离。由于合肥金融港项目工程量大，各种管线排布错综复杂，若管线之间的间距过近，将会导致后期管线的维修困难，导致各个管线之间发生软碰撞，因此在设计的过程中，设计师必须考虑到各个管线之间的检修距离。在 BIM 的 3D 环境下构建的建筑模型，可以根据实际的管线布置，合理地优化调整管线的分布。

2）地下室标高相比一期提高 120mm。地下室梁下高度为 2900mm，该区域管线需要排布 3 层，最下层管线中心标高为 2200mm，而消防水管管径为 DN200，管下空间只有 2100mm，不满足地下室净空最小为 2200mm 的要求，在优化的过程，压缩 39 号采光井，使管线标高整体提高，使地下室的净空增大了 120mm（图 7-98）。

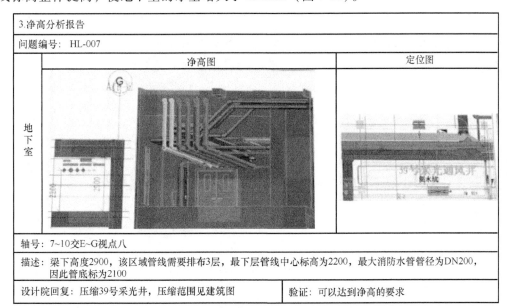

图 7-98　金融港项目地下室净高分析

3) 新风管尺寸合理优化大于一期。风管是空气输送和分布的管道系统，由于一期设计时未充分考虑各管线之间的交错和送风量与建筑面积之间合理的关系，风管的尺寸未能到达送风量的要求，在 BIM 优化过程中，合理增大新风管的尺寸，满足室内送风的要求。

（3）成本分析

在基于 BIM 协同设计的方案节能优化过程中，造价工程师也可介入其中进行成本分析，保证建设项目全寿命周期成本合理性、经济性。

在合肥金融港项目中，BIM 技术贯穿于工程全寿命周期，各个设计人员介入基于 BIM 协同设计的方案优化过程，以 BIM 模型作为数据源进行方案成本优化，使得翻弯费用每层减少约 400 元、风管及保温每层减少 5400 元、桥架提升电缆增加每层约 300 元、4 栋高层减少造价约 46 万。

（4）进度分析

在工程进度的传统管理模式中，大多都是根据编制者的自身经验来进行管理的。而在合肥金融港项目中，通过 4D 技术将 BIM 模型和进度数据进行关联，实施 BIM 可视化管理模式，以此生成进度计划。在数据采集上，采用 Revit 及 3ds Max 等软件来编制进度计划的，其是以 BIM 模型为基础，将进度计划和模型相关联，以使进度计划具备可视化的特点。在数据修改上，通过 BIM 直接进行同步修改，而且可针对进度问题利用模拟优化的方式来进行自动修改，进而有效降低了不确定因素的影响，使得各管线施工相互独立、减少翻弯，并使每层节约工期约 1.5 天、高层节约工期 34 天。

本 章 小 结

本章从总承包管理方面介绍了 BIM 技术在上海西岸传媒港项目的应用，从施工应用方面对 BIM 技术在北京世界园艺博览会中国馆项目和安徽合肥金融港项目中的应用做了简要概述。本章是对整本书稿的 BIM 全过程管理知识的综合，强调了 BIM 技术在建筑产业现代化方面的积极应用，以及 BIM 技术在提高建筑行业设计、施工等方面能力的优势。

思考与练习题

1. 现在 BIM 技术在建筑行业已经得到了广泛的应用，涌现出了很多优秀案例。请收集优秀的 BIM 应用案例进行分享。

2. 思考除了总承包管理以及施工应用，BIM 技术在哪些方面还有着较好的应用。

参考文献

[1] 艾永飞, 刘传阳, 张珉. 基于BIM的绿色节能建筑施工管理研究 [J]. 价值工程, 2019, 38 (8): 7-11.

[2] 包胜, 陈义龙, 顾益斌, 等. 一种基于BIM的设施管理初步框架 [J]. 城市住宅, 2018, 25 (1): 114-117; 121.

[3] 边香翠. 新媒体对增强石油一线员工凝聚力作用浅谈 [J]. 经营管理者, 2016 (34): 127-128.

[4] 本书编委会. 中国建筑业企业BIM应用分析报告: 2019 [M]. 北京: 中国建筑工业出版社, 2019.

[5] 曾晖. 大数据挖掘在工程项目管理中的应用 [J]. 科技进步与对策, 2014 (11): 46-48.

[6] 陈贵涛. 基于BIM和本体的建筑运维管理研究 [J]. 工业建筑, 2018, 48 (2): 29-34.

[7] 陈桂香, 李明月. 社会网络视角下基于BIM的复杂工程组织沟通网络 [J]. 土木工程与管理学报, 2019, 36 (5): 13-18.

[8] 陈立生, 荣建. 浅谈基于BIM技术的现场信息协同管理平台应用 [J]. 建材与装饰, 2015 (31): 254-255.

[9] 陈奕林. BIM技术的采纳及创新支持对中国建筑业影响机制研究 [D]. 天津: 天津理工大学, 2019.

[10] 程琳琳. 大数据重在挖掘连接价值: 将与产业深度结合 [J]. 通信世界, 2018 (30): 43.

[11] 程乃伟, 颜鑫, 徐爽, 等. 基于BIM的消防信息管理方法研究 [J]. 科技广场, 2017 (2): 43-45.

[12] 丁梦莉, 杨启亮, 马智亮, 等. 建筑工程运维管理: 基于BIM的方法综述 [C]//第三届全国BIM学术会议论文集. 北京: 中国建筑工业出版社, 2017: 353-361.

[13] 冯伟, 张俊玲, 李娟. BIM招投标与合同管理 [M]. 北京: 化学工业出版社, 2018.

[14] 葛曙光, 郭红领, 黄志烨. 基于BIM的建筑物理性能分析方法 [J]. 土木工程与管理学报, 2017, 34 (5): 121-125.

[15] 关海涛, 王宇辉. BIM在建筑工程管理中的应用研究 [J]. 中国建筑金属结构, 2021 (11): 30-31.

[16] 郭俊礼, 滕佳颖, 吴贤国, 等. 基于BIM的IPD建设项目协同管理方法研究 [J]. 施工技术, 2012, 41 (22): 75-79.

[17] 郭晓彤. 基于BIM-GIS技术的建筑物资供应商选择研究 [J]. 项目管理技术, 2019, 17 (6): 70-74.

[18] 国萃, 刘全. 基于BIM技术的智慧建筑 [J]. 建设科技, 2017 (3): 20-23.

[19] 胡长明, 熊焕军, 龙辉元, 等. 基于BIM的建筑施工项目进度: 成本联合控制研究 [J]. 西安建筑科技大学学报 (自然科学版), 2014, 46 (4): 474-478.

[20] 胡振中, 彭阳, 田佩龙. 基于BIM的运维管理研究与应用综述 [J]. 图学学报, 2015, 36 (5):

802-810.

[21] 黄恒振, 周国华. 基于大数据的项目管理创新研究 [J]. 建筑经济, 2015, 36 (4): 35-38.

[22] 黄林青, 徐永旭, 廖小烽, 等. BIM 和物联网构建智能消防管理系统探讨 [J]. 重庆建筑, 2018, 17 (5): 5-7.

[23] 惠之瑶, 孙绵. 数据挖掘在建筑业的前沿进展与理论综述 [J]. 基建管理优化, 2019 (2): 17-21.

[24] 纪颖波, 周晓茗, 李晓桐. BIM 技术在新型建筑工业化中的应用 [J]. 建筑经济, 2013 (8): 14-16.

[25] 雷斌, 温岩, 李佳晨, 等. BIM 技术在轨道车辆运维方面研究综述 [J]. 交通运输工程学报, 2021, 21 (6): 106-123.

[26] 冷烁, 胡振中. 基于 BIM 的人工智能方法综述 [J]. 图学学报, 2018, 39 (5): 797-805.

[27] 李德仁, 姚远, 邵振峰. 智慧城市中的大数据 [J]. 武汉大学学报 (信息科学版), 2014, 39 (6): 631-640.

[28] 李海荣. 高速公路全寿命周期 BIM 标准模型构建与应用研究 [D]. 西安: 长安大学, 2017.

[29] 李吉锋, 唐荣明, 曹明刚. BIM 技术在室内设计可视化中的运用 [J]. 四川水泥, 2022 (1): 104-105; 107.

[30] 李俊卫, 袁杰, 张文津. BIM 技术在城市轨道交通施工阶段的应用研究 [J]. 建筑经济, 2017, 38 (9): 80-84.

[31] 李露. 人工智能优化技术在智能建筑中的应用研究 [J]. 智能建筑与智慧城市, 2018 (3): 41-43.

[32] 李启明. 土木工程合同管理 [M]. 3 版. 南京: 东南大学出版社, 2015.

[33] 李强年, 周理圆. 工程项目设计阶段 BIM 应用障碍因素分析 [J]. 项目管理技术, 2017, 15 (8): 54-59.

[34] 李晓宇, 刘强. 基于 BIM 与 BP 神经网络的绿色建筑全生命周期风险管理 [J]. 项目管理技术, 2017, 15 (4): 14-19.

[35] 李啸林. BIM+ERP 建筑信息化的新方向 [J]. 信息技术与信息化, 2018 (8): 9-11.

[36] 李智, 王静. 施工阶段 BIM 应用风险及应对策略 [J]. 土木建筑工程信息技术, 2016, 8 (2): 6-15.

[37] 林天扬, 王佳, 周小平. 基于 BIM 的可视化消防管理平台研究 [J]. 建筑科学, 2015, 31 (6): 152-155.

[38] 林霞, 杨虹. BIM 技术在设施管理中的研究与应用 [J]. 资源信息与工程, 2018, 33 (4): 133-134.

[39] 林信川. 物联网环境下数据库管理系统的挑战 [J]. 软件导刊, 2011, 10 (12): 160-162.

[40] 刘强军. BIM 技术对项目施工管理模式的影响分析 [J]. 铁道建筑技术, 2017 (11): 20-24.

[41] 刘小玉. 目标-作业成本管理模式在 L 建筑公司施工项目的应用研究 [D]. 长沙: 湖南大学, 2016.

[42] 刘星. 基于 BIM 的工程项目信息协同管理研究 [D]. 重庆: 重庆大学, 2016.

[43] 刘照球, 李云贵. 建筑信息模型的发展及其在设计中的应用 [J]. 建筑科学, 2009, 25 (1): 96-99.

[44] 刘智敏, 王英, 孙静, 等. BIM 技术在桥梁工程设计阶段的应用研究 [J]. 北京交通大学学报, 2015, 39 (6): 80-84.

[45] 龙健辉. BIM 技术在机电设备安装工程施工中的应用 [J]. 工程技术研究, 2019, 4 (1): 38-39.

[46] 罗永峰. 基于 B/S 模式下的 ERP 管理系统开发 [D]. 成都: 电子科技大学, 2009.

[47] 马跃. 基于 BIM 的机电工程标准框架及应用流程优化研究 [J]. 建筑经济, 2019, 40 (2): 60-64.

[48] 乔长江, 周子璐. BIM 技术在深化设计与施工阶段的应用 [J]. 广东土木与建筑, 2020, 27 (7): 72-75.

[49] 邱奎宁，张汉义，王静，等. IFC 技术标准系列文章之一：IFC 标准及实例介绍［J］. 土木建筑工程信息技术，2010，2（1）：68-72.

[50] 邱胜海，许燕，江伟盛，等. RFID 技术在物料管理信息系统中的应用研究［J］. 机械设计与制造，2015，291（5）：256-259.

[51] 邵志国，韩传峰，孟令鹏，等. 基于 Logistic 的区域交通基础设施生态系统演化模型［J］. 系统工程理论与实践，2018，38（11）：2918-2928.

[52] 石磊，韩智华，郄崇霄，等. 施工图设计阶段 BIM 协同化设计探析［J］. 中国勘察设计，2016（8）：28-33.

[53] 宋晓霖，田甜甜. 浅析 ERP 在企业管理中的应用现状及解决对策［J］. 商，2016（11）：5.

[54] 孙悦. 基于 BIM 的建设项目全寿命周期信息管理研究［D］. 哈尔滨：哈尔滨工业大学，2011.

[55] 鲁班软件咨询有限公司. 探寻建企信息化成功之路［J］. 中国建设信息，2011（2）：70-75.

[56] 汤洪霞，曹吉鸣，徐松鹤，等. 综合设施管理组织 BIM 应用合作行为的演化博弈分析［J］. 工业工程与管理，2020，25（4）：1-8.

[57] 汤志强. 基于 BIM 的施工过程质量控制研究［J］. 中国房地产业，2018（6）：99.

[58] 唐根丽，张恒. BIM 技术在决策设计阶段的工程造价管理研究［J］. 长春大学学报，2019，29（2）：18-22.

[59] 唐国宏. 基于 BIM 的智慧园区综合运营管理平台建设探讨［J］. 建筑电气，2021，40（11）：45-48.

[60] 唐双林. 铁路复杂桥梁施工 BIM 5D 应用探讨［J］. 铁道建筑技术，2018（6）：43-46.

[61] 王丹净. BIM 技术在消防工程中的应用［J］. 吉林省教育学院学报（中旬），2014，30（12）：92-94.

[62] 王冬，吴斌杰，徐峥，等. 地下空间规划在上海徐汇滨江重点地区的实践研究［J］. 城市勘测，2018（z1）：136-140.

[63] 王恒玉. 基于 BIM 的综合管廊项目全过程造价管理研究［J］. 建筑经济，2021，42（12）：53-58.

[64] 王佳，黄俊杰. BIM 技术在建筑消防全生命周期的应用探索［J］. 建设科技，2015（23）：52-53.

[65] 王牡丹，祝宇阳，吴媛民. 基于 BIM 技术的公共建筑能耗分析监测系统设计［J］. 土木建筑工程信息技术，2017，9（1）：76-81.

[66] 魏紫萱. 可视化数据分析对决策者的影响［J］. 中国市场，2018（15）：189-191.

[67] 吴斌杰. BIM 技术在上海西岸传媒港地下空间结构设计中的应用［J］. 建筑工程技术与设计，2017（12）：1614；1612.

[68] 吴荣文，黄丰伟. 基于 BIM 的可视化消防设备信息监管研究［J］. 中国信息化，2017（11）：81-83.

[69] 肖彤，吴波，齐宝库，等. 北京世界园艺博览会国际馆项目 BIM 综合应用［J］. 土木建筑工程信息技术，2020，12（3）：38-43.

[70] 严燕. 建筑工程招标投标管理分析［J］. 居舍，2019，（25）：133.

[71] 燕达，陈友明，潘毅群，等. 我国建筑能耗模拟的研究现状与发展［J］. 建筑科学，2018，34（10）：130-138.

[72] 杨宝明. 建筑信息模型 BIM 与企业资源计划系统 ERP［J］. 施工技术，2008，37（6）：31-33.

[73] 杨科，康登泽，车传波，等. 基于 BIM 的碰撞检查在协同设计中的研究［J］. 土木建筑工程信息技术，2013，5（4）：71-75；98.

[74] 杨玮. 精益建造与大数据深度融合打造全产业链建设新模式［J］. 中国勘察设计，2018（8）：45-47.

[75] 杨文领. 基于 BIM 技术的绿色建筑能耗评价［J］. 城市发展研究，2016，23（3）：14-17；24.

[76] 杨秀仁. 城市轨道交通工程 BIM 设计实施基础标准研究 [M]. 北京：中国铁道出版社，2016.

[77] 杨洋. 建设工程招标投标的发展及趋势 [J]. 建筑经济，2000（10）：35-36.

[78] 杨增科，樊瑞果，石世英，等. 基于 CIM+的装配式建筑产业链运行管理平台设计 [J]. 科技管理研究，2021，41（19）：121-126.

[79] 杨子玉. BIM 技术在设施管理中的应用研究 [D]. 重庆：重庆大学，2014.

[80] 姚发海，陈辉，邓正贤，等. 基于 4D-BIM 的施工物料全过程管理系统应用研究 [J]. 施工技术，2017，46（6）：38-41.

[81] 姚刚. 基于 BIM 的工业化住宅协同设计的关键要素与整合应用研究 [D]. 南京：东南大学，2016.

[82] 姚志刚. BIM 技术深化设计如何在现代复杂建筑工程中的应用 [J]. 居舍，2018（20）：20-21.

[83] 余雯婷，李希胜. 基于 BIM 技术的建筑设施管理信息提取与应用 [J]. 土木工程与管理学报，2016，33（1）：85-89.

[84] 余元波. BIM 技术在地铁车站管线综合设计中的应用 [J]. 洁净与空调技术，2017（2）：45-49.

[85] 张帆，杜王苗. BIM 在建筑工程运营管理中的应用与发展路径 [J]. 经营与管理，2017（3）：68-70.

[86] 张海龙. BIM 技术在市政基础设施项目中的应用研究 [D]. 北京：北京建筑大学，2018.

[87] 张迎春. 基于 BIM 的 4D 施工模拟技术在钢结构施工中的应用研究 [J]. 钢结构，2018，33（10）：136-139.

[88] 赵彬，元晓远. 基于 BIM+技术的施工企业物料集成管理研究 [J]. 项目管理技术，2017，15（2）：70-75.

[89] 赵彬，袁斯煌. 基于业主驱动的 BIM 应用模式及效益评价研究 [J]. 建筑经济，2015，36（4）：15-19.

[90] 赵宏俊，吴银仓，叶雄峰，等. BIM 模型可视化特性在竣工模型中的应用 [J]. 建筑机械化，2016，37（12）：75-76.

[91] 赵治超，谢一玲. 基于 BIM 技术施工进度计划管理应用研究 [J]. 广西水利水电，2018（3）：67-70.

[92] 周成，邓雪原. IDM 标准的研究现状与方法 [J]. 土木建筑工程信息技术，2012（4）：22-27：38.

[93] 祝玉存. 设施管理在资产管理中的贡献与启示 [J]. 中国物业管理，2011（6）：71-72.

[94] 左伦源，周伟光，韩冰. 2019 年中国北京世界园艺博览会中国馆项目工程施工 BIM 深度应用 [J]. 土木建筑工程信息技术，2018，10（6）：39-43.

[95] 中国建筑节能协会能耗统计专委会. 2018 中国建筑能耗研究报告 [J]. 建筑，2019，（2）：26-31.

[96] 张爱琳，梁爽. 互联网+信息化技术促进建筑业转型升级 [J]. 价值工程，2018，37（3）：167-168.

[97] AL-ASHMORI Y Y, OTHMAN I, RAHMAWATI Y, et al. BIM benefits and its influence on the BIM implementation in Malaysia [J]. Ain Shams Engineering Journal, 2020, 11（4）：1013-1019.

[98] BRUNET M, MOTAMEDI A, GUENETTE L M, et al. Analysis of BIM use for asset management in three public organizations in Quebec, Canada [J]. Built Environment Project Asset Management (UK), 2019, 9（1）：153-167.

[99] CECCONI F R, MALTESE S, DEJACO M C. Leveraging BIM for digital built environment asset management [J]. Innovative Infrastructure Solutions, 2017, 2（1）：14.

[100] CHEN C, TANG L. BIM-based integrated management workflow design for schedule and cost planning of building fabric maintenance [J]. Automation in Construction, 2019, 107：102944.

[101] CHEN L, SHI P, TANG Q, et al. Development and application of a specification-compliant highway tunnel

facility management system based on BIM [J]. Tunnelling and Underground Space Technology, 2020, 97: 103262.

[102] CHENG J, CHEN W, CHEN K, et al. Data-driven predictive maintenance planning framework for MEP components based on BIM and IoT using machine learning algorithms [J]. Automation in Construction, 2020, 112: 103087.

[103] DAVE B, KUBLER S, FRAMLING K, et al. Opportunities for enhanced lean construction management using Internet of Things standards [J]. Automation in Construction, 2016, 61: 86-97.

[104] EADIE R, BROWNE M, ODEYINKA H, et al. BIM implementation throughout the UK construction project lifecycle: An analysis [J]. Automation in Construction, 2013, 36: 145-151.

[105] FERNANDEZ-SOLIS J L, PORWAL V, LAVY S, et al. Survey of motivations, benefits, and implementation challenges of last planner system users [J]. Journal of Construction Engineering and Management, 2013, 139 (4): 354-360.

[106] FERNANDO R DROGEMULLER R, BURDEN A. Parametric and generative methods with building information modelling [C]//Proceeding, of the 17th International Conference on Computer Aided Architectural Design Research in Asia (CAADRIA). Hindustan University, School of Architecture, Chennai, 2012: 537-546.

[107] GUREVICH U, SACKS R, SHRESTHA P. BIM adoption by public facility agencies: impacts on occupant value [J]. Building Research and Information, 2017, 45 (6): 610-630.

[108] HU S, CORRY E, CURRY E, et al. Building performance optimisation: A hybrid architecture for the integration of contextual information and time-series data [J]. Automation in Construction, 2016, 70: 51-61.

[109] KANG T W, CHOI H S. BIM-based data mining method considering data integration and function extension [J]. KSCE Journal of Civil Engineering, 2018, 22 (5): 1523-1534.

[110] KASSEM M, KELLY G, DAWOOD N, et al. BIM in facilities management applications: a case study of a large university complex [J]. Built Environment Project and Asset Management, 2015, 5 (3): 261-277.

[111] KEHILY D, UNDERWOOD J. Embedding life cycle costing in 5D BIM [J]. Electronic Journal of Information Technology in Construction, 2017, 22: 145-167.

[112] KOO B, FISCHER M. Feasibility study of 4D CAD in commercial construction [J]. Journal of Construction Engineering and Management, 2000, 126 (4): 251-260.

[113] LIU X, WANG X, WRIGHT G, et al. R. A state-of-the-art review on the integration of Building Information Modeling (BIM) and Geographic Information System (GIS) [J]. ISPRS International Journal of Geo-Information, 2017, 6 (2): 53.

[114] MA G, WU Z. BIM-based building fire emergency management: Combining building users' behavior decisions [J]. Automation in Construction, 2020, 109: 102975.

[115] MATTHEWS J, LOVE P E D, MEWBURN J, et al. Building information modelling in construction: insights from collaboration and change management perspectives [J]. Production Planning and Control, 2017, 29: 202-216.

[116] MESA H A, MOLENAAR K R, ALARCON L F. Comparative analysis between integrated project delivery and lean project delivery [J]. International Journal of Project Management, 2019, 37 (3): 395-409.

[117] MITCHELL D. 5D: Creating cost certainty and better buildings [C]//Proceedings of the European Confer-

ence on Product and Process Modelling. [S. L.]: [s. n.], 2012: 253-258.

[118] MOTAWA I A. Spoken dialogue BIM systems: an application of Big Data in construction [J]. Facilities, 2017, 35 (13—14): 787-800.

[119] NAJJAR M K, TAM V W Y, DI GREGORIO L T, et al. Integrating parametric analysis with building information modeling to improve energy performance of construction projects [J]. Energies, 2019, 12 (8): 1-22.

[120] NOUR M, HOSNY O, ELHAKEEM A. A BIM based approach for configuring buildings' outer envelope energy saving elements [J]. Electronic Journal of Information Technology in Construction, 2015, 20: 173-192.

[121] RE CECCONI F, MALTESE S, DEJACO M C. Leveraging BIM for digital built environment asset management [J]. Innovative Infrastructure Solutions, 2017, 2 (1): 14.

[122] DURDYEV S, ASHOUR M, CONNELLY S, et al. Barriers to the implementation of Building Information Modelling (BIM) for facility management [J]. Journal of Building Engineering, 2022, 46: 103736.

[123] SHIROWZHAN S, SEPASGOZAR S, EDWARDS D J, et al. BIM compatibility and its differentiation with interoperability challenges as an innovation factor [J]. Automation in Construction, 2020, 112: 103086.

[124] SHOU W, WANG J, WANG X, et al. A comparative review of building information modelling implementation in building and infrastructure industries [J]. Archives of Computational Methods in Engineering, 2015, 22 (2): 291-308.

[125] TANG S, SHELDEN D R, EASTMAN C M, et al. A review of building information modeling (BIM) and the internet of things (IoT) devices integration: Present status and future trends [J]. Automation in Construction, 2019, 101: 127-139.

[126] VARGO S L, AKAKA M A. Value cocreation and service systems (Re) formation: A Service ecosystems view [J]. Service Science, 2012, 4 (3): 207-217.

[127] WANG L, LI W, FENG W, et al. Fire risk assessment for building operation and maintenance based on BIM technology [J]. Building and Environment, 2021, 205: 108188.

[128] WANG X, LOVE P E. BIM+AR: Onsite information sharing and communication via advanced visualization [C]//Proceedings of the IEEE International Conference on Computer Supported Cooperative Work in Design. Wuhan, China: CSCWD, 2012: 850-855.

[129] WU P, LOW S P. Project management and green buildings: lessons from the rating systems [J]. Journal of Professional Issues in Engineering Education and Practice, 2010, 136 (2): 64-70.

[130] XU J, SHI Y, XIE Y, et al. A BIM-Based construction and demolition waste information management system for greenhouse gas quantification and reduction [J]. Journal of Cleaner Production, 2019, 229: 308-324.

[131] YANG X, KOEHL M, GRUSSENMEYER P. Parametric modelling of as-built beam framed structure in BIM environment [J]. The International Archives of Photogrammetry, Remote Sensing and Spatial Information Sciences, 2017, 42: 651-653.

[132] LI Y, ZHANG Y, WEI J, et al. Status quo and future directions of facility management: a bibliometric-qualitative analysis [J]. International Journal of Strategic Property Management, 2019, 23: 354-365.

[133] ZHENG X, LU Y, LI Y, et al. Quantifying and visualizing value exchanges in building information modeling (BIM) projects [J]. Automation in Construction, 2019, 99: 91-108.

[134] ZHOU J X, SHEN G Q, SUN H Y, et al. Customization of on-site assembly services by integrating the internet of things and BIM technologies in modular integrated construction [J]. Automation in Construction, 2021, 126 (5): 103663.